高等院校医学实验教学系列教材

医用化学实验教程

主编 郭忠 刘勇 黄涛

科学出版社
北京

内 容 简 介

医用化学实验是医用化学课程的一个组成部分。为适应我国高等医学教育的改革和发展,作者参阅了国内外新近出版的化学类教科书,总结多所院校多年的教学经验,适合新的教学时数和培养大纲要求,涵盖了医学院校各个专业所需的基础课中与化学相关的实验内容,包括化学实验室基本知识;医用化学实验基本操作;无机化学部分;有机化学部分和分析化学部分。还包括精密仪器使用方法,试剂的配制,常见物质的物理化学参数等。

本书注重教学的系统性和实用性,可作为医药院校医学大类(临床医学、全科医学、临床检验、口腔医学、输血医学、护理学等专业)本科生的医用化学、基础化学、无机化学、有机化学配套实验教材,也可作为相关专业人员的参考书。

图书在版编目(CIP)数据

医用化学实验教程 / 郭忠,刘勇,黄涛主编 .—北京:科学出版社,2015. 6
ISBN 978-7-03-043316-9

Ⅰ.①医…　Ⅱ.①郭…　②刘…　③黄…　Ⅲ.①医用化学-化学实验-医学院校-教材　Ⅳ.①R313-33

中国版本图书馆 CIP 数据核字(2015)第 026605 号

责任编辑:朱　华 / 责任校对:蒋　萍
责任印制:李　彤 / 封面设计:范璧合

科学出版社 出版
北京东黄城根北街 16 号
邮政编码:100717
http://www.sciencep.com
天津市新科印刷有限公司 印刷
科学出版社发行　各地新华书店经销
*
2015 年 6 月第　一　版　　开本:787×1092　1/16
2023 年 8 月第六次印刷　　印张:16
字数:379 000
定价: 59.80 元
(如有印装质量问题,我社负责调换)

前　言

医用化学实验是医用化学课程的一个组成部分。为了适应我国高等医学教育的改革和发展,西北民族大学医学院相关教师参阅了国内外新近出版的化学类教科书,总结了多所学校的多年教学实践经验及各校新的教学时数和教学要求,结合各医学院校实验学时普遍较少的特点,特编写这本《医用化学实验教程》教科书。

开设医用化学实验课程的主要目的是:① 通过实验,使学生学习和掌握医用化学实验的基本操作技术和操作技能,在医用化学实验的基本操作方面获得较全面的训练。这些技能的训练对即将进入科学研究领域工作的学生来说是十分重要的,因为科学实验研究中准确的数据和结果,首先出自正确的实验操作。因此,进行化学实验基本操作技能的训练具有极其重要的意义。② 配合课堂讲授,通过实验检验使课堂讲授的基本理论和基本概念得到巩固和充实,并适当地扩大知识面。当课堂学习的理论与实验室的验证实验结合为一体时,许多概念就很容易理解了。③培养学生独立思考和独立工作的能力。通过综合性实验使学生能够联系课堂讲授的知识来独立思考和设计实验方案;通过综合性实验的训练,可以培养学生正确观察、精密思考、诚实记录、独立工作的科学态度及方法和习惯。

本书注重了《医用化学实验》教学的系统性和实用性,可作为医药院校医学大类(临床医学、全科医学、临床检验、口腔医学、输血医学、护理学等专业)本科生的医用化学、基础化学、无机化学、有机化学配套实验教材,也可作为相关专业人员的参考书。

在编写过程中,我们参考了近几年出版的无机化学和有机化学实验教材,具体书目附于书后,在此向参考教材的编者表示感谢。本教材受西北民族大学校级规划教材项目资助,特此致谢。由于编写时间较短,加之编者的学术水平和编写能力有限,不足之处在所难免,诚恳希望读者批评指正,以便再版时加以改正。

赵晋

2014 年 9 月 9 日

目　　录

第一章　医用化学实验的一般知识及常用仪器认识

一、医用化学实验的任务和目的

化学是一门以实验为基础的自然科学,化学各门学科的一些理论和定律都是通过实验总结出来的,化学新物质的合成及应用也离不开化学实验。已故中科院院士戴安邦教授指出:“实验教学是实施全面化学教育的有效形式”。

化学实验是在人为的条件下进行化学现象的模拟、再现和研究的实践性活动。而化学实验的成功与否,与实验条件和实验操作者的实验技能、技巧有关。在实验条件(仪器和药品)已经满足实验要求的前提下,实验操作者的实验技能水平的高低是影响实验结果和准确性的直接因素。

医用化学实验的目的是使学生加强对化学实验仪器和实验装置的规范操作的认知,扎实地训练化学实验方法与技能。本门课程的任务是使学生了解化学实验的类型,具备化学实验常识;正确选择和使用常见的实验仪器设备,了解它们的构造、性能、用途和使用方法;熟悉实验原理和操作,系统地掌握无机化学实验、有机化学实验和分析化学实验的基本操作方法和实验技能;培养学生认真实验、仔细观察、积极思考、如实记录的实验素养和实事求是的科学态度。通过化学实验课程的学习,使学生具备较高的化学实验素养及较强的实验能力,为以后学习各门实验课程打下良好基础。

二、医用化学实验的学习要求与程序

(一)学习要求

(1)实验前必须做好预习。认真阅读实验教材和教科书,弄清实验的目的和要求、基本原理、实验内容、操作步骤及注意事项。

(2)认真独立完成实验。要做到认真操作、细心观察、积极思考、如实记录。对于设计性实验审题要准确,仔细查阅文献资料,实验方案要合理可靠,以达到预期的目的。

(3)按时完成实验报告。书写实验报告是学生对所学知识进行归纳和提高的过程,也是培养严谨的科学态度、实事求是精神的重要措施。实验报告要求书写规范、简明扼要、结论正确。

(二)学习方法

1. 预习　实验课要求学生既动手做实验,又要动脑筋思考问题,因此实验前必须做好预习。对实验的各个过程心中有数,才能使实验顺利进行,达到预期的效果。预习时应做到:认真阅读实验教材和参考教材中的相关内容;明确实验的目的和基本原理;掌握实验的预备知识、实验关键步骤,了解实验操作过程的注意事项;写出简明扼要的预习报告,方能进行实验。

2. 实验　进行实验时要有科学、严谨的态度。实验时应做到:认真操作,严格遵守实验操作规范,注重基本操作训练与实验能力的培养;对于每一个实验,不仅要在原理上搞清弄懂,更要在操作上进行严格的训练。即使是一个很小的操作也要按规范要求一丝不苟地进行练习。实验中要细心观察现象,尊重实验事实,及时、如实地做好详细记录,从中得到有用的结论。实验过程中应勤于思考、仔细分析,力争自己解决问题,遇到难以解决的疑难问题时,可请教师指点。在实验过程中应保持肃静,遵守规则,注意安全,整洁节约。设计新实验或做规定以外的实验时,应先经指导教师允许。实验完毕后洗净仪器,整理好药品及实验台。

3. 实验报告 实验报告是总结实验进行的情况、分析实验中出现的问题和整理归纳实验结果必不可少的基本环节,是把直接和感性认识提高到理性思维阶段的必要一步。通过实验报告也反映出每个学生的实验水平,是实验评分的重要依据。实验者必须严肃、认真、如实地写好实验报告。

实验报告包括7部分内容:

(1)实验目的。

(2)实验原理:主要用反应方程式和公式表示,语言要简明扼要。

(3)实验仪器与试剂。

(4)实验步骤:尽量用表格、框图、符号等形式,表达要条理清晰。

(5)实验现象和数据记录:表达实验现象要正确、全面,数据记录要规范、完整,决不允许主观臆造,弄虚作假。

(6)实验结果:对实验结果的可靠程度与合理性进行评价,并解释所观察到的实验现象;若有数据计算,务必将所依据的公式和主要数据表达清楚。

(7)问题与讨论:针对本实验中遇到的疑难问题,提出自己的见解或体会;也可以对实验方法、检测手段、合成路线、实验内容等提出自己的意见,从而训练创新思维和创新能力。

三、化学药品、试剂的存储及其使用事项

(一)试剂的规格

根据国家标准(GB),化学试剂按其纯度和杂质含量的高低,基本上可分为四个等级,其级别代号、规格标志及适用范围见表1-1。

表1-1 化学试剂的级别

级别	一级	二级	三级	四级	
名称	保证试剂优级纯	分析试剂分析纯	化学纯	实验试剂	生物试剂
英文缩写	G. R.	A. R.	C. P.	L. R.	B. R.
瓶签颜色	绿	红	蓝	棕或黄	黄或其他颜色

一级(优级纯)试剂,杂质含量最低,纯度最高,适用于精密的分析及研究工作;二级(分析纯)及三级(化学纯)试剂,适用于一般的分析研究及教学实验工作;四级(实验试剂)试剂,杂质含量较高,纯度较低,只能用于一般性的化学实验及教学工作,如在分析工作中作为辅助试剂(发生或吸收气体、配制洗液等)使用。

除上述四种级别的试剂外,还有适合某一方面需要的特殊规格试剂,如基准试剂,它的纯度相当于或高于保证试剂,是容量分析中用于标定标准溶液的基准物质,一般可直接得到滴定液,不需标定;生化试剂则用于各种生物化学实验;另外还有高纯试剂,它又细分为

高纯、超纯、光谱纯试剂等。此外，还有工业生产中大量使用的化学工业品（也分为一级品、二级品），以及可供食用的食品级产品等。各种级别的试剂及工业品因纯度不同价格相差很大，所以使用时，在满足实验要求的前提下，应考虑节约的原则，尽量选用较低级别的试剂。

（二）试剂的存放

化学试剂的贮存在实验室中是一项十分重要的工作，一般化学试剂应贮存在通风良好、干净和干燥的房间，要远离火源，并要注意防止水分、灰尘和其他物质的污染。同时还要根据试剂的性质及方便取用原则来存放试剂，固体试剂一般存放在易于取用的广口瓶内，液体试剂则存放在细口瓶中。一些用量小而使用频繁的试剂，如指示剂、定性分析试剂等可盛装在滴瓶中。见光易分解的试剂（如 $AgNO_3$、$KMnO_4$、饱和氯水等）应装在棕色瓶中。对于 H_2O_2，虽然也是见光易分解的物质，但不能盛放在棕色的玻璃瓶中，是因为棕色玻璃中含有催化分解 H_2O_2 的重金属氧化物，通常将 H_2O_2 存放于不透明的塑料瓶中，置于阴凉的暗处。试剂瓶的瓶盖一般都是磨口的，密封性好，可使长时间保存的试剂不变质。但盛强碱性试剂（如 NaOH、KOH）及 Na_2SiO_3 溶液的瓶塞应换成橡皮塞，以免长期放置互相粘连。易腐蚀玻璃的试剂（氟化物等）应保存于塑料瓶中。

特种试剂应采取特殊贮存方法。例如，易受热分解的试剂，必须存放在冰箱中；易吸湿或易氧化的试剂则应贮存于干燥器中；金属钠应浸在煤油中；白磷应浸在水中。吸水性强的试剂如无水碳酸盐、苛性钠、过氧化钠等应严格用蜡密封。

对于易燃、易爆、强腐蚀性、强氧化性及剧毒品的存放应特别注意，一般需要分类单独存放。强氧化剂要与易燃、可燃物分开隔离存放；低沸点的易燃液体要放在阴凉通风处，并与其他可燃物和易产生火花的物品隔离放置，更要远离火源。闪点在 -4℃ 以下的液体（如石油醚、苯、丙酮、乙醚等）理想的存放温度为 -4～4℃，闪点在 25℃ 以下的液体（如甲苯、乙醇、吡啶等）存放温度不得超过 30℃。

盛装试剂的试剂瓶都应贴上标签，并写明试剂的名称、纯度、浓度和配制日期，标签外应涂蜡或用透明胶带等保护。

（三）试剂的取用方法

1. 试剂的取用原则　试剂取用原则是既要质量准确又必须保证试剂的纯度（不受污染）：

（1）取用试剂首先应看清标签，不能取错。取用时，将瓶塞反放在实验台上，若瓶塞顶端不是平的，可放在洁净的表面皿上。

（2）不能用手和不洁净的工具接触试剂。瓶塞、药匙、滴管都不得相互串用。

（3）应根据用量取用试剂。取出的多余试剂不得倒回原瓶，以防污染整瓶试剂。对确认可以再用的（或另有他用的）要另用清洁容器回收。

（4）每次取用试剂后都应立即盖好瓶盖，并把试剂放回原处，务使标签朝外。

（5）取用试剂时，转移的次数越少越好。

（6）取用易挥发的试剂，应在通风橱中操作，防止污染室内空气。有毒药品要在教师指导下按规程使用。

2. 固体试剂的取用

（1）取用固体试剂一般用干净的药匙（牛角匙、不锈钢药匙、塑料匙等），其两端为大小两个勺,按取用药量多少而选择用哪一端,使用时要专匙专用。试剂取用后,要立即把瓶塞盖好,把药匙洗净、晾干。

(2)要严格按量取用药品,“少量”固体试剂对于一般常量实验指半个黄豆粒大小的体积,对微型实验为常量体积的1/10~1/5。注意不要多取,多取的药品,不能倒回原瓶,可放在指定的容器中供他用。

(3)定量药品要称量,一般固体试剂可以放在称量纸上称量,对于具有腐蚀性、强氧化性、易潮解的固体试剂要用小烧杯、称量瓶、表面皿等装载后进行称量。不准使用滤纸来盛放称量物。颗粒较大的固体应在研钵中研碎后再称量。可根据称量精确度的要求,选择台秤或天平称量固体试剂。

(4)要把药品装入口径小的试管中时,应把试管平卧,小心地把盛药品的药匙放入底部,以免药品粘附在试管内壁上(图1-1)。也可先用一窄纸条做成“小纸舟”,用药匙将固体药品放在纸舟上,然后将装有药品的纸舟送入平卧的试管里,再把纸舟和试管竖起来,并用手指轻轻弹槽,使药品慢慢滑入试管底部(图1-2)。

(5)取用大块药品或金属颗粒要用镊子夹取。先把容器平卧,再用镊子将药品放在容器口,然后慢慢将容器竖起,让药品沿着容器壁慢慢滑到底部,以免击破容器。对试管而言,也可将试管斜放,让药品沿着试管壁慢慢滑到底部(图1-3)。

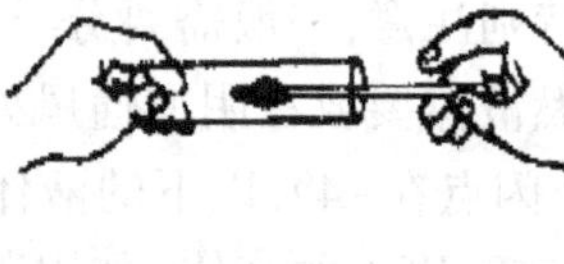
图1-1 用药匙送药品

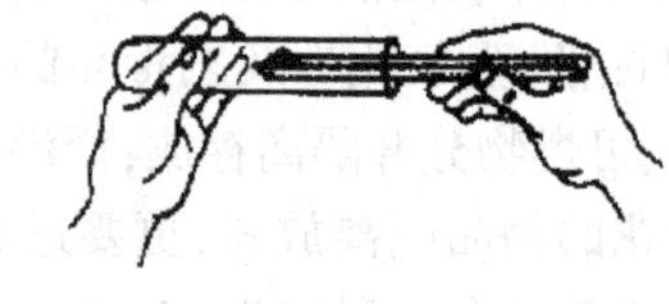
图1-2 用纸舟送药品

图1-3 块状固体沿管壁滑下

3. 液体试剂的取用

(1)多量液体的取用:取用多量液体一般采用倾倒法。把试剂移入试管的具体做法是:先取下瓶塞反放在桌面上或放在洁净的表面皿上,右手握持试剂瓶,使试剂瓶上的标签向着手心(如果是双标签则要放在两侧),以免瓶口残留的少量液体腐蚀标签。左手持试管,使试管口紧贴试剂瓶口,慢慢把液体试剂沿管壁倒入。倒出需要量后,将瓶口在容器上靠一下,再使瓶子竖直,这样可以避免遗留在瓶口的试剂沿瓶外壁流下来(图1-4)。把试剂倒入烧杯时,可用玻璃棒引流。具体做法是:用右手握试剂瓶,左手拿玻璃棒,使玻璃棒的下端斜靠在烧杯中,将瓶口靠在玻璃棒上,使液体沿着玻璃棒流入烧杯中(图1-5)。

图1-4 往试管中倾倒液体

图1-5 往烧杯中倾倒液体

(2)少量液体的取用:取用少量液体通常使用胶头滴管。其具体作法是:先提起滴管,使管口离开液面,捏瘪胶帽以赶出空气,然后将管口插入液面吸取试剂。滴加溶液时,须用拇指、食指和中指夹住滴管,将它悬空放在靠近试管口的上方滴加(图 1-6),滴管要垂直,这样滴入液滴的体积才能准确;绝对禁止将滴管伸进试管中或触及管壁,以免沾染滴管口,使滴瓶内试剂受到污染。滴管不能倒持,以防试剂腐蚀胶帽使试剂变质。滴完溶液后,滴管应立即插回,一个滴瓶上的滴管不能用来移取其他试剂瓶中的试剂,也不能随便拿别的滴管伸入试剂瓶中吸取试剂。如试剂瓶不带滴管又需取少量试剂,则可把试剂按需要量倒入小试管中,再用其他干净滴管取用。

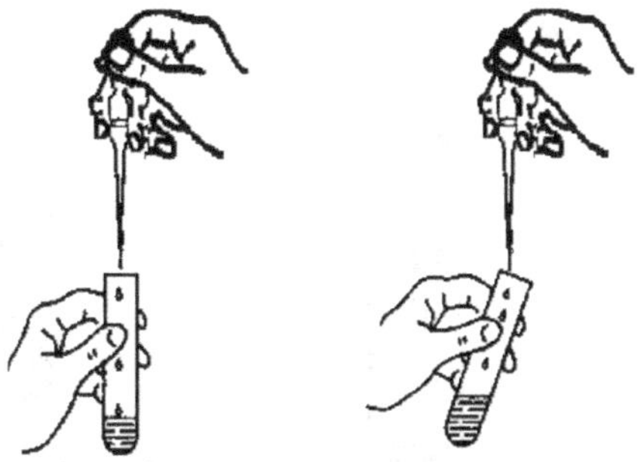

图 1-6　滴加液体的方法

长时间不用的滴瓶,滴管有时与试剂瓶口粘连,不能直接提起滴管,这时可在瓶口处滴上两滴蒸馏水,使其润湿后再轻摇几下即可。

(3)定量取用液体:在试管实验中经常要取"少量"溶液,这是一种估计体积,对常量实验是指 0.5~1.0mL,对微型实验一般指 3~5 滴,根据实验的要求灵活掌握。要学会估计 lmL 溶液在试管中占的体积和由滴管滴加的滴数相当的毫升数。要准确量取溶液,则需根据准确度和量的要求,选用量筒、移液管或滴定管等量器。

(四)试纸

试纸能用来定性检验一些溶液的酸碱性,判断某些物质是否存在。常用的试纸有 pH 试纸、淀粉-碘化钾试纸、乙酸铅试纸等。试纸要密闭保存,取用试纸要用镊子。

使用 pH 试纸,可快速检验出溶液的酸碱性及大致的 pH 范围。使用方法为:将剪成小块的试纸放在表面皿或白色点滴板上,用玻璃棒蘸取待测溶液,滴在试纸上,观察试纸的颜色变化,将其与所附的标准色板比较,便可粗略确定溶液的 pH (用过的试纸不能倒入水槽内)。不能将试纸浸泡在待测溶液中,以免造成误差或污染溶液。

pH 试纸分为两类:一类是广泛 pH 试纸,其变色范围为 pH 1~14,用来粗略地检验溶液的 pH,其变化为 1 个 pH 单位;另一类是精密 pH 试纸,用于比较精确地检验溶液的 pH。精密 pH 试纸的种类很多,可以根据不同的需求选用,精密 pH 试纸的变化小于 1 个 pH 单位。

用试纸检查挥发性物质及气体时,先将试纸用蒸馏水润湿,粘在玻璃棒上,悬空放在气体出口处,观察试纸颜色变化。pH 试纸或石蕊试纸常用于检验反应所产生气体的酸碱性。此外还有检验各种气体的试纸,这实际上是利用气体与试纸上的试剂产生的特征反应进行判断。例如,用来检验 H_2S 气体的乙酸铅试纸、用来检验 SO_2 气体的 $KMnO_4$ 试纸等。

四、常用气体干燥及净化

在实验室通过化学反应制备的气体一般都带有水气及酸雾等杂质。如果要求得到纯净、干燥的气体,则必须对产生的气体进行净化处理。通常将气体分别通过装有某些液体或固体试剂的洗气瓶、吸收干燥塔或 U 形管等装置(图 1-7)。通过化学反应或者吸收、吸附等物理化学过程将杂质去除,达到净化的目的。液体试剂使用洗气瓶,而固体试剂一般选用干燥塔或U形管。各种气体的性质及所含的杂质虽不同，但通常都是先除杂质，再将气体干燥。

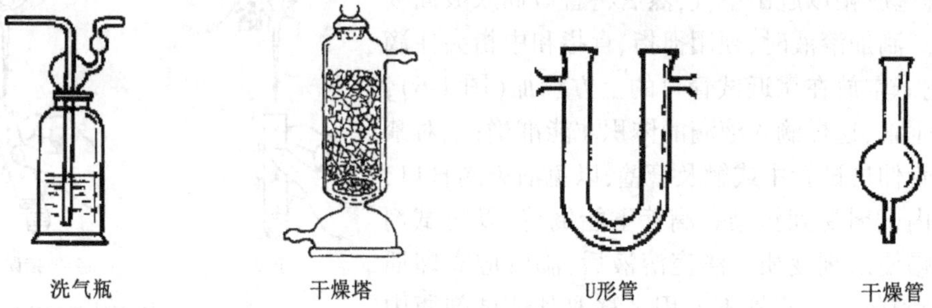

图1-7 气体洗涤与干燥仪器

去除气体中的杂质，要根据杂质的性质，选用合适的反应剂与其反应除去。还原性气体杂质可用适当氧化剂去除，如SO_2、H_2S、AsH_3等，可使用$K_2Cr_2O_7$与H_2SO_4组成的铬酸溶液或$KMnO_4$与KOH组成的碱性溶液洗涤而除掉；对于氧化性杂质，可选择适当的还原性试剂除去；而杂质O_2可通过灼热的还原Cu粉、$CrCl_2$的酸性溶液或$Na_2S_2O_4$（保险粉）溶液除掉。对于酸性、碱性的气体杂质宜分别选用碱、不挥发性酸液除掉（如CO_2可用NaOH；NH_3可用稀H_2SO_4溶液等）。此外，许多化学反应都可以用来去除气体杂质，如用$Pb(NO_3)_2$溶液除掉H_2S、用石灰水或Na_2CO_3溶液去除CO_2、用KOH溶液去除Cl_2等。

选择的除杂方法除了要满足除杂外，还应考虑所制备气体本身的性质。因此，相同的杂质，在不同的气体中，去除的方法可能不同。例如，制备的N_2和H_2S气体中都含有O_2杂质，但N_2中的O_2可用灼热的还原Cu粉除去，而H_2S中的O_2应选用$CrCl_2$酸性溶液洗涤的方法来去除。

气体中的酸雾可用水或玻璃棉除去。

常用的气体干燥剂见表1-2。

表1-2 常用的气体干燥剂

气体	干燥剂	气体	干燥剂
H_2	$CaCl_2$、P_2O_5、浓H_2SO_4	H_2S	$CaCl_2$
O_2	$CaCl_2$、P_2O_5、浓H_2SO_4	NH_3	CaO或CaO-KOH
Cl_2	$CaCl_2$	NO	$Ca(NO_3)_2$
N_2	$CaCl_2$、P_2O_5、浓H_2SO_4	HCl	$CaCl_2$
O_3	$CaCl_2$	HBr	$CaBr_2$

五、实验室守则及意外事故的紧急处理

化学实验室是开展实验教学的主要场所，在实验室中涉及许多仪器仪表、化学试剂，甚至有毒药品，实验室常潜藏着发生爆炸、着火、中毒、灼伤、触电等事故的危险。因此，实验者必须特别重视实验安全。

（一）实验室守则

（1）实验前认真预习，明确实验目的，了解实验原理，熟悉实验内容、方法和步骤，做好

实验准备工作；严格遵守实验室的规章制度，听从教师的指导。

(2)实验中要保持安静，不得大声喧哗，不得随意走动；实验时要集中精力，认真操作，积极思考，仔细观察，如实记录。

(3)爱护国家财物，小心使用仪器和实验室设备，注意节约水、电和煤气。正确使用实验仪器、设备，精密仪器应严格按照操作规程使用，发现仪器有故障应立即停止使用，并及时向教师报告。

(4)实验台上的仪器、试剂瓶等应整齐地摆放在一定的位置，注意保持台面的整洁；每人应取用自己的仪器，公用或临时共用的玻璃仪器使用完后应洗净并放回原处。

(5)药品应按规定量取用，如未规定用量，应注意节约使用；已取出的试剂不能再放回原试剂瓶中，以免带入杂质。取用药品的用具应保持清洁、干燥，以保证试剂的纯度。取用药品后应立即盖上瓶盖，以免放错瓶塞，污染药品。放在指定位置的药品不得擅自拿走，用后要及时放回原处；实验中用过又规定要回收的药品，应倒入指定的回收瓶中。

(6)实验中的废渣、纸、碎玻璃、火柴梗等应倒入废品杯内；废液倒入指定的废液缸，剧毒废液由实验室统一处理；未反应完的金属洗净后回收；实验室的一切物品不得私自带出室外。

(7)实验结束后，应将所用仪器洗净放回实验橱内，橱内仪器应清洁整齐，存放有序；实验室内公共卫生由学生轮流打扫，并检查水、电，关好门窗。

(二)实验室安全守则

(1)一切易燃、易爆物质的操作都要在离火较远的地方进行；一切有毒或挥发性较强的物质的操作，应在通风橱中进行。

(2)不要用湿手接触电源；水、电、煤气用后应立即关闭水龙头和煤气阀门、拉掉电闸；点燃的火柴用后应立即熄灭，不得乱扔。

(3)严禁在实验室内饮食、抽烟，或把食具带进实验室。防止有毒药品(如铬盐、钡盐、铅盐、砷的化合物、汞及汞的化合物、氰化物等)进入口内或接触伤口。

(4)绝对不允许随意混合各种化学药品，以免发生意外事故。

(5)加热试管时，不要将试管口对着自己或别人，也不要俯视正在加热的液体，以免溅出的液体把人烫伤；在闻瓶中气体的气味时，鼻子不能直接对着瓶口(或管口)，而应用手轻轻扇动少量气体进行嗅闻。

(6)倾注药剂或加热液体时，不要俯视容器，特别是浓酸、碱具有腐蚀性，切勿使其溅在皮肤或衣服上，眼睛更应注意防护；稀释酸、碱(特别是浓硫酸)时，应将它们慢慢注入水中，并不断搅拌，切勿将水注入浓酸、碱中；强氧化剂(如氯酸钾、硝酸钾、高锰酸钾等)或其混合物不能研磨，以防引起爆炸；银氨溶液不能留存，因久置后会析出黑色的氮化银沉淀，极易爆炸。

(7)金属钾、钠和白磷等暴露在空气中易燃烧，因此金属钾、钠应保存在煤油中，白磷则可保存在水中，取用时要用镊子。金属汞易挥发，并通过呼吸道进入人体内，逐渐积累会引起慢性中毒，一旦出现金属汞洒落，必须尽可能地收集起来，并用硫黄粉盖在洒落的地方，使金属汞转变成不挥发的硫化汞。一些有机溶剂(如乙醚、乙醇、丙酮、苯等)极易引燃，使用时必须远离明火、热源，用毕立即盖紧瓶盖。

(8)实验室所有药品不得携带出室外。每次实验后，必须洗净双手后才可离开实验室。

(三)事故处理

因各种原因而发生事故后,千万不要慌张,应沉着冷静,立即采取有效措施处理事故。

(1)割伤。先将伤口中的异物取出,不要用水洗伤口,伤轻者可涂以甲紫(或红汞、碘酒)或贴上“创可贴”包扎;伤势较重时先用乙醇清洗消毒,再用纱布按住伤口,压迫止血,立即送医院治疗。

(2)烫伤。被火、高温物体或开水烫伤后,不要用冷水冲洗或浸泡,若伤处皮肤未破可将碳酸氢钠粉调成糊状敷于伤处,也可用10%的高锰酸钾溶液或者苦味酸溶液洗灼伤处,再涂上獾油或烫伤膏。

(3)受强酸腐蚀。立即用大量水冲洗,再用饱和碳酸氢钠或稀氨水冲洗,最后再用水冲洗;若酸液溅入眼睛,用大量水冲洗后,立即送医院诊治。

(4)受浓碱腐蚀。立即用大量水冲洗,再用2%乙酸溶液或饱和硼酸溶液冲洗,最后再用水冲洗;若碱液溅入眼睛,用3%硼酸溶液冲洗,然后立即到医院治疗。

(5)受溴腐蚀致伤。用苯或甘油洗濯伤口,再用水洗。

(6)受磷灼伤。应立即用1%硝酸银、5%硫酸铜或浓高锰酸钾溶液洗濯伤处,除去磷的毒害后,再按一般烧伤的治理方法处置。

(7)吸入刺激性或有毒气体。吸入氯气、氯化氢气体时,可吸入少量乙醇和乙醚的混合蒸气解毒;吸入硫化氢或一氧化碳气体而感到不适(头晕、胸闷、欲吐)时,应立即到室外呼吸新鲜空气。但应注意氯气、溴中毒不可进行人工呼吸,一氧化碳中毒不可施用兴奋剂。

(8)遇毒物入口时,可内服一杯含有5~10mL稀硫酸铜溶液的温水,再用手指伸入咽喉部,促使呕吐,然后立即送医院治疗。

(9)触电。立即切断电源,或尽快地用绝缘物(干燥的木棒、竹竿等)将触电者与电源隔开,必要时进行人工呼吸。

(10)起火。要立即灭火,并采取措施防止火势蔓延(如切断电源、移走易燃药品等),必要时应报火警(119)。灭火的方法要针对起火原因选择合适的方法和灭火设备。

1)一般的起火,小火用湿布、石棉布或砂子覆盖燃烧物即可灭火;大火可以用水、泡沫灭火器、二氧化碳灭火器灭火。

2)活泼金属如钠、钾、镁、铝等引起的着火,不能用水、泡沫灭火器、二氧化碳灭火器灭火,只能用砂土、干粉灭火器灭火。有机溶剂着火时切勿使用水、泡沫灭火器灭火,而应该用二氧化碳灭火器、专用防火布、砂土、干粉灭火器等灭火。

3)精密仪器、电器设备着火时,首先切断电源,小火可用石棉布或砂土覆盖灭火,大火用四氯化碳灭火器灭火,亦可用干粉灭火器或1211灭火器灭火,不可用水、泡沫灭火器灭火,以免触电。

4)身上衣服着火时,切勿惊慌乱跑,应赶快脱下衣服或用专用防火布覆盖着火处,或就地卧倒打滚,也可起到灭火的作用。

六、误差及有效数字

(一)误差

1. 测量中的误差 任何测量过程都包含着误差,按其性质的不同误差可分为三类,即系统误差、偶然误差和过失误差。

（1）系统误差：也称可测误差，是由某些比较确定的原因引起的，它对测量结果的影响比较固定，其大小有一定规律性，在重复测量时，会重复出现。产生系统误差的主要原因有：实验方法不完善；所用仪器准确度差；药品不纯及操作不当等。系统误差可以用改善方法、校正仪器、提纯药品、做空白试验和对照试验的方法来减少。有时也可以在找出误差原因后，算出误差的大小而加以修正。

（2）偶然误差：也称随机误差或难测误差，由某些难以预料的偶然因素引起，它对实验结果的影响不固定。由于偶然误差的原因难以确定，似乎无规律性可寻，但如果多次测量，可以发现偶然误差遵从正态分布，即大小相近的正负误差出现机会相等，小误差出现的概率大，大误差出现的概率很小。因此，通过多次测量取平均值的方法可以减少偶然误差对测量结果的影响。

（3）过失误差：是一种与事实明显不符的误差，由分析过程中的器皿不洁、加错试剂、错用样品、试样损失、仪器出现异常未被发现、读错数据、计算错误等不应有的错误造成。过失误差无规律可循，但只要加强责任心，工作认真细致即可避免。

2. 准确度与误差　准确度指在特定的条件下获得的分析结果与真实值之间的符合程度。准确度由分析的偶然误差和系统误差决定，它能反映分析结果的可靠性。要想提高分析结果的准确度，不仅需要改善分析的精密度，同时要消除系统误差。

准确度用绝对误差或相对误差表示。绝对误差是指实验测得的数值与真实值之间的差值；相对误差指绝对误差与真实值的百分比。即

$$\text{绝对误差}=\text{测定值}-\text{真实值}$$

$$\text{相对误差}=\frac{\text{绝对误差}}{\text{真实值}}\times 100\%$$

绝对误差与被测量的大小无关，而相对误差却与被测量的大小有关。一般来说，若被测的量越大，相对误差越小。一般用相对误差来反映测定值与真实值之间的偏离程度比用绝对误差更为合理。

3. 精密度与偏差　精密度指在一定条件下，重复分析同一样品所得测定值的一致程度，即测量结果的再现性，由分析的偶然误差决定。

通常被测量的真实值很难准确知道，因此，一般只能用多次重复测量结果的平均值代替真实值。这时单次测量结果与平均值之间的偏离就称为偏差。偏差与误差一样，也有相对偏差与绝对偏差。

$$\text{绝对偏差}=\text{单次测定值}-\text{平均值}$$

从相对偏差的大小可以反映出测量结果再现性的好坏，即测量的精密度。相对偏差小，则可视为再现性好，即精密度高。在一般的化学实验中，一般可以用平均偏差或相对平均偏差表示。

$$\text{相对偏差}=\frac{\text{绝对偏差}}{\text{平均值}}\times 100\%$$

$$\bar{d}=\frac{\sum|\bar{x}-x_i|}{n},\ \mathrm{R}\bar{d}=\frac{\bar{d}}{\bar{x}}\times 100\%\ (\bar{d}\text{ 为平均偏差},\mathrm{R}\bar{d}\text{ 为相对平均偏差})$$

4. 提高测量结果准确度的方法　为了提高测量结果的准确度。应尽量减小系统误差、偶然误差和过失误差。认真仔细地进行多次测量，取其平均值作为测量结果，这样可以减少系统误差。减少系统误差的方法一般有：校正测量仪器与测量方法、做空白试验与对照

试验。

(二)有效数字

1. 有效数字位数的确定 分析测试中,在记录测定数据时,测定值所表示的准确程度应与测试时所用的测量仪器及测试方法的精度相一致。通常测定时,一般可估计到测量仪器最小刻度的十分位,在记录测定数据时,只应保留一位不确定数字,其余数字都应是准确的,通常称此时所记录的数字为有效数字。记录和报告的测定结果只应包含有效数字,对有效数字的位数不能任意增删。

化学实验中常用仪器的精度与实测数据有效数字位数的关系列于表 1-3 中。

表 1-3 常用仪器的精度与实测值有效数字位数

仪器名称	仪器精度	真实值	有效数字位数	错误举例
托盘天平	0. 1g	12. 3g	3	12. 30g
电子天平	0. 0001g	12. 3456g	6	12. 345g
10mL 量筒	0. 1mL	7. 2mL	2	7mL
100mL 量筒	1mL	72mL	2	72. 5mL
滴定管	0. 01mL	23. 00mL	4	23. 0mL
移液管	0. 01mL	25. 00mL	4	25mL
容量瓶	0. 01mL	50. 00mL	4	50mL

任意超出或低于仪器精度的数字都是不恰当的。例如,上述电子天平的读数为 12. 3456g,既不能读作 12. 345g,也不能读作 12. 34567g,因为前者降低了实验的精确度,后者则夸大了实验的精确度。

关于有效数字位数的确定,还应注意以下几点。

(1)数字“0”在数据中具有双重意义。若作为普通数字使用,它就是有效数字;若它只起定位作用,就不是有效数字。例如,在分析天平上称得重铬酸钾的质量为 0. 0758g,此数据具有三位有效数字,数字前面的“0”只起定位作用,不是有效数字。又如某盐酸溶液的浓度(0. 2100mol/L)准确到小数点第三位,第四位可能有±1 的误差,所以这两个“0”是有效数字,数据 0. 2100 具有四位有效数字。

(2)改变单位并不改变有效数字的位数,如滴定管读数 12. 34mL,若该读数改用升为单位,则是 0. 01234L,这时前面的两个零只起定位作用,不是有效数字,0. 01234L 与 12. 34mL 一样都是四位有效数字。当需要在数的末尾加“0”起定位作用时,最好采用指数形式表示,否则有效数字的位数含混不清。例如,质量为 25. 08g 若以毫克为单位,则可表示为 2.508×10^4mg;若表示为 25080mg,就易误解为五位有效数字。

(3)对数值有效数字位数,仅由小数部分的位数决定,首数(整数部分)只起定位作用,不是有效数字。因此对数运算时,对数小数部分的有效数字位数应与相应的真数的有效数字位数相同。如 pH=2. 38,$[H^+]=4.2\times 10^{-3}$的有效数字为两位,而不是三位。

2. 有效数字的运算规则 在分析测定过程中,往往要经过几个不同的测量环节,如先用减量法称取试样,经过处理后进行滴定。在此过程中最少要取四次数据,但这四个数据的有效数字位数不一定完全相等,在进行运算时,应按照下列计算规则,合理地取舍各数字的有效数字的位数,确保运算结果正确。

(1) 记录数据时，只保留一位有效数字。当拟舍弃的数字大于等于6时进位，而当尾数恰为5时，则看保留的末位数是奇数还是偶数，是奇数时就将5进位，是偶数时，则将5舍弃。总之，使保留下来的末位数是偶数，即"四舍六入五留双"。根据此原则，如将4.175和4.165处理成三位数，则分别为4.18和4.16。

(2) 进行数值加减时，最后结果所保留小数点后的位数应与参与运算的各数中小数点后位数最少者相同。如1.2379+12.46=13.6979　应取13.70。

(3) 进行数值乘除时，最后结果的有效数字应以参与运算的各数中有效数字位数最少者为准，而与小数点的位数无关。如1.23×0.012=0.01476应取0.015。进行数值乘方和开方时，保留原来的有效数字位数。

(4) 在对数计算中，所取对数的小数点后的位数，应与真数的有效数字位数相同。

(5) 测定平均值的精度应优于个别测定值，在计算不少于四个测定值的平均值时，平均值的有效数字的位数可以比单次测定值的有效数字增加一位。

(6) 在所有计算式中，常数及乘除因子的有效数字的位数可认为是足够的，应根据需要确定有效数字的位数。

(7) 表示分析方法的精密度和准确度时，大多数取1或2位有效数字。

（黄　涛）

第二章　医用化学实验的基本操作

第一节　医用化学常用仪器及装置简介

在化学实验中，离不开各种实验仪器和设备，正确认识使用和选择仪器，可以更加轻松有效地进行实验工作，同时也是开展实验、培养学生实践能力的基本要求。

一、试　　管

试管(图 2-1)有硬质和软质之分，包括普通试管和离心试管。普通试管常分为平口试管、翻口试管和具支试管等。试管是用作少量试剂的反应容器，也可用于收集少量气体。平口试管适宜于一般化学反应；翻口试管适宜加配橡胶塞；具支试管可作气体发生器，也可作洗气瓶或少量蒸馏用；离心试管主要用于沉淀分离。

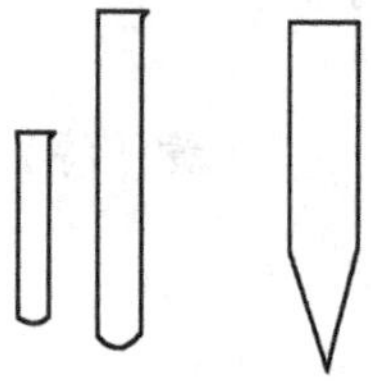

图 2-1　试管、离心试管

试管的大小用试管外径与管长的乘积来表示，如 10mm × 100mm、12mm × 100mm、15mm × 150mm、18mm × 180mm、20mm × 200mm 和 32mm×200mm 等。

试管的使用方法和注意事项包括以下几方面。

(1)应根据试剂的用量多少选用大小合适的试管。使用试管时，用拇指、食指和中指三指握持距试管口 1/3 处。振荡试管时要腕动臂不动。

(2)试管中液体的量不应超过试管容积的 1/2；加热时，液体的量不应超过试管容积的 1/3。

(3)盛装粉末状试剂时，要用纸槽送入试管；盛装粒状或块状固体时，应将试管倾斜，使粒状或块状物沿试管壁慢慢滑入管底。

(4)给试管加热时，试管外部的水分应擦干，不能手持试管加热，应用试管夹夹持。试管夹应夹持在距管口 1/3 处。加热液体时，管口不要对人，并将试管倾斜与桌面成 45°角；加热固体试剂时，管口应略向下倾斜。加热完毕后，应使其自然冷却，要注意避免骤冷以防止炸裂。

(5)离心试管不可直接加热。

二、烧　　杯

烧杯(图 2-2)通常用作反应物量较多时的反应容器。此外，也可用来配制溶液、溶解物质或用进行溶液的蒸发等，容量较大的烧杯可代替水槽或作简易水浴。烧杯的种类和规格较多，分为硬质和软质、低型和高型、有刻度和无刻度等几种，常用的是硬质低型有刻度烧杯。刻度烧杯的分度表(体积刻度)并不十分精确，允许误差一般在±5%，在烧杯上还印有“APPROX”字样，表示“近似容积”，所以刻度烧杯不能作量器使用。烧杯的规格以其容积大小来表示，如 50mL、100mL、200mL、250mL、400mL、500mL、1000mL、2000mL 等规格。

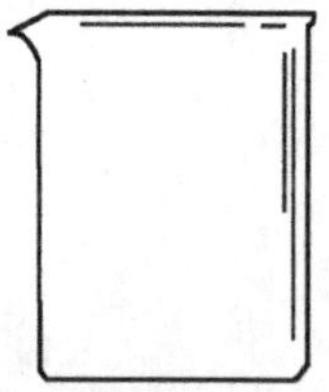

图 2-2 烧杯

使用烧杯时应注意以下事项。

(1)烧杯所盛溶液不宜过多,不应超过容积的 2/3。加热时,所盛溶液体积不能超过容积的 1/3。

(2)烧杯不能直接加热,须垫上石棉网后才能加热,更不能空烧,当盛有液体时方可进行加热。

(3)拿烧杯时,要拿外壁,手指勿接触内壁。拿取加热时的烧杯时要用烧杯夹。

(4)需用玻璃棒搅拌烧杯内所盛溶液时,应使玻璃棒在烧杯内均匀旋动,切勿撞击杯壁或杯底"出声",防止烧杯破损或内壁受玻璃棒摩擦而变得不光滑。

(5)烧杯不宜长期存放化学试剂,用后应立即洗净,烘干,倒置存放。

三、量　　筒

量筒(图 2-3)属量出式(符号 Ex)量器,常用于粗略地量取所需液体的体积,被量取的液体的体积为该液体液面在量筒内某刻度值时所示的数值。量筒有两种:面对分度表时,量筒倾液嘴向右,便于左手操作,称为左执式量筒;面对分度表时,量筒倾液嘴向左,便于右手操作,称为右执式量筒。常用的量筒均为右执式量筒。上口大下部小的称为量杯。

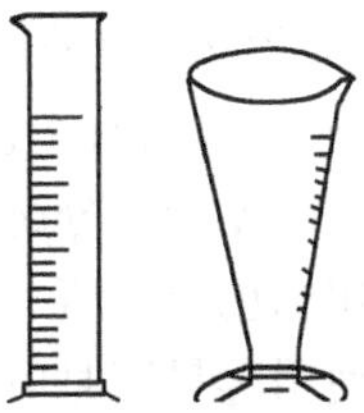

图 2-3　量筒和量杯

使用量筒时应注意以下事项。

(1)应竖直放置或持直,读数时视线应和液面水平,读取与弯月面最下点相切刻度。正确读取量筒刻度示值的方法如图 2-4 所示,偏高、偏低都是不正确的。

(2)量筒不可加热,不能用作实验(如溶解、稀释等)容器,不可量热的液体。

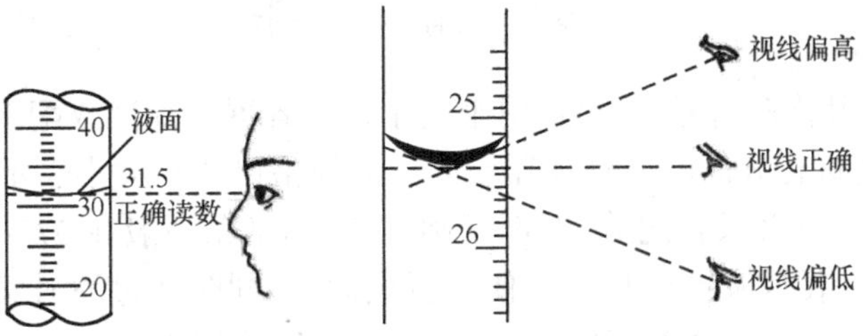

图 2-4　正确的读数位置

四、温　度　计

温度计(图 2-5)是用于测量温度的仪器。温度计的种类很多,如普通温度计、数字式温度计、热敏温度计等。实验室中常用是普通温度计。

根据用途和测量精度不同,温度计分为精密温度计和普通温度计两种。精密温度计的刻度精细,量程 0~50℃,测量精度高,主要用于温度的精确测量或校正其他温度计。普通温度计中,酒精温度计的量程为 100℃,水银温度计量程有 100℃、200℃和 360℃三种。普通温度计常用于精度要求不太高的温度测试。

使用温度计时应注意以下事项。

图 2-5　普通温度计

(1)应选择适合测量范围的温度计,严禁超量程使用温度计。

(2)测液体温度时,温度计的水银泡部分应完全浸入液体中,但不得接触容器壁;测蒸汽温度时水银泡应在液面以上;测蒸馏馏分温度时,水银泡应略低于蒸馏烧瓶支管。

(3)读数时,视线应与水银温度计水银液柱凸面最高点或酒精温度计红色凹面最低点水平。

(4)禁止将温度计代替玻璃棒搅拌液体。用完后应用水冲洗、擦拭干净,装入温度计套内,远离热源存放。

五、容　量　瓶

容量瓶(图 2-6)是用于配制准确浓度溶液的玻璃容器,其容积有大小之分,其规格有 5mL、10mL、25mL、50mL、100mL、250mL、500mL、1000mL 和 2000mL 等几种,其容积是在所指温度下(刻于瓶上,一般为 20℃)液体充满至标线时的容积,属"量入式"量器。从颜色来分,容量瓶有无色(也称白色)和棕色两种,其中白色容量瓶最常用。配制见光易分解或反应的高锰酸钾、碘化钾、硝酸银之类的溶液时要用棕色容量瓶。配制时操作方法要正确。

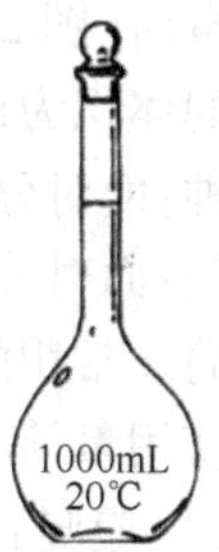

图 2-6　容量瓶

使用容量瓶时应注意以下事项。

(1)使用容量瓶时应先洗刷干净和"验漏"。

(2)溶质应先在烧杯内全部溶解后,再移入容量瓶。

(3)容量瓶不能加热,不能代替试剂瓶用来存放溶液。

六、漏　　斗

漏斗(图 2-7)又称三角漏斗,它是用于向小口径容器中加液或配上滤纸作过滤器而将固体和液体混合物进行分离的一种仪器。漏斗的规格以斗径大小表示,如 40mm、60mm 和 90mm 等。漏斗有短径和长径之分,但都是圆锥体,圆锥角一般在 57°~60°,投影图为三角形,故称三角漏斗。做成圆锥体是为了便于折放滤纸,同时在过滤时又便于保持漏斗内液体常具一定深度,从而保持滤纸两边有一定压力差,有利滤液通过滤纸。

使用漏斗进行过滤时应注意以下事项。

(1)漏斗放在漏斗架或铁架台的铁圈上。漏斗内放入的滤纸大小要合适(图 2-8),先用蒸馏水将滤纸润湿,使之紧贴在漏斗内,滤纸与漏斗壁之间不能有气泡。滤纸边缘应低于漏斗边缘约 2cm,漏斗径下端要紧贴承接容器(如烧杯)的内壁。

(2)过滤时,玻璃棒指在滤纸三层处,将混合物沿玻璃棒慢慢倒入漏斗中,漏斗内的液面要低于滤纸边缘 1~2cm。

(3)过滤前应使混合物充分沉降,过滤时先向漏斗内倒入上清液,然后再移入沉淀物。必要时用水或合适的洗涤剂洗涤沉淀。

(4)漏斗不能直火加热。若需趁热过滤时,应将漏斗置于铜质的热滤漏斗中进行。若无热滤漏斗使用,可事先把漏斗用热水浸泡预热,然后进行热过滤。

图 2-7　漏斗

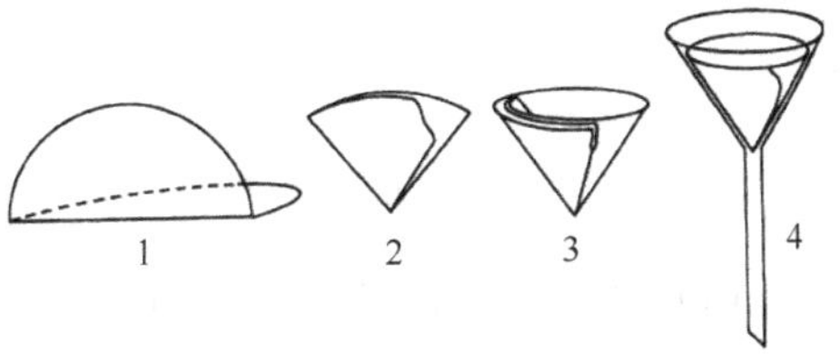

图 2-8　滤纸的折叠与放置

1. 圆形滤氏对折；2. 滤氏再次对折；3. 展开最外侧滤氏成锥形；
4. 锥形滤氏放入漏斗

七、吸　滤　瓶

吸滤瓶（图 2-9）又叫抽滤瓶，它与布氏漏斗配套组成减压过滤装置，吸滤瓶用作承接滤液的容器。吸滤瓶的瓶壁较厚，能承受一定压力。它与布氏漏斗配套后，利用真空泵或抽气管（又称水流泵、射水泵，俗名水吹子）减压。在抽气管与吸滤瓶之间也常连接一个洗气瓶作缓冲器，以防止倒流现象。吸滤瓶的规格以容积表示，常用的有 250mL、500mL 及 1000mL 等几种。布氏漏斗为瓷质，规格以直径（mm）表示。

吸滤瓶的使用应注意以下事项。

（1）不能直接加热。

（2）安装时，布氏漏斗径的斜口要对准吸滤瓶的抽气嘴。抽滤时速度（用流水控制）要慢且均匀，吸滤瓶内的滤液不能超过抽气嘴。

图 2-9　抽滤瓶和布氏漏斗

（3）滤纸要略小于漏斗内径；要先开真空泵或抽气管，后过滤；抽滤完毕后，先分开真空泵或抽气管与抽滤瓶的连接处，后关真空泵或抽气管，以免水流倒吸。

（4）抽滤过程中，若漏斗内沉淀物有裂纹时，要用玻璃棒或干净的角匙及时压紧消除，以保证吸滤瓶的低压，便于吸滤至干。

八、干　燥　管

干燥管（图 2-10）内装入干燥剂，用于除去混合气体中的水分或杂质气体。干燥管除直形单球外，还有直形双球、U 形管、具支 U 形管、带活塞具支 U 形管等多种。其中带活塞具支 U 形干燥管使用非常方便，不用时，可将活塞关闭，又防止干燥剂受潮。干燥管的规格以管外径和全长表示。如常用直型单球干燥管为 16mm×100mm、17mm×140mm 和 17mm×160mm 等几种。

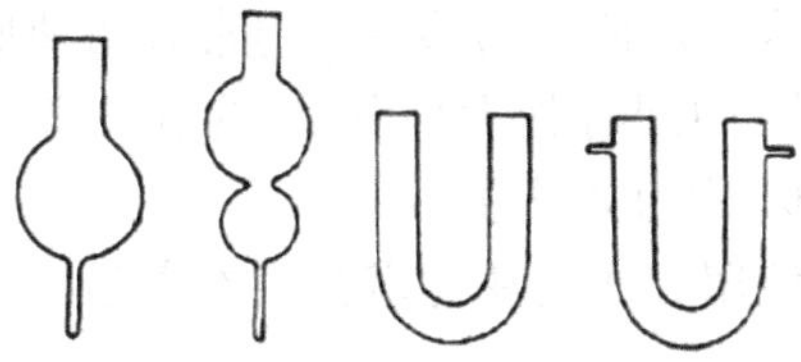

图 2-10　干燥管

使用干燥管时应注意以下事项。

（1）干燥管内一般应盛放固体干燥剂。选用干燥剂时要根据被干燥气体的性质和要求确定。

（2）干燥剂颗粒大小适中，填充时松紧要适度。干燥剂应放置在球体内，两端还应填充少许棉花或玻璃纤维。

（3）干燥剂变潮后应立即更换，用后要将干燥管清洗干净。

(4)用时要连接正确,大头进小头出,要固定在铁架台上使用。

九、洗　气　瓶

洗气瓶(图 2-11)是除去气体中所含杂质的一种仪器。左侧是带磨口的洗气瓶,右侧是由广口瓶配上胶塞和玻璃导管制成的洗气瓶。洗气瓶的规格以容积大小表示,常用的有125mL、250mL 和 500 mL 几种。含有杂质的气体通过洗气瓶中的液体试剂时,在通气鼓泡的过程中,杂质被洗去,同时气体中所含少量固体微粒或液滴也被液体试剂阻留下来,而达到净化气体的目的。

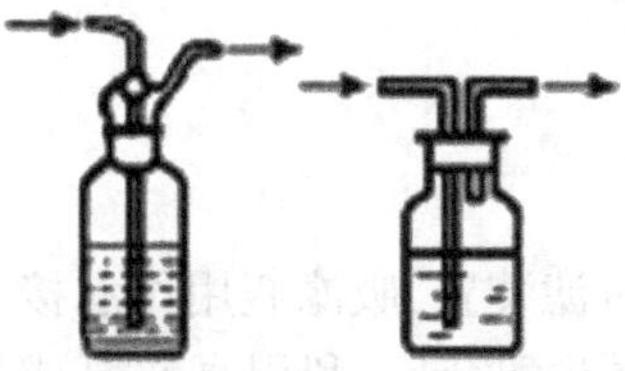

图 2-11　洗气瓶

使用洗气瓶时应注意以下事项。

(1)应根据净化气体的性质及所含杂质的性质和要求选用适宜的液体洗涤剂。洗涤剂的量一般为没过导管出气口 1cm,不宜太多,以免气体因压力过大出不来。

(2)使用前应检验洗气瓶的气密性,在导管磨口处涂一薄层凡士林。连接处要严密不漏气,特别注意不要把进、出气体的导管连接反(长管进气,短管出气)。

(3)空瓶反接可作安全瓶或缓冲瓶使用。

(4)洗气瓶不能长时间盛放碱性液体洗涤剂,用后及时将该洗涤剂倒入有橡胶塞的试剂瓶中存放待用,并将洗气瓶用水清洗干净放置。

十、蒸　发　皿

蒸发皿(图 2-12)主要用于蒸发、浓缩溶液,有瓷质、玻璃、石英或金属等材质,分为平底和圆底两种,平底具柄的通常称为蒸发勺。蒸发皿口大底浅,蒸发速度快,随蒸发液体性质不同可选用不同材质的蒸发皿。蒸发皿的规格一般按容积或上口直径分,有 75mL、150mL、200mL、400mL 等几种。

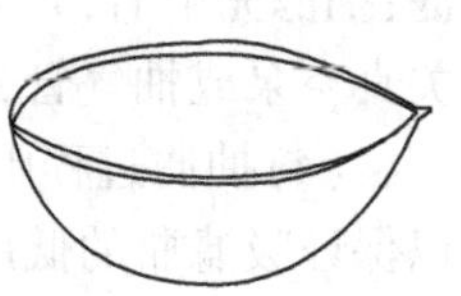

图 2-12　蒸发皿

使用蒸发皿时应注意以下事项。

(1)蒸发皿能耐高温,但不宜骤冷。

(2)一般放在石棉网上加热。

(3)蒸发皿中盛液一般不超过 2/3 容积。若需要蒸发的溶液量多,可先蒸发一段时间,然后分次添加,继续蒸发。

十一、移液管和吸量管

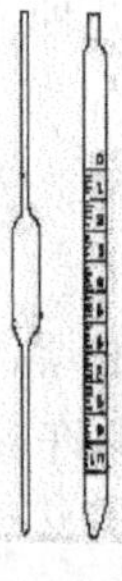

图 2-13　移液管和吸量管

移液管(图 2-13)用于准确移取一定体积的溶液。通常有两种形状,一种移液管上部只有一条标线,中间有膨大部分,称为胖肚移液管;另一种是直形的,带有精细刻度,称为吸量管。

移液管和吸量管(图 2-13)的使用方法与注意事详见本章第四节内容。

十二、有机化学常用仪器和设备

一般来说,有机实验室里常用的玻璃仪器和设备,可分为公共使用和个人使用两大类。若进一步划分,又可分为玻璃仪器和非玻璃仪器。玻璃仪器容易打碎,一般由个人使用,公用的玻璃仪器,如旋转蒸发仪等,都是比较笨重和结实的。无论从经济角度还是从方便使用角度看,都应注意不要损坏仪器和设备。进入实验室的第一件事就是必须注意实验室安全事项,知道灭火器的位置及如何灭火。第二件事就是检查仪器和装置是否完好,包括自己抽屉或柜子里的仪器和一些公用的仪器。有不明白之处时,要积极向有经验的实验指导老师或实验室工作人员请教。

(一)玻璃仪器

有机实验常用玻璃仪器(图 2-14 和图 2-15),按其口塞是否标准及磨口,而分标准磨口仪器及普通仪器两类。标准磨口仪器由于可以相互连接,使用时既省时方便又严密安全,它将逐渐代替同类普通仪器。使用玻璃仪器皆应轻拿轻放。容易滑动的仪器(如圆底烧瓶),不要重叠放置,以免打破。

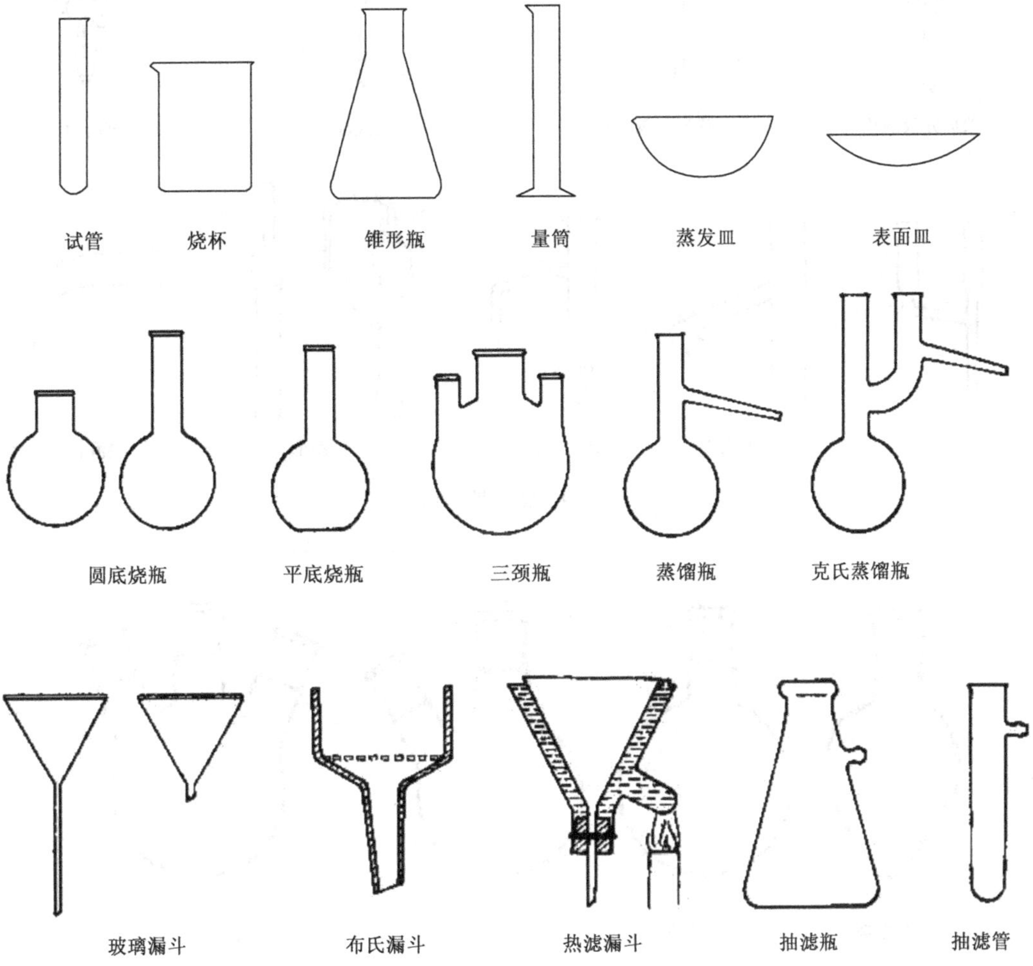

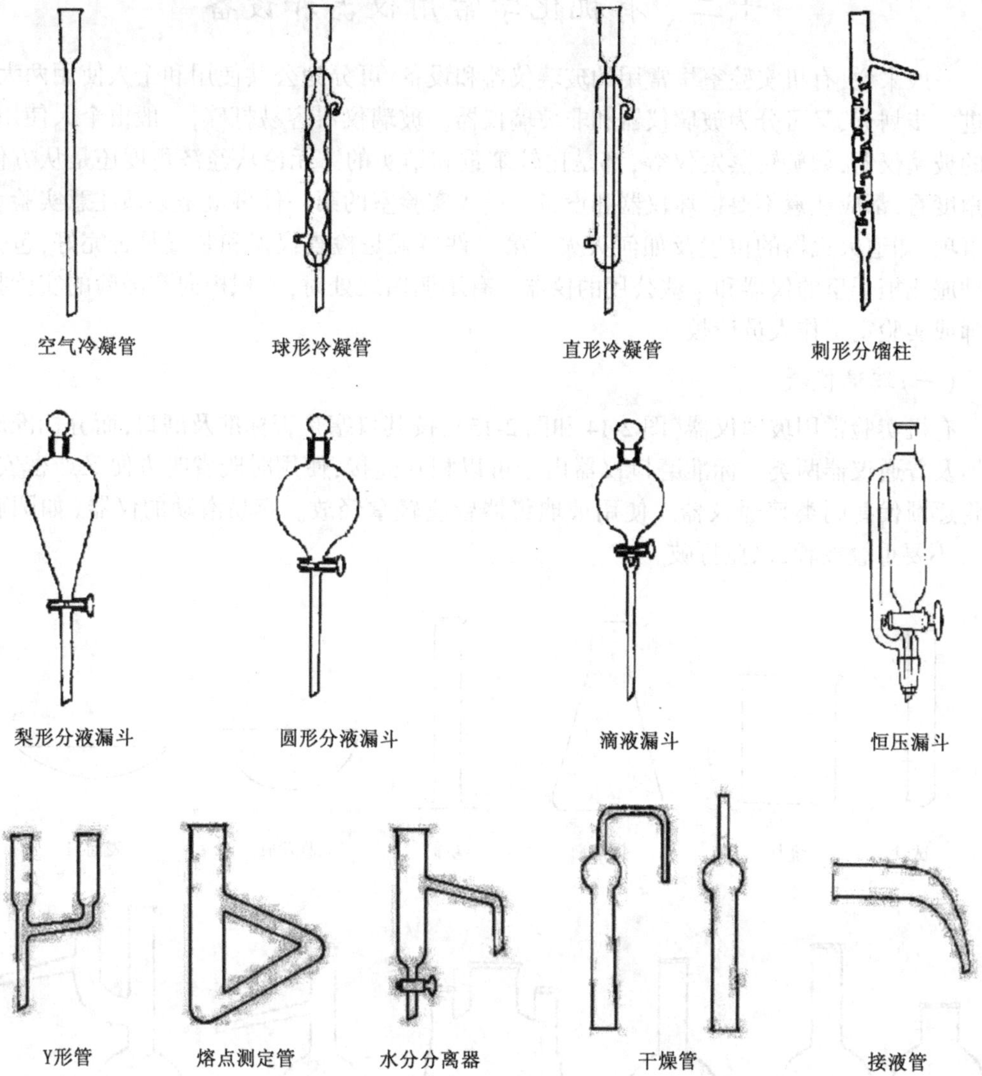
空气冷凝管
球形冷凝管
直形冷凝管
刺形分馏柱
梨形分液漏斗
圆形分液漏斗
滴液漏斗
恒压漏斗
Y形管
熔点测定管
水分分离器
干燥管
接液管

图 2-14　普通玻璃仪器

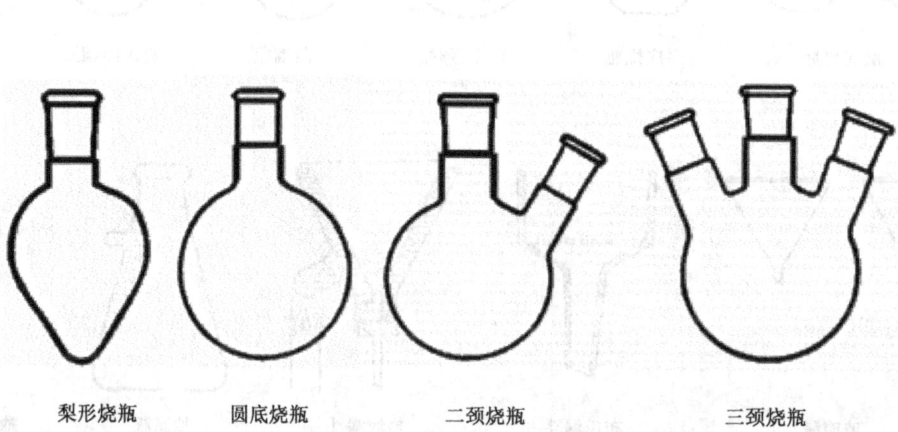
梨形烧瓶
圆底烧瓶
二颈烧瓶
三颈烧瓶

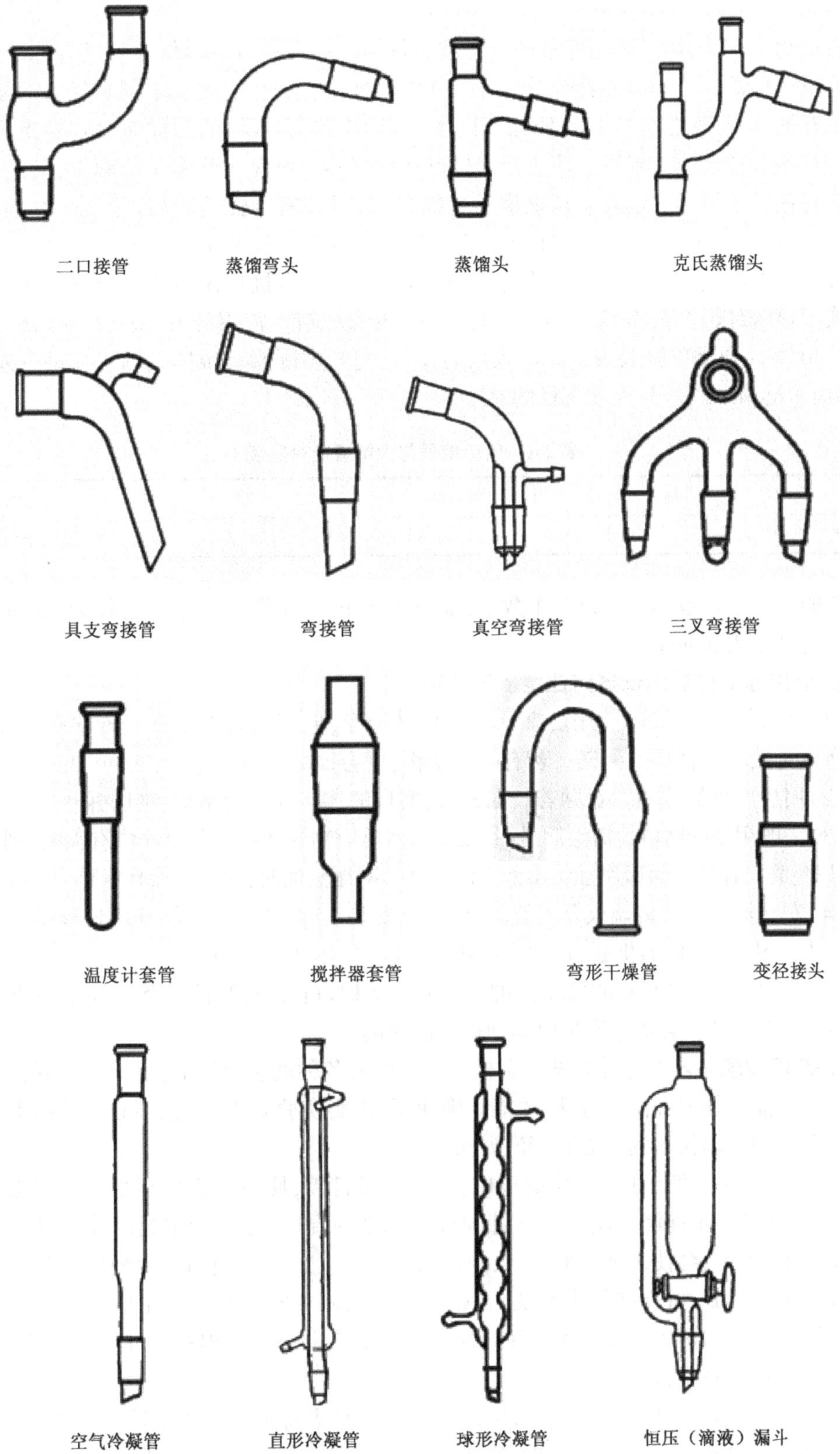

图 2-15　标准口玻璃仪器

（二）有机化学实验常用标准接口玻璃仪器

有机化学实验，最好采用标准磨口的玻璃仪器。标准接口玻璃仪器是具有标准磨口或磨塞的玻璃仪器。由于磨砂密合及口塞尺寸的标准化、系统化，凡属于同类规格的接口，均可任意互换，各部件能组装成各种配套仪器。当不同类型规格的部件无法直接组装时，可使用变径接头使之连接起来。使用标准接口玻璃仪器既可免去配塞子的麻烦，又能避免反应或产物被塞子污染的危险。口塞磨砂性能良好，可使密合性达较高真空度，对蒸馏尤其减压蒸馏有利，对于毒物或挥发性液体的实验较为安全。标准接口玻璃仪器，均按国际通用的技术标准制造。当某个部件损坏时，可以选配。标准接口仪器的每个部件在其口、塞的上或下显著部位均具有烤印的白色标志，以表明规格。常用的有 10、12、14、16、19、24、29、34、40 等。通常以整数表示磨口系列的编号，它与实际磨口锥体大端直径略有差别，表 2-1 列出了磨口的编号与大端直径的对照。

表 2-1　磨口编号与大端直径对照表

编　号	10	14	19	24	29	34	40
大端直径（mm）	10.0	14.5	18.8	24.0	29.2	34.5	40.0

有的标准接口玻璃仪器有两个数字，如 10/30，10 表示磨口大端的直径为 10mm，30 表示磨口的高度为 30mm。

1. 使用标准口玻璃仪器时注意以下事项

（1）磨口处必须洁净，使用前宜用软布揩拭干净，但不能附上棉絮。若粘有固体杂物，会使磨口对接不严密导致漏气。若有硬质杂物，更会损坏磨口。

（2）用后应拆卸洗净。否则若长期放置，磨口的连接处常会粘牢，难以拆开。

（3）一般用途的磨口无需涂润滑剂，以免沾污反应物或产物。若反应中有强碱，则应涂润滑剂，以免磨口连接处因碱腐蚀粘牢而无法拆开。减压蒸馏时，磨口应涂真空脂，以免漏气。

（4）安装标准磨口玻璃仪器装置时，应注意安装正确、整齐、稳妥，使磨口连接处不受歪斜的应力，否则易将仪器折断，特别在加热时，仪器受热，应力更大。

（5）装拆时应注意相对的角度，不能在角度偏差时进行硬性装拆。否则，极易造成破损。

（6）磨口套管和磨塞应该是由同种玻璃制成的。

2. 常用玻璃仪器的保养方法　有机化学实验的各种玻璃仪器的性质是不同的，必须掌握它们的性能及保养和洗涤方法，才能正确使用，提高实验效果，避免不必要的损失。下面介绍几种常用玻璃仪器的保养和清洗方法。

（1）温度计：温度计汞球部位的玻璃很薄，容易打破，使用时要特别小心。不能把温度计当搅拌棒使用，不能测定超过温度计的最高刻度的温度，亦不能把温度计长时间放在高温的溶剂中；否则，会使汞球变形，导致测定温度不准。温度计使用后要慢慢冷却。特别在测量高温之后，切不可立即用水冲洗，否则会破裂或汞柱断裂开。使用后应悬挂在铁座架上，待冷却后再洗净晾干、放回温度计盒内，盒底要垫上一小块棉花。如果是纸盒，放回温度计时要检查盒底是否完好。

（2）冷凝管：冷凝管通水后较重，所以装冷凝管时应将夹子夹紧在冷凝管重心的地方，以免翻倒。如内外管都是玻璃质的，则不适合高温条件下使用。洗刷冷凝管时要用长毛刷，如用洗涤液或有机溶剂洗涤时，清洗后的冷凝管应放在干燥架上晾干，以备使用。

(3)分液漏斗:分液漏斗的活塞和顶塞都是磨砂口的,若非原配,就可能不严密。所以,使用时要注意避免损坏,各个分液漏斗之间也不要互相调换,使用后一定要在活塞和顶塞的磨口间垫上纸片,以免长时间放置后难以打开。

(4) 蒸馏烧瓶:蒸馏烧瓶的支管容易被折断,故无论在使用或放置时都要特别注意保护蒸馏烧瓶的支管,支管的熔接处不能直接加热。

(三)金属用具

有机实验中常用的金属用具有:铁架,铁夹,铁圈,三脚架,水浴锅,镊子,剪刀,三角锉刀,圆锉刀,压塞机,打孔器,水蒸气发生器,煤气灯,不锈钢刮刀,升降台等。

有机化学实验所需要的仪器必须被固定在一定的器具上,图 2-16 是有机化学实验室里常备的一些五金工具。铁架台、铁夹、十字夹用来夹住实验仪器(图 2-17),如圆底烧瓶等;铁圈用来放置分液漏斗等;软木塞圈用来放置圆底烧瓶;刮刀用来转移固体;洗瓶用来盛放水或丙酮等洗液;橡皮塞用来将布氏漏斗固定在吸滤瓶上;弹簧夹用来夹住导管等。

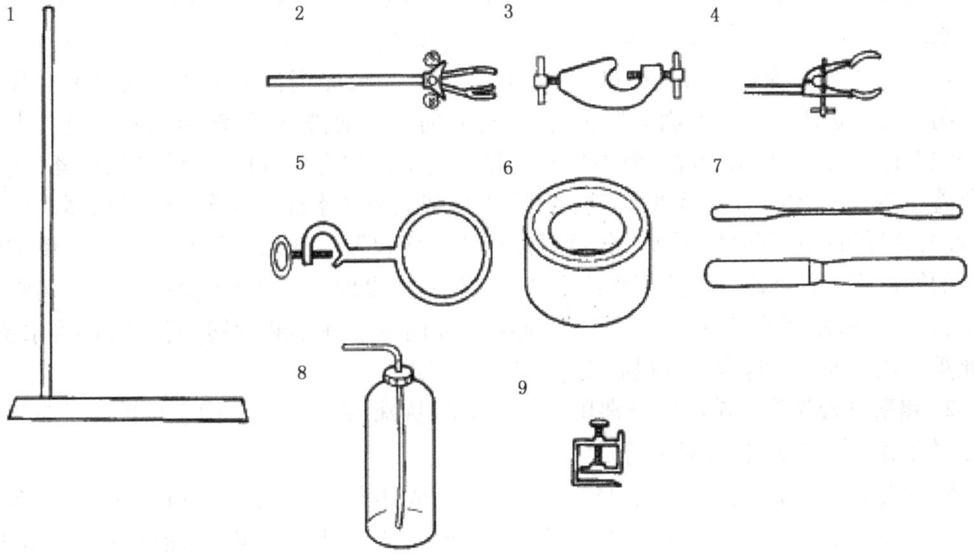

图 2-16　有机化学实验常用五金工具

1. 铁架台;2. 铁夹;3. 十字夹;4. 铁夹;5. 铁圈;6. 橡皮塞;7. 锉刀;8. 洗瓶;9. 弹簧夹

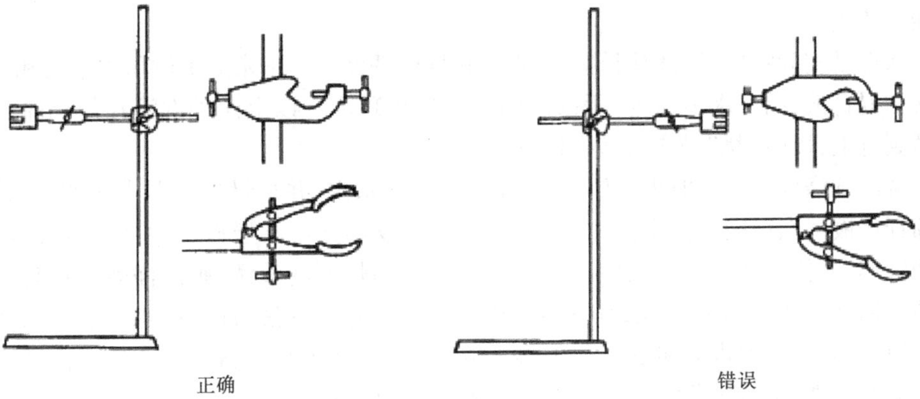

图 2-17　铁架台、铁夹和十字夹的正确使用

第二节　仪器的清洗与干燥

在化学实验中,玻璃仪器的洗涤不仅是一项必须做的实验前的准备工作,也是一项技术性的工作。仪器洗涤是否符合要求,对实验结果的准确和精密度均有影响,严重时甚至导致实验失败。因此实验所用仪器必须是清洁的,有些实验还要求仪器必须是干燥的。洗涤仪器的方法很多,应根据实验的要求、污物的性质和污染程度,以及仪器的类型和形状来选择合适的洗涤方法。一般来说,附着在仪器上的污物既有可溶性物质,也有尘土和其他不溶性物质,还有有机物质和油污等。应针对这些情况"对症下药",选用适当的洗涤剂来洗涤。

一、玻璃仪器的洗涤方法

玻璃仪器干净的标准是用水冲洗后,仪器内壁能均匀地被水润湿而不粘附水珠,如果仍有水珠粘附内壁,说明仪器还未洗净,需要进一步清洗。洗涤方法可分为如下几种。

1. 一般洗涤　像烧杯、试管、量筒、漏斗等仪器,一般先用自来水洗刷仪器上的灰尘和易溶物。然后选用合适的毛刷蘸取去污粉、洗衣粉或合成洗涤剂,转动毛刷将仪器内外全部刷洗一遍,再用自来水冲洗至看不见有洗涤剂的小颗粒为止,自来水洗涤的仪器,往往还残留着一些 Ca^{2+}、Mg^{2+}、Cl^- 等离子,需再用蒸馏水或去离子水漂洗几次。洗涤仪器时应该逐一清洗,这样可避免同时抓洗多个仪器时碰坏或摔坏仪器。洗涤试管时要注意避免试管刷底部的铁丝将试管捅破。用蒸馏水或去离子水洗涤仪器时应采用"少量多次"法,通常使用洗瓶,挤压洗瓶使其喷出一股细流,均匀地喷射在内壁上并不断地转动仪器,再将水倒掉,如此重复几次即可。这样既可提高效率,又节约用水。

2. 铬酸洗液洗涤　洗液洗涤常用于一些形状特殊、容积精确、不宜用毛刷刷洗的容量仪器,如滴定管、移液管、容量瓶等。

铬酸洗液可按下述方法配制:将 25g 重铬酸钾固体在加热下溶于 50mL 水中,冷却后在搅拌下向溶液中慢慢加入 450mL 浓硫酸(注意安全,切勿将重铬酸钾溶液加到浓硫酸中),冷却后贮存在试剂瓶中备用。铬酸洗液是一种具有强酸性、强腐蚀性和强氧化性的暗红色溶液,对具有强还原性的污物(如有机物、油污)的去污能力特别强。铬酸洗液可重复使用,故洗液在洗涤仪器后应保留,当颜色变绿时(Cr^{6+} 变为 Cr^{3+}),就丧失了去污能力,需再生后才能继续使用。

王水也是实验室中经常使用的一种强氧化性的洗涤剂。王水为 1 体积浓硝酸和 3 体积浓盐酸的混合液,因王水不稳定,所以使用时应现用现配。以上两种洗液在使用时要注意不能溅到身上,以防"烧"破衣服和损伤皮肤。

用洗液洗涤仪器的一般步骤如下:仪器先用自来水洗,并尽量把仪器中残留的水倒净,以免稀释洗液。然后向仪器中加入少许洗液,倾斜仪器并使其慢慢转动,使仪器的内壁全部被洗液润湿,使洗液在仪器内浸泡一段时间。若用热的洗液洗,则洗涤效果更佳。用完的洗液倒回洗液瓶。用洗液刚浸洗过的仪器应先用少量水冲洗,冲洗废水不要倒入水池和下水道里,因其会腐蚀水池和下水道,应倒在废液缸中,经处理后排放。仪器用洗液洗过后再用自来水冲洗,最后用蒸馏水或去离子水淋洗 3 遍即可。

3. 特殊污垢的洗涤　一些仪器上常有不溶于水的污垢,特别是未及时清洗而长期放置的仪器。这就需要根据污垢的性质选用合适的试剂(表 2-2),使其经化学溶解而除去。

表 2-2　常见污物处理方法

污　物	处　理　方　法
可溶于水的污物、灰尘等	自来水清洗
不溶于水的污物	肥皂、合成洗涤剂
氧化性污物(如 MnO_2、铁锈等)	浓盐酸洗液、草酸洗液
油污、有机物	碱性洗液(Na_2CO_3、NaOH 等),有机溶剂、铬酸洗液,碱性高锰酸钾洗涤液
残留的 Na_2SO_4、$NaHSO_4$ 固体	用沸水使其溶解后趁热倒掉
高锰酸钾污垢	酸性草酸溶液
粘附的硫黄	用煮沸的石灰水处理
瓷研钵内的污迹	用少量食盐在研钵内研磨后倒掉,再用水洗
被有机物染色的比色皿	用体积比为 1:2 的盐酸乙醇处理
银迹、铜迹	硝酸
碘迹	用 KI 溶液浸泡,然后用温热的稀 NaOH 处理或用 $Na_2S_2O_3$溶液处理

除了上述清洗方法外,现在还有先进的超声波清洗器。只要将用过的仪器放在配有合适洗涤剂的溶液中,接通电源,利用声波产生的振动,可将仪器清洗干净,既省时又方便。

4. 洗净标准　将洗涤过的仪器倒置,若洗涤干净,器壁上的水应均匀分布不挂水珠,如还挂有水珠,说明未洗净需要重新洗涤,直至符合要求。用蒸馏水冲洗时,要用顺壁冲洗方法并充分振荡,经蒸馏水冲洗后的仪器,用指示剂检查应为中性。凡洗净的仪器,不要用布或软纸擦干,以免使布上或纸上的少量纤维留在容器上反而污染了仪器。

二、玻璃仪器的干燥方法

在化学实验中,往往要使用干燥的仪器,因此在仪器洗净后,还应进行干燥。下面介绍几种简单的干燥仪器的方法。

1. 晾干　不急用的仪器,应尽量采用晾干法在实验前使仪器干燥。可将洗涤干净的仪器先尽量倒尽其中的水滴,然后置于安有木钉的架子或带有透气孔的玻璃柜中晾干。

2. 烘干　一般用带鼓风机的电热恒温干燥箱。主要用来干燥玻璃仪器或烘干无腐蚀性、热稳定性比较好的药品,有挥发性的易燃品或刚用乙醇、丙酮淋洗过的仪器切勿放入烘箱内,以免发生爆炸。一般烘干时烘箱温度保持在 100~120℃,鼓风可以加速仪器的干操。仪器放入前要尽量倒尽其中的水,仪器放入时口应朝上。用坩埚钳子把已烘干的仪器取出来,放在石棉板上冷却,注意避免使烘得很热的仪器骤然碰到冷水或冷的金属表面,以免炸裂。厚壁仪器和量筒、吸滤瓶、冷凝管等,不宜在烘箱中烘干。分液漏斗和滴液漏斗,则必须在拔去盖子和旋塞并擦去油脂后,才能放入烘箱内烘干。

3. 吹干　吹干即用热或冷的空气流将玻璃仪器干燥,常用的工具是电吹风机或玻璃仪器气流干燥器。将洗净仪器残留的水分甩尽,将仪器套到气流干燥器的多孔金属管上即可。使用时要注意调节热空气的温度。气流干燥器不宜长时间连续使用,否则易烧坏电机和电热丝。

4. 烤干　可根据不同的仪器选用不同的烤干设备,实验室常用的烤干设备有煤气灯、酒精灯、电炉等。烧杯、蒸发皿可置于石棉网上用小火烤干，烤前应先擦干仪器外壁的水珠。试管烤干时应使试管口向下倾斜，以免水珠倒流炸裂试管。烤干时应先从试管底部开始，慢慢移向管口，不见水珠后再将管口朝上，把水气赶尽。

5. 用有机溶剂干燥 对于急于干燥的仪器或不适于放入烘箱的较大的仪器可采用此法。通常用少量乙醇、丙酮(或最后再用乙醚)倒入已控去水分的仪器中摇洗，然后用电吹风机吹，开始用冷风吹 1~2min，当大部分溶剂挥发后吹入热风至完全干燥，再用冷风吹去残余蒸汽，不使其又冷凝在容器内。用过的溶剂应倒入回收瓶中。

带有刻度的计量仪器，如移液管、容量瓶、滴定管等不宜用加热的方法干燥，原因是热胀冷缩会影响这些仪器的精密度。

第三节 实验室常用加热仪器与加热方法

一、实验室常用的加热仪器

化学实验中常用的加热仪器有酒精灯、酒精喷灯、煤气灯、电炉、电加热套等。

酒精灯(图 2-18 和图 2-19)由灯帽、灯芯和灯壶三部分组成，酒精灯的加热温度通常为 400~500℃，适用于加热温度不需太高的实验。

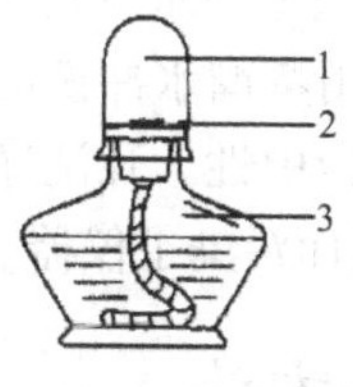

图 2-18 酒精灯

1. 灯帽；2. 灯芯；3. 灯壶

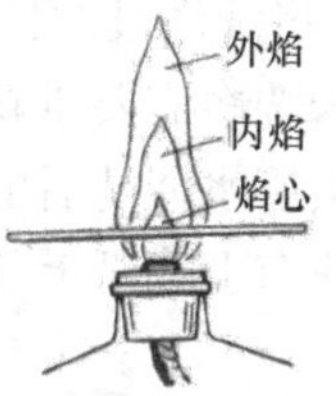

图 2-19 酒精灯的灯焰

使用酒精灯时，应先检查灯芯，剪去灯芯烧焦部分，以露出灯芯管 0.8~1cm 为宜。然后添加酒精，加酒精时必须将灯熄灭，待灯冷却后，借助漏斗将酒精注入(图 2-20)，酒精加入量为灯壶容积的 1/3~2/3，即稍低于灯壶最宽位置(肩膀处)。必须用火柴点燃酒精灯，绝对不能用另一燃着的酒精灯去点燃，以免洒落酒精引起火灾(图 2-21)。用毕要用灯罩盖灭，不可用嘴吹灭，灯罩盖上片刻后，还应将灯罩再打开一次，以免冷却后盖内产生负压使以后打开困难。

二、实验室常用的加热方法

按加热的方式不同，加热可分为直接加热和间接加热。

(一) 直接加热

当被加热的液体在较高温度下稳定而不分解，又无着火危险时，可以把盛有液体的容器放在石棉网上用酒精灯直接加热。实验室常用于直接加热的玻璃器皿中，烧杯、烧瓶、蒸发皿、试管等都能承受一定的温度，但不能骤冷骤热，因此在加热前必须将器皿外的水擦干，加热后也不能立即与潮湿物体接触。

图 2-20　添加乙醇的方法

图 2-21　酒精灯的点燃方法

1. 试管加热　少量液体或固体一般置于试管中加热。用试管加热时，由于温度较高，不能直接用手执试管，应用试管夹夹持试管或将试管用铁夹固定在铁架台上。加热液体时，应控制液体的量不超过试管容积的 1/3，用试管夹夹持试管的中上部加热，并使管口稍微向上倾斜（图 2-22），管口不要对着自己或别人，以免被爆沸溅出的溶液灼伤。为使液体各部分受热均匀，应先加热液体的中上部，再慢慢往下移动加热底部，并不时地摇动试管，以免由于局部过热，蒸汽骤然发生将液体喷出管外，或因受热不均试管炸裂。加热固体时，试管口应稍微向下倾斜（图 2-23），以免凝结在试管口上的水珠回流到灼热的试管底部，使试管破裂。加热固体时也可以将试管用铁夹固定在铁架台上。

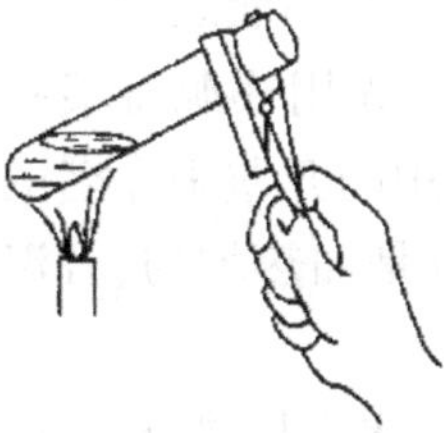

图 2-22　加热液体

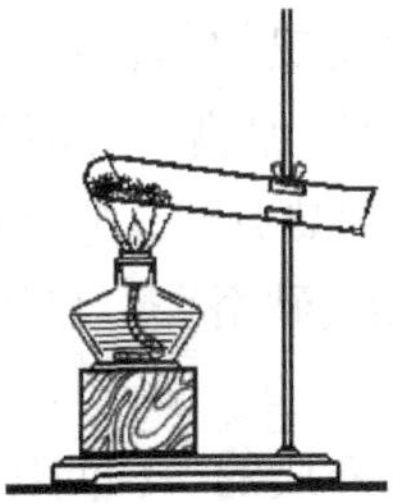

图 2-23　加热固体

2. 烧杯、烧瓶、蒸发皿的加热　蒸发液体或加热量较大时可选用烧杯、烧瓶或蒸发皿。用烧杯、烧瓶和蒸发皿等这些玻璃器皿加热液体时，不可用明火直接加热，应将器皿放在石棉网上加热（图 2-24），否则易因受热不均而破裂。使用烧杯和蒸发皿加热时，为了防止爆沸，在加热过程中要适当加以搅拌。加热时，烧杯中的液体量不应超过烧杯容积的 1/2。

蒸发、浓缩与结晶是物质制备实验中常用的操作之一，通过此步操作可将产品从溶液中提取出来。由于蒸发皿具有大的蒸发表面，有利于液体的蒸发，所以蒸发浓缩通常在蒸发皿中进行。蒸发皿中的盛液量不应超过其容积的 2/3。加热方式可视被加热物质的性质而定。对热稳定的无机物，可以用灯直接加热（应先均匀预热），一般情况下采用水浴加热。加热时应注意不要使瓷蒸发皿骤冷，以免炸裂。

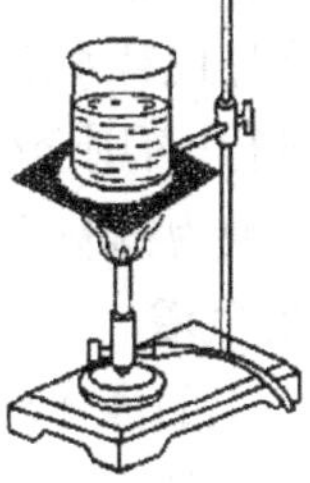

图 2-24　加热烧杯中的液体

3. 坩埚加热　高温灼烧或熔融固体使用的仪器是坩埚。灼烧是指将固体物质加热到高温以达到脱水、分解、除去挥发性杂质、烧去有机物等目的的操作。实验室常用的坩埚有瓷坩埚、氧化铝坩埚、金属坩埚等。至于要选用何种材料的坩埚则视需灼烧物料的性质及需要加热的温度而定。

加热时，将坩埚置于泥三角上，直接用煤气灯灼烧（图 2-25）。先用小火将坩埚均匀预热，然后加大火焰灼烧坩埚底部，根据实验要求控制灼烧温度和时间。夹取高温下的坩埚时，必须使用干净的坩埚钳，坩埚钳使用前先在火焰上预热一下，再去夹取。灼热的瓷坩埚及氧化铝坩埚绝不能与水接触，以免爆裂。坩埚钳使用后应使尖端朝上（图 2-26）放在桌子上，以保证坩埚钳尖端洁净。用煤气灯灼烧可获得 700～900℃ 的高温，若需更高温度可使用马弗炉或电炉。

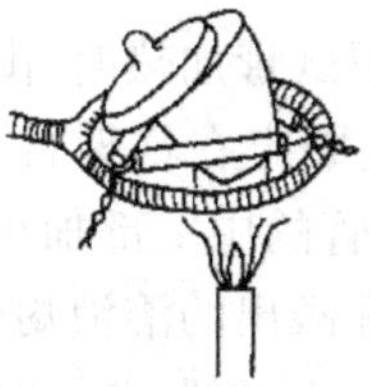

图 2-25　灼烧坩埚

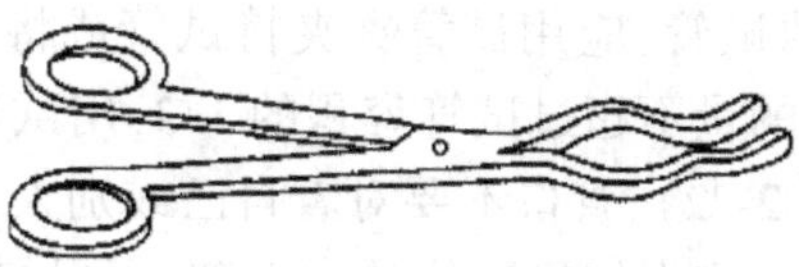

图 2-26　坩埚钳的放法

（二）间接加热

当被加热的物体需要受热均匀，而且受热温度又不能超过一定限度时，可根据具体情况，选择特定的热浴进行间接加热。所谓热浴是指先用热源将某些介质加热，介质再将热量传递给被加热物的一种加热方式。它是根据所用的介质来命名的，如用水作为加热介质称为水浴，类似的还有油浴、砂浴等。热浴的优点是加热均匀、升温平稳，并能使被加热物保持较恒定温度。

1. 水浴　以水为加热介质的一种间接加热法，水浴加热常在水浴锅中进行。在水浴加热操作中，水浴中水的表面略高于被加热容器内反应物的液面，可获得更好的加热效果。如采用电热恒温水浴锅加热，则可使加热温度恒定。实验室也常用烧杯代替水浴锅，在烧杯上放上蒸发皿，也可作为简易的水浴加热装置，进行蒸发浓缩。如将烧杯、蒸发皿等放在水浴盖上，通过接触水蒸气来加热，这就是蒸气浴。如果要求加热的温度稍高于 100℃，可选用无机盐类的饱和水溶液作为热溶液；当所需加热温度在 90℃ 以下时，可将反应容器浸入水浴锅中加热，使水浴的温度达到所需温度。水浴加热均匀，温度易控制，适合低沸点的物质加热和回流。水浴的液面应稍高出反应容器内的液面。当加热少量的低沸点物质时，也可用烧杯代替水浴锅。但是必须指出：当用到金属钾、钠的操作及无水操作时，绝不能在水浴上进行，否则会引起火灾或使实验失败，使用水浴时勿使容器触及水浴器壁及其底部。水浴锅一般为铜制或铝制。电热多孔恒温水浴仪使用起来较为方便。

2. 空气浴　空气浴就是让热源把局部空气加热，空气再把热能传递给反应容器。沸点在 80℃ 以上的液体均可采用空气浴加热。直接利用煤气灯隔着石棉网对容器加热，这是最简单的空气浴，但受热不均匀，因此不适合低沸点易燃液体或减压蒸馏。电热套是比较好的空气浴，能从室温加热到 200℃ 左右。安装电热套时，要使反应瓶外壁与电热套内壁保持 2cm 左右的距离，以防止局部过热。为了便于控制温度，可连接调压的变压器。

3. 油浴　当加热温度在 100～200℃ 时，宜使用油浴，油浴加热的优点是使反应物受热均匀。油浴所能达到的最高温度取决于所用油的种类。一般情况下，反应物的温度应低于油浴液的温度 20℃左右。常用的油浴有石蜡油（液体石蜡）、石蜡、甘油、植物油和硅油。

（1）甘油可以加热到 140~150℃，温度过高时会分解、炭化。

（2）植物油如菜油、花生油等，可以加热到 220℃，常加入 1% 的对苯二酚等抗氧化剂，便于久用。若温度过高时则分解，达到闪点时可能燃烧起来，所以使用时要小心。

（3）石蜡油可以加热到 200℃左右，温度稍高并不分解，但较易燃烧。

（4）硅油在 250℃时仍较稳定，透明度好、安全，是目前实验室里较为常用的油浴之一，但其价格较贵。

使用油浴加热时要特别小心，防止着火，当油浴受热冒烟时，应立即停止加热，油浴中应挂一温度计，可以观察油浴的温度和有无过热现象，同时便于控制温度，温度不能过高，否则受热后有溢出的危险。使用油浴时要杜绝产生可能引起油浴燃烧的因素。加热完毕取出反应容器时，仍用铁夹夹住反应器，使其离开油浴液面悬置片刻，待容器壁上附着的油滴完后，再用纸片或干布擦干器壁。此外，还应注意，不要把水溅入油浴锅内，以免产生泡沫或爆溅。

4. 砂浴　当加热温度在 250~350℃时应采用砂浴。通常将清洁且干燥的细砂装在铁盘中，把反应容器半埋在砂中，加热铁盘。保持其底部留有一层砂层，以防局部过热，砂层要薄一些。砂浴中应插入温度计，温度计水银球要靠近反应器。但由于砂浴温度分布不均匀，且传热慢，温度上升慢，散热又太快，因此使用范围有限。

5. 其他加热方法　除了以上介绍的几种常用的加热方法外，还可用熔盐浴、金属浴（合金浴）、电热法等多种加热方法，应根据实验需要和实验条件进行选择使用。

三、冷却方式

放热反应进行时，常产生大量的热，它使反应温度迅速升高，如果控制不当，往往会引起反应物的蒸发，逸出反应器，也可能引起副反应或爆炸，为了把温度控制在一定范围内，需要适当冷却。最简单的冷却方法是冷水浴，也可用水和碎冰的混合物作冷却剂。根据一些实验对低温的要求，在操作中需使用致冷剂进行冷却操作，以便在一定的低温条件进行反应、分离和提纯等。

1. 冷却剂适用情况

以下几种情况应使用冷却剂：

(1)某些反应，其中间体在室温下是不稳定的，这时反应就应在特定的低温条件下进行，如重氮化反应，一般在 0~5℃下进行；

(2)反应放出大量的热，需要降温来控制反应速度；

(3)为了降低固体物质在溶剂中的溶解度，以加速结晶的析出；

(4)为了减少损失，把一些沸点很低的有机物冷却；

(5)高度真空蒸馏装置。

2. 冷却剂的选择　应根据冷却时所需要的温度和吸收的热量来决定。

(1)水价廉且热容量高，是常用的冷却剂；

(2)冰-水混合物是容易得到的冷却剂，冰越碎效果越好；

(3)冰-盐混合物，即往碎冰中加入食盐或氯化钙等，可冷至-18~-5℃；

(4)干冰可冷至-60℃以下，当把干冰加入到甲醇或丙酮等适当的溶剂中时，可冷至-78℃；

(5)液氮可冷至-196℃。

注意:在低于-38℃时,不能用水银温度计,需使用有机液体低温温度计。

第四节 天平及度量仪器的使用

一、天 平

天平是化学实验室中最常用的称量仪器。天平的种类很多,按天平的平衡原理,可将天平分为杠杆式天平和电磁力式天平两类;根据天平的精度,天平可分为常量(0.1mg)、半微量(0.01mg)、微量(0.001mg)天平等。选用何种天平进行称量,需视实验时对称量的精度要求而定。托盘天平(又称台秤)和电光天平是化学实验中最常用的称量仪器。

(一)台秤的使用

台秤常用于一般称量,台秤一般能称至0.1mg,用于对精度要求不高的称量或精密称量前的粗称。

1. 构造 台秤的构造如图2-27所示,由横梁、托盘、指针、刻度盘、游码标尺、游码、平衡调节螺丝、天平底座组成。

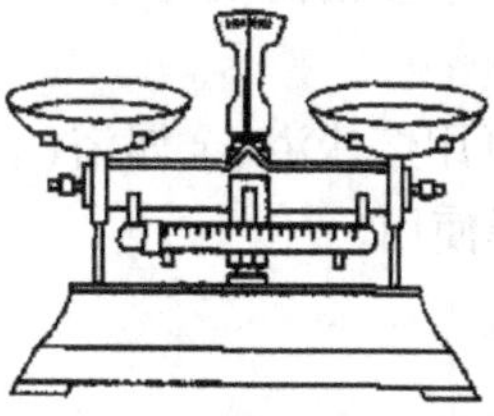

图2-27 台秤

2. 称量 称量物品前,要先调整台秤零点。将台秤游码拨到标尺"0"处,检查台秤指针是否停在刻度盘中间位置,若不在中间,可调节台抨托盘下侧的平衡调节螺丝。当指针在刻度盘中间位置左右摆动大致相等时,则台秤处于平衡状态,停摇时,指针停在刻度盘中间,该位置即为台秤的零点。零点调好后方可称量物品。

称量时,左盘放被称物品,右盘放砝码(10g或5g以下的质量,可用游码),用游码调节至指针正好停在刻度盘中间位置,此时台秤处于平衡状态,指针所停位置称为停点(零点与停点之间允许偏差1小格以内),右盘上的砝码的质量与游码上的读数之和即为被称物的质量。

使用台秤应注意以下几点:①不能称量热的物品;②被称量物品不能直接放在台秤盘上,应放在称量纸、表面皿或其他容器中;③吸湿性强或有腐蚀性的药品(如氢氧化钠)必须放在玻璃容器中快速称量;④砝码只能放在台秤盘(大的放在中间、小的放在大的周围)和砝码盒里,必须用镊子夹取砝码;⑤称量完毕立即将砝码放回砝码盒内,将游码拨到"0"位处,把托盘放在一侧或用橡皮圈将横梁固定,以免台秤摆动;⑥保持台秤的整洁,托盘上不慎撒入药品或其他脏物时,应立即清除,将其擦净后方能继续使用。

(二)电子天平

通过电磁力矩的调节使物体在重力场中实现力矩平衡的天平称为电子天平(图2-28)。电子天平是目前最新一代的天平,可直接称量,全量程不需砝码,放上被称物品后,在几秒钟内即可达到平衡。电子天平具有称量速度快、精度高、使用寿命长、性能稳定、操作简便和灵敏度高的特点,其应用越来越广泛,并逐步取代机械天平。

1. 结构 电子天平的外框为优质合金框架,上部有一个可以移动的天窗,左、右各有一个可以移动的侧门,天窗和侧门供称量或清理天平内部时使用。电子天平底座的下部有3个底脚(前1后2),是电子天平的支撑部件,同时也是电子天平的水平调节器。调节天平的水平时,旋动后面的底脚即可。秤盘由优质金属材料制成,是承受物品的装置,使用时要注意清洁,随时用毛刷除去洒落的药品或灰尘。水平仪位于天平背后底部,用来指示天平是否处于水平状态。前部面板是功能键:ON——开机键;OFF——关机键;TAR——去皮或清零键;CAL——自动校准键。

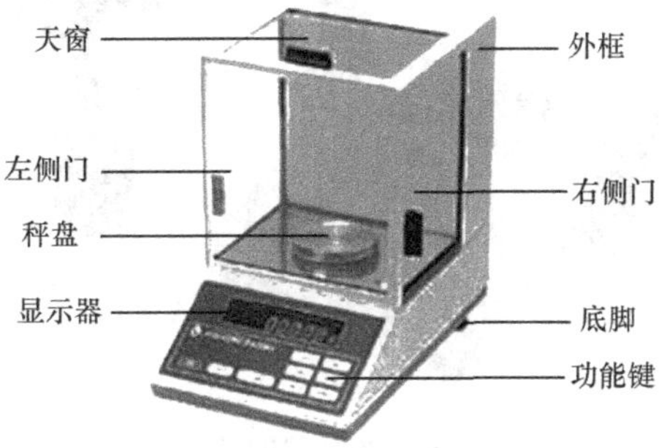

图 2-28　电子天平

2. 电子天平的使用方法

(1)检查并调整天平至水平位置。

(2)事先检查电源电压是否匹配(必要时配置稳压器),按仪器要求通电预热至所需时间,不少于 30min。

(3)按一下 ON 键,显示器显示“0.0000g”,如果显示的不是“0.0000g”,应进行校准。方法是按 TAR 键,稳定地显示“0.0000g”后,按一下 CAL 键,天平将自动进行校准,屏幕显示出 CAL,表示正在进行校准。CAL 消失后,表示校准完毕,即可进行称量。

(4)称量时,打开电子天平侧门,将被称物品轻轻放在秤盘上,关闭侧门,待显示屏上的数字稳定并出现质量单位“g”后,即可读数(最好再等几秒钟)。轻按一下 TAR 键,天平将自动校对零点,然后逐渐加入待称物质,直到所需质量,显示屏所显示的数值即为所需物品的质量。

(5)称量结束后应及时移去物品,关上侧门,切断电源,盖好天平罩。

3. 注意事项　电子天平应放置在牢固平稳的水泥台或木质台面上,室内要清洁、干燥及保持较恒定的温度,同时应避免光线直接照射到天平上。称量时应从侧门取放物质,读数时应关闭箱门,以免空气流动引起天平摆动。顶窗仅在检修或清除残留物质时使用。若长时间不使用,则应定时通电预热,每周一次,每次预热 2h,以确保仪器始终处于良好状态。天平内应放置吸潮剂(如硅胶),当吸潮剂吸水变为红色时,应立即高温烘烤更换,以确保干燥剂的吸湿性能。挥发性、腐蚀性、强酸强碱类物质应盛于带盖称量瓶内称量,防止腐蚀天平。

二、酸　度　计

(一)基本原理

酸度计是用电位法测定溶液 pH 的一种电子仪器(图 2-29)。它能准确测量各种溶液的 pH,也能测量电池的电动势(mV)。

图 2-29　酸度计

酸度计是利用指示电极、参比电极在不同 pH 的溶液中产生不同的电动势这一原理设计的。指示电极一般用玻璃电极，其底部是由导电玻璃吹制成的很薄的空心小球，球内装有 0.1mol/L 的 HCl 溶液（或一定 pH 的缓冲溶液）和 Ag-AgCl 电极，当电极插入待测溶液中时，便组成了原电池的一个极。由于玻璃膜对 H^+ 很敏感，当玻璃膜内外的 H^+ 浓度不同时就产生一定的电位，其数值大小取决于玻璃膜内外的 H^+ 浓度差，而玻璃膜内 H^+ 浓度是固定的，所以该电极的电位只随待测液 pH 的不同而改变。在 298K 时

$$\varphi_G = \varphi_G^\theta - \frac{2.303RT}{F}\text{pH} = \varphi_G^\theta - 0.059\text{pH} \qquad (2\text{-}1)$$

式(2-1)中 φ_G 与 φ_G^θ 分别代表玻璃电极的电位和标准电极电位；F 为法拉第常数；R 为摩尔气体常数，T 为绝对温度。常用的参比电极为甘汞电极或 Ag-AgCl 电极。以甘汞电极为例，它由 Hg、Hg_2Cl_2 及 KCl 饱和溶液组成，其构造如图 2-29 所示。内玻璃管中封接一根铂丝，铂丝插入汞中，下置一层甘汞（Hg_2Cl_2）和汞的糊状物，外玻璃管中装入 KCl 溶液，电极下端开口用陶瓷塞塞住，溶液通过塞内的毛孔向外渗透，电极反应为

$$Hg_2Cl_2 + 2e \rightleftharpoons 2Hg + 2Cl^-$$

甘汞电极的电位仅随电极内 Cl^- 浓度而改变，而与待测溶液的 pH 及其离子浓度无关。通常用 KCl 饱和溶液，在 298K 时，其电位为 0.2415V。将玻璃电极与甘汞电极插入待测液中组成原电池时，就可以测定该电池的电动势。

$$E = \varphi_{正} - \varphi_{负} = \varphi_{甘汞} - \varphi_G \qquad (2\text{-}2)$$

将式(2-1)代入式(2-2)得

$$\text{pH} = \frac{(E - \varphi_{甘} + \varphi_G^\theta)F}{2.30RT} \qquad (2\text{-}3)$$

298K 时

$$\text{pH} = \frac{E - 0.2514 + \varphi_G^\theta}{0.059} \qquad (2\text{-}4)$$

可以用一个已知 pH 的缓冲溶液（对于乙酸，选用邻苯二甲酸氢钾溶液，在 298K 时 pH = 4.00）代替待测液而求得。

酸度计就是将测得的电池电动势直接用 pH 表示出来，为此，仪器加装了定位调节器。

当测量标准缓冲液时,利用这一调节器,把读数直接调节在标准缓冲液的 pH 上,这样测未知溶液时,指针就直接指出溶液的 pH,省去计算过程。一般把前一步称为“校准”,后一步称为“测量”。一台已校准过的仪器在一定时间内可连续测量许多份未知液,如果电极还不十分稳定,则需经常校准。

（二）pH S-2 型酸度计测定 pH 的方法

pH S-2 型酸度计面板如图 2-30 所示。

1. 开机　插上 220V 电源,按下 pH 按键,左上角指示灯亮,使仪器预热约 30min。

2. 电极的准备

(1)双电极法:将活化好的玻璃电极(蒸馏水中浸泡 48h)夹在电极夹子上(注意夹牢),并将电极引线插入“玻璃电极”插孔,旋紧固定小螺丝。将甘汞电极上的橡皮塞和橡皮套拔下放好,然后将电极夹在电极夹子上,调整甘汞电极的位置使其下端略低于玻璃电极以保护玻璃电极,将电极引线接在参比电极接线柱上。

(2)复合电极法:复合电极是由玻璃电极(测量电极)和 Ag-AgCl 电极(参比电极)组合在一起的塑壳可充式复合电极。将活化好的复合电极夹在电极夹子上,并将电极引线插入“玻璃电极”插孔,旋紧固定小螺丝。

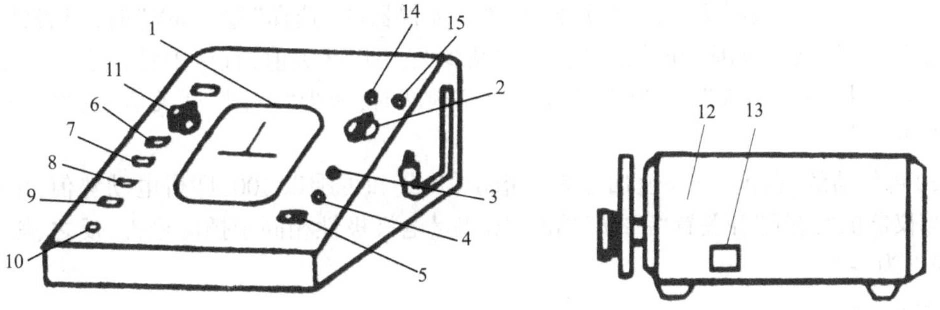

图 2-30　pH S-2 型酸度计

1. 指示表;2. pH-mV 分档开关;3. 校正调节器;4. 定位调节器;5. 读数开关 6. 电源按键;7. pH 按键;8. +mV 按键;9. mV 按键;10. 零点调节器;11. 温度补偿器;12. 保险丝;13. 电源插座;14. 甘汞电极接线柱;15. 玻璃电极插口

3. 校正、定位　调节温度补偿器在被测溶液的温度,将范围选择开关调在“6”,调节零点调节器使 pH 指示灯为“1”,将 pH-mV 分档开关调在“校正”,调节校正调节器使指针在满度,重复调节零点和满度至稳定,然后用已知准确 pH7.00 的标准缓冲溶液按下读数开关,用定位调节器使指针指示在该 pH(7.00),放开读数开关。

4. 测量　将电极移出缓冲溶液,使用蒸馏水冲洗干净后用滤纸擦干,然后放入被测溶液中,按下读数开关,调节合适的 pH 范围,将指针指示值与范围开关值相加即得被测液的 pH。

（三）奥立龙 828 型酸度计 pH 测量方法

1. 双缓冲溶液标定　接通电源后需对主机预热 10min,然后对电极进行标定 1 次,保证仪器处于最佳工作状态。

(1)根据被测溶液的酸碱性,选择 2 点缓冲溶液进行标定。第一点缓冲溶液的 pH 应为 6.86,第二点缓冲溶液的 pH 需与被测溶液的酸碱性一致,即选择 pH 4.00 或 pH 9.18 的缓冲溶液。

(2)先按标定键(CAI),通过滚动键(∨∧)选择第二点缓冲溶液(4~7)或(7~10),再按确定键(YES)。

(3)用蒸馏水冲洗电极,并用滤纸擦干,然后将电极置于 pH 6.86 的缓冲溶液,搅动一下缓冲溶液,当 Ready 灯亮时,按确定键(YES)表示第一点已标定。

(4)用蒸馏水冲洗电极,并用滤纸擦干,然后将电极置于 pH 4.00 或 pH 9.18 的第二点缓冲溶液,搅动一下缓冲溶液,当 Ready 灯亮时,按确定键(YES)表示第二点已标定。

(5)两点标定结束后,仪器进入斜率方式,并显示斜率值。

2. pH 的测量

(1)标定结束后,用蒸馏水冲洗电极。

(2)将电极放入被测溶液,并轻微搅动一下,当 Ready 灯亮时,记录 pH。

(四)电池电动势的测量

(1)测量电极插头芯线接“-”,参比电极连线接“+”。复合电极插头芯线为测量电极,外层为参比电极,在仪器内参比电极接线柱已与电极插口外层相接,不必另连线。如测量电极的极性和插座极性相同时,则仪器的“选择”置“+mV”档,否则,仪器的“选择”置“-mV”档。

(2)将电极放入被测溶液,按“读数”开关。如仪器的“选择”置“+mV”时,当表针打出右面刻度时,则增加“范围”开关值,反之,则减少“范围”开关值,直至表针在表面刻度上。如仪器的“选择”置“-mV”时,当表针打出右面刻度时,减少“范围”开关值,反之,则增加“范围”开关值。

(3)将仪器的“范围”开关值加上表针指示值,其和再乘以 100,即得电动势值,单位为 mV。当仪器的“选择”开关置“+mV”档时,则测量电极极性相同于插座极性,反之,则测量电极极性为“-”。

(五)注意事项

(1)电极在测量前必须用已知 pH 的标准缓冲溶液进行定位校正,而且其 pH 越接近被测液的 pH 越好。

(2)取下电极保护帽后要注意,塑料保护栅内的敏感玻璃泡不要与硬物接触,任何破损和擦毛都会使电极失效。

(3)每测一个溶液之前,必须用蒸馏水冲洗电极,并用滤纸吸干上面的水珠,以免污染被测液,影响测量结果。

(4)测量完毕,不用时应将电极保护帽套上,帽内应放少许补充液,以保护电极球泡的湿润。

(5)复合电极的外参比补充液为 3mol/L 的 KCl,补充液可从上端小孔加入。

(6)仪器输入端(即复合电极插口)必须保持清洁干燥,不使用时将短路插头插入,使仪器输入处于短路状态,这样能防止灰尘进入,并能保护仪器不受静电影响。

(7)电极避免长期浸在蒸馏水、蛋白质溶液和酸性氟化物溶液中,并防止和有机硅油脂接触。

(8)仪器在按下“读数”开关,发现指针打出刻度时,应放下“读数”开关,检查分档开关位置及其他调节器是否适当,电极头是否浸入溶液。如在 pH 档时,输入信号近于 pH = 7 或输入端短路时,分档开关应在"6"档;在 mV 档时,分档开关应在"0"mV。

(9)被测溶液中如含有易污染敏感球泡或堵塞液接界面的物质,使电极钝化时,应根据污染物的性质,以适当溶液清洗,使之复新。

三、分光光度计

实验室常用的分光光度计有 721 型、722 型、752 型和 UV-2102PC 型等几种。其基本原理相同,只是结构、测量精度、测量范围、显示方式有差异。

下面以 721 型、752 型和 UV-2102PC 型分光光度计为例,说明这类仪器的使用及注意事项。

721 型分光光度计是 72 型分光光度计的改进型,其特点是用体积小的晶体管稳压电源代替了笨重的磁饱和稳压器,用光电管代替了硒光电池作为光电转换元件,光电管配合放大线路。将微弱光电流放大后推动指针式微安表,以代替易损坏的灵敏光电检流计。由于对电子系统进行了很大的改进,721 型分光光度计可以将所有的部件组装成一个整件,装置紧凑,操作方便。

(一)721 型分光光度计结构和使用方法

1. 仪器的基本结构　721 型分光光度计的构造如图 2-31 所示。由光源部件、单色光器部件、比色皿部件、光量调节器、光电管暗盒部件、指示表头和稳压装置等构成。

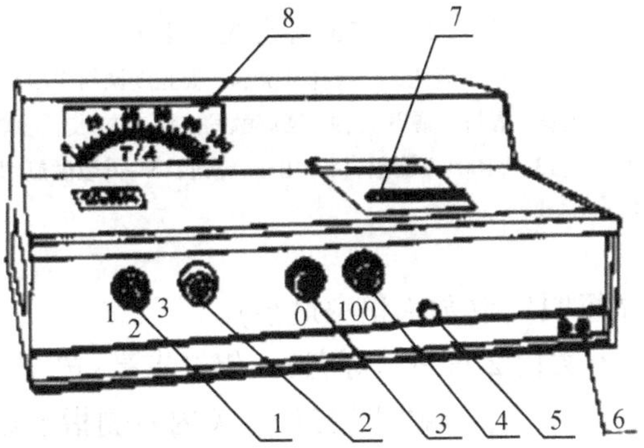

图 2-31　721 型分光光度计

1. 灵敏度档;2. 波长调节器;3. 调"0"电位器;4. 光量调节器;5. 比色皿座架拉杆;6. 电源开关;7. 比色皿暗箱;8. 读数表头

2. 仪器使用方法

(1) 开启电源开关,调节波长旋钮至测定波长处。仪器预热 20min。

(2)将灵敏度旋钮置"1"档。

(3)打开吸收池暗箱盖,调节"调零电位器"使电表指针在"0"位置,将空白溶液放入吸收池架中,并处于校正位置,然后盖上吸收池暗箱盖,调节"100%电位器",使电表指针在满度附近。

(4)用供测试液将吸收池洗涤 3 次,用擦镜纸轻轻擦干吸收池的外表后,放入吸收池架。

(5)经连续几次调整"0"和"100%"后,即可拉出样品溶液进行测定。

(6)测量完毕,及时关机,切断电源,用蒸馏水将吸收池洗净放好,登记使用情况,盖好防护罩。

（二）752 型光栅分光光度计的构造和使用方法

752 型光栅分光光度计能在紫外、可见光谱区域内对样品物质作定性和定量的分析，是理化实验室常用的分析仪器之一。

1. 仪器的基本结构　752 型分光光度计的构造如图 2-32 所示。由光源部件、单色光器部件、比色皿部件、光量调节器、光电管暗盒部件、指示表头和稳压装置等构成。

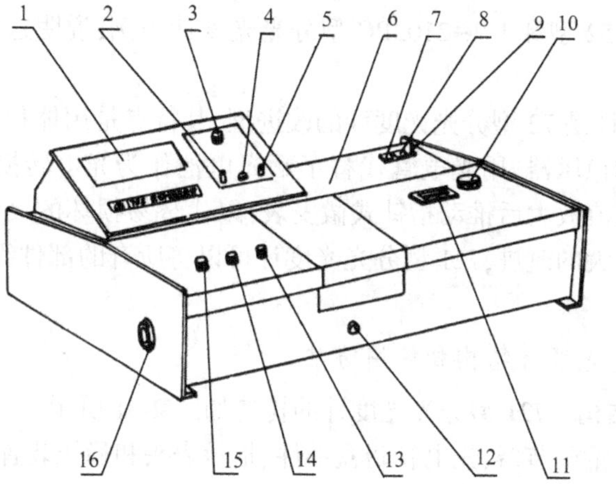

图 2-32　752 型分光光度计

1. 数字显示器；2. 吸光度调零旋钮；3. 选择开关；4. 吸光度调斜率电位器；5. 浓度旋钮；6. 光源室；7. 电源开关；8. 氢灯电源开关；9. 氢灯触发按钮；10. 波长手轮；11. 波长刻度窗；12. 试样架拉手；13. “100%”旋钮；14. “0%”旋钮；15. 灵敏度旋钮；16. 干燥器

2. 仪器使用方法

（1）将灵敏度旋钮调置“1”档（放大倍率最小）。

（2）按“电源”开关（开关内 2 只指示灯亮）。钨灯点亮；按“氢灯”开关（开关内左侧指示灯亮）；氢灯电源接通，再按“氢灯触发”按钮（开关内右侧指示灯亮）；氢灯点亮。仪器预热 30min（注：仪器后背部有一只“钨灯”开关，如不需要用钨灯时可将它关闭）。

（3）选择开关置于“T”。

（4）打开试样室盖（光门自动关闭），调节“0%”旋钮，使数字显示字为“000. 0”。

（5）将波长置于测定波长。

（6）将装有溶液的比色皿放置在比色皿架中（注：波长在 360nm 以上时，可以用玻璃比色皿；波长在 360nm 以下时，要用石英比色皿）。

（7）盖上样品室盖，将参比溶液比色皿置于光路，调节透过率“100”旋钮，使数字显示为 100. 0%（T），如果显示不到 100. 0% T，则可适当增加灵敏度档数，同时应重复步骤（4），调节仪器的“000. 0”。

（8）将被测溶液置于光路中，数字显示器上直接读出被测溶液的透过率（T）值。

（9）吸光度 A 的测量：参照仪器使用方法步骤（4）和步骤（7），调整仪器的“000. 0”和“100. 0”，将选择开关置于“A”。旋动吸光度调整旋钮，使得数字显示为“000. 0”，然后移入被测溶液，显示值即为试样的吸光度 A 值。

(10)测量完毕,取出比色皿,做好清洁和使用情况记录。

3. 浓度 *C* 的测定

(1)将选择开关由 A 旋至 C,将已标定浓度的溶液移入光路,调节浓度旋钮,使得数字显示为标定值。

(2)将被测溶液移入光路,可读出相应的浓度值。

4. 注意事项

(1)测定时比色皿要先用蒸馏水冲洗,再用被测溶液洗 3 次,以免被测液浓度改变。

(2)溶液装入比色皿后,要用擦镜纸(或滤纸)将比色皿外擦干,擦时应注意保护其透光面,使其不受损伤和产生斑痕,以免影响透光率。用手拿比色皿时,要捏住毛玻璃的两边。

(3)比色皿放入比色皿架内时,应注意它们的位置排放,以免产生误差。

(4)比色皿用过后,要及时洗净擦干,放回盒内。

(5)每台仪器所配套的比色皿不能与其他仪器上的比色皿单个调换。

(6)如果大幅度改变测试波长时,需等数分钟才能正常工作(因波长由长波向短波或由短波向长波移动时,光能量变化急剧,光电管受光后响应缓慢,需一段光响应平衡时间)。

(7)仪器使用完毕后,用随机提供的塑料套子罩住,在套子内应放数袋硅胶,以免灯室受潮,反射镜发霉,影响仪器使用。

(8)经常注意左侧干燥筒内的防潮硅胶是否变色,如发现硅胶颜色变红,应将其取出调换或烘干至蓝色,待冷却后再置入。

(三)UV-2102PC 型分光光度计

国产 UV-2102PC 型分光光度计配有可在 WIN95 或 WIN98 操作平台上运行的应用软件 UNICO SB-2.53,具有自动设置 0%*A*、100%*T* 和扫描等控制功能,以及多种方法的浓度运算和数据处理功能。

1. 仪器的基本结构 如图 2-33 所示,UV-2102PC 型分光光度计由主机和电脑两部分组成(主机和电脑通过数据线相连接)。主机的基本结构与 752 型分光光度计相同。

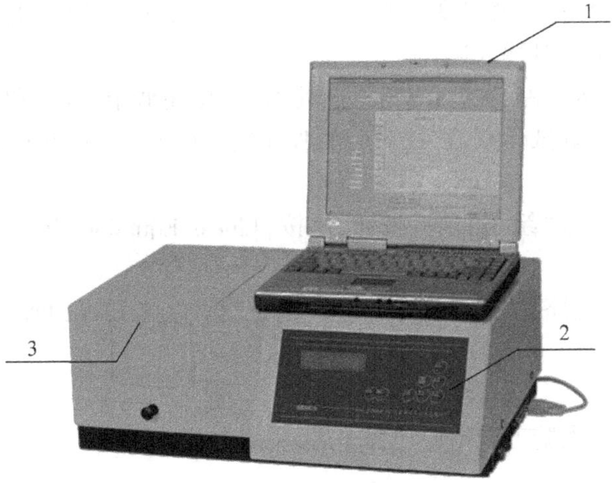

图 2-33 UV-2102PC 型分光光度计

1. 液晶显示器,用于显示测量信息、参数及数据;2. 键盘,共有 8 个触摸式按键,用于控制操作仪器;3. 样品室,用于放置被测样品

2. 仪器的使用方法

(1)开机

1)打开主机右下方的开关,此时主机右下方的指示灯亮了,并且主机的屏幕上出现"Warm Up(预热)"的字样。这时可以按下主机操作键盘上任何一个按钮跳过预热这一步(如果时间充裕,最好对主机进行预热)。

2)主机预热完毕后,自动进入自检。此时主机的屏幕上出现"Self testing(自检)"字样。

3)主机自检结束后,在电脑屏幕上,通过鼠标双击"快捷方式到UV-2102PC"的图标,会出现一个"串行口设置"的对话框,按下"确定"按钮。这时,电脑屏幕上又跳出"联机自检程序"的对话框,也按下"确定"按钮。

4)在电脑屏幕上出现"用户名和密码"的对话框,按"取消"按钮。

1)~4)步完成后,主机与电脑就顺利联机了,就可以开始测定了。

(2)扫描

1)在"应用程序"中选择"Sample Scan"这一栏,此时会出现"扫描参数设置"的对话框。根据研究的需要选择"扫描模式"、"起始波长"、"终止波长"、"扫描精度"、"坐标下限"和"坐标上限"。选好后,按下"测试"按钮,会跳出"基线扫描"(参比溶液扫描)的对话框。这时要选择与"扫描参数设置"中相同的参数设置。

2)把参比溶液推入光路,关好试样室盖,按下"扫描"按钮,基线扫描就开始了。

3)基线扫描结束后,把样品溶液推入光路,关好试样室盖,按下"扫描"按钮,样品扫描就开始了。

4)扫描结束后,用鼠标的左键在"吸收曲线"上找波峰,用鼠标右键在"吸收曲线"上找波谷。

(3)标准曲线

1)在"应用程序"中选择"Standard Curve"这一栏,此时出现一个对话框,提供参数的选择,包括测定波长(输入最大波长值后,按"GoTo"按钮)和选择绘制标准曲线的样品数(在下拉菜单中选择,选择好后,就出现一个表格,浓度栏(Conc.)和吸光度(Abs),浓度栏由研究者输入,而吸光度由主机读入)。

2)把参比溶液推入光路,关好试样室盖,用"OA"按钮调节 $A=0$ 和 $T=100\%$。然后,把样品溶液推入光路,关好试样室盖,在对应的吸光度栏(Abs)中用鼠标双击空格,吸光度的数值就出现在空格处。

3)样品测定完后,按"绘制曲线"按钮,再按"Linear Equation"按钮,标准曲线就显示在屏幕上。

4)把未知样推入光路,关好试样室盖,按"测定"按钮,未知样的吸光度和浓度就显示出来了。

(4)关机

先关闭主机,再在电脑上退出应用程序后,关闭电脑。

四、度量仪器

根据需要,可用量筒、移液管、容量瓶和滴定管等度量液体体积。

1. 量筒 量筒是化学实验室中最常用的度量液体的仪器,多用来量取对体积精度要求不高的溶液或蒸馏水。量筒容量有 10mL、25mL、50mL、100mL 等，实验中可根据所取溶液的体积来选用。

要求准确移取一定体积溶液时，可用移液管、吸量管或滴定管。

2. 移液管和吸量管　移液管和吸量管是用于准确移取一定体积液体的量出式玻璃量器。中间有一膨大部分、管颈上部刻有一条标线的是移液管，俗称胖肚吸管，管中流出溶液的体积与管上所标明的体积相同。内径均匀、管上有刻度的是吸量管也称刻度吸管，吸量管一般只用于量取小体积的溶液。因管上带有刻度，可用来吸取不同体积的溶液，但准确度不如移液管。

（1）移液管和吸量管的使用方法：

使用前用少量洗液润洗后，依次用自来水、蒸馏水润洗几次，洗净的移液管和吸量管整个内壁和下部的外壁不挂水珠；再用滤纸将管尖内外的水吸去，然后用少量移取液润洗 2 或 3 次，以免溶液被稀释；润洗后，即可移液。

（2）用洗液洗涤的方法：右手手指拿住移液管标线上部，插入洗液，左手捏出洗耳球内空气，并以洗耳球嘴顶住移液管上口，借球内负压将洗液吸至移液管球部约 1/4 处；用右手食指按住管口，取出吸管，将其横过来，左右两手分别持移液管上下端，慢慢转动移液管，使洗液布满全管，然后将洗液倒回原瓶。

（3）移液操作：用移液管移取溶液时，右手拇指及中指持管颈标线以上部位（图 2-34），将移液管下端垂直插入液面下 1~2cm 处，插入太深，外壁粘带溶液过多；插入太浅，液面下降时易吸空。左手持洗耳球，捏扁洗耳球挤出空气并将其下端尖嘴插入吸管上端口内，然后逐渐松开洗耳球吸上溶液，眼睛注意液体上升，随着容器中液面的下降，移液管逐渐下移。当溶液上升至管内标线以上时，拿去洗耳球，迅速用右手食指紧按管口。将移液管离开液面，靠在器壁上，稍微放松食指，同时轻轻转动移液管，使液面缓慢下降，当液面与标线相切时，立即按紧食指使溶液不再流出。将吸取了溶液的移液管插入准备接受溶液的容器中，将接受容器倾斜而移液管直立，使容器内壁紧贴移液管尖端管口，并呈 45°左右角。放开食指让溶液自然顺壁流下（图 2-35），待溶液流尽后再停靠约 15s，取出移液管。最后尖嘴内余下的少量溶液，不必吹入接收器中，因在制管时已考虑到这部分残留液体所占体积。注意，有的吸管标有“吹”字，则一定要将尖嘴内余下的少量溶液吹入接收容器中。

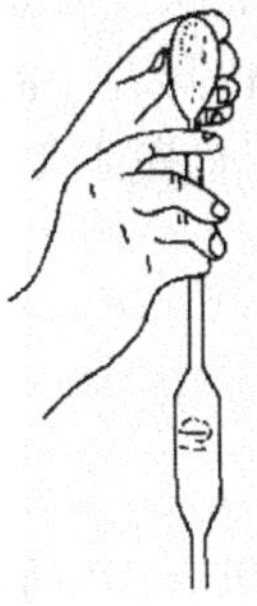

图 2-34　移液管吸液

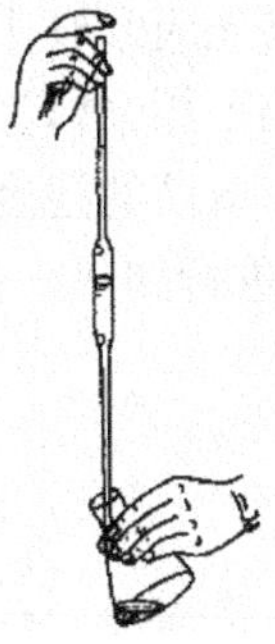

图 2-35　移液管放液

3. 容量瓶　容量瓶是一种细颈梨形的平底瓶，配有磨口玻璃塞或塑料塞，容量瓶上标明使用的温度和容积，瓶颈上有刻度线，是一种量入式的量器，主要用来配制准确浓度的溶液。

图 2-36 容量瓶的拿法

容量瓶在使用前应检查是否漏水,如漏水则不能使用。检查方法是:将水装至标线附近,盖好塞子,右手食指按住瓶盖,左手握住瓶底(图 2-36),将瓶倒置 2min,观察瓶塞周围有无漏水现象。如不漏水,将瓶直立,转动瓶塞 180°后再试一次,如不漏水,方可使用。容量瓶的塞子是配套使用的,为避免塞子打破或遗失,应用橡皮筋把塞子系在瓶颈上。

用容量瓶配制溶液时,如是固体物质,应先将已准确称量的固体在烧杯内溶解,再将溶液转移到容量瓶中,转移溶液时用玻璃棒引流(图 2-37)。用少量蒸馏水冲洗烧杯和玻璃棒几次,冲洗液也转入容量瓶中。然后慢慢往容量瓶中加入蒸馏水至容量瓶容积 3/4 左右时,将容量瓶沿水平方向摇转几圈,使溶液初步混匀。继续加水至标线下约 lcm 处,稍停待附在瓶颈上的水充分流下后,仔细地用滴管或洗瓶加水至弯月面的最下沿与标线相切(小心操作,切勿过标线),塞好塞子,将容量瓶倒置摇动(图 2-38),重复几次,使溶液混合均匀。如固体是经加热溶解的,溶液冷却后才能转入容量瓶内。如果是用已知准确浓度的浓溶液稀释成准确浓度的稀溶液,可用移液管吸取一定体积的浓溶液于容量瓶中,然后按上述操作方法加水稀释至标线。

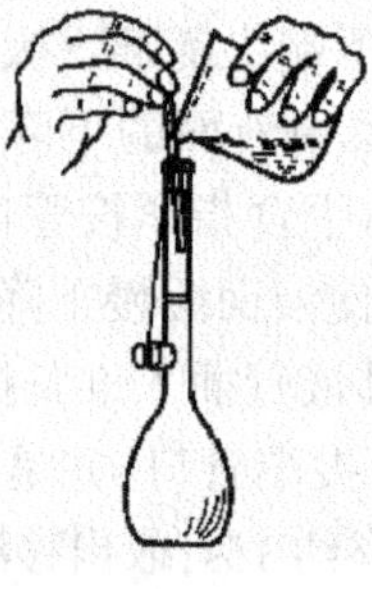

图 2-37 溶液移入容量瓶

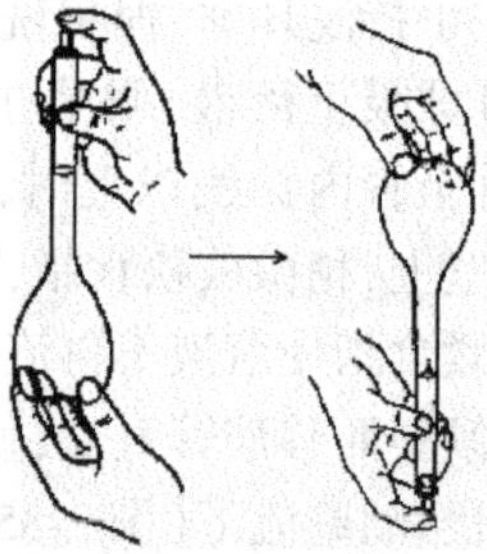

图 2-38 振荡容量瓶

不宜在容量瓶内长期存放溶液(尤其是碱性溶液)。配好的溶液如需保存,应转移到试剂瓶中,该试剂瓶预先应经过干燥或用少量该溶液淌洗 2 或 3 次。容量瓶用毕后应立即用水冲洗干净,如长期不用,磨口处应洗净擦干,并用纸片将磨口隔开。温度对量器的容积有影响,使用时要注意溶液的温度、室温及量器本身的温度。容量瓶不得在烘箱中烘烤,也不能用其他任何方法进行加热。

第五节 配制溶液

在化学实验中,常需配制各种溶液来满足不同实验的要求。如实验对溶液浓度的准确性要求不高,一般利用台秤、量筒及带刻度烧杯等低准确度的仪器来粗配溶液即可满足要求;如要求较高,则须使用移液管、分析天平等高准确度的仪器精确配制溶液。不论是哪种配制方法,首先都要计算所需试剂的用量,然后再进行配制。

一、粗略配制溶液的方法

先计算出配制溶液所需试剂用量，用台秤称取所需的固体试剂，加入带刻度烧杯中，加入少量蒸馏水搅拌使固体完全溶解后，用蒸馏水稀释至刻度，即得所需浓度的溶液。也可将冷却至室温的溶液用玻璃棒移入量筒或量杯中，用少量蒸馏水洗涤烧杯和玻璃棒 2 或 3 次，洗涤液也移入量筒，再用蒸馏水定容。

若用液体试剂配制溶液，则先计算出所需液体试剂的体积，用量筒或量杯量取所需液体，倒入装有少量水的烧杯中混合，用蒸馏水稀释至刻度即可。

配好的溶液不可在烧杯或量筒中久存，混合均匀后，要移入试剂瓶中，贴上标签备用。

二、精确配制溶液的方法

先算出所需试剂用量，用分析天平（或电子天平）准确称取固体试剂，倒入烧杯中，加少量蒸馏水搅拌使完全溶解，将溶液移入容量瓶（与所配溶液体积相同）中，少量蒸馏水洗涤烧杯和玻璃棒 2 或 3 次，洗涤液也移入容量瓶，再加蒸馏水定容，摇匀溶液后，移入试剂瓶中，贴上标签备用。

用浓溶液稀释配制稀溶液时，先计算出所需液体试剂的体积，用移液管或吸量管直接将所需液体移入容量瓶中，然后按要求稀释定容即可。配好的溶液最后也要移入试剂瓶中保存。

配制饱和溶液时，应加入比计算量稍多的溶质，先加热使其完全溶解，然后冷却，待结晶析出后再用，这样可保证溶液饱和。配制易水解的盐溶液时，不能直接将盐溶解在水中，而应先溶解在相应的酸溶液或碱溶液中，然后再用蒸馏水稀释到所需的浓度，这样可防止水解。对于易氧化的低价金属盐类，不仅需要酸化溶液，而且应在溶液中加入少量相应的纯金属，以防低价金属离子被氧化。配好的溶液要保存在试剂瓶中，并贴好标签，注明溶液的浓度、名称及配制日期。

第六节　物质的分离和提纯

在化学实验中，为了使反应物混合均匀迅速进行反应，或为了提纯固体物质，常常将固体物质进行溶解。当液相反应生成难溶的新物质，或加入沉淀剂除去溶液中某种离子时，常常需要将所生成的沉淀物从液相中分离出来，并进行洗涤。因此，掌握固体的溶解、蒸发、结晶和固液分离方法是十分必要的。

一、固 体 溶 解

将固体物质溶解于某一溶剂形成溶液称为溶解，它遵从相似相溶规律，即溶质在与它结构相似的溶剂中较易溶解。因此溶解固体时，要根据固体物质的性质选择适当的溶剂，考虑到温度对物质溶解度及溶解速度的影响，可采用加热及搅拌等方法加速溶解。

以下为固体溶解操作的一般步骤。

（1）研细固体，如待溶解固体极细或极易溶解则不必研磨；易潮解及易风化固体不可研磨。

（2）加入溶剂，所加溶剂量应能使固体粉末完全溶解而又不致过量太多，必要时应根据固体的量及其在该温度下的溶解度计算或估算所需溶剂的量,再按量加入。

(3)搅拌溶解(图2-39),搅拌可以使溶解速度加快。用玻璃棒搅拌时,应手持玻璃棒并转动手腕,用微力使玻璃棒在液体中均匀地转圈,使溶质和溶剂充分接触而加速溶解。搅拌时不可使玻璃棒碰在器壁上(图2-40),以免损坏容器。

图2-39 搅拌溶解

图2-40 错误操作

(4)必要时还可加热,加热一般可加速溶解过程,应根据物质对热的稳定性选用直接加热或水浴等间接加热。热解温度低于100℃的物质不宜直接加热。

二、蒸发和结晶

为使溶解在较大量溶剂中的溶质从溶液中分离出来,常采用蒸发浓缩和冷却结晶的方法。溶剂受热不断被蒸发,当蒸发至溶质在溶液中处于过饱和状态时,经冷却便有结晶析出,经固液分离处理后得到该溶质的晶体。

蒸发皿具有大的蒸发表面,有利于液体的蒸发,故常压蒸发浓缩通常在蒸发皿中进行。蒸发时蒸发皿中的盛液量不应超过其容量的2/3,还应注意不要使瓷蒸发皿骤冷,以免炸裂。加热方式视被加热物质的热稳定性而定。对热稳定的无机物,可以直接加热,一般情况下采用水浴加热,水浴加热蒸发速度较慢,蒸发过程易控制。

蒸发时不宜把溶剂蒸干,少量溶剂的存在,可以使一些微量的杂质由于未达饱和而不致析出,这样得到的结晶较为纯净。但不同物质其溶解度往往相差很大,所以控制好蒸发程度是非常重要的。对于溶解度随温度变化不大的物质,为了获得较多的晶体,应蒸发至有较多结晶析出,将溶液静置冷却至室温,便会得到大量的结晶和少量残液(母液)共存的混合物,经分离后得到所需的晶体。若物质在高温时溶解度很大而在低温时变小,一般蒸发至溶液表面出现晶膜(液面上有一层薄薄的晶体),冷却即可析出晶体。某些结晶水合物在不同温度下析出时所带结晶水数目不同,制备此类化合物时应注意要满足其结晶水条件。

向过饱和溶液中加入一小粒晶体(称为"晶种")或者用璃玻棒摩擦器壁,可加速晶体析出。析出晶体的颗粒大小与结晶条件有关。如果溶液浓度高、快速冷却并加以搅拌,则会析出细小晶体。这是由于短时间内产生了大量的晶核,晶核形成速度大于晶体的生长速度。而浓度较低或静置溶液并缓慢冷却则有利于小晶体生成。从纯度上看,小晶体由于结晶完美,表面积小,夹带的母液少,并易于洗净,因此较细小晶体纯度高。

为了得到纯度更高的物质,可将第一次结晶得到的晶体加入适量的蒸馏水(水量为在加热温度下固体刚好完全溶解)加热溶解后,趁热将其中的不溶物滤除,然后再次进行蒸发、结晶。这种操作叫作重结晶。根据纯度要求可以进行多次结晶。在重结晶操作中,为避免所需溶质损失过多,结晶析出后残存的母液不宜过多,在少量的母液中,只有微量存在的杂质才不致达到饱和状态而随同结晶析出。因此,杂质含量较高的样品,直接用重结晶的方法进行纯化,往往达不到预期的效果。一般认为,杂质含量高于5%的样品,必须采用其他方法进行初步提纯后,再进行重结晶。

三、固 液 分 离

溶液和沉淀的分离方法有三种:倾析法、过滤法、离心分离法。应根据沉淀的形状、性质及数量,选用合适的分离方法。

(一)倾析法

此法适用于相对密度较大的沉淀或大颗粒晶体等静置后能较快沉降的固体的固液分离。

倾析法分离的操作方法是:先将待分离的物料置于烧杯中,静置,待固体沉降完全后,将玻璃棒横放在烧杯嘴,小心沿玻璃棒将上层清液缓慢倾入另一烧杯内(图2-41),残液要尽量倾出,使沉淀与溶液分离完全。留在杯底的固体还粘附着残液,要用洗涤液洗涤除去。洗涤时先洗玻璃棒,再洗烧杯壁,将上面沾附的固体冲至杯底,搅拌均匀后,再重复上述静置沉降再倾析的操作,反复几次(一般2或3次即可),直至符合要求为止。洗涤液一般用量不宜过多。

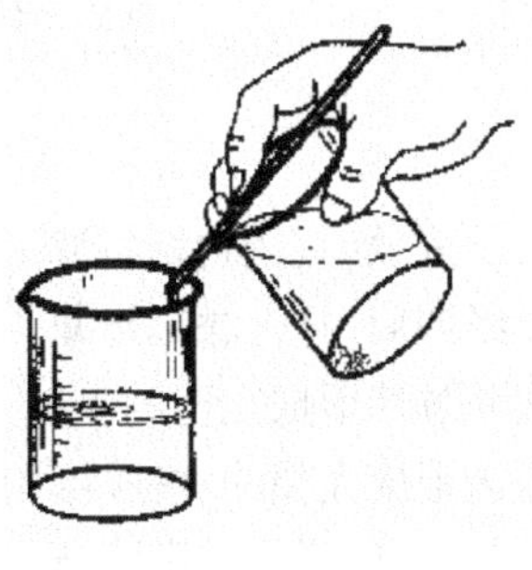

图2-41　倾析法

(二)过滤法

过滤是最常用的固液分离方法之一。过滤时,沉淀和溶液经过过滤器,沉淀留在过滤器上,溶液则通过过滤器而进入接受容器中,所得溶液称为滤液。常用的过滤方法有常压过滤(普通过滤)、减压过滤(抽滤)和热过滤3种。能将固体截留只让溶液通过的材料除了滤纸之外,还有其他一些纤维状物质及特制的微孔玻璃漏斗等。下面仅介绍最常用的滤纸过滤法。

1. 常压过滤法　常压过滤法较为简单、常用,使用玻璃漏斗和滤纸进行。当沉淀物为胶体或细小晶体时,用此方法过滤较好。缺点是过滤速度较慢。

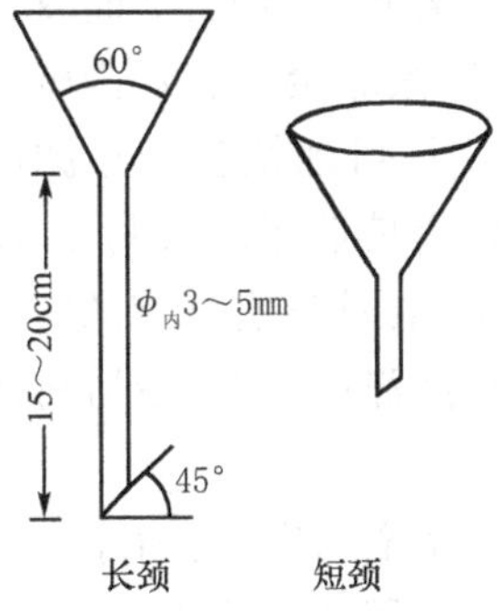

图2-42　玻璃漏斗

(1)漏斗的选择:漏斗多为玻璃的,也有搪瓷的,通常分为长颈和短颈两种(图2-42)。玻璃漏斗锥体的角度为60°,颈直径通常为3~5mm,若太粗,不易保留水柱。普通漏斗的规格按斗径(深)划分,常用的有30mm、40mm、60mm、100mm、120mm等几种,选用的漏斗大小应以能容纳沉淀量为宜。若过滤后欲获取滤液,应按滤液的体积选择斗径大小适当的漏斗。在质量分析时,则必须用长颈漏斗。

(2)滤纸的选择:滤纸有定性滤纸和定量滤纸两种,除了做沉淀的质量分析外,一般选用定性滤纸。滤纸按孔隙大小又分为快速、中速、慢速3种;按直径大小分为7cm、9cm、12.5cm、15cm等几种。应根据沉淀的性质选择滤纸的类型,细晶形沉淀应选用慢速滤纸;粗晶形沉淀宜选用中速滤纸;胶状沉淀需选用快速滤纸。根据沉淀量的多少选择滤纸的大小,一般要求沉淀的总体积不得超过滤纸锥体高度的1/3。滤纸的大小还应与漏斗的大小相适应，一般滤纸上沿应低于漏斗上沿 0.5～1cm 。

（3）滤纸的折叠：折叠滤纸前应先把手洗净擦干。选取一合适大小的圆形滤纸对折两次（方形滤纸需剪成扇形）（图 2-43），折痕不要压死，展开后成圆锥形，内角成 60°，恰好能与漏斗内壁密合。如果漏斗的角度大于或小于 60°，应适当改变滤纸折成的角度使之与漏斗壁密合。折叠好的滤纸还要在 3 层纸那边将外面 2 层撕去 1 个小角（图 2-44），以保证滤纸上沿能与漏斗壁密合而无气泡。

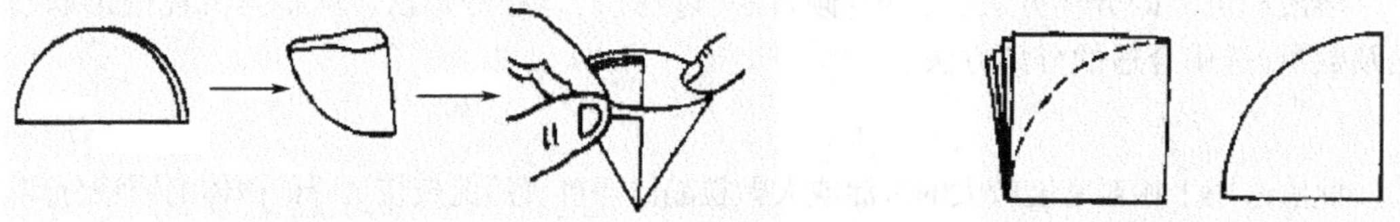

圆形滤纸折法　　方形滤纸折法

图 2-43　滤纸的折叠方法

安放时，用食指将滤纸按在漏斗内壁上（图 2-45），用少量蒸馏水润湿滤纸，用玻璃棒轻压滤纸四周，赶去滤纸与漏斗壁间的气泡，务必使滤纸紧贴在漏斗壁上。为加快过滤速度，应使漏斗颈部形成完整的水柱。为此，加蒸馏水至滤纸边缘，让水全部流下，漏斗颈部内应充满水。若未形成完整的水柱，可用手指堵住漏斗下口。稍掀起滤纸的一边用洗瓶向滤纸和漏斗空隙处加水，使漏斗和锥体被水充满，轻压滤纸边，放开堵住漏斗口的手指，即可形成水柱。

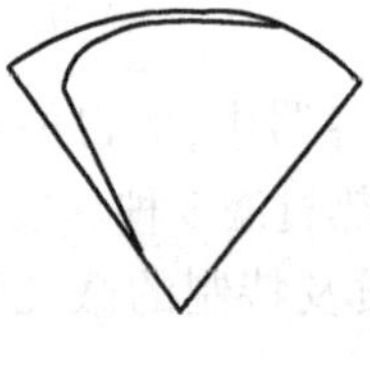

图 2-44　滤纸撕角

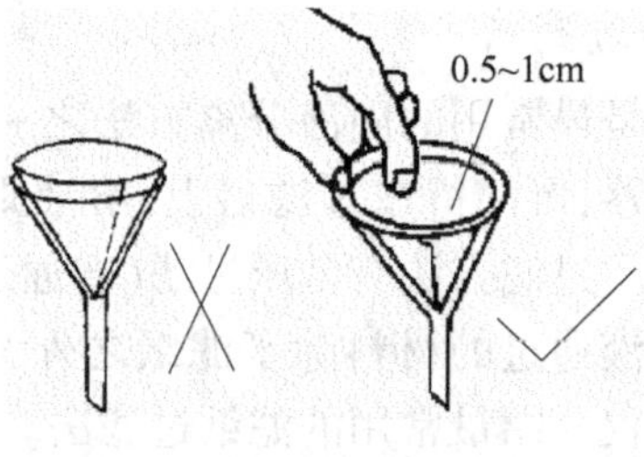

图 2-45　安放滤纸

（4）过滤操作（图 2-46 和图 2-47）：将准备好的漏斗放在漏斗架或铁圈上，下面放一洁净容器承接滤液，调整漏斗架或铁圈高度，使漏斗管斜口尖端一边紧靠接受容器内壁。为避免滤纸孔隙过早被堵塞，过滤时先滤上部清液，后转移沉淀，这样可加快整个过滤的速度。过滤时，应使玻璃棒下端与 3 层滤纸处接触，将待分离的液体沿玻璃棒注入漏斗，漏斗中的液面高度应略低于滤纸边缘（0.5～1cm）。待溶液转移完毕后，再往盛有沉淀的容器中加入少量洗涤剂充分搅拌后，将上方清液倒入漏斗过滤，如此重复洗涤两三遍，最后将沉淀转移到滤纸上。

（5）沉淀的洗涤：将沉淀全部转移到滤纸上，待漏斗中的溶液完全滤出后，为除去沉淀表面吸附的杂质和残留的母液，仍需在滤纸上洗涤沉淀。其方法是：用洗瓶吹出少量水流，从滤纸边沿稍下部位开始，按螺旋形向下移动（图 2-48），洗涤滤纸上的沉淀和滤纸几次，并借此将沉淀集中到滤纸锥体的下部。洗涤时应注意，切勿使洗涤液突然冲在沉淀上，以免沉淀溅失。为了提高洗涤效率，每次使用少量洗涤液，洗后尽量滤干，多洗几次，通常称为“少量多次”的原则。

图 2-46　常压过滤

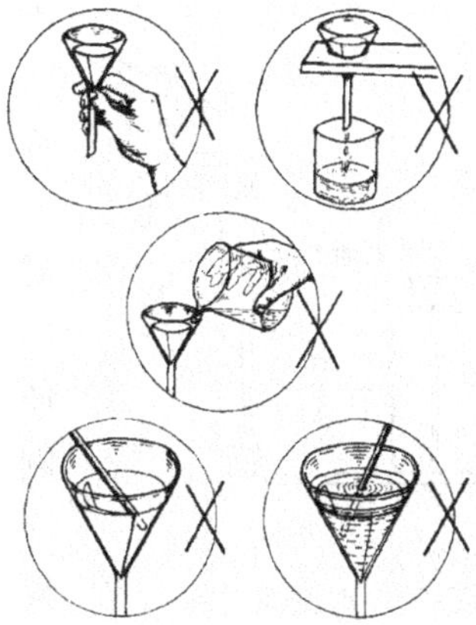

图 2-47　错误操作

2. 减压过滤法　减压过滤可以加快过滤速度，沉淀也可以被抽吸得较为干燥，但不宜用于过滤胶状沉淀和颗粒太小的沉淀。因为胶状沉淀在快速过滤时易穿透滤纸；颗粒太小的沉淀物易在滤纸上形成密实的薄层，使得溶液不易透过。

(1)减压过滤需借助真空泵或水流抽气管完成，它们起着带走空气的作用，使抽滤瓶内减压，从而使布氏漏斗内的溶液因压力差而加快通过滤纸的速度。减压过滤装置的主要部件包括抽滤瓶、布氏漏斗和抽气装置(图 2-49)。

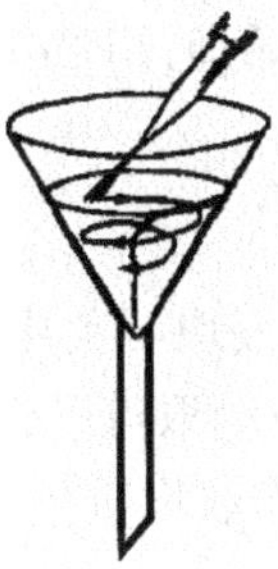

图 2-48　沉淀的洗涤

图 2-49　减压过滤装置

(2)抽滤瓶用来承接滤液，其支管用耐压橡皮支管与抽气系统相连。布氏漏斗为瓷质漏斗，内有一多孔平板，漏斗颈插入单孔橡胶塞，与抽滤瓶相连。橡胶塞插入抽滤瓶内的部分不能超过塞子高度的 2/3，还应注意漏斗颈下端的斜口要对着抽滤瓶的支管口。抽气装置常用真空泵或水流抽气泵(图 2-50)。如要保留滤液，常在抽滤瓶和抽气泵之间安装一个安全瓶，以防止关闭抽气泵或水的流量突然变小时，由于抽滤瓶内压力低于外界大气压而使自来水反吸入抽滤瓶内，弄脏滤液。安装时要注意安全瓶上长管和短管的连接顺序，不要连反。

(3)减压过滤操作步骤及注意事项。

1)按图装好仪器后，把滤纸平放入布氏漏斗内，滤纸以略小于漏斗的内径又能将全部小孔盖住为宜。用少量蒸馏水润湿滤纸后，打开真空泵，抽气使滤纸紧贴在漏斗瓷板上。

2)用倾析法先转移溶液，溶液量不得超过漏斗容量的 2/3。待溶液快流尽时再转移沉淀至滤纸的中间部分。抽滤时要注意观察抽滤瓶内液面高度，当液面快达到支管口位置时，应拔掉抽滤瓶上的橡皮管，从抽滤瓶上口倒出溶液，瓶的支管口只作连接调压装置用，

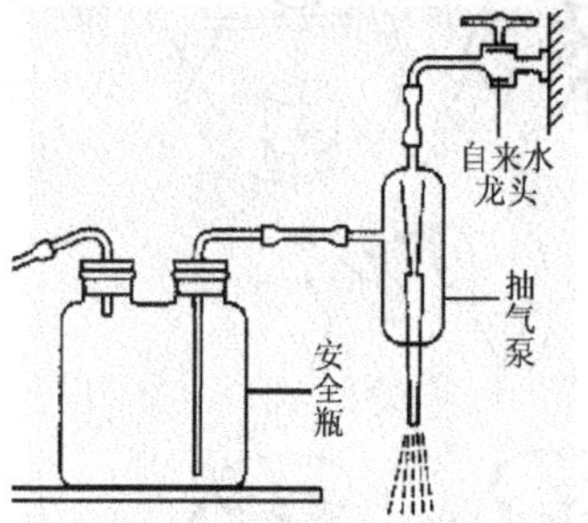

图 2-50　水流抽气泵

不可从中倒出溶液，以免弄脏溶液。

3）洗涤沉淀时，应拔掉抽滤瓶上的橡皮管，用少量洗涤剂润湿沉淀，再接上橡皮管，继续抽滤，如此重复几次。

4）将沉淀尽量抽干，取下抽滤瓶，用手指或玻璃棒轻轻揭起滤纸边缘，取出滤纸和沉淀。滤液从抽滤瓶上口倒出。

5）抽滤完毕或中间需停止抽滤时，应特别注意需先拔掉连接抽滤瓶和真空泵的橡胶管，然后关闭真空泵，以防倒吸。

6）如过滤的溶液具有强酸性或强氧化性，为了避免溶液破坏滤纸，此时可用玻璃纤维或玻璃砂芯漏斗等代替滤纸。由于碱易与玻璃作用，因此玻璃砂漏斗不宜过滤强碱性溶液。

第七节　萃　　取

萃取是有机化学实验室中用来提纯和纯化化合物的手段之一。通过萃取，能从固体或液体混合物中提取出所需要的化合物。

液-液萃取，用选定的溶剂分离液体混合物中某种组分，溶剂必须与被萃取的混合物液体不相溶，具有选择性溶解能力，而且必须有好的热稳定性和化学稳定性，并有小的毒性和腐蚀性。如用苯分离煤焦油中的酚；用有机溶剂分离石油馏分中的烯烃；用 CCl_4 萃取水中的 Br_2。

（一）萃取常用类型

固-液萃取也叫浸取，用溶剂分离固体混合物中的组分，如用水浸取甜菜中的糖类；用乙醇浸取黄豆中的豆油以提高油产量；用水从中药中浸取有效成分以制取流浸膏。

虽然萃取经常被用在化学试验中，但它的操作过程并不造成被萃取物质化学成分的改变（或说化学反应），所以萃取操作是一个物理过程。

这里介绍常用的液-液萃取。

（二）萃取的基本原理

利用化合物在两种互不相溶（或微溶）的溶剂中溶解度或分配系数的不同，使化合物从一种溶剂内转移到另外一种溶剂中。经过反复多次萃取，将绝大部分的化合物提取出来。

分配定律是萃取方法的主要依据，物质对不同的溶剂有着不同的溶解度。同时，在两种互不相溶的溶剂中，加入某种可溶性的物质时，它能分别溶解于两种溶剂中，实验证明，在一定温度下，该化合物与此两种溶剂不发生分解、电解、缔合和溶剂化等作用时，此化合物在两液层中之比是一个定值，不论所加物质的量是多少，都是如此，用公式表示为

$$C_A/C_B=K$$

C_A、C_B 分别表示一种化合物在两种互不相溶溶剂中的量浓度。K 是一个常数，称为“分配系数”。

有机化合物在有机溶剂中一般比在水中溶解度大。用有机溶剂提取溶解于水的化合物是萃取的典型实例。在萃取时，若在水溶液中加入一定量的电解质（如氯化钠），利用“盐

析效应”以降低有机物和萃取溶剂在水溶液中的溶解度，常可提高萃取效果。

要把所需要的化合物从溶液中完全萃取出来，通常萃取一次是不够的，必须重复萃取数次。也就是说把溶剂分成数次作多次萃取比用全部量的溶剂作一次萃取为好。

（三）萃取的分类

1. 双水相萃取　某些亲水性高分子聚合物的水溶液超过一定浓度后可以形成两相，并且在两相中水分均占很大比例，即形成双水相系统（aqueous two-phase system，ATPS）。利用亲水性高分子聚合物的水溶液可形成双水相的性质，Albertsson 于 20 世纪 50 年代后期开发了双水相萃取法（aqueous two-phase extraction），又称双水相分配法。20 世纪 70 年代，科学家又发展了双水相萃取在生物分离过程中的应用，为蛋白质特别是胞内蛋白质的分离和纯化开辟了新的途径。

双水相萃取的聚合物不相容性：根据热力学第二定律，混合是熵增过程可以自发进行，但分子间存在相互作用力，这种分子间作用力随相对分子质量增大而增大。当两种高分子聚合物之间存在相互排斥作用时，由于相对分子质量较大的分子间的排斥作用与混合熵相比占主导地位，即一种聚合物分子的周围将聚集同种分子而排斥异种分子，当达到平衡时，即形成分别富含不同聚合物的两相。这种含有聚合物分子的溶液发生分相的现象称为聚合物的不相溶性。

可形成双水相的双聚合物体系很多，如聚乙二醇（PEG）/葡聚糖（Dx），聚丙二醇/聚乙二醇，甲基纤维素/葡聚糖。双水相萃取中采用的双聚合物系统是 PEG/Dx，该双水相的上相富含 PEG，下相富含 Dx。另外，聚合物与无机盐的混合溶液也可以形成双水相，例如，PEG/磷酸钾（KPi）、PEG/磷酸铵、PEG/硫酸钠等常用于双水相萃取。PEG/无机盐系统的上相富含 PEG，下相富含无机盐。

生物分子的分配系数取决与溶质于双水相系统间的各种相互作用，其中主要有静电作用、疏水作用和生物亲和作用。因此，分配系数是各种相互作用的和。

2. 溶剂萃取法　溶剂萃取法也称液-液萃取法，简称萃取法。萃取法由有机相和水相相互混合，水相中要分离出的物质进入有机相后，再靠两相质量密度不同将两相分开。有机相一般由三种物质组成，即萃取剂、稀释剂、溶剂。有时还要在萃取剂中加入一些调节剂，以使萃取剂的性能更好。从氰化物溶液中萃取有色金属氰络物一般用高分子有机胺类，如氯化三烷基甲胺（N263）、稀释剂为高碳醇、溶剂是磺化煤油。水相即是要处理的废水。

3. 超临界萃取　超临界萃取是指超临界萃取所用的萃取剂为超临界流体，超临界流体是介于气液之间的一种既非气态又非液态的物态，这种物质只能在其温度和压力超过临界点时才能存在。

超临界流体的溶剂强度取决于萃取的温度和压力。利用这种特性，只需改变萃取剂流体的压力和温度，就可以把样品中的不同组分按在流体中溶解度的大小，先后萃取出来，在低压下弱极性的物质先萃取，随着压力的增加，极性较大和大分子量的物质与基本性质，所以在程序升压下进行超临界萃取不同组分，同时还可以起到分离的作用。

温度的变化体现在影响萃取剂的密度与溶质的蒸气压两个因素，在低温区（仍在临界温度以上），温度升高降低流体密度，而溶质蒸气压增加不多，因此，萃取剂的溶解能力时的升温可以使溶质从流体萃取剂中析出，温度进一步升高到高温区时，虽然萃取剂的密度进一步降低，但溶质蒸气压增加，挥发度提高，萃取率不但不会减少反而有增大的趋势。

除压力与温度外，在超临界流体中加入少量其他溶剂也可改变它对溶质的溶解能力。其作用机理至今尚未完全清楚。通常加入量不超过10%,且以极性溶剂甲醇、异丙醇等居多。加入少量的极性溶剂,可以使超临界萃取技术的适用范围进一步扩大到极性较大化合物。

4. 液膜萃取 是一项新的萃取技术。以水为连续相,分散以表面活性剂和有机相包覆有水相内核的液滴,形成一乳状液。在外水相中某些组分被液滴外的有机相萃取后进入液滴内的水相,实现萃取分离。由于液滴的直径只有几微米,液膜的比表面大,加以被萃取组分很快从有机相转入内水相,传质推动力大、传质不受外水相与有机相平衡浓度的限制,故萃取效率很高。技术的难点是破乳,目前在高压静电场下破乳是最有效的。可用在金属离子分离、生物产品分离及污水处理等方面。

5. 固相萃取 固相萃取法是色谱法的一个重要的应用。在此方法中,使一定体积的样品溶液通过装有固体吸附剂的小柱,样品中与吸附剂有强作用的组分被完全吸附。然后,用强洗脱溶剂将被吸附的组分洗脱出来,定容成小体积被测样品溶液。使用固相萃取法,可以使样品中的组分得到浓缩,同时可初步除去对感兴趣组分有干扰的成分,从而提高了分析的灵敏度。固相萃取不仅可用于色谱分析中的样品预处理,而且可用于红外光谱、质谱、核磁共振、紫外和原子吸收等各种分析方法的样品预处理。C18固相萃取小柱具有疏水作用,对非极性的组分有吸附作用,因此可以从水中将多核芳烃萃取出来,完成浓缩样品的作用。固相萃取小柱还有其他类型,如极性、离子交换等。

6. 液-固萃取 利用填充了细颗粒吸附剂的小柱作液-固萃取(1iquid-solid extraction, LSE)的方法很快就把液-液萃取方法比了下去,在样品基质的简化和痕量样品的富集等方面建立起自己的地位。液-液萃取有这样的一些问题:劳动力密集;经常受到乳化等实际问题的困扰;倾向于消耗大量的高纯度溶剂,这些溶剂往往对操作者健康和环境造成危害;在排放的时候带来额外的费用。液-固萃取则有廉价、省时、溶剂消耗少和处理步骤简单的优点。液-固萃取步骤可以很容易利用专用的流程单元组,自动地在多通道中同时萃取样品并把样品制备成适合自动进样的样品;或利用离心式分析器批量处理大批样品,达到增加样品的通量、减少劳动力和费用的目的。液-固萃取用于现场采样很方便,它使人们不必把大量样品送到实验室中去处理,最大程度地减少样品运输和储存的问题。液-固萃取技术不是没有问题,但这些问题和在液-液萃取中遇到的问题是不一样的,这两种技术可以看作是互补的。

第八节 蒸 馏

液体的沸点是指它的蒸气压等于外界大气压时的温度,液体沸腾的温度是随外界压力的降低而降低的,所以如用真空泵连接盛有液体的容器,使液体表面上的压力降低,即可降低液体的沸点。这种在较低压力下进行蒸馏的操作就称为减压蒸馏。由于减压蒸馏是分离和提纯有机化合物的一种重要方法,因此它特别适用于那些在常压蒸馏时未达到沸点即已受热分解、氧化或聚合的物质。

对于常用的减压蒸馏系统可分为蒸馏装置、抽气装置、保护与测压装置三部分。

1. 蒸馏装置

(1)减压蒸馏瓶(又称克氏蒸馏瓶,也可用圆底烧瓶和克氏蒸馏头代替)有两个颈,其目的是为了避免减压蒸馏时瓶内液体由于沸腾而冲入冷凝管中,瓶的一颈中插入温度计,另一颈中插入一根距瓶底1~2mm、末端拉成毛细管的玻管。毛细管的上端连有一段带螺旋夹的橡皮管,螺旋夹用来调节进入空气的量,使极少量的空气进入液体,呈微小气泡冒出,作为液体沸腾的气化中心，使蒸馏平稳进行，又起搅拌作用。

(2)冷凝管和普通蒸馏相同。

(3)接液管上具有可供接抽气部分的小支管。蒸馏时，若要收集不同的馏分而又不中断蒸馏，则可用两尾或多尾接液管。

2. 抽气装置　实验室通常用水泵或油泵进行减压。水泵(或水循环泵)所能达到的最低压力为当时室温下水蒸气的压力。若水温为6~8℃，水蒸气压力为0.93~1.07kPa；在夏天，若水温为30℃，则水蒸气压力为4.2kPa。不同温度下水蒸气的压力见附录二。油泵的效能决定于油泵的机械结构及真空泵油的好坏。好的油泵能抽至真空度为13.3Pa。油泵结构较精密，工作条件要求较严。蒸馏时，如果有挥发性的有机溶剂、水或酸的蒸气，都会损坏油泵并降低其真空度。因此，使用时必须十分注意油泵的保护。

3. 保护和测压装置　当用油泵进行减压蒸馏时，为了防止易挥发的有机溶剂、酸性物质和水汽进入油泵，必须在馏液接收器与油泵之间顺次安装缓冲瓶、冷阱、真空压力计和几个吸收塔。缓冲瓶的作用是起缓冲和防止倒吸，上面装有一个两通活塞。冷阱的作用是将蒸馏装置中冷凝管没有冷凝的低沸点物质捕集起来，防止其进入后面的干燥系统或油泵中。冷阱中冷却剂的选择随需要而定，如可用冰-水、冰-盐、干冰、丙酮等冷冻剂。吸收塔(又称干燥塔)通常设三个：第一个装无水 $CaCl_2$ 或硅胶，以吸收水汽；第二个装粒状 NaOH，吸酸性气体；第三个装切片石蜡，吸收烃类气体。

实验室通常利用水银压力计来测量减压系统的压力。水银压力计又有开口式水银压力计、封闭式水银压力计之分。

4. 操作要点及注意事项

(1)被蒸馏液体中若含有低沸点物质时，通常先进行普通蒸馏，再进行水泵减压蒸馏，而油泵减压蒸馏应在水泵减压蒸馏后进行。

(2)安装好减压蒸馏装置后，在蒸馏瓶中加入待蒸液体(不超过容量的1/2)，先旋紧橡皮管上的螺旋夹，打开安全瓶上的二通活塞，使体系与大气相通，启动油泵抽气，逐渐关闭二通活塞至完全关闭，注意观察瓶内的鼓泡情况(如发现鼓泡太剧烈，有冲料危险，立即将二通活塞旋开些)。从压力计上观察体系内的真空度是否符合要求，如果因为漏气(而不是油泵本身效率的限制)而不能达到所需的真空度，可检查各部分塞子、橡皮管和玻璃仪器接口处连接是否紧密，必要时可用熔融的固体石蜡密封。如果超过所需的真空度，可小心地旋转二通活塞，使其慢慢地引进少量空气，同时注意观察压力计上的读数，调节体系真空度到所需值(根据沸点与压力的关系)。调节螺旋夹，使液体中有连续平衡的小气泡产生，如无气泡，可能是螺旋夹夹得太紧，应旋松点，但也可能是毛细管已经阻塞，应予更换。

(3)在系统调节好真空度后，开启冷凝水，选用适当的热浴(一般用油浴)加热蒸馏，蒸馏瓶圆球部至少应有2/3浸入油浴中，在油浴中放一温度计，控制油浴温度比待蒸液体的沸点高20~30℃，使每秒钟馏出1~2滴。在整个蒸馏过程中，都要密切注意温度计和真空计的读数，及时记录压力和相应的沸点值，根据要求，收集不同馏分。通常起始流出液比要收集的物质沸点低，这部分为前馏分，应另用接收器接收；在蒸至接近预期的温度时，只要旋转双叉尾接管，就可换为新接收瓶接收需要的物质。

(4)蒸馏完毕，移去热源，慢慢旋开螺旋夹(防止倒吸)，再慢慢打开二通活塞，平衡内外压力，使测压计的水银柱慢慢地回复原状(若打开得太快，水银柱很快上升，有冲破测压计的可能)，然后关闭油泵和冷却水。

第九节 色 谱 法

利用样品混合物中各组分理化性质的差异,各组分程度不同地分配到互不相溶的两相中,当两相相对运动时,各组分在两相中反复多次重新分配,结果使混合物得到分离。

两相中,固定不动的一相称固定相;移动的一相称流动相。根据两相的物态类型,有液-固色谱和液-液色谱两类基本色谱方法。

液-固色谱的固定相是粉末状或颗粒状固体,具有表面吸附活性,流动相是液体。混合物中各组分在固定相表面上的吸附强度不同,当流动相流过时各组分随流动相的移动速度不同而实现分离。柱色谱、薄层色谱大都属于这类色谱。

液-液色谱的固定相是附着于载体的液层,流动相是另一种液体。混合物中各组分在两液相间的分配系数不同,则在两液相中的浓度不同,随流动相移动的速度也不同,从而实现分离。纸色谱和有些薄层色谱属于这类色谱。

一、液-固色谱原理

液-固色谱是基于吸附和溶解性质的分离技术,柱色谱属于液-固吸附色谱。

当混合物溶液加在固定相上,固体表面借各种分子间力(包括范德华力和氢键)作用于混合物中各组分,以不同的作用强度被吸附在固体表面。

由于吸附剂对各组分的吸附能力不同,当流动相流过固体表面时,混合物各组分在液-固两相间分配。吸附牢固的组分在流动相分配少,吸附弱的组分在流动相分配多。流动相流过时各组分会以不同的速率向下移动,吸附弱的组分以较快的速率向下移动。随着流动相的移动,在新接触的固定相表面上又依这种吸附-溶解过程进行新的分配,新鲜流动相流过已趋平衡的固定相表面时也重复这一过程,结果是吸附弱的组分随着流动相移动在前面,吸附强的组分移动在后面,吸附特别强的组分甚至会不随流动相移动,各种化合物在色谱柱中形成带状分布,实现混合物的分离。

二、柱色谱分离条件

(1) 固定相选择:柱色谱使用的固定相材料又称吸附剂,吸附剂对有机物的吸附作用有多种形式。常用的吸附剂有氧化铝、硅胶、活性炭等。以氧化铝作为固定相时,非极性或弱极性有机物只有范德华力与固定相作用,吸附较弱。极性有机物同固定相之间可能有偶极力或氢键作用,有时还有成盐作用。这些作用的强度依次为:成盐作用>配位作用> 氢键作用>偶极作用>范德华力作用。有机物的极性越强,在氧化铝上的吸附越强。

常用吸附剂有氧化铝、硅胶、活性炭等。

色谱用的氧化铝可分酸性、中性和碱性三种。酸性氧化铝 pH 为 4~4.5,用于分离羧酸、氨基酸等酸性物质;中性氧化铝 pH 为 7.5,用于分离中性物质,应用最广;碱性氧化铝 pH 为 9~10,用于分离生物碱、胺和其他碱性化合物等。

吸附剂的活性与其含水量有关,含水量越低,活性越高。脱水的中性氧化铝称为活性氧化铝。硅胶是中性的吸附剂,可用于分离各种有机物,是应用最为广泛的固定相材料之一。活性炭常用于分离极性较弱或非极性有机物。吸附剂的粒度越小,比表面越大,分离效果越明显，但流动相流过越慢，有时会产生分离带的重叠，适得其反。

(2)流动相选择：色谱分离使用的流动相又称展开剂。展开剂对于选定了固定相的色谱分离有重要的影响。

在色谱分离过程中混合物中各组分在吸附剂和展开剂之间发生吸附-溶解分配，强极性展开剂对极性大的有机物溶解的多，弱极性或非极性展开剂对极性小的有机物溶解的多，随展开剂流过不同极性的有机物以不同的次序形成分离带。

在氧化铝柱中，选择适当极性的展开剂能使各种有机物按先弱后强的极性顺序形成分离带，流出色柱。

当一种溶剂不能实现很好的分离时，选择使用不同极性的溶剂分级洗脱。例如，一种溶剂作为展开剂只洗脱了混合物中一种化合物，对其他组分不能展开洗脱，需换一种极性更大的溶剂进第二次洗脱。这样分次用不同的展开剂可以将各组分分离。

三、薄层色谱概念和分离条件

1. 薄层色谱概念

最常用的薄层色谱也属于液-固吸附色谱。同柱色谱不同的是，吸附剂被涂布在玻璃板上，形成薄薄的平面涂层。干燥后在涂层的一端点样，竖直放入一个盛有少量展开剂的有盖容器中。展开剂接触到吸附剂涂层，借毛细作用向上移动。与柱色谱过程相同，经过在吸附剂和展开剂之间的多次吸附-溶解作用，将混合物中各组分分离成孤立的样点，出现混合物的分离。除了固定相的形状和展开剂的移动方向不同以外，薄层色谱和柱色谱在分离原理上基本相同。由于薄层色谱操作简单，试样和展开剂用量少，展开速度快，经常被用于探索柱色谱分离条件和监测柱色谱过程。

2. 薄层色谱条件

(1)固定相选择：柱色谱中提到的吸附剂都可以用作为薄层色谱的固定相，分离性能及使用选择同柱色谱的选择原则相同。

一般用于薄层色谱时，要求吸附剂的粒度更小。商品吸附剂区分为色谱级(用于柱色谱)和薄层色谱级(用于薄层色谱)。

(2)展开剂选择：薄层色谱展开剂的选择和柱色谱一样，主要根据样品中各组分的极性、溶剂对于样品中各组分溶解度等因素来考虑。展开剂的极性越大，对化合物的洗脱力也越大。

选择展开剂时，除参照已有的表中列出的极性来选择外，更多地采用试验的方法，在一块薄层板上进行试验：①若所选展开剂使混合物中所有的组分点都移到了溶剂前沿，此溶剂的极性过强；②若所选展开剂几乎不能使混合物中的组分点移动，留在了原点上，此溶剂的极性过弱。

当一种溶剂不能很好地展开各组分时，常选择用混合溶剂作为展开剂。先用一种极性较小的溶剂为基础溶剂展开混合物，若展开不好，用极性较大的溶剂与前一溶剂混合，调整极性，再次试验，直到选出合适的展开剂组合。合适的混合展开剂常需多次仔细选择才能确定。

(3)相对移动值：从点样原点开始到展开后的溶剂前沿，是溶剂的移动距离，记为 l_1，混合物中各组分的移动距离分别 $l_1, l_2, l_3, \cdots$

在不同的展开条件下，各化合物的移动距离不会相同，而在同一条件下，相对于展开剂的移动距离，各化合物有可比较的展开数据，称为相对移动值或比移值。

四、玻璃管的加工

在有机化学实验中，经常需要各种形状的玻璃管、滴管和不同直径的毛细管，要求对玻璃管进行加工，以满足实验的需要。这是有机化学实验人员的一项基本技能。

1. 玻璃管的清洗 玻璃管在加工之前需要洗净。玻璃管内的灰尘用水冲洗就可洗净。对于较粗的玻璃管，可以用两端缚有线绳的布条通过玻璃管，来回拉动，擦去管内的脏物。如果玻璃管保存得好，比较干净，也可以不洗，仅用布把玻璃管外面拭净，就可以使用。如果管内附着油腻的东西，用水不能洗净，用布条也不能擦净时，可把长玻璃管适当地割短，浸在铬酸洗液里，然后取出用水冲洗。洗净的玻璃管必须干燥后才能加工，可在空气中晾干、用热空气吹干或在烘箱中烘干，但不宜用灯火直接烤干，以免炸裂。

2. 玻璃管的切割 截断玻璃管可用扁锉、三角锉或小砂轮片。切割时把玻璃管平放在桌子边缘，将锉刀(或砂轮片)的锋棱压在玻璃管要截断处，然后用力把锉刀向前推或向后拉，同时把玻璃管略微朝相反的方向转动，在玻璃管上刻划出一条清晰、细直的深痕。不要来回拉锉，因为这样会损伤锉刀的锋棱，而且会使锉痕加粗。要折断玻璃管时，只要用两手的拇指抵住锉痕的背面，再稍用拉和弯折的合力，就可使玻璃管断开(如果刻划后立即在锉痕上用水沾一下，则玻璃管更易断开)。断口处应整齐。若需在玻璃管的近管端处进行截断，可先用锉刀在该处割一锉痕，再将一根末端拉细的玻璃棒在煤气灯的氧化焰上加热到红热(截断软质玻璃管时)或白炽(截断硬质玻璃管时)，使成珠状，然后把它压触到锉痕的端点处，锉痕会因骤然受强热而发生裂痕；有时裂痕迅速扩展成整圈，玻璃管即自行断开。若裂痕未扩展成一整圈，可以逐次用烧热的玻璃棒的末端压触在裂痕的稍前处引导，直至玻璃管完全断开。实际上，只要待裂痕扩大至玻璃管周长的90%时，即可用两手稍用力将玻璃管向里挤压，玻璃管就会整齐地断开。玻璃管的断口很锋利，容易割破皮肤、橡皮管或塞子，故必须将断口在火焰中烧熔使其变光滑。方法是将断口放在氧化焰的边缘，不断转动玻璃管，烧到管口微红即可。不可烧得太久，否则管口会缩小。也可以用锉刀将断口锋利边缘磨光滑。

3. 玻璃管的弯曲 有时需用弯成一定角度的玻璃管，这要由实验者自己来制作。玻璃管的质地有软硬之分。软质玻璃管受热易软化，加热不宜过度，否则在弯管时易发生歪扭和瘪陷。硬质玻璃管需用较强的火焰加热。弯玻璃管时，先在弱火焰中将玻璃管烤热，逐渐调节灯焰使成强火焰，然后两手持玻璃管，将需要弯曲处放在氧化焰(宜在蓝色还原焰之上约2mm处)中加热，同时两手等速缓慢地旋转玻璃管，以使受热均匀。为加宽玻璃管的受热面，可将玻璃管斜放在氧化焰中加热，或者在灯管上套一个扁灯头(鱼尾灯头，图2-51)。当玻璃管受热部分发出黄红光而且变软时，立即将玻璃管移离火焰，轻轻地顺势弯至一定的角度(图2-52)。如果玻璃管要弯成较小的角度，可分几次弯成，以免一次弯得过多使弯曲部分发生瘪陷或纠结(图2-53)。分次弯管时，各次的加热部位应稍有偏移，并且要等弯过的玻璃管稍冷后再重新加热，还要注意每次弯曲均应在同一平面上，不要使玻璃管变得歪扭。

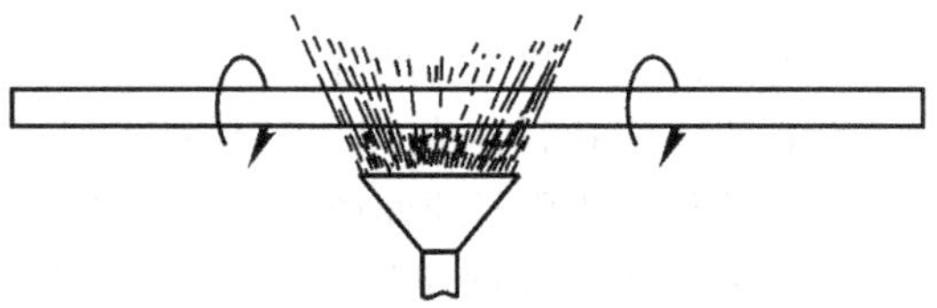

图 2-51　用鱼尾灯加热玻璃管

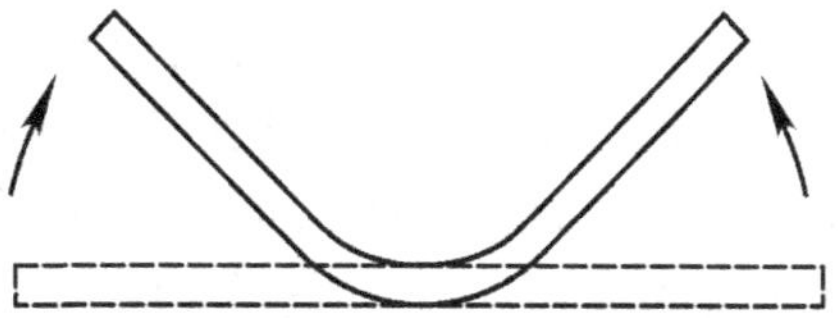

图 2-52　弯管操作

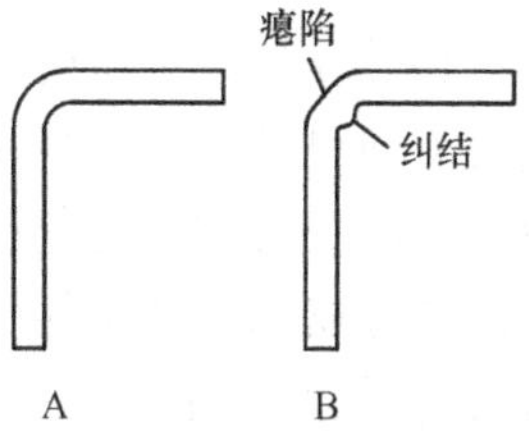

图 2-53　弯成的玻璃管
A. 正确的；B. 不正确的

在弯管操作时，要注意以下几点：如果两手旋转玻璃管的速度不一致，则玻璃管会发生歪扭；玻璃管如果受热不够，则不易弯曲，并易出现纠结和瘪陷；如果受热过度，玻璃管的弯曲处管壁常常厚薄不均和出现瘪陷；玻璃管在火焰中加热时，双手不要向外拉或向内推，否则管径变得不均；在一般情况下，不应在火焰中弯玻璃管；弯好的玻璃管用小火烘烤一两分钟（退火处理）后，放在石棉网上冷却，不可将热的玻璃管直接放在桌面上或冷的金属铁台上。

4. 玻璃管的拉伸　选择洗净烘干的管径为 6～7mm 的玻璃管，截成约 200mm 长一段，在煤气灯的氧化焰上加热管的中部，边加热边用两手等速地按同一方向慢慢地转动玻璃管。当开始烧软时，两手轻轻地稍向内挤，以加厚烧软处的管壁。当玻璃管烧成暗红色时，移离火焰，趁热慢慢拉制成适当直径的细管；拉伸时开始要慢，待拉到一定长度后快速拉伸。必须注意：两手边拉伸边往复转动玻璃管，使拉成的细管与原管处于同一轴线上。待稍冷后放到石棉网上冷却，然后用锉刀轻轻地截断细管。这样，一次可拉制成两支滴管。若细管与原玻璃管不处于同一轴线上，可将它再次拉伸，直到符合要求为止。滴管的细管口用黄色小火焰烧平滑（光口），而另一端于慢慢转动下在氧化焰上烧成暗红色，移离火焰，管口以垂直角度轻轻地摁到瓷板或石棉网上，然后放在石棉网上冷却。

5. 拉制熔点管　拉制熔点管最好使用干净烘干的管径为 10mm 的薄壁玻璃管或坏试管。像拉滴管一样，拉成管径为 1～1.2mm 的毛细管。拉管时要密切注意毛细管的粗细，冷却后截成 100mm 长，其两端在小火焰的边缘处封熔。封闭的管底要薄。用时把毛细管在中间截断，就成为两根熔点管。拉制减压蒸馏用毛细管要选用厚壁玻璃管。拉制方法与拉制熔点管相似，其要点在于拉伸时，动作要较迅速。欲拉制细孔且不易断的毛细管，可用两次拉制法。先按拉制滴管的方法拉成管径为 1.5～2mm 的细管，稍冷后截断之。然后将细管部分用小火焰烧软，移离火焰并快速拉伸。为检验毛细管是否合用，可向管内吹气，毛细管的管端在乙醚或丙酮溶液中会冒出一连串小气泡。

6. 塞子的选择、打孔　用普通玻璃仪器装配实验装置时，通常要用塞子、玻璃管、橡皮管等将实验所需的仪器连接在一起。因此，我们必须首先学会塞子的选择和玻璃管的加工，使它们适合装配的要求。这是有机化学实验者最基本的实验技能。

（1）塞子的选择：实验室中常用的塞子有软木塞和橡皮塞。软木塞的特点是质地松软、易打孔、能耐较高温度、不易和有机物起作用；但软木塞弹性小，气密性较差。橡皮塞的特点是：质地稍硬、具有较大的弹性、气密性好，但不易打孔，高温下易变软变黏，易受有机溶剂的侵蚀、溶胀和溶解。使用时，应根据具体实验的要求和两种塞子的性质加以选择。所选塞子的大小,以塞入瓶口部分占塞子自身高度的1/3~2/3为准。注意:已经老化变硬的橡皮塞和表面有裂纹、深洞的软木塞不宜选用。

(2)塞子的打孔:装配仪器时,经常需要在塞子内插入温度计、玻璃管、蒸馏瓶的支管、冷凝管、滴液漏斗等仪器。这就必须预先在塞子上钻一定孔径的孔,钻孔所用的工具为钻孔器。在选择钻孔器的孔径时要注意:软木塞打孔时所选钻孔器的外径要比插入的管子外径稍小,而橡皮塞打孔时所选钻孔器的外径应稍大于要插入的玻璃管外径,或者钻孔器正好能套在要插入橡皮塞的玻璃管外面,这样打出的孔才能合乎要求。钻孔前可用水或甘油润湿钻孔器的刀口,以减少钻孔时的摩擦阻力。具体的操作如下。

1) 橡皮塞钻孔时,将其细端向上平放在桌面上,左手握紧橡皮塞,右手拿住钻孔器,以垂直方向对准橡皮塞的中心,在施加一定压力下转动钻孔器。当钻孔器钻入橡皮塞少许后,松开左手,右手提起已插有橡皮塞的钻孔器,将它顶在实验台适当高度的侧面上,左手再握紧橡皮塞使其不能转动,右手同时以顺时针方向用力转动钻孔器。当右手转动到不能再转时,松开左手。此时钻孔器已经插入橡皮塞内部,右手将它提起并同时连同钻孔器和橡皮塞一起,再向反时针方向转回原位。然后左手再次握紧橡皮塞,不让其转动,右手再用力顺时针转动钻孔器。如此反复循环转动,直到钻通为止。这样打出的孔洞是笔直的。这种钻孔法,每转一圈自动校正一次,绝不会打斜。孔洞打好后,再用圆锉将孔洞周围锉平就可使用了。从橡皮塞的细端开始打孔一直到打通为止,这样打的孔,细端一面的孔径稍大,粗端一面的出口孔径稍小,装配的仪器气密性好。

2) 软木塞打孔时,通常先从软木塞一端打起,打到一半左右的深度,拔出钻孔器,用捅条捅出钻孔器内的塞芯,再从另一端的中心打孔,直到钻通为止。这样打出的孔洞,两端都是固口,既美观又不易漏气。但是两端打孔时必须对齐,否则所打出的孔洞是斜的,而且还易漏气。值得注意的是:同一个塞子上要钻两个孔时,两个孔洞必须保持平行,否则插入两根玻璃管后,就会呈交叉状态,将无法装入仪器内。

(郭　忠)

第三章　无机化学实验

实验一　分析天平的称量练习

【实验目的】

(1)熟悉分析天平的构造,掌握分析天平的正确使用方法。
(2)掌握常用的称样方法——直接法和减量法。
(3)熟悉干燥器和称量瓶的使用。

【实验原理】

详见第二章第四节天平及度量仪器的使用

【实验仪器与试剂】

仪器:电子分析天平、干燥器、称量瓶、烧杯、表面皿、台秤。
试剂:氯化钠(或待称样品)。

【实验步骤】

1. 称量前的准备工作　了解电子天平的基本构造和使用原理。

2. 直接法称量练习　用直接法准确称量一块表明皿的质量。从干燥器中用洁净纸条夹取一块干燥洁净且已知质量的表面皿,先用台秤粗称其质量,然后放在电子天平上称重,称重至0.0001g,记录表面皿质量,称量完毕,还原归零,由教师核对称量结果,误差不能超过0.0005g。

3. 减量法称量练习　准确称取氯化钠的质量。从干燥器中用洁净纸条夹取盛有氯化钠粉末的称量瓶,先在台秤上粗称,记录质量,然后再放入电子天平准确称量,记录质量,归零。以左手用一洁净纸条夹取称量瓶从天平中取出,再用右手取一条洁净纸条包住瓶盖把手,揭开瓶盖,倾斜瓶身,用盖子轻轻叩击瓶口,使叩出的0.5~0.6g样品落入洁净的50mL烧杯中,盖好称量瓶,用纸条夹好放入天平中,拿出纸条,准确称量其质量,记录质量。由此数据计算出倾倒出的氯化钠的准确质量。

称量结束后,仪器归零,关好电源,清理好实验台面。

【思考题】

(1)称量前为何要调节天平处于水平位置?
(2)为什么样品放入电子分析天平称量前,应该先用台秤粗称?

实验二　氯化钠的提纯及鉴定

【实验目的】

(1)熟悉常用玻璃仪器的洗涤及使用方法。

(2)掌握提取纯化氯化钠的原理和方法。

(3)熟悉溶解、加热、沉淀、过滤、蒸发、结晶等基本操作。

(4)了解常见 Ca^{2+}、Mg^{2+}、SO_4^{2-}等离子的鉴定方法。

【实验原理】

1. 杂质的去除　在粗食盐中,主要含氯化钠和少量杂质,其中杂质又可分为不溶性杂质(如泥沙等)和可溶性杂质(如 K^+、Ca^{2+}、Mg^{2+}、SO_4^{2-}等)。根据杂质性质和溶解度的不同,除去这些杂质可采用方法如下。

(1) 采用过滤法,除去不溶性杂质如泥沙等。

(2)采用化学方法,除去一些可溶性杂质离子。例如,粗食盐中的 SO_4^{2-}用 $BaCl_2$溶液沉淀除去;Mg^{2+}、Ca^{2+}及过量的 Ba^{2+}用 Na_2CO_3和 NaOH 沉淀除去;过量的 CO_3^{2-}和 OH^-用 HCl 中和除去。涉及的离子反应方程式如下:

$Ba^{2+} + SO_4^{2-} = BaSO_4\downarrow$(白)　　$Ca^{2+} + CO_3^{2-} = CaCO_3\downarrow$(白)

$Mg^{2+} + 2OH^- = Mg(OH)_2\downarrow$(白)　　$Ba^{2+} + CO_3^{2-} = BaCO_3\downarrow$(白)

$H^+ + OH^- = H_2O$　　$2H^+ + CO_3^{2-} = H_2O + CO_2\uparrow$

(3)少量可溶性杂质,如 Br^-、I^-、K^+等离子,由于其溶解度较大,且其含量较少,在结晶时残留于母液中除去。

2. 氯化钠提纯工艺流程示意图　见图 3-1。

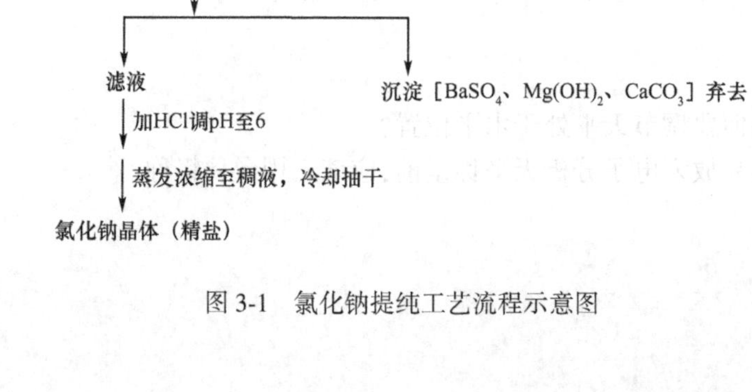

图 3-1　氯化钠提纯工艺流程示意图

【实验仪器与试剂】

仪器:100mL 烧杯、50mL 量筒、10mL 量筒、酒精灯、滴管、试管、台秤、铁架台、石棉网、布氏漏斗、抽滤瓶、真空泵、pH 试纸、蒸发皿。

试剂:粗食盐、1mol/L、$BaCl_2$、2mol/L NaOH、2mol/L HCl、1mol/L Na_2CO_3、0.5mol/L $(NH_4)_2C_2O_4$、镁试剂。

【实验步骤】

1. 氯化钠的提纯

(1)称取粗食盐 5.0g 于小烧杯中,加入约 20mL 蒸馏水,加热搅拌使其溶解。此时有不溶性杂质沉入底部。

(2) SO_4^{2-}的去除:待溶液加热近沸时,边搅拌边滴加 1mol/L $BaCl_2$溶液(约 2mL)至沉淀完全(为了检验沉淀是否完全,可将烧杯从石棉网上取下,待沉淀沉降后,在上层清液中加 1~2 滴 $BaCl_2$和 2mol/L HCl 溶液,观察是否有浑浊现象。若无浑浊现象,说明 SO_4^{2-}已沉淀完全,否则,需继续滴加 $BaCl_2$至沉淀完全)。若无新沉淀生成,即可过滤,弃去沉淀。

(3) Ca^{2+}、Mg^{2+}、Ba^{2+}等离子的去除:将上述滤液中加入 1mL 2mol/LNaOH 和 3mL 1mol/L Na_2CO_3,加热至沸。检查沉淀是否完全,沉淀完全后再继续加热 5min,减压过滤,保留滤液。

(4)剩余 CO_3^{2-}的去除及蒸发干燥的处理:将上述滤液转入干净的蒸发皿中加热,边搅拌边滴加 2mol/L HCl 至 pH 约为 6(用玻璃棒蘸取少量滤液在 pH 试纸上检验)。加热蒸发并不断搅拌,浓缩至稀粥状稠液勿将溶液蒸干。冷却,用布氏漏斗过滤,抽干得氯化钠晶体(精盐)。

2. 产率的计算 称取氯化钠晶体(精盐)质量,并计算产率:

$$产率=\frac{氯化钠重(g)}{粗食盐重(g)}\times 100\%$$

3. 精盐产品的纯度检验 取少量提纯前、后的氯化钠,分别用 5mL 蒸馏水溶解,各分装入 3 支试管(粗盐溶解后取上清液),分成三组,用下法对照检验并比较其纯度。

(1) SO_4^{2-}的检验:在第一组试液中各加入 1mol/L$BaCl_2$溶液 2 滴,比较其浑浊情况。若有白色沉淀生成,再加入几滴 2mol/L HCl 至溶液为酸性;若不溶解,表示还存在有 SO_4^{2-}的存在。

(2) Ca^{2+}的检验:在第二组试液中各加入 0.5mol/L $(NH_4)_2C_2O_4$溶液 2 滴,比较其浑浊情况。

(3) Mg^{2+}的检验:在第三组试液中各加入 2mol/L NaOH 溶液 2~4 滴使溶液呈碱性,再分别加入镁试剂 2~3 滴,比较现象。若有蓝色沉淀生成,表示还有 Mg^{2+}的存在。

【注释】

镁试剂即对硝基苯偶氮间苯二酚(有机染料),它在酸性溶液中呈黄色,在碱性溶液中呈红色或紫色。Mg^{2+}与镁试剂在碱性溶液中生成天蓝色浑浊(或沉淀)。镁试剂的结构为

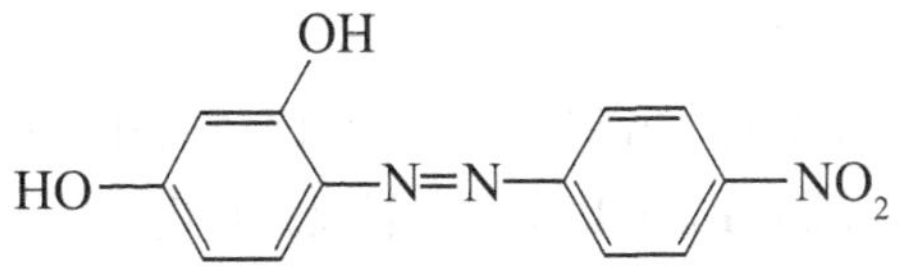

【思考题】

(1) 粗盐提纯中涉及哪些基本操作？实验中主要的注意事项有哪些？

(2) 去除杂质离子过程中，为什么先加 $BaCl_2$ 再加 Na_2CO_3 和 NaOH，最后加盐酸？可否改变加入试剂的次序？为什么？

(3) 用盐酸调节滤液 pH 时，为何要调节至弱酸性？

(4) 如果在蒸发浓缩时将滤液蒸得太干或未蒸至稠粥状即停止加热对精盐的提纯结果有何影响？

实验三　硫酸亚铁铵的制备

【实验目的】

(1) 了解复盐的制备方法。

(2) 了解目测比色法检验产品质量的方法。

【实验原理】

铁溶于稀硫酸中生成硫酸亚铁，硫酸亚铁与等物质的量的硫酸铵在水溶液中相互作用，即生成溶解度较小的浅蓝绿色硫酸亚铁铵[$FeSO_4 \cdot (NH_4)_2SO_4 \cdot 6H_2O$]复盐晶体，反应式如下：

$$Fe + H_2SO_4 = FeSO_4 + H_2\uparrow$$

$$FeSO_4 + (NH_4)_2SO_4 + 6H_2O = FeSO_4 \cdot (NH_4)_2SO_4 \cdot 6H_2O$$

在空气中亚铁盐通常都易被氧化，但形成的复盐比较稳定，不易被氧化。

【实验仪器与试剂】

仪器：锥形瓶、比色管、量筒、蒸发皿、吸滤瓶、滴管、酒精灯、洗瓶、布氏漏斗、pH 试纸、台秤、移液管。

试剂：铁粉、Fe^{3+}标准溶液、2mol/L HCl、3mol/L H_2SO_4、1mol/L KSCN、硫酸铵(固体)。

【实验步骤】

1. 硫酸亚铁的生成　称取 2g 铁粉放入锥形瓶中，加入 15mL3mol/L H_2SO_4溶液，放在石棉网上用小火加热，使铁粉和硫酸反应直至不再产生气泡为止(约需 20min)。在加热过程中不时加入少量水以补充蒸发掉的水分，防止 $FeSO_4$晶体的析出。趁热过滤，滤液立即转移至蒸发皿中，此时溶液的 pH 为 1 左右。

2. 硫酸亚铁铵的制备　在 $FeSO_4$溶液中加入 5g $(NH_4)_2SO_4$固体，混匀，用 3mol/L H_2SO_4调节 pH 为 1~2，用小火蒸发浓缩至表面出现晶体膜为止(蒸发过程中不宜搅动)，溶液放置慢慢冷却，硫酸亚铁铵即可结晶出来(必要时可用冰浴冷却)。减压过滤，观察晶体的形状和颜色，称重并计算产率。

3. Fe^{3+}的限量分析　称取 1g 产品置于 25mL 比色管中，用 15mL 不含 O_2的蒸馏水溶解，加入 2mL2mol/L HCl 和 2mL 1mol/L KSCN 溶液，再加蒸馏水至刻度，摇匀后，将所呈现的红色和下列标准溶液比较，确定 Fe^{3+} 的含量符合哪一级的规格。

(1)含 Fe^{3+} 0.05mg(符合Ⅰ级试剂)

(2)含 Fe^{3+} 0.10mg(符合Ⅱ级试剂)

(3)含 Fe^{3+} 0.20mg(符合Ⅲ级试剂)

【思考题】

(1)制备 $FeSO_4$ 时，为什么要趁热过滤？

(2)在制备硫酸亚铁铵时，饱和 $(NH_4)_2SO_4$ 的作用是什么？

(3) Fe^{3+} 的限量分析实验中，为什么要用除掉 O_2 的蒸馏水？

实验四　酸碱标准溶液的配制和标定

【实验目的】

(1)了解滴定管的洗涤和使用方法。

(2)了解溶液配制的基本方法。

(3)掌握用基准物质标定溶液的方法。

【实验原理】

滴定是常用的测定溶液浓度方法，利用酸碱滴定(中和法)可以测定酸或碱的浓度。将标准溶液加到待测溶液中，使其反应完全，即达到终点，若待测溶液的体积是精确量取的，则其浓度即可通过滴定精确求得。

一般的酸碱因含有杂质或是稳定性较差，不能直接配置为准确浓度的溶液，通常先配成近似浓度的溶液，然后再用适当的基准物质加以标定。酸碱反应的实质是 $H_3O^+ + OH^- = 2H_2O$。当 HCl 和 N aOH 反应完全时：

$$C_{NaOH} \times V_{NaOH} = C_{HCl} \times V_{HCl}$$

$$C_{NaOH} / C_{HCl} = V_{HCl} / V_{NaOH}$$

标定 HCl 溶液的基准物质常用分析纯的无水 Na_2CO_3，滴定到达等量点时，溶液呈酸性，可选用甲基橙做指示剂，溶液颜色由黄色变成橙色即为终点。通过计算，算出 HCl 的准确浓度。

标定 NaOH 溶液的基准物质通常用分析纯的邻苯二甲酸氢钾或草酸。

【实验仪器与试剂】

仪器：酸式滴定管(50mL)、滴定台、试剂瓶、台秤、电子分析天平、碱式滴定管(50mL)、锥形瓶(150mL)、小烧杯、洗瓶、容量瓶(100mL)、容量吸管(20mL)、玻璃棒、洗耳球。

试剂：固体 NaOH、浓 HCl(12mol/L)、无水 Na_2CO_3、甲基橙指示剂。

【实验步骤】

1. 近似 0.1mol/L 的 NaOH 溶液和 HCl 溶液的配制

(1)0.1mol/L HCl 溶液的配制：用洁净的 10mL 量筒量取浓 HCl(12mol/L)4.17mL，倒

入洁净的 500mL 试剂瓶中，加蒸馏水稀释至刻度线，充分摇匀。

（2）0.1mol/L NaOH 溶液的配制：用小烧杯在天平上称取 NaOH 固体 2.0g，用少量蒸馏水溶解，混匀，转移到试剂瓶中并稀释至 500mL，充分摇匀。

2. Na_2CO_3 标准溶液的配制

在电子分析天平上准确称取烘干至恒重的无水 Na_2CO_3 0.48～0.52g，置于洁净的小烧杯中，加入蒸馏水 30mL，用玻璃棒搅拌使之溶解。再将溶液转移到 100mL 的容量瓶中，再用蒸馏水淋洗烧杯 2～3 次，将每次的淋洗液均转移到容量瓶中，将溶液稀释接近至容量瓶刻度线时，用洗瓶小心加入蒸馏水至刻度标线，盖紧瓶塞，充分摇匀。

3. HCl 溶液的标定

（1）将洁净的酸式滴定管用少量上述已经配好的近似 0.1mol/LHCl 溶液润洗 2～3 遍，然后再装入 HCl 溶液，使液面恰好在"0"刻度或是稍低于"0"刻度处，静止 1min，准确记录滴定管的初读数。

（2）将容量吸管用少量上述配制好的 Na_2CO_3 标准溶液润洗 2～3 次后，吸取 Na_2CO_3 溶液 20.00mL，置于锥形瓶中，加甲基橙指示剂 2 滴，混合均匀。

（3）从滴定管中将 HCl 溶液滴入锥形瓶中，不断摇晃，滴定接近终点，认真观察颜色的变化，逐滴滴至溶液由黄色变为橙色，静止 1min，记录读取终读数。

（4）重复上述操作两次（两次滴定消耗 HCl 溶液的体积，相差不超过 0.05mL），分别计算出 HCl 溶液的浓度。

4. 酸碱标准溶液浓度的比较

（1）分别将酸式、碱式滴定管洗净，检查是否漏水。

（2）用同样方法将碱式滴定管润洗 2～3 次，然后将近似 0.1mol/L NaOH 溶液装入碱式滴定管中，使液面恰好在"0"刻度或是稍低于"0"刻度处，静止 1min，准确记录滴定管的初读数。

（3）将碱式滴定管中的 NaOH 溶液约 20mL 放入 250mL 的洁净锥形瓶内，加甲基红指示剂 1～2 滴，静置 1min，准确记录碱式滴定管中的终读数。

（4）然后从酸式滴定管中将 HCl 溶液滴入锥形瓶，同时不断将锥形瓶摇动使溶液混合。继续滴加盐酸直到溶液由黄色变为橙色为止，即为终点。记录滴定管的最终读数。重复上述操作两次，计算出 HCl 和 NaOH 溶液的体积，V_{HCl}/V_{NaOH} 的值，并求其平均值。

【实验报告】

表 3-1　实验报告格式

项目次数	1	2	3
NaOH 溶液初读数			
NaOH 溶液后读数			
V_{NaOH}(mL)			
HCl 溶液初读数			
HCl 溶液后读数			
V_{HCl}(mL)			
V_{HCl}/V_{NaOH}			
V_{HCl}/V_{NaOH} 的平均值			

【思考题】

制 500mL 0.1mol/L HCl 溶液,应量取市售浓 HCl 多少 mL? 用量筒还是用移液管量取? 为什么?

实验五 缓冲溶液的配制和性质

【实验目的】

(1)了解缓冲溶液的原理和性质。

(2)掌握缓冲溶液的配制方法。

(3)掌握酸度计、酸式滴定管、刻度吸管的使用方法。

【实验原理】

缓冲溶液是一种能够抵制外来少量强酸强碱或适当稀释的影响,而保持其 pH 基本不变的溶液。它常由一对共轭酸碱对组成,其中的共轭酸充当抗碱成分,而共轭碱为抗酸成分。因此当缓冲溶液中加入少量的强酸或强碱时,其 pH 能保持基本不变。缓冲溶液的近似 pH 可用式(3-1)计算:

$$pH = pK_a + \lg \frac{[共轭碱]}{[共轭酸]} \tag{3-1}$$

如果所用共轭酸和共轭碱的浓度相同,则缓冲溶液 pH 计算公式可改写为

$$pH = pK_a + \lg \frac{V_{共轭碱}}{V_{共轭酸}} \tag{3-2}$$

只要取不同体积的共轭酸和共轭减溶液,就可以配成不同 pH 的缓冲溶液。当用水稀释缓冲溶液时,缓冲比不变,所以缓冲溶液的 pH 也基本保持不变。

缓冲容量是衡量缓冲溶液缓冲能力大小的尺度,它的大小与缓冲溶液浓度、缓冲组分的比值有关。缓冲溶液总浓度越大,缓冲容量越大;在总浓度相同时,缓冲比为 1:1 时,缓冲容量最大。

pH 计是用来准确测定水溶液 pH 的仪器,最常用的是玻璃复合电极。

【实验仪器与试剂】

仪器:10mL 移液管、50mL 移液管、50mL 烧杯、25mL 量筒、玻璃棒、酸度计、洗瓶、试管。

试剂:0.1mol/L Na_2HPO_4、0.1mol/L KH_2PO_4、1mol/L HCl、0.1mol/L HCl、1mol/L NaOH、0.1mol/L NaOH、pH 试纸、标准缓冲溶液(pH=6.86)。

【实验步骤】

1. 缓冲溶液的配制

(1)用共轭酸碱对(KH_2PO_4和 Na_2HPO_4)配制缓冲溶液。用 10mL 移液管分别吸取 0.1mol/L KH_2PO_4和 0.1mol/L Na_2HPO_4溶液 20mL 于 50mL 烧杯中,用玻璃棒搅匀,由酸度计测定其 pH,并保留溶液。

(2) 用在酸($H_2PO_4^-$)溶液中加 NaOH 生成共轭酸碱对的方法配制 pH 为 7.00 的缓冲溶液。欲配制总浓度为 0.1mol/L pH=7.00 的 KH_2PO_4-Na_2HPO_4缓冲溶液,用量筒量取 40mL 0.1mol/L KH_2PO_4于 50mL 烧杯中,用酸度计测定溶液 pH,然后向其中滴加 1mol/L NaOH,测定溶液的 pH,直到测得 pH=7.00 为止,即配成 pH=7.00 的缓冲溶液。

(3) 用在碱(HPO_4^{2-})溶液中加 HCl 生成共轭酸碱对的方法配制 pH 为 7.00 的缓冲溶液(表 3-2)。欲配制总浓度为 0.1mol/L pH 为 7.00 的 NaH_2PO_4-Na_2HPO_4缓冲溶液,用量筒量取 40mL 0.1mol/L Na_2HPO_4于 50mL 烧杯中,用酸度计测定溶液 pH,在开动搅拌器搅拌溶液的情况下,向其中滴加 1mol/L HCl,同时用酸度计测定溶液 pH,直到测得 pH=7.00 为止,即配成 pH 7.00 的缓冲溶液。

表 3-2 pH7.0 的 NaH_2PO_4-Na_2HPO_4 缓冲溶液

缓冲溶液	(1)溶液保留	(2)	(3)
共轭酸(mL)0.1mol/L KH_2PO_4	20.00	40.00	—
共轭碱(mL)0.1mol/L Na_2HPO_4	20.00	—	40.00
1mol/L HCl(mL)	—	—	
1mol/L NaOH(mL)	—		—
pH(酸度计)		7.00	7.00

2. 缓冲溶液的性质

(1)取两支试管,分别加入操作 1(1)所配缓冲液 3mL。一支试管中加入 0.1mol/L 溶液 5 滴,另一支试管中加入 0.1mol/L HCl 溶液 5 滴,摇匀。用 pH 试纸测定两试管的近似 pH(表 3-3)。

(2)另取两支试管,各加入 3mL 蒸馏水代替缓冲溶液,用试纸测其 pH,再分别加入 0.1mol/L NaOH 溶液 5 滴及 0.1mol/L HCl 溶液 5 滴,摇匀,用 pH 试纸测其近似值,并与(1)的结果进行比较。

(3)取一支试管加入 3mL 由 1(1)所配缓冲溶液,再加入 3mL 蒸馏水,摇匀,用 pH 试纸测其近似 pH,观察缓冲溶液稀释后 pH 有无明显变化。

表 3-3 pH 试纸测试近似 pH

编 号	1 对照管	2	3	4 对照管	5	6	7
缓冲溶液(1)	—	—	—	3mL	3mL	3mL	3mL
蒸馏水	3mL	3mL	3mL	—	—	—	3mL
0.1mol/L NaOH	—	—	5 滴	—	5 滴	—	—
0.1mol/L HCl	—	5 滴	—	—	—	5 滴	—
pH(pH 试纸)							

3. 缓冲容量

(1)取 1(1)所配制的缓冲溶液 20mL(即[HPO_4^{2-}]/[$H_2PO_4^-$]=1 的缓冲溶液),于 50mL 烧杯中,加入 1.00mL 0.1mol/L NaOH,混匀后用 pH 计测其值(表 3-4)。

(2)取 36mL 0.1mol/L Na_2HPO_4和 4mL 0.1mol/L KH_2PO_4(即[HPO_4^{2-}]/[$H_2PO_4^-$]=9/1)于 50mL 烧杯中,用 pH 计测其 pH,然后加入 2.00mL 0.1mol/LNaOH 混匀后,再用 pH 计测其 pH。

(3)另取 4mL 0. 1mol/L Na_2HPO_4和 36mL 0. 1mol/L KH_2PO_4(即$[HPO_4^{2-}]/[H_2PO_4^-]$ = 1/9)于 50mL 烧杯中,用 pH 计测其 pH,然后加入 2. 00mL0. 1mol/LNaOH,混匀后,再用 pH 计测其 pH。

表 3-4　pH 计测 pH

项　目	1	2	3
配制	20mL(1)缓冲溶液(缓冲比=1)	36mL Na_2HPO_4加 4mL KH_2PO_4(缓冲比=9/1)	4mL Na_2HPO_4加 36mL KH_2PO_4(缓冲比=1/9)
pH_1(酸度计)			
0. 1mol/L NaOH	1. 00mL	2. 00mL	2. 00mL
pH_2(酸度计)			
ΔpH			

【思考题】

(1)为什么缓冲溶液具有缓冲能力?

(2)缓冲溶液的 pH 哪些因素决定?

(3)缓冲溶液缓冲容量取决于哪些因素?

实验六　乙酸解离常数的测定

【实验目的】

(1)加深有关电离平衡基本概念的认识。

(2)了解弱酸电离常数的测定方法。

(3)学习 pH 计的使用。

【实验原理】

乙酸是一元弱酸,在水溶液中存在下列电离平衡:

$$HAc + H_2O \rightleftharpoons H_3O^+ + Ac^-$$

根据化学平衡原理,平衡时有:

$$K_a = \frac{[H_3O^+]\cdot[Ac^-]}{[HAc]} \tag{3-3}$$

式(3-3)中,$[H_3O^+]$、$[Ac^-]$分别为 H_3O^+和 Ac^-的平衡浓度。K_a为弱酸的电离常数,对每一弱酸,在给定温度下,它的数值是一定的。

将 HAc 配成一定浓度 C_0的溶液,根据各物质的平衡浓度,有下列关系:

$$[H_3O^+] = [Ac^-]$$

$$[HAc] = C_0 - [H_3O^+]$$

则

$$K_a = \frac{[H_3O^+]^2}{C_0 - [H_3O^+]} \tag{3-4}$$

而 pH= $-\lg[H_3O^+]$，所以测得溶液的 pH，即可算出$[H_3O^+]$，求得 K_a。因 HAc 是弱酸，电离很少，即有$[H_3O^+] << [HAc]$，所以：

$$C_0-[H_3O^+]\approx C_0 \tag{3-5}$$

故将公式简化为

$$K_a=\frac{[H_3O^+]^2}{C_0} \tag{3-6}$$

根据电离度 α 的定义可知：

$$\alpha=\frac{[H_3O^+]}{C_0} \tag{3-7}$$

同样，测得溶液的 pH，算出$[H_3O^+]$，由式(3-7)可求得电离度 α。

【实验仪器与试剂】

仪器：酸度计、滴管、25mL 移液管、50mL 移液管、100mL 容量瓶、洗瓶、洗耳球、锥形瓶、0~100℃温度计、50mL 烧杯、碱式滴定管。

试剂：0. 2mol/LHAc 溶液、0. 2mol/LNaOH 标准溶液、标准缓冲溶液、酚酞指示剂。

【实验步骤】

1. HAc 溶液浓度的标定 用 25mL 移液管，取欲标定的 0. 2mol/L HAc 溶液 25. 0mL，加到锥形瓶中。加入 2 滴酚酞溶液，然后用 NaOH 标准溶液滴定至淡红色，振动后不褪色为止。记录消耗 NaOH 标准溶液的体积，算出 HAc 的准确浓度。重复滴定 3 次，求 HAc 浓度的平均值。

2. 配制不同浓度的 HAc 溶液 取 3 支 50. 0mL 容量瓶，用刻度吸管或移液管分别量取 2. 5mL，5. 0mL，25. 0mL 已知准确浓度的 HAc 溶液置于容量瓶中，加蒸馏水至标线，摇匀，备用。

3. HAc 溶液 pH 测定 将上述 4 种不同浓度的 HAc 溶液分别加入到 4 个干燥的 50mL 烧杯中，按由稀到浓的顺序，用 pH 计分别测定 pH，计算结果。

【实验报告】

HAc 溶液的标定

C_{NaOH} =____________________ mol/L；V_{NaOH} =____________________ mL

V_{HAc} =____________________ mL；HAc 的 C_0 =____________________ mol/L

HAc 电离常数 K_a 和电离度 α 测定列表并计算结果

乙酸溶液温度____________________

表 3-5 实验报告格式

编号	C_0	pH	$[H^+]$	K_a	α
1					
2					
3					
4					

【思考题】

(1)说明弱酸电离常数和电离度与弱酸浓度的关系。
(2)对于乙酸溶液来说,溶液越稀,解离度越大,酸度越大,这种说法对吗?为什么?

实验七　混合碱中 NaOH、Na_2CO_3 含量的测定

【实验目的】

(1) 进一步巩固酸碱滴定法。
(2)了解测定混合碱中 NaOH、Na_2CO_3含量的原理和方法。
(3)掌握在同一份溶液中用双指示剂法测定混合碱中 NaOH、Na_2CO_3含量的测定。

【实验原理】

混合碱是指 Na_2CO_3和 NaOH 或 Na_2CO_3和 $NaHCO_3$的混合物。当混合碱中没有其他酸碱物质,可用双指示剂法判断其组成,并测定各组分的含量。用酸碱滴定 Na_2CO_3时,中和反应为

$$CO_3^{2-}+H^+ \longrightarrow HCO_3^-$$

$$HCO_3^-+H^+ \longrightarrow H_2O+CO_2\uparrow$$

第一个等量点为酸式盐 $NaHCO_3$的水溶液,pH 约为 8.3,可以用酚酞指示剂;第二个等量点为 Na_2CO_3的饱和水溶液,可以用甲基橙或其他 pH3.5~4.0 发生颜色改变的指示剂。

在混合碱样品溶液中,加入酚酞指示剂,用 HCl 标准溶液滴定,当酚酞的红色褪去后,记录消耗 HCl 溶液的体积。此时 NaOH 已全部被中和,而 Na_2CO_3仅被中和成 $NaHCO_3$。再向溶液中加入甲基橙指示剂,继续用 HCl 溶液滴定至溶液由黄色变为橙色,记录下消耗 HCl 溶液的体积。

【实验仪器与试剂】

仪器:酸式滴定管、容量吸管、锥形瓶、滴定架、洗瓶、洗耳球。
试剂:混合碱试样溶液、HCl 标准溶液、酚酞指示剂、0.2%甲基橙指示剂。

【实验步骤】

(1)用容量吸管吸取样品溶液 20mL 置于锥形瓶中,加入酚酞指示剂 2 滴,用 HCl 标准溶液慢慢滴定,不断摇晃均匀,滴定至红色消失为止,记录 HCl 标准溶液消耗的体积。

(2)在被滴定的溶液中,加入甲基橙指示剂 1 滴,继续用 HCl 标准溶液慢慢滴定直至溶液由黄色变为橙色,记录下消耗 HCl 溶液的总体积。

(3)重复上述操作两次,并且每两次体积相差不超过 0.1mL。计算出样品溶液中所含的 Na_2CO_3和 NaOH 的量。

【思考题】

(1)什么叫双指示剂法?

(2)为什么可以用双指示剂法测定混合碱的含量？

实验八　阿司匹林含量的测定——中和滴定法

【实验目的】

学习药品乙酰水杨酸(阿司匹林)含量的测定方法,了解该药的纯品(即原料药)与片剂分析方法的差异。

【实验原理】

乙酰水杨酸是最常用的药物之一。它是有机弱酸($pK_a=3.0$),结构为 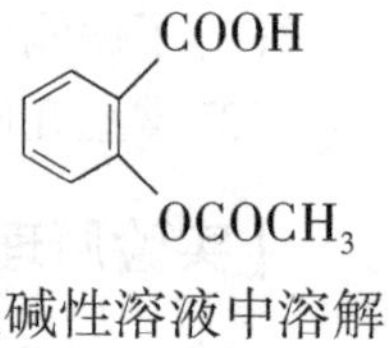

摩尔质量为 180.16g/mol,微溶于水,易溶于乙醇。在 NaOH 或 Na_2CO_3 等强碱性溶液中溶解并分解为水杨酸(即邻羟基苯甲酸)和乙酸盐:

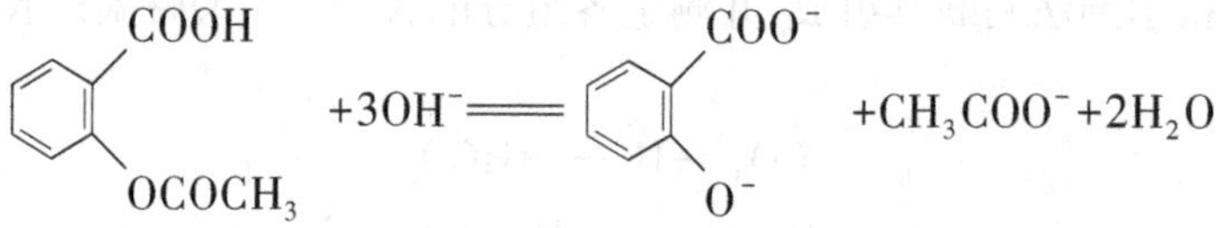

由于它的 pK_a 较小,可以作为一元酸用 NaOH 溶液直接滴定,以酚酞为指示剂。为了防止乙酰基水解,应在 10 ℃ 以下的中性冷乙醇介质中进行滴定,滴定反应为

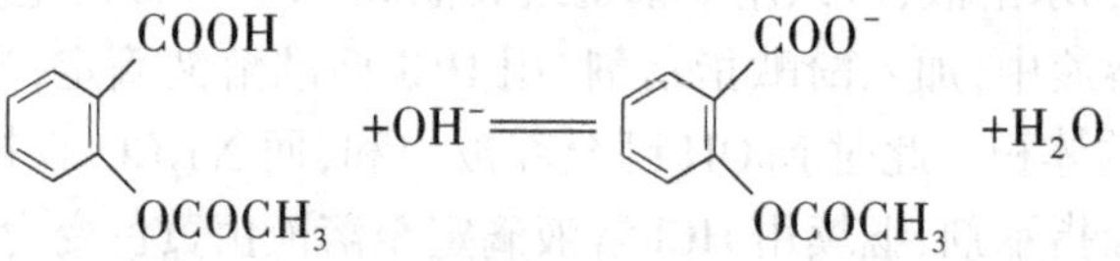

直接滴定法适用于乙酰水杨酸纯品的测定,而药片中一般都混有淀粉等不溶物,在冷乙醇中不易溶解完全,不宜直接滴定,可以利用上述水解反应,采用反滴定法进行测定。药片研磨成粉状后加入过量的 NaOH 标准溶液,加热一定时间使乙酰基水解完全,再用 HCl 标准溶液回滴过量的 NaOH,以酚酞的粉红色刚刚消失为终点。并将滴定的结果用空白试验校正,根据滴定液使用量,计算阿司匹林的含量。

【实验仪器与试剂】

仪器:瓷研钵、碱式滴定管、酸式滴定管、移液管、容量瓶

试剂:阿司匹林药片、HCl 溶液:0.1mol/L、0.1mol/L NaOH 溶液、无水乙醇、酚酞指示液(取酚酞 0.2g,加乙醇 100mL 使溶解)。

【实验步骤】

(1)取供试品 10 片,精密称定,研细,精密称取阿司匹林 0.3~0.4g,置锥形瓶中。

(2)加中性乙醇(对酚酞指示液显中性)20mL,振摇使阿司匹林完全溶解后,加酚酞指示液 3 滴,滴加氢氧化钠滴定液(0.1mol/L)至溶液显粉红色,记录下所用氢氧化钠的体积数 V_1。

(3)再加氢氧化钠滴定液(0.1mol/L)40mL,置电炉上加热15min并时时振摇,迅速放冷至室温,用HCl溶液(0.1mol/L)滴定,记录消耗的盐酸的体积数V_2。

(4)用空白样,采用同样的操作步骤(本实验步骤(2)和(3)),记录下空白样品的体积数V_1'和V_2'。

(5)用空白值进行试验校正。

【数据计算】

滴定液NaOH所消耗的体积数(mL)为

$$V_{NaOH}=(V_1+40-V_2)-(V_1'+40-V_2')$$

每1mLNaOH滴定液(0.1mol/L)相当于18.16mg的$C_9H_8O_4$,即滴定度$T=0.1\times 180.16=18.16$mg

阿司匹林含量(%)=$V_{NaOH}\times T\times F\times\ 0.001/m\times 100\%$

F为滴定液的浓度校正因子(滴定液实际浓度/滴定液规定浓度);

m为样品的质量(g)。

【思考题】

称取纯品试样(晶体)时,所用锥形瓶为什么要干燥?

实验九　EDTA标准溶液的配制和标定

【实验目的】

(1)掌握EDTA标准溶液的配制方法。

(2)熟悉螯合滴定的原理和方法。

【实验原理】

由于EDTA是难溶的酸性物质,EDTA标准溶液常用易溶于水的EDTA·2Na·$2H_2O$盐即乙二胺四乙酸二钠盐配制。EDTA·2Na·$2H_2O$是一种白色固体,可制成基准物质,但是一般不会直接用它配制标准溶液,而是先配成大致浓度的溶液,然后用ZnO基准物质标定其浓度。滴定在pH=10的条件下进行,以铬黑T为指示剂,滴定溶液从紫红色变为纯蓝色,即为终点。标定EDTA标准溶液可用纯锌、纯铜、ZnO、CaO、$CaCO_3$等标准物质,做好选用与待测组分相同的标准物,这样可以减少滴定误差。

$$Zn^{2+}+In=ZnIn$$

(纯蓝色)　　(酒红色)

$$ZnIn+Y^{4-}=ZnY^{2-}+In$$

(酒红色)　　(纯蓝色)

【实验仪器与试剂】

仪器:台秤、酸式滴定管、试剂瓶、移液管、容量瓶、烧杯、刻度吸管、电子分析天平、洗瓶、量筒、滴定架、洗耳球、锥形瓶、玻璃棒。

试剂：EDTA·2Na·$2H_2O$ 盐、ZnO、铬黑 T 指示剂、pH=10 的 $NH_3 \cdot H_2O-NH_4Cl$ 缓冲溶液、HCl (6.0mol/L)、氨试液、甲基红指示剂

【实验步骤】

(1) EDTA 标准溶液的配制。称取 EDTA·2Na·$2H_2O$ 约 9.5g，加入蒸馏水溶解，转移至试剂瓶中，加水稀释至 500mL，摇匀，盖好瓶塞。

(2) EDTA 标准溶液的标定。精密称取烘干至恒重的基准物质 ZnO 约 0.12g，置于锥形瓶中，加入 6.0mol/L HCl 溶液 3mL 溶解，加入蒸馏水 25mL 和甲基红指示剂 1 滴，滴加氨试液至溶液颜色显微黄色，再加蒸馏水 25mL，$NH_3.H_2O-NH_4Cl$ 缓冲溶液 10mL 和铬黑 T 指示剂少量(2 滴)。用 EDTA 溶液滴定至溶液颜色由紫红色变为纯蓝色，即为终点。

(3) 重复操作两次，取其平均值，算出 EDTA 标准溶液的准确浓度。

【思考题】

螯合滴定的基本原理是什么？

实验十 水的总硬度测定

【实验目的】

(1) 熟悉配位滴定法的基本原理和方法。

(2) 掌握配位滴定法测定水的总硬度方法。

【实验原理】

测定自来水的硬度，一般采用络合滴定法，用 EDTA 标准溶液滴定水中的 Ca^{2+}、Mg^{2+} 总量，然后换算为相应的硬度单位。用 EDTA 滴定 Ca^{2+}、Mg^{2+} 总量时，一般是在 pH=10 的氨性缓冲溶液进行，用 EBT(铬黑 T)作指示剂。化学计量点前，Ca^{2+}、Mg^{2+} 和 EBT 生成紫红色络合物，当用 EDTA 溶液滴定至化学计量点时，游离出指示剂，溶液呈现纯蓝色。

由于 EBT 与 Mg^{2+} 显色灵敏度高，与 Ca^{2+} 显色灵敏度低，因此当水样中 Mg^{2+} 含量较低时，用 EBT 作指示剂往往得不到敏锐的终点。这时可在 EDTA 标准溶液中加入适量的 Mg^{2+} (标定前加入 Mg^{2+} 对终点没有影响)或者在缓冲溶液中加入一定量 Mg^{2+}-EDTA 盐，利用置换滴定法的原理来提高终点变色的敏感性，也可采用酸性铬蓝 K-萘酚绿 B 混合指示剂即 K-B 指示剂，此时终点颜色由紫红色变为蓝绿色。

滴定时，Fe^{3+}、Al^{3+} 等干扰离子，用三乙醇胺掩蔽；Cu^{2+}、Pb^{2+}、Zn^{2+} 等重金属离子则可用 KCN、Na_2S 或硫基乙酸等掩蔽。

本实验以 $CaCO_3$ 的质量浓度(mg/L)表示水的硬度。我国生活饮用水规定，总硬度以 $CaCO_3$ 计，不得超过 450 mg/L。

计算公式：

$$\text{水的硬度}=\frac{C\times V}{\text{水样体积}}\times 100.9(\text{mg/L}) \tag{3-8}$$

式(3-8)中，C 为 EDTA 的浓度，V 为 EDTA 的体积，100.09 为 $CaCO_3$ 的质量。

水硬度一般是指水中钙、镁离子的含量，水的总硬度是指水中 Ca^{2+}、Mg^{2+} 的总量。常用表示水硬度的方法是以水中 Ca、Mg 总量换算为 CaO 含量，以每升水中含有 10mg 单位 CaO 为 1 度。

滴定前：

$$Ca^{2+} + Mg^{2+} + In = Ca^{2+} + Mg^{2+} + MgIn$$

滴定中：

$$Ca^{2+} + Mg^{2+} + MgIn + Y = CaY + MgY + Mg^{2+} + MgIn + Ca^{2+}$$

终点是：

$$Ca^{2+} + MgIn + Y = CaY + MgY + In$$

【实验仪器与试剂】

仪器：电子分析天平、台秤、50mL 酸式滴定管、25mL 移液管、50mL 移液管、250mL 锥形瓶、10mL 量筒。25mL 量筒、100mL 烧杯、称量瓶。

试剂：

(1) EDTA 标准溶液(0.01mo/L)：称取 2g 乙二胺四乙酸二钠盐($Na_2H_2Y \cdot 2H_2O$)于 250 mL 烧杯中，用水溶解稀释至 500mL。如溶液需保存，最好将溶液储存在聚乙烯塑料瓶中。

(2) 氨性缓冲溶液(pH=10)：称取 20g NH_4Cl 固体溶解于水中，加 100mL 浓氨水，用水稀释至 1L。

(3) 铬黑 T(EBT)溶液(5g/L)：称取 0.5g 铬黑 T，加入 25mL 三乙醇胺、75mL 乙醇。

(4) Na_2S 溶液(20g/L)。

(5) 三乙醇氨溶液(1+4)。

(6) 盐酸(1+1)。

(7) 氨水(1+2)。

(8) 甲基红：1g/L60% 的乙醇溶液。

(9) 镁溶液：1g $MgSO_4 \cdot 7H_2O$ 溶解于水中，稀释至 200mL。

(10) $CaCO_3$ 基准试剂：120℃ 干燥 2h。

【实验步骤】

1. EDTA 标准溶液的标定 标定 EDTA 的基准物较多，常用纯 $CaCO_3$，也可用纯金属锌标定，$CaCO_3$ 为基准物质；准确称取 $CaCO_3$ 0.2~0.25g 于烧杯中，先用少量的水润湿，盖上干净的表面皿，滴加 HCl(1+1)10mL，加热溶解。溶解后用少量水洗表面皿及烧杯壁，冷却后，将溶液定量转移入 250mL 容量瓶中，用水稀释至刻度，摇匀。

用移液管平行移取 25mL 标准溶液 3 份分别加入 250mL 锥形瓶中，加 1 滴甲基红指示剂，用(1+2)氨水溶液调至溶液由红色变为淡黄色，加 20mL 水及 5mL Mg^{2+} 溶液，再加入 pH=10 的氨性缓冲溶液由红色变为纯蓝色即为终点，计算 EDTA 溶液的准确浓度。

2. 自来水样的分析 打开水龙头，先放数分钟，用已洗净的试剂瓶承接水样 500~1000mL，盖好瓶塞备用。

移取适量的水样一般为 50~100mL，加入三乙醇胺 3mL、氨性缓冲溶液 5mL、EBT 指示剂 2~3 滴，立即用 EDTA 标准溶液滴至溶液由红色变为纯蓝色即为终点。平行 3 份，计算水的总硬度，以 $CaCO_3$ 表示。

【注意事项】

（1）自来水样较纯、杂质少，可省去水样酸化、煮沸、加 Na_2S 掩蔽剂等步骤。

（2）如果 EBT 指示剂在水样中变色缓慢，则可能是由于 Mg^{2+} 含量低，这时应在滴定前加入少量 Mg^{2+} 溶液，开始滴定时滴定速度宜稍快，接近终点滴定速度宜慢，每加 1 滴 EDTA 溶液后，都要充分摇匀。

【思考题】

（1）水的总硬度都是指哪些离子的含量？

（2）水样中的 Fe^{3+}、Al^{3+} 等干扰离子可用什么掩蔽？

实验十一　丙酮碘化的化学反应速率测定

【实验目的】

（1）掌握利用分光光度法测定酸催化时丙酮碘化反应速度常数及活化能的实验方法。

（2）加深对复杂反应特征的理解。

（3）掌握 2100 型分光光度计的使用方法。

【实验原理】

丙酮碘化反应方程为

$$\underset{(A)}{CH_3-\overset{\overset{\displaystyle O}{\|}}{C}-CH_3} + I_2 \xrightleftharpoons{H^+} \underset{(E)}{CH_3-\overset{\overset{\displaystyle O}{\|}}{C}-H_2I} + I^- + H^+ \qquad [3\text{-}1]$$

H^+ 是反应的催化剂，由于丙酮碘化反应本身生成 H^+，所以这是一个自动催化反应。实验证明丙酮碘化反应是一个复杂反应，一般认为可分成两步进行，即

$$\underset{(A)}{CH_3-\overset{\overset{\displaystyle O}{\|}}{C}-CH3} + H^+ \underset{K_{-1}}{\overset{K_1}{\rightleftharpoons}} \underset{(B)}{H_3C-\overset{\overset{\displaystyle O}{\|}}{C}-CH_3}\text{（快速平衡）} \qquad [3\text{-}2]$$

$$\underset{(B)}{H_3C-\overset{\overset{\displaystyle ^+OH}{\|}}{C}-CH_3} \underset{K}{\xrightarrow{（慢）}} \underset{(D)}{H_3C-\overset{\overset{\displaystyle O}{|}}{C}=CH_2} + H^+\text{（速控）} \qquad [3\text{-}3]$$

反应[3-2]是丙酮的烯醇化反应，反应可逆且进行地很慢。反应[3-3]是烯醇的碘化反应，反应快速$(NH_4)_2S_2O_8$和 KI 的同时，加入一定体积已知浓度的 $Na_2S_2O_3$溶液和淀粉溶液，这样在反应[3-2]进行的同时，也进行着下列反应：

$$2S_2O_3^{2-}+I_3^-=S_4O_6^{2-}+3I^- \qquad [3\text{-}4]$$

反应[3-4]的速率比反应[3-2]快得多，因此由反应[3-2]生成的 I_3^- 立即与 $S_2O_3^{2-}$ 反应，生成无色的 $S_4O_6^{2-}$ 和 I^-。但一旦 $Na_2S_2O_3$ 耗尽，反应[3-2]生成的微量 I_3^- 就立即与淀粉作用，使溶液显蓝色。

从反应[3-2]和反应[3-4]可以看出，$S_2O_8^{2-}$ 浓度减少的量为 $S_2O_3^{2-}$ 浓度减少量的一

半,即

$$\Delta[S_2O_8^{2-}]=\frac{\Delta[S_2O_8^{2-}]}{2}$$

记录从反应开始到溶液出现蓝色所需的时间 Δt,由于在 Δt 内 $S_2O_3^{2-}$ 全部耗尽,因此 $\Delta[S_2O_3^{2-}]$ 实际上为 $Na_2S_2O_3$ 的起始浓度。因此可根据 Δt 和 $\Delta[S_2O_3^{2-}]$ 计算出反应速率。

$$v=\left|\frac{\Delta[S_2O_3^{2-}]}{2\Delta t}\right| \tag{3-9}$$

若固定 $S_2O_8^{2-}$ 离子的浓度,改变 I^- 离子浓度,根据

$$v=\left|\frac{\Delta[S_2O_3^{2-}]}{2\Delta t}\right|=k[S_2O_8^{2-}]^m[I^-]^n \tag{3-10}$$

比较 I^- 离子在不同浓度下的反应时间 Δt,即可求得 n 同时,固定 I^- 离子的浓度,改变 $S_2O_8^{2-}$ 离子的浓度,比较 $S_2O_8^{2-}$ 在不同浓度下的反应时间 Δt,则可求得 m。

【实验仪器与试剂】

仪器:150mL 烧杯、酒精灯、10mL 量筒、100mL 量筒、秒表、温度计、水浴锅

试剂:0.20mol/L $(NH_4)_2S_2O_8$、0.20mol/L KI、0.01mol/L $Na_2S_2O_3$、0.2% 淀粉溶液,0.20mol/L KNO_3、0.20mol/L $(NH_4)_2SO_4$、0.02mol/L $Cu(NO_3)_2$。

【实验步骤】

1. 浓度对化学反应速率的影响　在室温下,用 3 个量筒(贴上标签,以免混淆)分别量取 0.2mol/LKI 溶液 20mL、0.01mol/L$Na_2S_2O_3$溶液 8.0mL 和 0.2% 淀粉溶液 4.0mL,均倒入 150mL 干燥洁净的烧杯中,混合均匀。再用另一量筒(贴上标签)量取 0.20mol/L $(NH_4)_2S_2O_8$溶液 20mL,迅速倒入烧杯中,同时按动秒表,并不断搅拌,仔细观察。当溶液刚出现蓝色时,立即按停秒表,记录反应时间和室温。

用同样的方法按照表 3-1 的用量进行另外 4 次实验。为了使每次实验中溶液的离子强度和总体积保持不变,可分别用 0.20mol/L KNO_3溶液和 0.20mol/L $(NH_4)_2SO_4$溶液补足。

表 3-6　浓度对化学反应速率的影响

反应温度,K						
	实验序号	1	2	3	4	5
试剂用量/mL	0.20mol/L KI 溶液	20	20	20	10	5
	0.01mol/L $Na_2S_2O_3$溶液	8.0	8.0	8.0	8.0	8.0
	2% 淀粉溶液	4.0	4.0	4.0	4.0	4.0
	0.20mol/L KNO_3溶液	—	—	—	10	15
	0.20mol/L $(NH_4)_2SO_4$溶液	—	10	15	—	—
	0.20mol/L $(NH_4)_2S_2O_8$溶液	20	10	5	20	20

续表

起始浓度(mol/L)	KI 溶液, $Na_2S_2O_3$ 溶液, $(NH_4)_2S_2O_8$ 溶液					
反应时间 Δt, s						
$S_2O_8^{2-}$ 的浓度变化 $\Delta[S_2O_8^{2-}]/(mol/L)$						
反应的平均速率 $v=\left\|\frac{\Delta[S_2O_3^{2-}]}{2\Delta t}\right\|$						
反应速率常数 $k=\frac{V}{[S_2O_3^{2-}]^m\cdot[I^-]^n}$						

2. 温度对反应速率的影响 按表 3-6 实验序号 4 中的用量,在一个 50mL 烧杯中加入 KI、$Na_2S_2O_3$、淀粉和 KNO_3 溶液,另一个 50mL 烧杯中加入 $(NH_4)_2S_2O_8$ 溶液,然后将两个 50mL 烧杯同时放在热水浴中加热。当温度高于室温 10℃左右时,将 $(NH_4)_2S_2O_8$ 溶液迅速倒入 KI 等混合液中,同时计时并不断搅动,当溶液刚出现蓝色时,记录反应时间。

利用热水浴在高于室温 20℃左右、30℃左右条件下,将上述实验重复 2 次,记录反应时间。算出 4 个温度下的反应速率 v 及速率常数 k,将表 3-6 中第 4 组实验及以上 3 组实验的数据及计算结果填入表 3-7 中。

表 3-7 温度对化学反应速率的影响

实验序号	4	6	7	8
反应温度(K)				
反应时间(s)				
反应速率(V)				
反应速率常数(k)				

3. 催化剂对反应速率的影响 按表 3-6 实验序号 4 的用量,将 KI、$Na_2S_2O_3$、KNO_3 和淀粉溶液加到 50mL 烧杯中,在加入 2 滴 0.02mol/L $Cu(NO_3)_2$ 溶液,搅匀,然后迅速加入 $(NH_4)_2S_2O_8$ 溶液,同时按下秒表,不断搅动,待溶液刚一出现蓝色即停下秒表,计时。将此实验的反应速率与实验序号 4 的反应速率进行比较,得出结论(表 3-8)。

表 3-8 催化剂对化学反应速率的影响

实验序号	4	9
反应时间 Δt(s)		
反应速率(v)		

【数据处理】

计算反应级数和速率常数

将表 3-6 中序号 1 和 2(或 1 和 3,或 2 和 3)的结果代入式(3-11):

$$v=\left|\frac{\Delta[S_2O_3^{2-}]}{2\Delta\Delta}\right|=k[S_2O_8^{2-}]^m\cdot[I^-]^n \tag{3-11}$$

可得 $\dfrac{V_1}{V_2}=\dfrac{\Delta t_2}{\Delta t_1}=\dfrac{k[S_2O_8^{2-}]_1{}^m\cdot[I^-]_1{}^n}{k[S_2O_8^{2-}]_2{}^m\cdot[I^-]_2{}^n}$

$\because [I^-]_1=[I^-]_2$

$$\therefore \quad \frac{v_1}{v_2}=\frac{\Delta t_2}{\Delta t_1}=\frac{[S_2O_8^{2-}]_1^m}{[S_2O_8^{2-}]_2^m}=\left[\frac{[S_2O_8^{2-}]_1}{[S_2O_8^{2-}]_2}\right]^m \tag{3-12}$$

Δt_1、Δt_2、$[S_2O_8{}^{2-}]_1$和$[S_2O_8{}^{2-}]_2$均为已知数，因此可求得 m（取最接近的整数）。

同理，将表 3-6 中序号 1 和序号 4（或 1 和 5，或 4 和 5）的结果代入式（3-12），可得

$$\frac{v_1}{v_4}=\frac{\Delta t_4}{\Delta t_1}=\left[\frac{[I^-]_1}{[I^-]_4}\right]^n \tag{3-13}$$

由式（3-13）可求出 n（取最接近的整数）。反应级数为（$m+n$）。

将求得的 m 和 n 值代入 $v=k[S_2O_8^{2-}]^m\cdot[I^-]^n$，，可求得反应速率常数 k，把计算结果填入表 3-6 中。

【思考题】

（1）本实验中，为什么要加入淀粉溶液?

（2）本实验中，通过实验数据如何求得反应级数与反应速度常数?

实验十二　食醋中总酸度的测定——酸碱滴定法

【实验目的】

（1）正确理解总酸度的概念。

（2）掌握总酸度测定的原理和方法。

【实验原理】

食品中的总酸度是指所有酸性物质总量，用标准碱滴定时，被中和成盐类：

$$RCOOH+NaOH \xlongequal{} RCOONa+H_2O$$

以酚酞为指示剂，滴定至溶液呈淡红色半分钟不褪为终点，根据所耗标准碱液的浓度和体积，可计算出样品中酸的含量。

【实验试剂】

1%酚酞指示剂、邻苯二甲酸氢钾（分析纯）、食醋。

【实验步骤】

1. 0.1mol/L NaOH 溶液的配制　用洁净的小烧杯于台秤上称取 1.0g NaOH 固体，加纯水 50mL，使全部溶解后，用纯水涮洗小烧杯数次，将涮洗液一并转入试剂瓶中，再加水至总体积约 250mL，盖上橡皮塞，摇匀，备用。

2. 0.1mol/L NaOH 溶液浓度的标定　准确称取邻苯二甲酸氢钾 0.4~0.5g 于 250mL 锥形瓶中，加 20~30mL 水，温热使之溶解，冷却后加 2 滴酚酞，用 0.1mol/LNaOH 标准溶液滴定至溶液呈微红色，半分钟不褪色，即为终点。平行标定 3 份。

3. 食醋中总酸度的测定 准确移取10mL食醋于100 mL容量瓶中,用纯水稀释至刻度摇匀。移取25mL已稀释的食醋放入250 mL锥形瓶中,加入25mL水,加酚酞3滴,用氢氧化钠标准溶液滴定至微红色,半分钟不褪为终点,平行测定3次。

【结果计算】

$$总酸度(\%)=\frac{c\times VK}{m}\times\frac{V_0}{V_1}\times100 \tag{3-14}$$

式(3-14)中,c 为标准NaOH溶液的浓度,mol/L;

V 为滴定消耗标准NaOH溶液体积,mL;

m 为样品质量或体积,g或mL;

V_0为样品稀释液总体积,mL;

V_1为滴定时吸取的样液体积,mL;

K 为换算为主要酸的系数,即1mol氢氧化钠相当于主要酸的克数。

【思考题】

(1)测定食糖的总酸量时,选用酚酞指示剂的依据是什么?能否用甲基橙或甲基红?

(2)为什么稀释食醋试样时并不强调必须用新煮沸并冷却的不含CO_2的蒸馏水?

实验十三 五水硫酸铜的制备

【实验目的】

(1)了解由不活泼金属与酸作用制备盐的方法。

(2)学习重结晶法提纯物质的原理和方法。

(3)学习水浴加热、蒸发、浓缩,以及倾滗法、减压过滤。

【实验原理】

铜是不活泼金属,不能直接和稀硫酸发生反应制备硫酸铜,必须加入氧化剂。在浓硝酸和稀硫酸的混合液中,浓硝酸将铜氧化成Cu^{2+},Cu^{2+}与SO_4^{2-}结合得到产物硫酸铜:

$$Cu+2HNO_3+H_2SO_4 = CuSO_4+2NO_2\uparrow+2H_2O$$

未反应的铜屑(不溶性杂质)用倾滗法除去。利用硝酸铜的溶解度在273~373K均大于硫酸铜溶解度的性质(表3-9和图3-2),溶液经蒸发浓缩后析出硫酸铜,经过滤与可溶性杂质硝酸铜分离,得到粗产品。

表3-9 硫酸铜硝酸铜在273~373K的溶解度

温度(K)	273	293	313	333	353	373
五水硫酸铜	23.1	32.0	44.6	61.8	83.8	114.0
硝酸铜	83.5	125.0	163.0	182.0	208.0	247.0

硫酸铜的溶解度随温度升高而增大,可用重结晶法提纯。在粗产品硫酸铜中,加适量水,加热成饱和溶液,趁热过滤除去不溶性杂质。滤液冷却,析出硫酸铜,过滤,与可溶性杂

质分离，得到纯的硫酸铜。

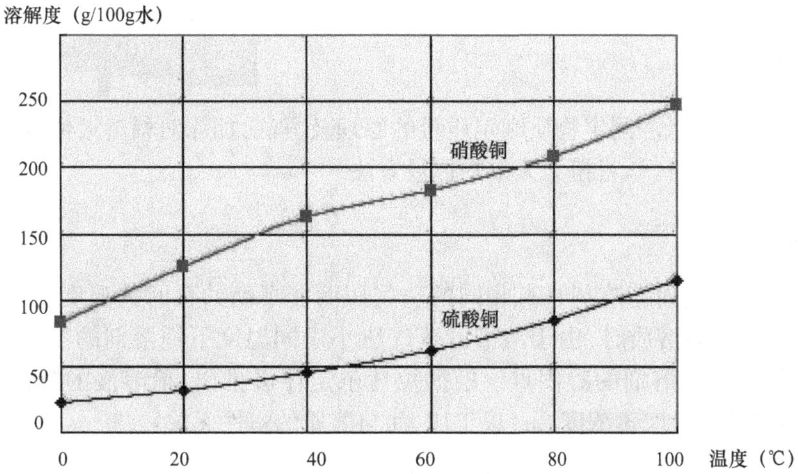

图 3-2　溶解度-温度曲线

【实验步骤】

(1)稀释硫酸得到 3mol/L 硫酸，以备实验中使用。

(2)称量 1.5g 铜屑，灼烧至表面呈现黑色，冷却，如铜片较为洁净不必灼烧，放入蒸发皿中。

(3)加 5.5mL 3mol/L 硫酸，2.5mL 浓硝酸(硝酸分两批加入)，盖上表面皿，当反应平稳后水浴加热。在加热过程中视反应情况补加硫酸和浓硝酸(在保持反应继续进行的情况下，尽量少加硝酸)。

(4)铜近于完全溶解后，趁热倾滗法分离，如实验用铜比较纯，则无需趁热倾滗。

(5)水浴加热，蒸发浓缩至晶体膜出现。

(6)冷却至室温，进行抽滤，得到粗产品称重。

(7)将粗产品加热溶于水，趁热过滤。

(8)溶液(滤液)自然冷却 、再次进行抽滤、晾干，得到纯净的硫酸铜晶体。

(9)称重，计算。

【数据处理】

(1)理论计算值：理论最终重结晶率＝(353K 时五水硫酸铜溶解度－293K 时五水硫酸铜溶解度)/353K 时五水硫酸铜溶解度

(2)实验计算值：产率＝产物质量/产物理论质量×100%

【思考题】

(1)为什么不用浓硫酸与铜反应制备五水硫酸铜？

(2)为什么用 3mol/L 的硫酸？

(3)为什么要缓慢、分批地加浓硝酸？什么时候补加稀硫酸、浓硝酸？

实验十四　凝固点降低法测定葡萄糖的摩尔质量

【实验目的】

(1)了解凝固点降低法测定物质摩尔质量的原理及方法,加深对稀溶液依数性的认识。

(2)练习使用移液管,学习扭力天平的称量方法。

【实验原理】

凝固点是溶液与其固态溶剂具有相同的蒸气压而能平衡共存时的温度。当在溶剂中加入难挥发的非电解质溶质时,由于溶液的蒸气压小于同温度下纯溶剂的蒸气压,因此溶液的凝固点必须低于纯溶剂的凝固点。根据拉乌尔定律可推出,稀溶液的凝固点降低值 ΔT_f 近似地与溶液的质量摩尔浓度(m)成正比,而与溶质的本性无关:

$$\Delta T_f = K_f \cdot \mathrm{m} \tag{3-15}$$

式(3-15)中 K_f 为凝固点降低常数。若有 g 克溶质溶解在 G 克溶剂中,且溶质的摩尔质量为 M,则式(3-15)可转换为

$$M = 1000K_f \cdot \frac{g}{\Delta T_f \cdot G} \tag{3-16}$$

因此,已知 K_f、G、g 的前提下,只要测出稀溶液的凝固点降低值 ΔT_f,即可按式(3-16)求出溶质的摩尔质量。为测定 ΔT_f,应通过实验分别测出纯溶剂和溶液的凝固点。凝固点的测定采用过冷法。

【实验仪器与试剂】

仪器:600mL 高型烧杯、25mL 移液管、1/10 刻度温度计、搅拌棒、橡皮塞、台秤、扭力天平、放大镜、铁架台。

试剂:葡萄糖、粗盐、冰。

【实验步骤】

1. 葡萄糖溶液凝固点的测定　凝固点测定的装置如图 3-3 所示。

先在台秤上称取葡萄糖 2. 2~2. 3g,再在天平上精确称量。将称好的葡萄糖小心倒入干燥洁净的测定管中,然后用 25mL 移液管准确吸取 25mL 蒸馏水沿管壁加入,轻轻振荡(勿溅出)。待葡萄糖完全溶解后,装上塞子(包括温度计与细搅拌棒),将测定管直接插入冰盐水中。

用粗搅拌棒搅动冰盐水,同时用细搅拌棒搅动葡萄糖液,但注意不要碰击管壁与温度计,以免摩擦生热影响实验结果。当溶液逐渐降温至过冷再析出结晶时,温度降低后又回升的最高点温度可作为溶液的凝固点(通过放大镜准确读数)。

凝固点的测定必须重复两次,两次测定结果的差值,要求在±0. 04℃以内,溶液的凝固点取两次结果的平均值。

2. 纯溶剂(水)凝固点的测定　弃去测定管内溶液,先用自来水洗净测定管,再用少量蒸馏水洗涤,然后加入约 25mL 蒸馏水,按上法测定水的凝固点(取两次测定结果的平均值)。

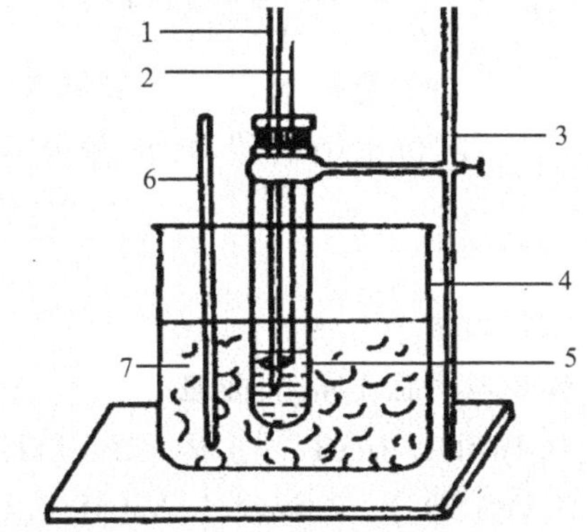

图 3-3 凝固点测定装置

1. 温度计;2. 细搅拌棒;3. 铁架台;4. 烧杯;5. 测定管;6. 粗搅拌棒;7. 冰盐水

【数据处理】

由实验结果按式(3-15)求出葡萄糖摩尔质量(表 3-10)。

表 3-10 测定葡萄糖的摩尔质量

测定次 数	凝固点(K)		溶质质量(g)	溶剂质量(g)	凝固点降低值(*K*)
	蒸馏水	葡萄糖溶液			
1					
2					

【思考题】

(1)凝固点降低法适合于大分子物质的测定吗?

(2)如果待测葡萄糖中含不溶性杂质,对测定结果有何影响?

实验十五 配位化合物的制备和性质

【实验目的】

(1)了解有关配合物的生成及配离子与简单离子的区别。

(2)了解配离子的稳定性和配位平衡的移动。

【实验原理】

配位化合物是由中心原子与一定数目的中性分子或阴离子配体,通过配位键结合并按一定的组成和空间构型所形成的复杂离子或化合物。如$[Cu(NH_3)_4]SO_4$、$K_3[Fe(CN)_6]$等,在水溶液中各配离子存在相应的配位平衡,如:

$$Ag^+ + 2NH_3 = [Ag(NH_3)_2]^+$$

$$K_{稳} = \frac{[Ag(NH_3)_2^+]}{[Ag^+] \cdot [NH_3]^2} = 1.1 \times 10^7$$

$K_{稳}$ 越大,则该配离子越稳定。对于配体数相同、空间构型相似的化合物,可由其相应的 $K_{稳}$ 值比较它们的相对稳定性。配位平衡的移动,符合化学平衡移动的基本原理——吕·查德里原理。

【实验仪器与试剂】

仪器:100mL 烧杯、试管、5cm 表面皿、8cm 表面皿 。

试剂:0.1mol/L $AgNO_3$、0.1mol/L $HgCl_2$(剧毒)、1∶1$NH_3 \cdot H_2O$、0.1mol/L NaCl、0.2mol/L $NiSO_4$、0.1mol/L $NH_4Fe(SO_4)_2$、0.1mol/L NaOH、0.1mol/L $FeSO_4$、0.1mol/L $K_4[Fe(CN)_6]$,、0.1mol/L KSCN、6mol/L NaOH、0.1mol/L $K_3[Fe(CN)_6]$、0.1mol/L KI、2mol/L NaOH、2mol/L $NH_3 \cdot H_2O$、0.1mol/L $FeCl_3$、2mol/L HNO_3、0.01mol/L EDTA-2Na、0.1mol/L NH_4F、0.1mol/L $BaCl_2$、0.01mol/L 邻菲咯啉、红色石蕊试纸。

【实验步骤】

1. 配离子的生成

(1)在试管中加入 0.1mol/L $HgCl_2$(剧毒)溶液 2 滴,边振摇边逐滴加入 0.1mol/L KI,观察现象。写出反应方程式。

(2)在两支试管中各加入 0.2mol/L $NiSO_4$溶液 10 滴,向其中一支试管中滴加 0.1mol/L NaOH2 滴,观察现象,写出反应式;在另一试管中缓慢逐滴加入 0.1mol/L $BaCl_2$溶液 1 滴,观察现象,写出方程式。在另一试管中加入 0.2mol/L $NiSO_4$溶液 10 滴,逐滴加入 1∶1$NH_3 \cdot H_2O$,边加边振摇,待生成的沉淀完全溶解。加入过量的氨水后,将此溶液分为两份。一份中加入 0.1mol/L $BaCl_2$ 1 滴,另一份中加入 0.1mol/L NaOH 溶液 2 滴,观察现象,写出反应式。

2. 铁的一些重要配合物 (表 3-11)

(1)取 Fe^{2+}溶液数滴,加入 0.1mol/L $K_3[Fe(CN)_6]$溶液 2 滴,观察现象。用 Fe^{3+}代替 Fe^{2+}进行同样实验,观察有何现象。

(2)取 Fe^{3+}溶液数滴,加入 0.1mol/L $K_3[Fe(CN)_6]$溶液 2 滴,观察现象。用 Fe^{2+}代替 Fe^{3+}进行同样实验,观察有何现象。

(3)取 Fe^{3+}溶液数滴,加入 KSCN 溶液 1 滴,观察现象,写出反应。

(4)取 Fe^{2+}溶液数滴,加入邻菲咯啉溶液 1 滴,观察现象。

表 3-11

	$FeSO_4$	$FeCl_3$
$K_3[Fe(CN)_6]$		
$K_4[Fe(CN)_6]$		
KSCN		
邻菲咯啉		

3. 简单离子和配离子的区别 分别取 Fe^{3+}和 $K_3[Fe(CN)_6]$溶液与 KSCN 溶液作用,观

察现象是否相同,并简要解释。

4. 配合物与复盐的区别　在两支试管中各加入 1mL 的 $NH_4Fe(SO_4)_2$溶液,分别用 $BaCl_2$试剂和 KSCN 试剂检验溶液中的 SO_4^{2-}和 Fe^{3+},并用“气室法”检验 NH_4^+,比较上一实验和本实验的结果,说明配合物与复盐的区别。

5. 配位平衡与氧化还原反应　取两支试管,各加入 0. 1mol/L $FeCl_3$溶液 5 滴,在其中一支试管中逐滴加入 0. 1mol/L NH_4F 摇匀至溶液黄色退去,再过量几滴。然后在两支试管中分别加入 5 滴 0. 1mol/L KI 溶液和 CCl_4,振摇,观察 CCl_4层颜色变化,解释现象并写出反应式。

6. 配位平衡的移动

(1)取一支试管加入 15 滴 0. 1mol/L $AgNO_3$溶液,滴加 2mol/L $NH_3 \cdot H_2O$ 至沉淀生成后又溶解,再多加约 10 滴氨水,得$[Ag(NH_3)_2]^+$溶液。将其分盛在两支试管中,向其中一支试管加 0. 1mol/L NaCl 溶液 1~2 滴;向另一支试管加 KI 溶液 1~2 滴。观察现象,并予简要解释。

(2)同上法制取$[Ag(NH_3)_2]^+$溶液,于此溶液中加入 5 滴 2mol/L HNO_3溶液,再加 2 滴 NaCl 溶液,观察有无沉淀生成,并予简要解释。

(3)在试管中加入 $FeCl_3$溶液和 KSCN 溶液各 1 滴、蒸馏水 8 滴,混匀,向该溶液逐滴加入 0. 01mol/LEDTA-2Na 溶液,观察溶液颜色的变化,试用配位平衡移动加以解释。

【思考题】

(1)配合物与复盐的主要区别是什么?如何判断某化合物是否是配合物?

(2)如何比较配离子的稳定性?

实验十六　氧化还原与电化学

【实验目的】

(1)通过实验掌握电极电势、介质 pH 及反应物浓度对氧化还原反应的影响。

(2)观察并了解氧化态和还原态的浓度变化对电极电势的影响。

【实验原理】

从 Nernst 方程可以看出,在 25℃时,影响电极电势的因素为电极的本性(氧化态的氧化能力和还原态的还原能力)和电极反应中氧化态及还原态的浓度。

在 25℃时,电极的反应:

$$\text{氧化态} + ne \Longleftrightarrow \text{还原态}$$

$$\varphi = \varphi^{\theta} + \frac{0.059\ 16}{n} \lg \frac{[\text{氧化态}]}{[\text{还原态}]} \tag{3-17}$$

一定温度下,φ值越大,则电对中氧化态的氧化能力越强;φ值越小,则表示还原能力越强。氧化还原反应自发进行的方向,总是由两电对中电极电势较高的氧化态氧化电极电势较低的还原态。

【实验仪器与试剂】

仪器:50mL 烧杯、5cm 表面皿、8cm 表面皿、伏特计、锌电极片、铜电极片、导线、试管、盐桥。

试剂：0.1mol/L $FeCl_3$、0.1mol/L KI、0.1mol/L KBr、0.1mol/L $FeSO_4$、0.5mol/L $CuSO_4$、0.5mol/L $ZnSO_4$、0.01mol/L $KMnO_4$、3mol/L H_2SO_4、6mol/L HAc、6mol/L NaOH、2mol/L HNO_3、浓 HNO_3、浓 $NH_3 \cdot H_2O$、CCl_4(C.P.)、饱和碘水、饱和溴水、红色石蕊试纸、0.01mol/L 邻菲咯啉溶液、0.1mol/L$KClO_3$、0.1mol/LNa_2SO_3溶液、40% NaOH 溶液。

【实验步骤】

1. 电极电势与氧化还原反应的关系

(1)取溶液 0.1mol/L KI 溶液 10 滴，加入 0.1mol/L $FeCl_3$溶液 2 滴，混匀，加入 15 滴 CCl_4，充分振摇，观察 CCl_4层的颜色变化。

(2)用 0.1mol/L KBr 溶液代替 0.1mol/L KI 溶液，进行上述实验，观察现象。根据以上实验结果，定性比较 Br_2/Br^-、I_2/I^-、Fe^{3+}/Fe^{2+}三组电对的电极电势相对大小。

(3)分别用饱和碘水和饱和溴水 2 滴与 0.1mol/L $FeSO_4$溶液 6 滴作用，观察现象。并说明电极电势与氧化还原反应的关系。

2. 酸度对氧化还原反应的影响

(1)两个各盛 10 滴 0.1mol/L KBr 溶液的试管中，分别加入 10 滴 3mol/L H_2SO_4溶液和 10 滴 6mol/L HAc 溶液，然后往两支试管中各滴加 1 滴 0.01mol/L $KMnO_4$溶液，振摇，观察比较两支试管中溶液颜色消退的快慢，写出反应式，并加以解释。

(2)取 0.1mol/L $FeSO_4$溶液 10 滴，加 0.01mol/L 邻菲咯啉溶液 10 滴，振荡，待溶液变为橘红色后，加入 0.1mol/L $KClO_3$ 溶液 4~5 滴，观察有无变化，再边振荡边滴加 3mol/L H_2SO_4，观察有何变化，并思考在这一氧化还原反应中 H_2SO_4起何作用。

(3)取试管 3 支，各加 10 滴 0.1mol/L Na_2SO_3溶液，再分别加 10 滴 3mol/L H_2SO_4、蒸馏水和 40% NaOH 溶液，摇匀后，再各加 3 滴 0.01mol/L $KMnO_4$溶液，观察现象。$KMnO_4$在酸性、中性和碱性介质中的还原产物分别为 Mn^{2+}、MnO_2和 MnO_4^{2-}，写出反应式。

3. 浓度对氧化还原反应的影响

(1)往两个各盛有一细粒锌的试管中分别加入 10 滴浓 HNO_3，和 2mol/L HNO_3，溶液。观察反应现象，比较反应速度和反应产物是否相同。浓硝酸被还原后的产物可通过观察产生的气体的颜色来判断，稀硝酸还原后的产物用检验溶液中是否有 NH_4^+生成的方法来确定。

$$Zn + 4HNO_3(浓) = Zn(NO_3)_2 + 2NO_2\uparrow + 2H_2O$$

$$4Zn + 10HNO_3(稀) = 4Zn(NO_3)_2 + NH_4NO + 3H_2O$$

NH_4^+的检验方法：将 5 滴待测溶液置于表面皿中心，再加 3 滴 6mol/L NaOH 溶液碱化，混匀。在另一块较小的表面皿中心贴附一小块用水润湿的红色石蕊试纸，把它盖在大表面皿上构成气室，将此气室置于水浴上微热数分钟。若红色石蕊试纸变蓝，则表示有 NH_4^+存在。此法简称“气室法”。

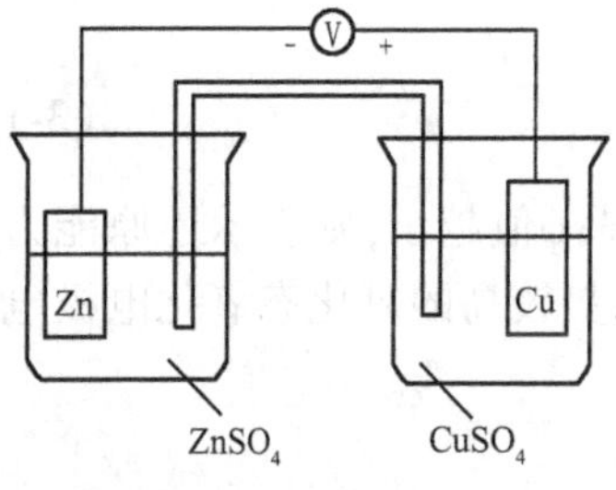

图 3-4　原电池示意图

(2)浓度对电极电势及电池电动势的影响

在 50mL 烧杯中加 0.5mol/L $CuSO_4$，并插入一铜片组成正电极，在另一 50mL 烧杯中加入0.5mol/L $ZnSO_4$溶液

20mL，并插入一锌片组成负电极，用导线连接铜片和锌片，用盐桥将两烧杯中溶液连接起来，构成一原电池。将伏特计按图 3-4 所示连接，并测量该原电池两极间的电动势 E_1。

在盛 $CuSO_4$ 的烧杯中边搅拌边滴加浓氨水，直至沉淀生成又溶解，记录此时的电动势 E_2。再在盛有 $ZnSO_4$ 的烧杯中边搅拌边滴加浓氨水，直至沉淀生成又溶解，记录此时的电动势 E_3。解释电动势改变的原因。

【思考题】

(1)影响电极电势的因素有哪些?

(2)氧化还原反应进行的方向由什么因素决定?

实验十七　紫外分光光度法测定苯酚的含量

【实验目的】

(1)掌握紫外光谱法进行物质定性、定量分析的基本原理。

(2)学习 UV-1700 型紫外-可见分光光度计的使用方法。

【实验原理】

含有苯环和共轭双键的有机化合物在紫外区有特征吸收。物质结构不同对紫外及可见光的吸收具有选择性。其中，最大吸收波长 λ、摩尔吸收系数 ε 及吸收曲线的形状不同是进行物质定性分析的依据。

由于在 λ_{max} 处吸光度 A 有最大值，在此波长下 A 随浓度的变化最为明显，方法的灵敏度最大，故在紫外分光光度计上作苯酚水溶液(试液)的吸收光谱曲线，再由曲线上找出 λ_{max}，据此对物质进行定量分析。

用紫外分光光度计进行定量分析时，若被分析物质浓度太低或太高，可使透光率的读数扩展 10 倍或缩小为原来的 1/10。有利于低浓度或高浓度的分析，其方法原理是依据朗伯-比耳定律：

$$A=\varepsilon bc \tag{3-18}$$

【实验仪器与试剂】

仪器：UV-1700 型紫外-可见分光光度计、1cm 石英吸收池 2 个、25mL 比色管 7 支 5mL 移液管 1 支、100mL 和 250mL 烧杯各 1 个、吸耳球 1 个。

试剂：苯酚标准溶液(100mg/L)、样品溶液(未知浓度)、未知溶液 A。

【实验步骤】

1. 基线校正　两个比色皿放蒸馏水进行基线校正。

2. 定性分析　未知液 A1mL 加入 25mL 比色管中，用去离子水稀释至刻度，摇匀。取未知溶液 A，在 UV-1700 型紫外-可见分光光度计上，用 1cm 石英吸收池，去离子水作参比溶液，在 200~330nm 波长范围内，1nm 采样间距，进行高速扫描，绘制吸收曲线，确定最大吸收波长，根据曲线进行定性分析。

3. 定量分析

(1)标准曲线的制作

取 5 支 25mL 的比色管,用移液管分别准确加入 1.0mL、2.0mL、3.0mL、4.0mL、5.0mL 浓度为 100mg/L 的苯酚标准溶液,用去离子水稀释至刻度,摇匀。取各浓度的苯酚标准溶液于 1cm 石英吸收池,去离子水作参比溶液,在选定的最大波长下,按顺序从低至高浓度依次测量各溶液的吸光度,实验数据记录于标准表中。以吸光度对浓度作图,作出标准工作曲线。

(2)定量测定样品溶液中苯酚含量

取样品溶液 10mL 于 25mL 比色管中,用去离子水稀释至刻度,摇匀。取样品液于 1cm 石英吸收池,去离子水作参比溶液,在同样条件下测定其吸光度,根据吸光度在标准工作曲线上查出样品溶液中苯酚的浓度。

【实验数据记录及分析】

标准工作曲线及线性方程。

【思考题】

苯酚的紫外吸收光谱中 210nm、270nm 的吸收峰是由哪类价电子跃迁产生的?

实验十八　漂白粉中有效氯含量的测定

【实验目的】

(1)掌握间接碘量法的基本原理及滴定条件。

(2)掌握测定漂白粉中有效氯含量的操作方法。

【实验原理】

碘量法是以电极反应 $I_2+2e = 2I^-$ 为基础的滴定分析方法,故 I_2 是中等强度的氧化剂,I^- 是中等强度的还原剂。利用 I_2 的氧化性和 I^- 的还原性进行滴定分析的方法称为碘量法。其中用 I^- 与氧化剂作用生成 I_2,再用 $Na_2S_2O_3$ 标准溶液滴定所生成的 I_2,从而间接测定氧化性物质的方法称为间接碘量法。间接碘量法有较广泛的应用。漂白粉的主要成分是次氯酸钙和氯化钙,它与酸作用放出的氯气具有杀菌、消毒作用,称为有效氯。利用以下反应,可间接测定漂白粉中有效氯的含量:

$$Ca(ClO)Cl + H_2SO_4 \longrightarrow CaSO_4 + Cl_2\uparrow + H_2O$$

$$Cl_2 + 2KI \longrightarrow 2KCl + I_2$$

$$I_2 + 2Na_2S_2O_3 \longrightarrow Na_2S_4O_6 + 2NaI$$

【实验仪器与试剂】

仪器:分析天平、称量瓶、烧杯、250mL 容量瓶、100mL 容量瓶、50mL 带塞锥形瓶、10mL 量筒、棕色试剂瓶、5mL 吸量管、滴定管、多用滴管、洗耳球。

试剂:20 % KI、1% 淀粉溶液、3mol/L H_2SO_4、Na_2CO_3(分析纯)、$K_2Cr_2O_7$(分析纯)、

$Na_2S_2O_3 \cdot 5H_2O$(分析纯),漂白粉。

【实验步骤】

常量法

1. 配制 $Na_2S_2O_3$ 溶液 用分析天平称取 $Na_2S_2O_3 \cdot 5H_2O$ 13g 左右和 0.1g 左右的 Na_2CO_3 溶于 500mL 新煮沸过冷却的蒸馏水中。转入棕色瓶中,放置于避光处 7~10 天后标定。

2. $Na_2S_2O_3$ 溶液的标定 在分析天平上称取 0.27g 左右的 $KBrO_3$,置于 250mL 烧杯中,加入约 40mL 蒸馏水溶解,转入 100mL 容量瓶中,用少量蒸馏水洗涤烧杯 3 次,洗液全部转入容量瓶中。加水至刻度线,摇匀。计算此 $KBrO_3$ 标准溶液的浓度。移取 $KBrO_3$ 标准溶液 20mL,放入洁净的 250mL 碘量瓶中,依次加入 20% KI 溶液 10mL 和 3mol/L H_2SO_4 10mL,加盖摇匀后置于暗处放 5min。加 150mL 蒸馏水,用待标定的 $Na_2S_2S_3$ 溶液滴定。接近终点时(溶液由深褐色变为浅黄色)加入 1%淀粉指示剂 5mL,溶液变蓝,继续滴定至溶液由蓝色刚好褪去即为终点,记下所用 $Na_2S_2O_3$ 溶液的体积,平行测定 3 次。计算 $Na_2S_2O_3$ 溶液的浓度。

3. 漂白粉悬浊液的配制 用分析天平称漂白粉 2g 左右,放入 100mL 小烧杯中,加入少量蒸馏水将漂白粉调为糊状,再加适量的蒸馏水制成悬浮液。转入 250mL 容量瓶中,用少量蒸馏水洗涤烧杯 3 次,洗液全部转入容量瓶中。再加蒸馏水稀释至刻度线,摇匀。

4. 漂白粉中有效氯含量的测定 用移液管迅速吸取摇匀的漂白粉悬浊液 25mL,放入 250mL 碘量瓶中,加入 10m L3mol/L H_2SO_4 溶液和 15mL 10% KI 溶液,加盖摇匀。放置暗处 5min 后,加入 80mL 蒸馏水,立即用 $Na_2S_2O_3$ 标准溶液滴定析出的 I_2,待大部分 I_2 被还原,溶液呈浅黄色时,加人 3mL 1%淀粉试液,溶液变蓝,继续滴定至蓝色刚好消失为止,平行测定 3 次。按下式计算漂白粉中有效氯的含量:

$$Cl\% = \frac{(CV)_{Na_2S_2O_3} \times Mr(Cl)}{100m} \times 100\% \qquad (3\text{-}19)$$

式(3-19)中:m 为漂白粉的质量。

实验十九 常见阳离子的分离和鉴定

【实验目的】

(1)巩固和进一步掌握一些金属元素及其化合物的化学性质。

(2)了解常见阳离子混合液的分离和检出方法,以及巩固检出离子的操作。

【实验原理】

离子的分离和鉴定是以各离子对试剂的不同反应为依据的。这种反应常伴随着特殊的现象,如沉淀的生成或溶解,特殊颜色的出现,气体的产生等。各离子对试剂的作用的相似性和差异性都是构成离子分离与鉴定的基础,也就是说,离子的基本性质是进行分离检出的基础。因而要想掌握分离检出的方法就要熟悉离子的基本性质。

离子的分离和检出是在一定条件下进行,所谓一定的条件主要是指溶液的酸度、反应物的浓度、反应温度、促进或妨碍反应的物质是否存在等。为使反应向期望的方向进行，就必须选择适当的反应条件。

离子混合液中诸组分若对鉴定反应不产生干扰，便可以利用特效反应直接鉴定某种离子。若共存的其他组分彼此干扰，就要选择适当方法消除干扰。通常采用掩蔽剂消除干扰，通常采用遮掩剂消除干扰，这是一种比较简单、有效的方法。但在很多情况下没有合适的遮掩剂，就需要将彼此干扰的组分分离。沉淀分离是最经典的分离方法。这种方法是向混合溶液中加入沉淀剂，利用形成的化合物溶解度的差异，使被分离组分与干扰组分分离。常用的沉淀剂有 HCl、H_2SO_4、NaOH、$NH_3·H_2O$、$(NH_4)_2CO_3$及$(NH_4)_2S$。由于元素周期表中的位置使相邻元素在化学性质上表现出相似性，因此一种沉淀剂往往可以使相似的元素同时产生沉淀，这种沉淀剂称为产生沉淀的元素的组试剂。组试剂将元素划分为不同的组，逐渐达到分离的目的(图 3-5)。

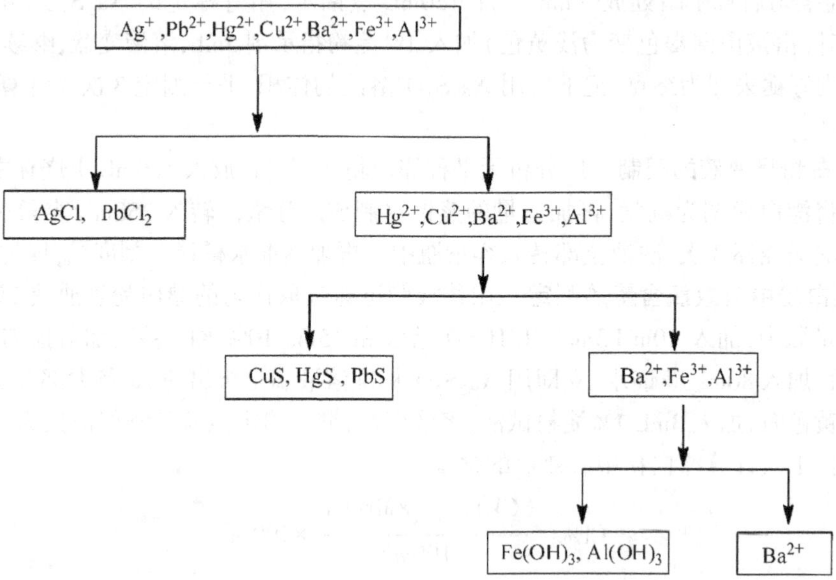

图 3-5　常见阳离子的分离及鉴定

【实验仪器与试剂】

仪器：试管、烧杯、离心机、离心试管、电热炉、点滴板、试管架。

液体药品：Ag^+、Hg^{2+}、Pb^{2+}、Cu^{2+}、Fe^{3+}、Al^{3+}、Ba^{2+}混合溶液(七种离子均为硝酸盐，其浓度都为 10ng/mL)、HCl (2mol/L、6mol/L、浓)、H_2SO_4(2mol/L、6mol/L)、HNO_3(6mol/L)、HAc (2mol/L、6mol/L)、NaOH (2mol/L、6mol/L)、KOH (2mol/L)、$NH_3·H_2O$ (6mol/L)、NaCl (1mol/L)、KCl (1mol/L)、KI (1mol/L)、$MgCl_2$(0.5mol/L)、$CaCl_2$(0.5mol/L)、$BaCl_2$(0.5mol/L)、$AlCl_3$(0.5mol/L)、$SnCl_2$(0.5mol/L)、$Pb(NO_3)_2$(0.5mol/L)、$HgCl_2$(0.2mol/L)、$CuCl_2$(0.5mol/L)、$CuSO_4$(0.2mol/L)、$AgNO_3$(0.1mol/L)、$ZnSO_4$(0.2mol/L)、$Al(NO_3)_3$(0.5mol/L)、$NaNO_3$(0.5mol/L)、$Ba(NO_3)_2$(0.5mol/L)、Na_2S (0.5mol/L、1mol/L)、H_2S (饱和)、$KSb(OH)_6$(饱和)、$NaHC_4H_4O_6$(饱和)、NaAc (0.2mol/L、1mol/L)、K_2CrO_4(1mol/L、2mol/L)、Na_2CO_3(12%、饱和)、NH_4Cl (饱和)、NH_4Ac (2mol/L)、$(NH_4)_2C_2O_4$(饱和)、K_4

$[Fe(CN)_6]$（0.25mol/L、0.5mol/L）、硫代乙酰胺（5%）、对氨基苯磺酸、镁试剂、0.1%铝试剂、罗丹明 B、苯、2.5%硫脲、$(NH_4)_2[Hg(SCN)_4]$ 试剂。

固体药品：亚硝酸钠、亚硫酸钠、锌粉、碳酸钠。

材料：pH 试纸、玻璃棒、镍丝。

【实验步骤】

1. 碱金属和碱土金属离子的鉴定

（1）Na^+的鉴定：在盛有 0.5mL 1mol/L NaCl 溶液的试管中，加入 0.5mL 饱和六羟基锑酸钾溶液，即有白色沉淀生成。如无沉淀产生，可用玻璃棒摩擦试管内壁，静置片刻。观察现象并写出化学反应方程式。

（2）K^+的鉴定：在盛有 0.5mL 1mol/L KCl 溶液的试管中，加入 0.5mL 饱和酒石酸氢钠溶液，如有白色沉淀生成，显示有 K 存在。如无沉淀产生，可用玻璃棒摩擦试管内壁，静置片刻。观察现象并写出化学反应方程式。

（3）Mg^{2+}的鉴定：在盛有 2 滴 0.5mol/L $MgCl_2$溶液的试管中，滴加 6mol/L NaOH 溶液，直到白色絮状沉淀为止；然后加入一滴镁试剂，搅拌之，生成蓝色沉淀，示有 Mg^{2+}存在。

（4）Ca^{2+}的鉴定：在盛有 0.5mL 0.5mol/L $CaCl_2$溶液的离心试管中，滴加 10 滴饱和草酸氨溶液，有白色沉淀生成。离心分离，弃清液。若白色沉淀不溶于 6mol/L HAc 溶液而溶于 2mol/L HCl，表示有 Ca^{2+}存在，写出反应方程式。

（5）Ba^{2+}的鉴定：加 2 滴 0.5mol/L $BaCl_2$ 溶液的离心试管中，加 2mol/L HAc 和 2mol/L NaAc 各 2 滴，然后滴加 2 滴 1mol/L K_2CrO_4，有黄色沉淀生成，表示有 Ba^{2+}存在。写出反应方程式。

2. P 区和 ds 区部分金属离子的鉴定

（1）Al^{3+}的鉴定：取 5 滴 0.5mol/L $AlCl_3$溶液于小试管中，加 2 滴水、2 滴 2mol/L HAc 及 2 滴 0.1%铝试剂，搅拌后，置于水浴上加热片刻，再加入 1～2 滴 6mol/L 氨水，有红色絮状沉淀生成，示有 Al^{3+}存在。

（2）Sn^{2+}的鉴定：取 5 滴 0.5mol/L $SnCl_2$溶液于小试管中，逐滴加入 0.2mol/L $HgCl_2$，边加边振荡，若产生的沉淀由白色变为灰色，然后变为黑色，示有 Sn^{2+}存在。

（3）Pb^{2+}的鉴定：取 5 滴 0.5mol/L$Pb(NO_3)_2$溶液于小试管中，加 2 滴 1mol/L K_2CrO_4，若黄色的沉淀产生，在沉淀上滴加数滴 2mol/L NaOH 溶液，沉淀溶解，示有 Pb^{2+}存在。

（4）Cu^{2+}的鉴定：取 1 滴 0.5mol/L $CuCl_2$溶液于小试管中，加 1 滴 6mol/L HAc 溶液酸化，再加 1 滴 0.5mol/L 铁氰化钾溶液，若红棕色的沉淀产生，示有 Cu^{2+}存在。

（5）Ag^+的鉴定：取 5 滴 0.1mol/L $AgNO_3$溶液于小试管中，加 5 滴 2mol/L HCl，产生白色的沉淀，在沉淀上滴加 6mol/L 氨水至沉淀完全溶解。此溶液中再用 6mol/L HNO_3溶液酸化，产生白色沉淀，示有 Ag^+存在。

（6）Zn^{2+}的鉴定：取 3 滴 0.2mol/L $ZnSO_4$溶液于小试管中，加 2 滴 2mol/L HAc 溶液酸化，再加 3 滴硫氰酸汞铵溶液，摩擦试管内壁，若白色的沉淀产生，示有 Zn^{2+}存在。

（7）Cd^{2+}的鉴定：取 3 滴 0.2mol/L $Cd(NO_3)_2$溶液于小试管中，加 2 滴 2mol/L Na_2S 溶液，若亮黄色的沉淀产生，示有 Cd^{2+}存在。

（8）Hg^{2+}的鉴定：取 2 滴 0.2mol/L $HgCl_2$溶液于小试管中，逐滴加 0.5mol/L $SnCl_2$溶液，

边加边振荡,观察沉淀颜色的变化过程,最后变为灰色,示有 Hg^{2+} 存在。

3. 部分混合离子的分离和鉴定

(1) NO_3^- 的鉴定:取 3 滴混试液于小试管中,加 6mol/L HAc 溶液酸化后用玻璃棒取少量锌粉加入试液,振荡,使溶液中的 NO_3^- 还原为 NO_2^-。加对氨基苯磺酸与苯胺溶液各 1 滴,观察现象。

取混合溶液 20 滴,放入试管中并按一下试验步骤进行分离和鉴定。

(2) Fe^{3+} 的鉴定:取 1 滴试液加在白色点滴板的凹穴,加 1 滴 0.25mol/L $K_4Fe(CN)_6$ 溶液,观察沉淀颜色。

(3) Ag^+、Pb^{2+} 的分离和鉴定:向余下的溶液中滴加 4 滴 2mol/L HCl,充分振荡,静置片刻,离心沉降,向上层溶液中加 2 滴 2mol/L HCl 以检查沉淀是否完全。吸出上层清液,编号为溶液 1。用 2mol/L HCl 洗涤沉淀,编号为沉淀 1。观察沉淀的颜色,写出反应方程式。

1) Pb^{2+} 的鉴定:向沉淀 1 中加 6 滴水,在沸水浴中加热 3min 以溶解沉淀,并不时搅动。待沉淀沉降后,趁热取清液 3 滴于黑色点滴板上,加 2mol/L K_2CrO_4 和 2mol/L HAc 各 1 滴,有什么生成?加 2mol/L NaOH 溶液后又怎么样?再加 6mol/L HAc 溶液又如何?取上清液后所余沉淀编号为沉淀 2。

2) Ag^+ 的鉴定:向沉淀 2 中加入少量 6mol/L 氨水,再加入 6mol/L HNO_3 沉淀重新生成。观察沉淀的颜色,并写出反应方程式。

(4) Pb^{2+}、Hg^{2+}、Cu^{2+} 的分离和鉴定:用 6mol/L 氨水将溶液 1 的酸度调至中性(3~4 滴),再加入体积约为此溶液的 1/10 的 2mol/L HCl 溶液(3~4 滴),将溶液的酸度调到 0.2mol/L。加 15 滴 5% 硫脲,混匀后水浴加热 15min。然后稀释一倍再加热数分钟。静置冷却,离心分离沉淀。用饱和 NH_4Cl 溶液洗涤沉淀,所得溶液为溶液 2。

在所得沉淀上加 5 滴 1mol/L Na_2S 溶液,水浴加热 3min,并不时搅拌。再加 3~4 滴氨水,搅拌均匀后离心分离。沉淀再用 Na_2S 溶液再处理一次,合并清液,并编号为溶液 3。沉淀用饱和 NH_4Cl 溶液洗涤,并编号沉淀 3。观察溶液 3 的颜色,讨论反应历程。

1) Cu^{2+} 的鉴定:向沉淀 3 中加入浓硝酸(4~5 滴),加热搅拌,使之完全溶解,所得溶液编号溶液 4。用玻璃棒将产物单质 S 弃去。取 1 滴溶液 4 于白色点滴板上,加 1mol/L NaAc 和 0.25mol/L $K_4[Fe(CN)_6]$ 各 1 滴,观察现象。

2) Pb^{2+} 的鉴定:取 1 滴溶液 4 于黑色点滴板上,加 1mol/L NaAc 和 1mol/L K_2CrO_4 各 1 滴,观察现象。如果没有变化,用玻璃棒摩擦。加入 2mol/L NaOH 后,再加 6mol/L HAc,观察现象。

3) Hg^{2+} 的鉴定:向溶液 3 中逐滴加入 6mol/L H_2SO_4,记下滴数。当滴加至 pH=3~5 时,再多加一半滴数的 H_2SO_4。水浴加热并充分搅拌。离心分离,用少量的水洗涤沉淀。向沉淀中加 5 滴 1mol/L KI 和 2 滴 6mol/L HCl 溶液,充分搅拌,加热后离心分离。再用 KI 和 HCl 重复处理沉淀。合并两次离心液,往离心液中加 1 滴 0.2mol/L $CuSO_4$ 和少许 Na_2CO_3 固体,有什么生成?说明有哪种离子存在?

(5) Al^{3+}、Fe^{3+}、Ba^{2+} 的分离和鉴定:往溶液 2 中逐滴加入 6mol/L 氨水溶液至碱性,离心分离。把清液转移到另一试管中并编号为溶液 5。沉淀编号为沉淀 4。

1) Al^{3+} 的鉴定:往沉淀 4 中加入 2mol/L HAc 溶液和 2mol/L NaAc 溶液各 2 滴,再加入 2 滴铝试剂,搅拌后微热之,产生红色沉淀,表示 Al^{3+} 存在。

2) Ba^{2+} 的鉴定:往溶液 5 中滴加 6mol/L H_2SO_4 溶液至产生白色沉淀,再过量 2 滴,搅拌片刻,离心分离,弃清液。沉淀用 10 滴热蒸馏水洗涤,离心分离。在沉淀中加入饱和 Na_2CO_3溶液 3~4 滴,搅拌片刻再加入 2mol/L HAc 溶液和 2mol/L NaAc 溶液各 3 滴,搅拌片刻,然后加入 1~2 滴 1mol/L K_2CrO_4溶液,产生黄色沉淀,示有 Ba^{2+}存在。

【思考题】

在未知溶液分析中,当由碳酸盐制备铬酸盐沉淀时,为什么需用乙酸溶液去溶解碳酸盐沉淀,而不用强酸如盐酸去溶解?

实验二十　常见阴离子的分离与鉴定

【实验目的】

(1)使学生掌握常见阴离子的分离和鉴定方法。

(2)离子检出的基本操作。

【实验原理】

利用物质性质的不同特点,根据溶液中离子共存情况,应先通过初步试验或进行分组试验,以排除不可能存在的离子,然后鉴定可能存在的离子。

初步性质检验一般包括:①试液的酸碱性试验;②是否产生气体的试验;③氧化性阴离子的试验;④还原性阴离子的试验;⑤难溶盐阴离子试验。经过初步试验后,可以对试液中可能存在的阴离子作出判断,然后根据阴离子特性反应作出鉴定(表 3-12)。

表 3-12　阴离子特性反应表

试剂 / 阴离子	酸 H_2SO_4	Ba^{2+}	Ag^++HNO_3	H_2SO_4+KI	H_2SO_4+I_2	H_2SO_4+$KMnO_4$
SO_4^{2-}		白色沉淀	*			
SO_3^{2-}	酸性气体	沉淀可溶酸			反应	反应
$S_2O_3^{2-}$	气体+混浊	*	沉淀转灰色		反应	反应
S^{2-}	酸性气体(臭鸡蛋味)		黑色沉淀		反应	反应
CO_3^{2-}	酸性气体	沉淀可溶酸				
PO_4^{3-}		沉淀可溶酸				
AsO_4^{3-}		沉淀可溶酸		反应		
SiO_3^{2-}	白色沉淀	白色沉淀				
Cl^-			白色沉淀			
Br^-			淡黄沉淀			反应
I^-			黄色沉淀			反应
CN^-	酸性气体		*		反应	反应
NO_2^-	酸性气体			反应		反应
NO_3^-						

* 表示浓度大时可有反应

【实验仪器试剂】

仪器:离心机、点滴盘、试管、试管夹、酒精灯、蒸发皿。

试剂:浓 HNO_3、6mol/L HNO_3、浓 HCl、2mol/L HCl、浓 H_2SO_4、2mol/L H_2SO_4、浓 H_3PO_4、6mol/L HAc、2mol/L NaOH、6mol/L NaOH、NH_3(6mol/L)、pH 试纸、碘化钾试纸、乙酸铅试纸、对氨基苯磺酸、α-萘胺、$K_4[Fe(CN)_6]$、$ZnSO_4$、$AgNO_3$、$Na_2[Fe(CN)_5NO]$、澄清 $Ba(OH)_2$、$CdCl_2$[或 $Cd(NO_3)_2$]、$(NH_4)_2MoO_4$、Na_2CO_3、NaCl、KBr、KI、Na_3PO_4、$BaCl_2$、$NaSO_4$、$NaSO_3$、NaS_2O_3、$NaNO_3$、$NaNO_2$、Na_2S 、氯水、碘水、CCl_4、0. 1mol/L、$KMnO_4$。

【实验步骤】

(一)常见阴离子的鉴定

1. CO_3^{2-}的鉴定 向 Na_2CO_3溶液中加酸,观察现象。

将沾有饱和 $Ba(OH)_2$溶液的玻璃棒伸入上述试管,置于溶液上方,观察实验现象。

2. NO_3^-的鉴定 取 1 小粒硫酸亚铁铵晶体于点滴盘上,加 1 滴 NO_3^-,2 滴浓硫酸,观察实验现象。

$$3Fe^{2+} + NO_3^- + 4H^+ = 3Fe^{3+} + NO + 2H_2O$$

$$[Fe^{2+}(H_2O)_6]^{2+} + NO = [Fe^{2+}(NO)(H_2O)_5]^{2+}(\text{棕色}) + H_2O$$

3. NO_2^-的鉴定 取 2 滴 NO_2^-试液于点滴板上,加 1 滴 2mol/L HAc 溶液酸化,再加 1 滴对氨基苯磺酸和 1 滴 α-萘胺。如有玫瑰红色出现,示有 NO_2^-存在。

4. SO_4^{2-}的鉴定 $SO_4^{2-} + Ba^{2+} = BaSO_4\downarrow$(白色),示有 SO_4^{2-}存在。

5. SO_3^{2-}的鉴定 SO_3^{2-}溶液酸化后滴加 1 滴高锰酸钾溶液,观察实验现象。

6. $S_2O_3^{2-}$的鉴定 向硝酸银溶液中滴加 1 滴硫代硫酸钠溶液,观察实验现象。

7. PO_4^{3-}的鉴定 磷酸钠溶液酸化后加入$(NH_4)_2MoO_4$,微热,观察实验现象。

$$PO_4^{3-} + 3NH_4^+ + 12MoO_4^{2-} + 24H^+ = (NH_4)_3PO_4 \cdot 12MoO_3 \cdot 6H_2O\downarrow + 6H_2O$$

8. S^{2-}的鉴定 取 1 滴 S^{2-}试液于离心试管中,加 1 滴 2mol/L NaOH 溶液碱化,再加 1 滴亚硝酰铁氰化钠试剂,如溶液变成紫色,示有 S^{2-}存在。

$$4Na^+ + S^{2-} + [Fe(CN)_5NO]^{2-} = Na_4[Fe(CN)_5NOS]$$

9. Cl^-的鉴定 氯化钠溶液中滴加硝酸银,产生沉淀后离心分离,用 6mol/L 氨水溶解,最后重新用 HNO_3酸化观察实验现象。

10. I^-的鉴定 取 1 滴碘离子溶液用 1 滴酸酸化,加几滴 CCl_4溶液,然后逐滴滴加氯水,用力振荡,每滴加 1 滴氯水注意观察有机层颜色变化。

11. Br^-的鉴定 取 1 滴溴离子溶液用 1 滴酸酸化,加几滴 CCl_4溶液,然后逐滴滴加氯水,用力振荡,每滴加 1 滴氯水注意观察有机层颜色变化。

(二)混合离子的分离

1. S^{2-}、SO_3^{2-}、$S_2O_3^{2-}$混合物的分离和鉴定 在试管中分别滴加几滴 $NaSO_3$、NaS_2O_3、Na_2S 溶液,按照图 3-6 进行分离鉴定。

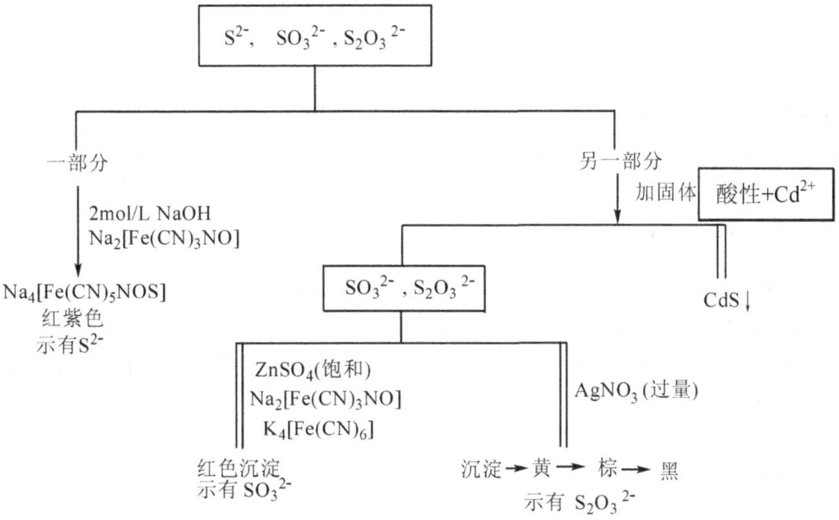

图 3-6　S^{2-}、SO_3^{2-}、$S_2O_3^{2-}$混合物的分离和鉴定

2. 自行设计 Cl^-、Br^-、I^-混合液的分离与鉴定

实验二十一　有机元素定性分析

【实验目的】

(1)学习元素分析的原理。

(2)掌握常见元素的检验方法。

【实验原理】

有机化合物定性系统分析的步骤:① 物理化学性质的初步测定(物态、颜色、气味、灼烧试验);② 物理常数的初步测定(沸点、熔点、密度、折光率、旋光度);③ 元素分析(C、H、O、N、S、P、X);④ 溶解度试验;⑤ 官能团的鉴定;⑥ 衍生物的制备。

元素定性分析的目的是鉴定某一有机化合物的组成元素,是进行有机定量分析的准备阶段。由于有机化合物分子中的原子一般都以共价键结合,难溶于水而离解为相应的离子,因此必须把有机化合物破坏转变为简单的无机离子化合物,利用无机分析的方法进行鉴定。

1. 碳氢的检验

$$Ba(OH)_2+CO_2 \longrightarrow BaCO_3\downarrow+H_2O$$　试管壁上无水珠。

2. 氮、硫的检验

$FeSO_4+6NaCN \longrightarrow Na_4[Fe(CN)_6]+Na_2SO_4$

$3Na_4[Fe(CN)_6]+4FeCl_3 \longrightarrow Fe_4[Fe(CN)_6]_3\downarrow+12NaCl$

$Na_2S+2HAc \longrightarrow H_2S+2NaAc$

$H_2S+Pb(Ac)_2 \longrightarrow PbS+2HAc$

3. 卤素的检验

$NaX+AgNO_3 \longrightarrow AgX+NaNO_3$

$2I^-+Cl_2 \longrightarrow 2Cl^-+I_2$（$CCl_4$层紫色）

$I_2+5Cl_2+6H_2O \longrightarrow 2IO_3^-+12H^++10Cl^-$

$2Br^-+Cl_2 \longrightarrow 2Cl^-+Br_2$（$CCl_4$层出现棕色）

【实验仪器与试剂】

仪器：表面皿、硬质试管、酒精灯、小试管、单空软木塞、镊子、小刀、烧杯。

试剂：蔗糖、CuO、$Ba(OH)_2$、钠、10% Hac、$Pb(Ac)_2$试纸、亚硝基铁氰化钠、10% NaOH、$FeSO_4$、$FeCl_3$、10% H_2SO_4、稀盐酸、5% $AgNO_3$、稀 H_2SO_4、CCl_4、饱和氯水、稀 HNO_3、0.1%氨水、浓 H_2SO_4、0.5%过硫酸钠。

【实验步骤】

1. 碳和氢的检定 取0.2g干燥的试样蔗糖，与1g干燥的CuO粉末放在表面皿上混匀，放入干燥硬质试管中，配一单孔塞，强热反应物，如试管壁上有水，则证明有氢，若$Ba(OH)_2$液变浑浊，则证明含有碳。

2. 氮、硫、卤素的检定

（1）钠溶液法分解试样：取干净的硬质试管，装好装置，用镊子取金属钠一小块，用小刀切取一粒表面光滑大小如黄豆的金属钠，用滤纸擦干煤油，迅速投入试管中，强热试管，使钠熔化，当钠蒸气高达10~15mm时，立即加入约0.1g固体试样，使其直落管底，强热试管，使试样全部分解，立即浸入盛有15mL纯水烧杯中，使试管破裂，用5mL纯水洗涤残渣，煮沸过滤，得无色透明钠溶液。

（2）硫的检定

1）取2mL钠液于小试管中，加入10% HAc呈酸性，煮沸，将乙酸铅试纸置于试管中观察现象。

2）取一小粒亚硝基铁氰化钠溶于数滴水中，将此溶液滴入盛有钠液1mL的试管中，观察现象。

（3）氮的检定

1）取钠溶液2mL，加入几滴10% NaOH溶液，再加入一小粒$FeSO_4$晶体，将混合液煮沸1min，如有黑色硫化铁沉淀，须过滤除去，冷却后，加2~3滴5% $FeCl_3$，再加10% H_2SO_4使$Fe(OH)_2$沉淀恰好溶解，如有蓝色沉淀生成则表明含有氮。

2）取钠溶液1mL，加入几滴稀盐酸，再加入1~2滴5%三氯化铁溶液，观察现象。

（4）卤素的检定：取1mL钠液于小试管中，用5%硝酸酸化，加热煮沸，放冷后，加几滴5% $AgNO_3$，观察现象。

1）溴与碘的检定：取滤液2mL，用稀H_2SO_4酸化，微沸数分钟，冷却后加入1mL CCl_4和1滴新配制氯水，观察现象，如呈紫色，继续加入氯水，边加边振荡，紫色褪去，出现棕黄色，则表明含有溴。

2）氯的检定：取10mL滤液，用稀硝酸酸化，煮沸除去硫化氢和氯化氢加入充分硝酸银，使卤化银沉淀完全，过滤，弃去滤液，沉淀用30mL水洗涤，再与20mL 0.1%氨水一起煮沸2min，过滤，在滤液中加HNO_3酸化，滴加$AgNO_3$，若有白色沉淀，则表明含有氯。

【注意事项】

(1)所用药品氧化铜必须是干燥的,否则会引起误差。
(2)金属钠不能接触手和水,其碎屑或残渣不能乱丢,以免发生危险。
(3)用试管反应或加热时,试管口朝向无人的地方。
(4)对于易挥发试剂及有毒有害的试剂的操作应在通风橱中进行。

【思考题】

(1)进行元素定性分析有何意义?检验其中氮和硫等为什么要用钠(或钾)熔法?
(2)在滤纸上切取金属钠时,粘在滤纸上的微小钠碎粒应如何处理?
(3)鉴定卤素时,若试样还有硫和氯,用硝酸酸化再煮沸,可能有什么气体放出?应如何处理?

实验二十二　碱式碳酸铜的制备——设计实验

【实验目的】

通过碱式碳酸铜制备条件的探求和生成物颜色、状态的分析,研究反应物的合理配料比并确定制备反应合适的温度条件,以培养独立设计实验的能力。

【实验仪器与试剂】

仪器:台秤、烧杯,玻璃棒、吸滤瓶、布氏漏斗、试管、滴管、吸量管。
试剂:$CuSO_4 \cdot 5H_2O$、Na_2CO_3。

【实验原理】

根据 $CuSO_4$与 Na_2CO_3反应的化学方程式:

$$2CuSO_4+2Na_2CO_3+H_2O = Cu_2(OH)_2CO_3\downarrow+2Na_2SO_4+CO_2\uparrow$$

可制得 $Cu_2(OH)_2CO_3$。

【实验步骤】

1. 反应物溶液配制　分别称取 12.5g $CuSO_4 \cdot 5H_2O$、5.3g Na_2CO_3,各配成 100mL 0.5mol/L 的溶液。

2. 制备反应条件的探求

(1)$CuSO_4$和 Na_2CO_3溶液的合适配比:置于 4 支试管内均加入 2.0mL 0.5mol/L $CuSO_4$溶液,再分别取 0.5mol/L Na_2CO_3溶液 1.6mL、2.0mL、2.4mL、2.8mL,依次加入另外四支编号的试管中。将 8 支试管放在 75℃ 的恒温水浴中,几分钟后,依次将 $CuSO_4$溶液倒入 Na_2CO_3溶液中,振荡,水浴加热。通过比较反应的速度、沉淀的多少、沉淀的颜色得出最佳物料比。

(2)反应温度的探求：分别在3支试管中加入2.0mL $CuSO_4$溶液，另取3支试管，各加入由上述实验得到的合适用量的Na_2CO_3溶液，从两列试管中各取1支，分别置于室温、50℃、100℃的恒温水浴中，数分钟后将$CuSO_4$倒入Na_2CO_3溶液中，振荡，由实验结果确定制备反应的合适温度。

3. 碱式碳酸铜制备 取60mL 0.5mol/L $CuSO_4$溶液，根据上面实验确定的反应物的合适比例及适宜温度制取$Cu_2(OH)_2CO_3$。沉淀完全后，用蒸馏水洗涤沉淀数次，直到沉淀中不含SO_4^{2-}为止，吸干。

4. 将所得产品用水浴烘干，待冷至室温后称量，计算产率。

$2CuSO_4$ ~ $Cu_2(OH)_2CO_3$得

2×160 222

0.6×160÷250×12.5 x $320\div4.8=222\div x$， $x=3.33g$

∴ 理论产量=3.33g

实验二十三 离子鉴定和未知物的鉴定——设计实验

【实验目的】

运用所学的元素及化合物的基本性质，进行常见物质的鉴别或鉴定，进一步巩固常见阳离子和阴离子重要的基本知识。

【实验原理】

鉴定一个试样或者一组未知物需要鉴别时，通常应从以下几个方面考虑。

(1)物态：

1)状态，若为固态要观察它的晶形。

2)观察试样的颜色。

3)嗅、闻试样的气味。

(2)溶解性：首先试验是否溶于冷水、热水；其次依次用盐酸（稀、浓）、硝酸（稀、浓）试验其溶解性。

(3)酸碱性：

1)通过对指示剂反应加以判断。

2)两性物质借助于既溶于酸又能溶于碱判别。

3)可溶性盐的酸碱性可用它的水溶液来判定。

4)可利用试液的酸碱性排除某些离子的存在。

(4)可根据物质对热稳定性的差来鉴别物质。

(5)鉴定或鉴别：

1)通过与其试剂反应，生成沉淀或放出气体。必要时再对生成的气体或沉淀做性质试验。

2)显色反应。

3)焰色反应。

4)硼砂珠试验。

5)其他特征反应。

【实验内容】

根据下述实验内容,列出实验用品及分析步骤。

实验可用试剂:①混合离子溶液;②2mol/L 盐酸;③3mol/L H_2SO_4; ④6mol/L $NH_2 \cdot H_2O$;⑤6mol/L NaOH ;⑥0.1mol/L $Na_3Co(NO_2)_6$; ⑦6mol/L CH_2COOH ;⑧饱和 NH_4SCN

(一)设计实验:区分铝片和锌片

区分二片银白色金属片:一是铝片,一是锌片

实验步骤

铝、锌盐酸 ⎡ Zn^{2+} 氨水少量 $Zn(OH)_2$ 继续加过量氨水沉淀溶解
　　　　　 ⎣ Al^{3+} 氨水少量 $Al(OH)_3$ 继续加过量氨水不溶

$2Al+6HCl = 2AlCl_3+2H_2\uparrow$

$Zn+2HCl = ZnCl_2+H_2\uparrow$

$Al^{3+}+3NH_3 \cdot H_2O = Al(OH)_3\downarrow +3NH_4^+$

$Al(OH)_3$在过量氨水中不溶解

$Zn+2HCl = ZnCl_2+H_2\uparrow$

$ZnCl_2+2NH_3 \cdot H_2O = Zn(OH)_2\downarrow +2NH_4Cl$

$Zn(OH)_2+4NH_3 \cdot H_2O — Zn(NH_3)_4^{2+}+2OH^-+4H_2O$

(二)设计实验方案,鉴别4种黑色物:CuO、Co_2O_3、PbO_2、MnO_2

鉴别四种黑色和近于黑色的氧化物,他们是 CuO,Co_2O_3,PbO_2,MnO_2。

实验步骤

$CuO+2HCl = CuCl_2+H_2O$

$Co_2O_3+6HCl = 2CoCl_2+Cl_2\uparrow +3H_2O$

$CoCl_2+2NaOH = Co(OH)_2\downarrow +2NaCl$

$PbO_2+4HCl = PbCl_2+Cl_2\uparrow +2H_2O$

$MnO_2+4HCl \xlongequal{\Delta} MnCl_2+Cl_2\uparrow +2H_2O$

(三)设计实验方案,确定未知溶液中,不存在的离子

未知混合液1,2,3分别含有 Cr^{3+},Mn^{2+},Fe^{3+},Co^{2+},Ni^{2+}离子中的大部分或全部,设计实验方案以确定未知的溶液中,哪几种离子不存在?

实验步骤　Cr^{3+},Mn^{2+},Fe^{3+},Co^{2+},Ni^{2+}

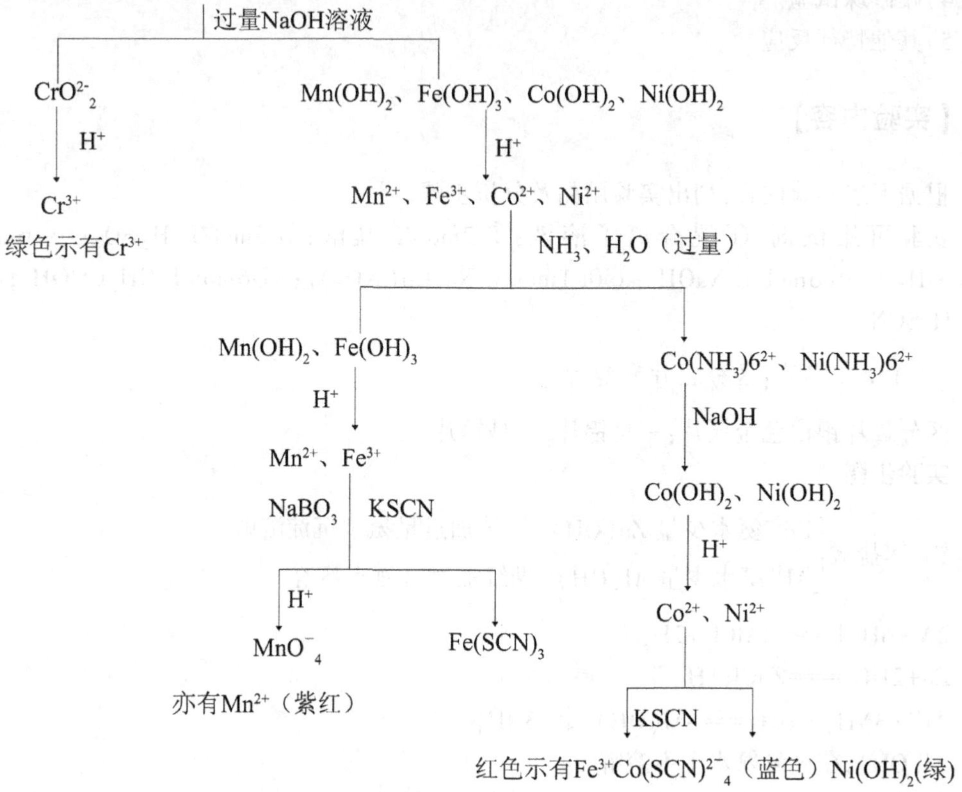

(四)设计实验方案、鉴别硝酸盐

盛有以下十种硝酸盐的试剂瓶标签被腐蚀试加以鉴别

$AgNO_3$　　$Hg(NO_3)_2$　　$Hg(NO_3)_2$　　$Pb(NO_3)_2$　　$NaNO_3$

$Cd(NO_3)_2$　　$Zn(NO_3)_2$　　$Al(NO_3)_3$　　KNO_3　　$Mn(NO_3)_2$

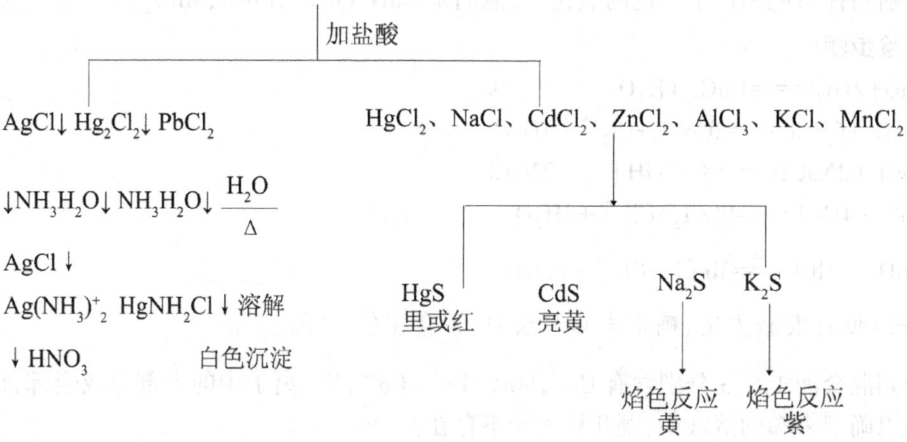

(五)设计实验方案,鉴别固体钠盐

盛有下列十种固体钠盐的试剂瓶标签脱落试加以鉴别:

$NaNO_3$　　Na_2S　　$Na_2S_2O_3$　　Na_3PO_4　　NaCl　　Na_2CO_3

$NaHCO_3$　　Na_2SO_4　　NaBr　　Na_2SO_3

步骤(先用盐酸)

$$Na_2S+2HCl \xlongequal{} 2NaCl+H_2S\uparrow$$ (臭鸡蛋气味)

$$Na_2S_2O_3+2HCl \xlongequal{} 2NaCl+S\downarrow+SO_2\uparrow$$

$$Na_2SO_3+2HCl \xlongequal{} 2NaCl+SO_2\uparrow+H_2O$$

$$Na_2CO_3+2HCl \xlongequal{} 2NaCl+CO_2\uparrow+H_2O$$

$$Na_2HCO_3+2HCl \xlongequal{} NaCl+CO_2\uparrow+H_2O$$

但 $2NaHCO_3 \xlongequal{\triangle} Na_2CO_3+CO_2\uparrow+H_2$

其余的溶于水加 $BaCl_2$ 溶液,有白色沉淀生成的是 Na_2SO_4、有黄色沉淀的是 Na_3PO_4。

$$BaCl_2+Na_2SO_4 \xlongequal{} BaSO_4\downarrow+2NaCl$$

$$2BaCl_2+2Na_3PO_4 \xlongequal{} Ba_3(PO_4)_2\downarrow+6NaCl$$

再把剩余的三种溶于水加 $AgNO_3$ 溶液,有白色沉淀生成的原物质是 NaCl,有浅黄色沉淀产生的原物为 NaBr,无沉淀的是 $NaNO_3$

$$NaCl+AgNO_3 \xlongequal{} AgCl\downarrow+NaNO_3$$

$$NaBr+AgNO_3 \xlongequal{} AgBr\downarrow+NaNO_3$$

实验二十四　日常食品的质量检测

【实验目的】

(1)了解葡萄糖含量的测定。

(2)了解掺假牛奶、蜂蜜的鉴别方法。

(3)了解一些食品中有害元素的鉴定。

【实验原理】

1. 葡萄糖含量的测定　次碘酸钠(NaIO)可定量地把葡萄糖($C_6H_{12}O_6$)氧化为葡萄糖酸($C_6H_{12}O_7$)。在酸性条件下,过量的次碘酸钠会变成单质碘(I_2)而析出。因此,只要用硫代硫酸钠($Na_2S_2O_3$)标准溶液滴定析出的碘,就可计算出葡萄糖的含量。次碘酸钠可用碘与氢氧化钠作用生成。其主要反应为

$$I_2+C_6H_{12}O_6+2NaOH \xlongequal{} C_6H_{12}O_7+2NaI+H_2O$$

$$3NaIO \xlongequal{} NaIO_3+2NaI$$

$$NaIO_3+5NaI+6HCl \xlongequal{} 3I_2+6NaCl+3H_2O$$

$$I_2+2Na_2S_2O_3 \xlongequal{} Na_2S_4O_6+2NaI$$

2. 掺假食品的鉴别

(1)牛奶中掺豆浆的检查:牛奶是一种营养丰富、老少皆宜的食品。正常牛奶为白色或浅黄色均匀胶状液体,无沉淀、无凝块、无杂质,具有轻微的甜味和香味,其成分见表 3-13。

如果在牛奶中掺入了豆浆,尽管此时牛奶的密度、蛋白质含量变化不大,可能仍在正常范围内,但由于含约 25% 碳水化合物(主要是棉籽糖、水苏糖、蔗糖、阿拉伯半乳聚糖等),它们遇碘后显乌绿色,所以利用这种变化可定性地检查牛奶中是否掺有豆浆。

(2)掺蔗糖蜂蜜的鉴定:蜂蜜是人们喜爱的营养保健食品,正常蜂蜜的密度为 1.401~

1. 433g/mL，主要成分中葡萄糖和果糖 65%～81%，蔗糖约 8%，水 16%～25%，糊精、非糖物质、矿物质和有机酸等约 5%，此外还含有少量酵素、芳香物质、维生素及花粉粒等。因所采花粉不同，其成分也有一定差异。

表 3-13　牛奶成分

成分	水	脂肪	蛋白质	酪蛋白	乳糖	白蛋白	灰分
含量(%)	87. 35	3. 75	3. 40	3. 00	4. 75	0. 40	0. 75

人为地在蜂蜜中掺入价廉熬成糖浆的蔗糖，外观上也会出现一些变化。一般这种掺糖蜂蜜色泽比较鲜艳，大多呈浅黄色，味淡，回味短，且糖浆味较浓。用化学方法可鉴别蜂蜜是否掺蔗糖，方法是取样品加水搅拌，如果有混浊或沉淀再加 $AgNO_3$(1%)，若有絮状物产生，即为掺蔗糖蜂蜜。

(3)亚硝酸钠与食盐的区别：亚硝酸钠($NaNO_2$)是一种白色或浅黄色晶体或粉末，有咸味，很像食盐，如果用亚硝酸钠当食盐使用制作腌腊食品和卤食品是十分有害的。如果误食 0. 3～0. 5g 亚硝酸钠就会中毒，食后 10min 就会出现明显的中毒症状：呕吐、腹痛、紫绀、呼吸困难，甚至抽搐、错迷，严重时还会危及生命。亚硝酸钠不仅有毒，而且还是致癌物，对人体健康危害很大。利用 $NaNO_2$ 在酸性条件下氧化 KI 生成单质碘的反应：

$$2NaNO_2+2KI+2H_2SO_4 = 2NO+I_2+K_2SO_4+Na_2SO_4+2H_2O$$

单质碘遇淀粉显蓝色，就可以把亚硝酸钠与食盐区别开。

3. 食品中的微量有害元素的鉴定

(1)油条中微量铝的鉴定：油条(油饼)是大多数人经常食用的大众化食品。为了使油条松脆可口，揉制油条面剂时，每 500g 面粉约需加入 10g 明矾[$KAl(SO_4)_2 \cdot 12H_2O$]和若干苏打(Na_2CO_3)，在高温油炸过程中，明矾和苏打发生以下反应：

$$Al^{3+}+3H_2O = Al(OH)_3+3H^+$$

$$2H^++CO_3^{2-} = H_2O+CO_2\uparrow$$

由于 CO_2 大量产生，使油条面剂体积迅速膨胀，并在表面形成一层松脆的皮膜，非常好吃。

但是，近年来医学界研究发现，吃进入体内的铝对健康危害很大，能引起痴呆、骨痛、贫血、甲状腺功能降低、胃液分泌减少等多种疾病。摄入过量的铝还会影响人体对磷的吸收和能量代谢，降低生物酶的活性。而且铝不仅能引起神经细胞的死亡，还能损害心脏。当铝进入人体后，可形成牢固的、难以消化的配位化合物，使其毒性增加。因此，人们要警惕从油饼食物中摄入过量的铝。

取小块油饼切碎后经灼烧成灰，用 6mol/L HNO_3 浸取，浸取液加巯基乙酸溶液，混匀后，加铝试剂缓冲液，加热观察到红色溶液生成，样品中即含有铝。

(2)皮蛋中铅的鉴定：皮蛋是一种具有特殊风味的食品，但往往受铅的污染。而铅及其化合物具有较大毒性，在人体内还有积累作用，会引起慢性中毒。

在一定条件下，铅离子能与双硫腙形成一种红色化合物：

由于双硫腙是一种广泛配位剂，用它测定 Pb^{2+} 离子时，必须考虑其他金属离子的干扰作用，通过控制溶液的酸度和加入掩蔽剂可加以消除。用氨水调节试液 pH 到 9 左右，此时 Pb^{2+} 与双硫腙形成红色配合物；加盐酸经胺还原 Fe^{3+}，并用柠檬酸胺掩蔽 Fe^{2+}、Sn^{2+}、Cd^{2+}、Cu^{2+} 等，用 $CHCl_3$ 萃取后，铅的双硫腙配合物萃取入 $CHCl_3$ 中，干扰离子则留在水溶液中。

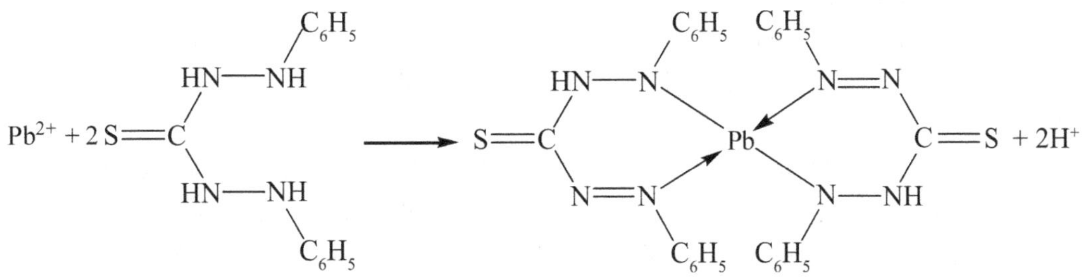

【实验仪器与试剂】

仪器：容量瓶（100mL）、移液管（1mL，25mL）、酸式滴定管、锥形瓶、试管、坩埚、电炉、高温电炉（马弗炉）、水浴（恒温箱）、组织捣碎机、蒸发皿、烘箱、布氏漏斗、抽滤瓶、研体、筛（40目）、锥形瓶（50 mL）、酒精灯、H_2S 发生器。

试剂：正常牛奶、掺豆浆牛奶、掺蔗糖蜂蜜、（加明矾的）油条、松花蛋，以及表 3-14 所列试剂。

表 3-14　实验所用试剂

试剂名	浓度	试剂名	浓度	试剂名	浓度	试剂名	浓度
HCl	2mol/L	NaCl	固体	巯基乙酸	0.8%	$CHCl_3$	
NaOH	0.2mol/L	食盐水	浓	KI	0.1mol/L	$Pb(Ac)_2$	0.1mol/L
$Na_2S_2O_3$	0.05mol/L 标准溶液	H_2SO_4	2mol/L	铝试剂	缓冲液	$K_2Cr_2O_7$	0.02mol/L
I_2	0.05mol/L	H_2SO_4	浓	柠檬酸铵	20%	H_2O_2	30%
淀粉溶液	0.5%	HNO_3	6mol/L	盐酸羟胺	20%	$K_2S_2O_8$	2%
碘水		HNO_3	1mol/L	双硫腙	$CHCl_3$溶液 0.002%	KSCN	20%
$AgNO_3$	1%	HCl	6mol/L	氨水	1∶1	$Na_2S_2O_3$	25%
$NaNO_2$	固体	HCl	1mol/L	KOH	10mol/L	碘酒	
$KMnO_4$	固体	Na_2SO_3	固体	铅白	[$2PbCO_3 \cdot Pb(OH)_2$]	乙醇	
碘	固体	漂白粉	固体	H_2S		缓冲溶液	pH=4.74

【实验内容】

1. 葡萄糖含量的测定　量取 1.0mL 的 5% 葡萄糖注射液于 100mL 容量瓶并用去离子水稀释到刻度，摇匀后移取 25mL 于锥形瓶中，准确加入现标定的 I_2 标准溶液 25mL，然后慢慢滴加 0.02mol/L NaOH，边加边摇，直至溶液呈淡黄色（注意加碱的速度不能太快，否则生成的 NaIO 来不及氧化葡萄糖而使测定结果偏低）。用表面皿盖好锥形瓶放置 10～15min，然后加 HCl 使呈酸性，立即用 $Na_2S_2O_3$ 标准溶液滴定，呈浅黄色时加入 2mL 淀粉溶液，继续滴定至溶液蓝色刚好消失即为终点，记录读数并计算葡萄糖含量。

$$C_6H_{12}O_6\%(W/V)=\frac{(2c_{I_2}V_{I_2}-c_{Na_2S_2O_3}V_{Na_2S_2O_3})\times M_{C_6H_{12}O_6}}{2000\times 25.0}\times 100 \qquad (3\text{-}20)$$

2. 掺假食品的鉴别

(1)牛奶中掺豆浆的检查:取两支试管分别加入正常牛奶和掺豆浆牛奶各 2mL,再加入 2~3 滴碘水,混匀后观察两支试管中颜色的不同变化。正常牛奶显橙黄色,而掺豆浆牛奶则显乌绿色。

(2)掺蔗糖蜂蜜的鉴定:在一支试管中加入掺糖蜂蜜样品约 1mL,再加水约 4mL,振荡搅拌,如有混浊或沉淀,再滴加 2 滴 1% $AgNO_3$,若有絮状物产生就证明此蜂蜜中掺有蔗糖。

(3)亚硝酸钠与食盐的区别:取两支试管分别加入少量 $NaNO_2$ 固体和 NaCl 固体,再加入 2mol/L H_2SO_4 和 0. 1mol/L KI,观察两支试管中不同的实验现象,再用新配制的淀粉溶液鉴别。

3. 食品中的微量有害元素的鉴定

(1)油条中微量铝的鉴定:取一小块油条切碎放入坩埚内,在电炉上低温炭化,待浓烟散尽,放入高温炉(炉温约 500℃)中灰化,到坩埚内物质呈白色灰状时,停止加热。冷却后加入约 2mL 6mol/L HNO_3,在水浴上加热蒸发至干,把所得产物加水溶解。用一支试管取约 2mL 所得溶液,加 5 滴 0. 8% 巯基乙酸溶液,摇匀后,加约 1mL 铝试剂(枚红三羧酸铵)缓冲溶液,再摇匀,并放人热水浴中加热。观察到生成红色溶液,即证明样品中含有铝。

(2)皮蛋中铅的鉴定:取一个松花蛋剥去蛋壳后,放入高速组织捣碎机中,按 2∶1 的蛋水比加水,捣成匀浆。把所有匀浆倒入蒸发皿中,先在水浴上蒸发至干,然后放在电炉上小心炭化至无烟后,移入高温炉内,在约 550℃ 灰化至呈白色灰烬。取出冷却后,加 1∶1HNO_3 溶解所得灰分。

取所得样品溶液约 2mL,加入 2mL 1% HNO_3、2mL 20% 柠檬酸铵和 1mL20% 盐酸羟胺,用 1∶1 氨水调节溶液 pH≈9,再加入 5mL 双硫腙溶液,剧烈摇动约 1min,静置分层后,观察有机溶剂($CHCl_3$)层中红色配合物的生成。

【思考题】

(1)碘量法测定葡萄糖含量的主要误差有哪些? 应怎样避免?

(2)正常牛奶与掺豆浆牛奶的主要差别是什么? 如何鉴别?

(3)如何区别正常蜂蜜与掺糖蜂蜜?

(4)认识亚硝酸钠当食盐使用的危害,利用它们哪些不同的化学性质加以区别?

(5)指出铝对人体健康的危害,如何鉴定食品中含有的铝?

(6)用什么方法鉴定食物中少量有害元素铅的存在?

实验二十五 电导率法测定硫酸钡的溶度积

【实验目的】

(1)熟悉沉淀的生成、陈化、离心分离、洗涤等基本操作。

(2)了解饱和溶液的制备。

(3)了解难溶电解质溶度积测定的一种方法。

(4)复习和巩固电导率仪的使用。

【实验原理】

难溶电解质的溶解度很小，会很难直接测定。但是，只要有溶解作用，溶液中就有电离出来的带电离子，就可以通过测定该溶液的电导或电导率，再根据电导与浓度的关系，计算出难溶电解质的溶解度，从而换算出溶度积。

电解质溶液导电能力的大小，可以用电阻 R 或电导 G 来表示，两者互为倒数，即 $G=1/R$。

在一定温度下，两电极间溶液的电阻 R 与两电极间的距离 l 成正比，与电极面积 A 成反比：$R=Pl/A$，P 为比例常数，称为电阻率，它的倒数称为电导率。电导率一般由制造厂给出，标在电极上。

【实验仪器与试剂】

仪器：电导率仪、离心机、DJS-1 型铂光亮电极。

试剂：H_2SO_4(0.05mol/L)、$BaCl_2$(0.05mol/L)、$AgNO_3$(0.01mol/L)。

【实验步骤】

1. $BaSO_4$ 沉淀的制备

在两个小烧杯中装 $BaCl_2$(0.05mol/L)、H_2SO_4(0.05mol/L)各 30mL

↓

加热 H_2SO_4 近沸、边搅拌边滴加 $BaCl_2$，盖上表面皿，加热 5min，小火保温 10min，搅拌，取下静置、陈化，倾去上层清液。

↓

离心

↓

用热的蒸馏水洗涤沉淀

2. $BaSO_4$ 饱和溶液的制备

在纯 $BaSO_4$ 中加少量水

↓

转移沉淀，加蒸馏水 60mL，均匀搅拌，加热煮沸 5min

↓

稍冷后，置于冷水浴中 5min，换一冷水浴，冷至室温

↓

取上层清液，测电导率

3. 电导率的测定

(1)测蒸馏水的电导率。

(2)测 BaSO4 饱和溶液的电导率。

室温(℃)	κ($BaSO_4$溶液)[μs/cm]	κ(H_2O)[μs/cm]

【数据处理】

在一定温度下,相距 1m 的两个平行电极之间,含有 1mol 电解质溶液的电导率,称为摩尔电导率,以 Λ_m 表示。

$BaSO_4$的溶度积为

$$\kappa_s p(BaSO_4)=\{[\kappa(BaSO_4\text{溶液})-G(H_2O)]0.0001/28.728\}$$

【思考题】

(1)制备 $BaSO_4$时,为什么要洗至无 Cl^-?

(2)制备 $BaSO_4$饱和溶液时,溶液底部一定要有沉淀吗?

(3)在测定 $BaSO_4$的电导时,水的电导为什么不能忽略?

(黄　涛)

第四章　有机化学实验

实验一　熔点的测定

【目的要求】

(1)了解固态有机物熔点温度的意义。
(2)学习和掌握测定熔点的方法。

【基本原理】

熔点是固态有机物的重要物理常数之一。通常把纯粹的固态物质受热融化时的温度视为该物质的熔点。但是严格意义应该是,在标准大气压下物质的固态与液态成平衡时的温度,纯粹的固体有机化合物一般都有固定的熔点。固液两态之间的变化是非常敏锐的,自初熔至全熔(熔点范围称为熔程),温度不超过0.5~1℃,如含有杂质,其熔点往往偏低,且熔程也增大。所以根据熔程长短可判别固体化合物的纯度,也为识别纯粹固态未知物提供重要的参数。把已有的试样和未知物混合起来,测其熔点,根据其熔点是否变化即可判断两试样是否为同一物质。

本实验采用普遍的毛细管法测定熔点,其原理简单、造价低、易于掌握。

【实验仪器与试剂】

仪器:提勒(Thiele)管1个、150℃温度计1支、玻璃管(内径约8mm,长约100mm)、毛细管、表面皿(80mm)。

试剂:液体石蜡或浓硫酸。

试样:尿素(C. P)苯甲酸(C. P)。

【实验步骤】

1. 制备熔点管　取一根内径约为1mm,长约70mm的洁净毛细管,将其一端对着酒精灯火焰的边缘,一边旋转,一边加热,使其融合封闭,要求封闭严密,管底要薄。

2. 试样填装　取少量的试样(干燥的约0.1g),放在洁净的表面皿上再用玻璃棒研磨成粉,并聚成一堆,将熔点管开口一端插入试样中,使少量试样挤入管内,然后取一根直径8mm,长约400mm的玻璃管,直立在表面皿空余部位上,将管口内挤有试样的熔点管管底向下从玻璃管中自由落下。使试样粉末落入熔点管底部,重复上述操作,直至熔点管底部紧密的填装2~3mm高的试样为止,用纸拭去沾在管外的试样粉末。

3. 仪器的安装　取一个提勒(Thiele)管(简称b形管),用烧瓶夹将其垂直夹在铁架台上。用一个有缺口的塞子可固定温度计,并使温度计刻度面向塞子的缺口,以便观察温度,调节好温度计的位置,使其水银球位于b形管上,下侧口的中部,在温度计下端套上一个橡皮圈,用它将已装入试样的熔点管系在温度计上,并使装有试样的管底靠近水银球中部,往b形管中加入溶液,至稍高于上侧口的上沿即可,最后将温度计连同装有试样的熔点管轻轻地插入 b 形管的溶液中(图 4-1)。

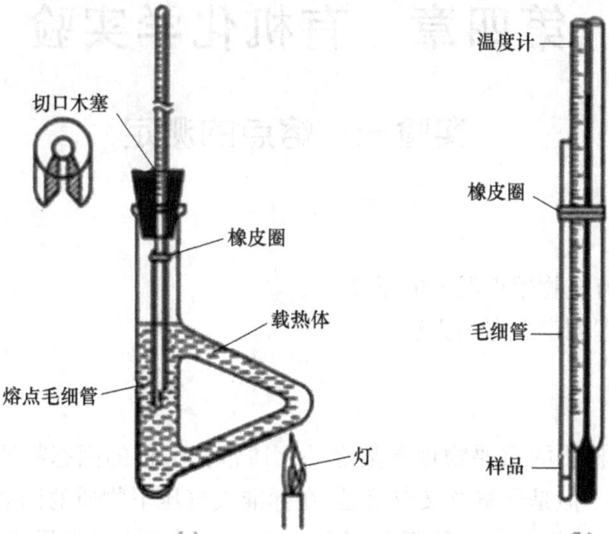

图 4-1　测定熔点的仪器安装

4. 测定熔点　一般测熔点,每个样品至少要测两次,先粗测:点燃酒精灯,只小火在图示部位缓缓加热,使温度每分钟上升 5~6℃,观察试管的变化,测定一个近似熔点,移开火源,使溶液降温至低于近似熔点 30℃左右,连同塞子一起取出温度计,用手捏住橡皮阀,更换一支新的装有试样的熔点管,插入 b 形管中,稍等片刻,使温度计、熔点管及溶液的温度平衡再精测。开始时加热速度可稍快,待温度与近似熔点相差约 10℃时,调整加热火焰,使温度缓慢而均匀地上升(每分钟 1~2℃)。仔细观察熔点管中试样的变化,记下开始塌落并有液相产生(初熔)和试样固相完全消失(全熔)时的温度,即被测试样的熔点,为了测准其数值,可按上述步骤换一支新熔点管再测一次。

本实验选纯尿素、纯苯甲酸及二者的混合物作为测试样品。

【注意事项】

1)使 b 形管与外界大气相通。

2)橡皮圈应套得尽可能高些,以防被溶液气泡膨胀脱落并污染溶液。

3)溶液指用来间接加热的传热液体,一般所选溶液的沸点要比被测物熔点高 20℃以上,本实验用液体石蜡可加热至 220~230℃,但其蒸气可燃,操作要谨慎,若用浓硫酸,可加热至 250~270℃。温度再高硫酸将分解,使用浓硫酸,尤其是热浓硫酸,要防止其灼伤皮肤,一旦触及,应立即用大量水冲洗。

4)不能将已测过熔点的熔点管冷却,使其中试样固化后再作第二次测定,因为有时某些物质会产生部分分解或转变为具有不同熔点的结晶。

5)缓慢加热,一方面保证有充分时间让热量由熔点管外传至管内,另一方面减小观察者因难于同时观察温度计刻度和熔点管内试样变化情况而带来的读数误差。

【思考题】

(1)测定熔点时,下列情况将对测定结果产生什么影响?

1)试点管不洁净；

2)样品装得不紧密；

3)加热温度太快。

(2)分别测得试样 A 及 B 的熔点各为 120℃,将二者混合后测得的熔点仍为 120℃,这说明什么？又测得试样 C 的熔点恰也为 120℃,但将其与试样 A 混合后测得熔点为 100~110℃,这又说明什么？

实验二　重结晶提纯法

【实验目的】

(1)了解重结晶法提纯固体有机化合物的原理和方法。

(2)掌握配置饱和溶液、抽气过滤、热过滤操作方法。

【实验原理】

利用混合物中各组分在某种溶剂中溶解度不同或在同一溶剂中不同温度时的溶解度不同而使它们相互分离。固体有机物在溶剂中的溶解度随温度的变化易改变,通常温度升高,溶解度增大;反之,则溶解度降低。可以利用溶剂对被提纯物质及杂质的溶解度不同,使被提纯物质从热的过饱和溶液中冷却后析出,让杂质全部或大部分留在溶液中,或者相反,使杂质从热的过饱和溶液中冷却后析出,让被提纯物质全部或大部分留在溶液中,从而达到分离、提纯的目的,这种方法就是重结晶法。

从有机合成反应分离出来的固体粗产物往往含有未反应的原料、副产物及杂质,必须加以分离纯化,重结晶是分离提纯纯固体化合物的一种重要的、常用的分离方法之一。它适用于产品与杂质性质差别较大、产品中杂质含量小于 5% 的体系。重结晶的关键是选择适宜的溶剂,合适的溶剂必须具备下列条件：

(1)与被提纯的物质不起化学反应。

(2)被提纯物质在热溶剂中溶解度大,冷却时溶解度小,而杂质在冷、热溶剂中溶解度都较大,杂质始终留住母液中。或者杂质在热溶剂中不溶解,这样在热过滤时也可把杂质除去。

(3)溶剂易挥发,但沸点不宜过低,便于与结晶分离。

(4)价格低,毒性小,易回收,操作安全。

在实际工作中,常常要通过试验来选择溶剂,先根据“相似相溶”的原理,通过查阅有关的手册和辞典中的溶解度或溶解度手册。选择几种溶剂,然后通过试验方法对几种溶剂逐一试验,比较,选出较为理想的重结晶溶剂。当难以选出一种合适溶剂时,常使用混合溶剂。混合溶剂一般由两种彼此可互溶的溶剂组成,其中一种较易溶解结晶,另一种较难或不能溶解结晶。常用的混合溶剂有：乙醇水、乙醇乙醚、乙醇丙酮、乙醚石油醚、苯石油醚等。

重结晶提纯法的一般过程

选择溶剂──→溶解固体──→趁热过滤去除杂质──→晶体析出──→晶体的收集与洗涤──→晶体的干燥

【实验仪器与试剂】

仪器：热水保温漏斗、玻璃漏斗、玻璃棒、表面皿、抽滤瓶、布氏漏斗、酒精灯、滤纸、量筒、刮刀、沸石、循环水真空泵、恒温水浴锅。

试剂：粗苯甲酸、活性炭。

【实验步骤】

（1）将被纯化的化合物，在已选好的溶剂中，配制成沸腾或接近沸腾的饱和溶液（同时准备好热水保温漏斗）。

150mL 锥形瓶+3g 粗苯甲酸+60mL 水+n 粒沸石加热溶解

（2）将上过热溶液趁热过滤，除去不溶物。

1）在漏斗里放一张叠好的折叠滤纸，并用少量热水润湿，将上述热溶液尽快地倾入热水漏斗中。

2）每次倒入的溶液不要太满，也不要等溶液全部滤完后再加。

3）过滤过程中要不停地向夹套补充热水，以保持溶液的温度便于过滤。所有溶液过滤完毕后，用少量热水洗涤锥形瓶和滤纸，用表面皿将盛滤液的瓶盖好。

4）滤纸大小要和布氏漏斗底大小像吻合，不可太大或太小，滤纸用少量冷水润湿，吸紧。

5）停止抽滤时，先拿样、布氏漏斗，再关闭水泵，避免回吸。

（3）将滤液冷却，使结晶析出。

（4）用布氏漏斗抽滤。

（5）洗涤，干燥。

（6）测熔点。

（7）计算回收率。

【实验装置】

图 4-2 和图 4-3。

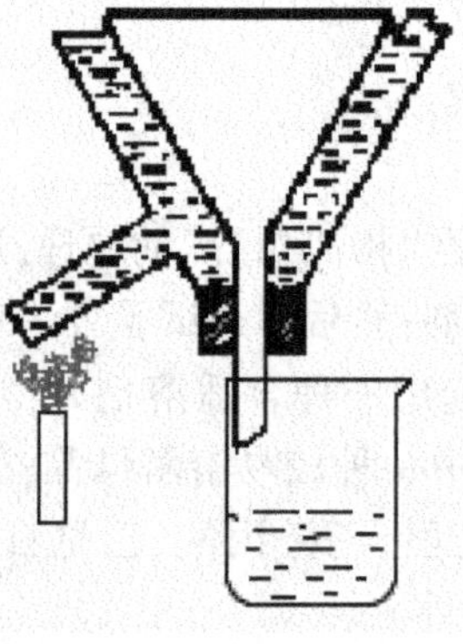

图 4-2　重结晶热过滤装置

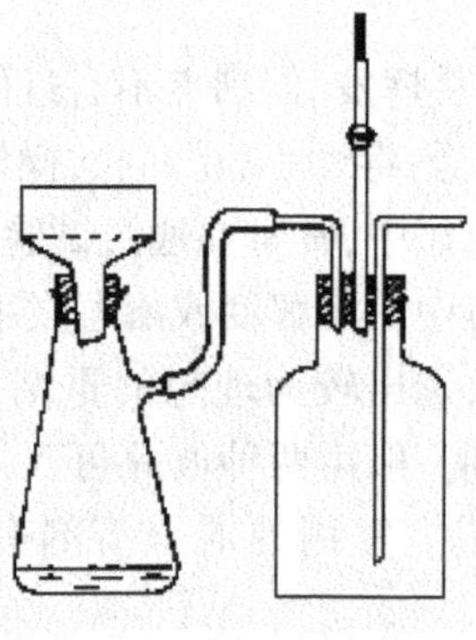

图 4-3　抽滤装置

【注意事项】

(1)在进行重结晶时,选择理想的溶剂是一个关键,理想的溶剂必须具备下列条件:

1)不与被提纯物质起化学反应。

2)在较高温度时能溶解多量的被提纯物质;而在室温或更低温度时,只能溶解很少量的该种物质。

3)对杂质的溶解非常大或者非常小(前一种情况是使杂质留在母液中不随被提纯物晶体一同析出;后一种情况是使杂质在热过滤时被滤去)。

4)容易挥发(溶剂的沸点较低),易与结晶分离除去。

5)能给出较好的晶体。

6)无毒或毒性很小,便于操作。

7)价廉易得。

(2)在热过滤时,整个操作过程要迅速,否则漏斗一凉,结晶在滤纸上和漏斗颈部析出,操作将无法进行。

(3)洗涤用的溶剂量应尽量少,以避免晶体大量溶解损失。

(4)溶液若含有带色杂质时,可加入适量活性炭脱色,加入的量根据杂质多少而定,用量一般为粗品质量的1%~5%,尽量不要多加,以免产品被活性炭吸附。加活性炭时,应待重结晶固体全部溶解,溶液稍冷后方可加入,切勿把活性炭加到正在沸腾的溶液中,以免引起暴沸。

(5)滤纸不应大于布氏漏斗的底面。

(6)停止抽滤时先将抽滤瓶与抽滤泵间连接的橡皮管拆开,或者将安全瓶上的活塞打开与大气相通,再关闭泵,防止水倒流入抽滤瓶内。

(7)结晶的大小与冷却的温度有关:一般迅速冷却并搅拌,往往得到细小的晶体,表面积大,表面上吸附杂质较多。如将热滤液慢慢冷却,析出的结晶较大,但往往有母液和杂质包在结晶内部。因此要得到纯度高、结晶好的产品,还需要摸索冷却的过程。但一般只要让热溶液静置冷却到室温即可。有时置冷后也无结晶析出,此时可用玻璃棒在液面下摩擦器壁或投入该化合物的结晶作为晶种,促使晶体较快地析出。

【思考题】

(1)重结晶包括几个步骤?目的是什么?

(2)加活性炭脱色应注意哪些问题?可否沸腾加入?

(3)使用布氏漏斗过滤时,如果滤纸大于漏斗瓷孔面时,有什么不好?

(4)母液浓缩后所得到的晶体为什么比第一次得到的晶体纯度要差?

(5)使用有毒或易燃的溶剂进行重结晶时应注意哪些问题?

(6)样品量分别在多少时用常量法或半微量法进行重结晶?

(7)用水重结晶纯化乙酰苯胺时(常量法),在溶解过程中有无油珠状物出现?这是什么?如有油珠出现应如何处理?

(8)如何鉴定重结晶纯化后产物的纯度?

(9)在布氏漏斗中用溶剂洗涤固体时应该注意些什么?

(10)使用有机溶剂重结晶时,哪些操作容易着火?怎样才能避免?

(11)将溶液进行热过滤时,为什么要尽可能减少溶剂的挥发?如何减少其挥发?

实验三 蒸馏和沸点的测定

【实验目的】

(1)了解测定沸点的意义和蒸馏的意义,掌握常量法(即蒸馏法)及微量法测定沸点的原理和方法。

(2)掌握圆底烧瓶、直型冷凝管、蒸馏头、真空接收器、锥形瓶等的正确使用方法,初步掌握蒸馏装置的装配和拆卸技能。

【实验原理】

蒸馏是分离和提纯液态有机化合物最常用的重要方法之一。应用这一方法,不仅可以把挥发性物质与不挥发性物质分离,还可以把沸点不同的物质以及有色的杂质等分离。在通常情况下,纯粹的液态物质在大气压力下有确定的沸点。如果在蒸馏过程中,沸点发生变动,那就说明物质不纯。因此可借蒸馏的方法来测定物质的沸点和定性地检验物质的纯度。某些有机化合物往往能和其他组分形成二元或三元共沸混合物,它们也有一定的沸点(共沸点)。因此,不能认为蒸馏温度恒定的物质都是纯物质。沸点的测定可以通过蒸馏的方法,用蒸馏法测沸点叫常量法。这种方法试剂用量为10mL以上,如果样品不多,可采用微量法。

液体的分子由于分子运动有从表面逸出的倾向,这种倾向随着温度的升高而增大。如果把液体置于密闭的真空体系中,液体分子继续不断地逸出而在液面上部形成蒸气,最后使得分子由液体逸出的速度与分子由蒸气中回到液体中的速度相等,亦即使其蒸气保持一定的压力。此时液面上的蒸气达到饱和,称为饱和蒸气。它对液面所施加的压力称为饱和蒸气压。

实验证明,液体的蒸气压只与温度有关,即液体在一定温度下具有一定的蒸气压。这是指液体与它的蒸气平衡时的压力,与体系中存在的液体和蒸气的绝对量无关。当液体的蒸气压增大到与外界施于液面的总压力(通常是大气压力)相等时,就有大量气泡从液体内部逸出,即液体沸腾。这时的温度称为液体的沸点,通常所说的沸点是在0.1MPa(即760mmHg)压力下液体的沸腾温度。如水的沸点为100℃,即指大气压为760mmHg时,水在100℃时沸腾。在其他压力下的沸点应注明,如水的沸点可表示为95℃/85.3kPa。

在常压下蒸馏时,由于大气压往往不是恰好为0.1MPa,但由于偏差一般都很小,因此可以忽略不计。

当液态物质受热时蒸气压增大,待蒸气压大到与大气压或所给压力相等时液体沸腾,即达到沸点。所谓蒸馏就是将液态物质加热到沸腾变为蒸气,又将蒸气冷却为液体这两个过程的联合操作。

如果将两种挥发性液体混合物进行蒸馏,在沸腾温度下,其气相与液相达成平衡,出来的蒸气中含有较多量易挥发物质的组分,将此蒸气冷凝成液体,其组成与气相组成等同(即含有较多的易挥发组分),而残留物中却含有较多量的高沸点组分(难挥发组分),这就是进行了一次简单的蒸馏。

如果将蒸气凝成的液体重新蒸馏，即又进行一次气液平衡，再度产生的蒸气中，所含的易挥发物质组分又有增高，同样，将此蒸气再经冷凝而得到的液体中，易挥发物质的组成当然更高，这样可以利用一连串的有系统的重复蒸馏，最后能得到接近纯组分的两种液体。

应用这样反复多次的简单蒸馏，虽然可以得到接近纯组分的两种液体，但是这样做既浪费时间，且在重复多次蒸馏操作中的损失又很大，设备也较复杂，所以，通常是利用分馏柱进行多次气化和冷凝，这就是分馏。

在分馏柱内，当上升的蒸气与下降的冷凝液互凝相接触时，上升的蒸气部分冷凝放出热量使下降的冷凝液部分气化，两者之间发生了热量交换，其结果，上升蒸气中易挥发组分增加，而下降的冷凝液中高沸点组分（难挥发组分）增加，如果继续多次，就等于进行了多次的气液平衡，即达到了多次蒸馏的效果。这样靠近分馏柱顶部易挥发物质的组分比率高，而在烧瓶里高沸点组分（难挥发组分）的比率高。这样只要分馏柱足够高，就可将这种组分完全彻底分开。工业上的精馏塔就相当于分馏柱。

【实验仪器与试剂】

仪器：30mL 圆底烧瓶 19#、蒸馏头 9#×3 或 19#×2×14#、温度计套管 9#或 4#、温度计 100℃、直形冷凝管（短的）19#×2、接尾管 19#2 个、30mL 三角瓶 1 个、100mL 烧杯 1 个、30mL 量筒、沸点管、温度计 100℃、胶塞、沸石、乳胶套圈、升降架 2 个、250 mL 加热套、三角架、s 扣、夹子。

试剂：95% C_2H_5OH 15mL/人、C_6H_6（AR 纯）。

【实验装置】

蒸馏装置主要包括蒸馏烧瓶、冷凝管和接收器三部分（图 4-4）。圆底烧瓶是蒸馏时最常用的容器，它与蒸馏头组合习惯上称为蒸馏烧瓶。圆底烧瓶容量应由所蒸馏的液体的体积来决定，通常所蒸馏的原料液体的体积应占圆底烧瓶容量的 1/3～2/3。如果装入的液体量过多，当加热到沸腾时，液体可能冲出，或者液体飞沫被蒸气带出，混入馏出液中；如果装入的液体量太少，在蒸馏结束时，相对地会有较多的液体残留在瓶内蒸不出来。如果蒸馏出的物质易挥发、易燃或有毒，也需装配气体吸收装置。要把反应混合物中挥发性物质蒸出时，可用一根 75°弯管把圆底烧瓶和冷凝管连接起来。

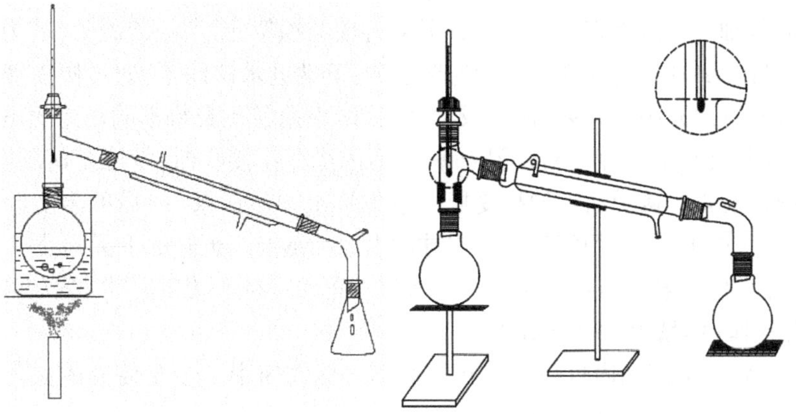

图 4-4　普通蒸馏装置

微量液体的蒸馏用微型蒸馏装置(图 4-5) 。因为市场供应的成套微型玻璃仪器的蒸馏头的收集阱的容量为 4mL 左右,大于 4mL 的液体或需换接馏分的体系用 A 装置,而小于 4mL 的液体又不需要换接馏分的用 B 装置,C 装置用来蒸馏沸点高于 140 ℃的物质。安装微型蒸馏装置时要注意温度计水银球的位置,水银球的上端与微型蒸馏头收集阱的边沿一齐,用短橡皮管把温度计固定到温度计套管上,再插入微型蒸馏头的上口。

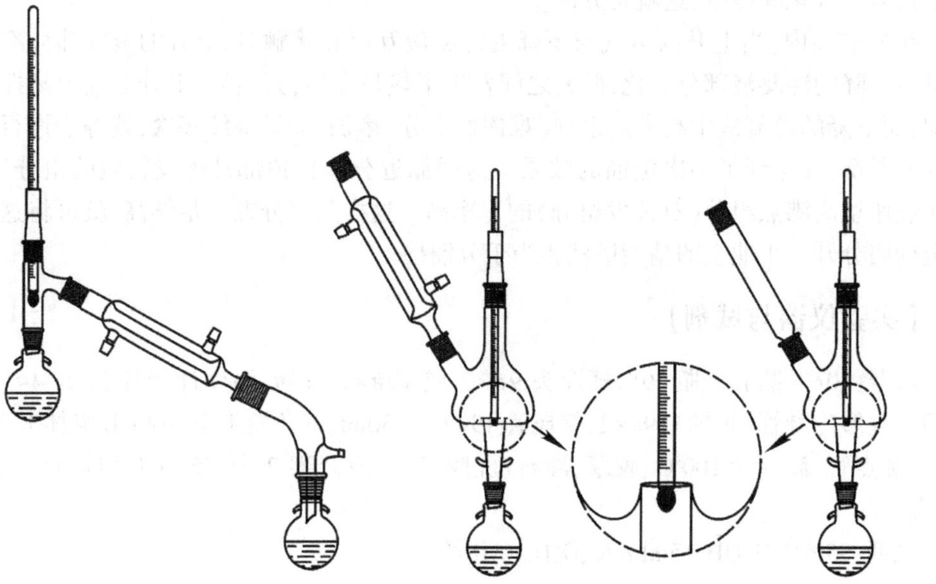

图 4-5 微型蒸馏装置

【实验步骤】

1. 蒸馏装置安装

(1)根据蒸馏物的量,选择大小合适的蒸馏瓶(蒸馏物液体的体积,一般不要超过蒸馏瓶容积的 2/3,也不要少于 1/3)。

(2)仪器安装顺序一般为:热源(电炉、水浴、油浴或其他热源)→蒸馏瓶(固定方法、离热源的距离,其轴心保持垂直)→蒸馏头(其对称面与铁架平行)→冷凝管(若为直形冷凝管则应保证上端出水口向上,与橡皮管相连至水池;下端进水口向下,通过橡皮管与水龙头相连;才能保证套管内充满水)→接液管或称尾接管(根据需要安装不同用途的尾接管,例如,减压蒸馏需安装真空尾接管)→接受瓶(一般不用烧杯作接收器,常压蒸馏用锥形瓶,减压蒸馏用圆底烧瓶;正式接受馏液的接受瓶应事先称重并做记录)→借助温度计导管将温度计固定在蒸馏头的上口处(使温度计水银球的上限与蒸馏头侧管的下限同处一水平线上)。

安装仪器顺序一般都是自下而上,从左到右,先难后易。撤卸仪器与安装顺序相反。

2. 蒸馏操作(样品:95%的乙醇)

(1)加料:将待蒸馏液通过玻璃漏斗小心倒入蒸馏瓶中。不要使液体从支管流出。加入几粒沸石,塞好带温度计的塞子。

(2)加热:用水冷凝管时,先打开冷凝水龙头缓缓通入冷水,然后开始加热。加热时可见蒸馏瓶中液体逐渐沸腾，蒸气逐渐上升，温度计读数也略有上升。当蒸气的顶端达到水银球部位时，温度计读数急剧上升。这时应适当调整热源温度，使升温速度略为减慢，蒸气顶端停留在原处，使瓶颈上部和温度计受热，让水银球上液滴和蒸气温度达到平衡。然后再稍稍提高热源温度，进行蒸馏(控制加热温度以调整蒸馏速度，通常以每秒1～2滴为宜。在整个蒸馏过程中，应使温度计水银球上常有被冷凝的液滴。此时的温度即为液体与蒸气平衡时的温度。温度计的读数就是液体(馏出液)的沸点。热源温度太高，使蒸气成为过热蒸气，造成温度计所显示的沸点偏高；若热源温度太低，馏出物蒸气不能充分浸润温度计水银球，造成温度计读得的沸点偏低或不规则。

(3)观察沸点及收集馏液：进行蒸馏前，至少要准备两个接受瓶，其中一个接受前馏分(或称馏头)，另一个(需称重)用于接受预期所需馏分(并记下该馏分的沸程，即该馏分的第一滴和最后一滴时温度计的读数)。

一般液体中或多或少含有高沸点杂质，在所需馏分蒸出后，若继续升温，温度计读数会显著升高，若维持原来的温度，就不会再有馏液蒸出，温度计读数会突然下降。此时应停止蒸馏。即使杂质很少，也不要蒸干，以免蒸馏瓶破裂及发生其他意外事故。

(4)拆除蒸馏装置：蒸馏完毕，先应撤出热源(拔下电源插头，再移走热源)，然后停止通水，最后拆除蒸馏装置(与安装顺序相反)。

3. 微量法测定沸点操作　样品是本次实验蒸馏收集95%乙醇。

(1)安装测定装置：取一根内径3～4mm、长7～8cm一端封口的毛细管作为沸点管外管，放入欲测样品4～5滴(液柱高约1cm)，在此管中放入一根长8～9cm、内径约1mm的上端封口的毛细管，即开口处浸入样品中。那样将沸点管外管贴于温度计水银球旁(使待测液与温度计水银球并齐)，用小橡皮圈固定。

(2)沸点测定：将上述装置浸入热水浴中(用烧杯或其他透明玻璃器皿盛水)加热，由于气体膨胀，内管中有断断续续的小气泡冒出来，到达样品沸点时，将出现一连串的小气泡，此时应停止加热，使浴温下降，随着浴温下降，小气泡逸出速度也渐渐减慢。此时应注意观察，记下最后一个气泡出现而刚欲缩回到内管的瞬间(即表示毛细管内液体的蒸气压与大气压平衡)时的温度计读数，此读数就是该液体化合物的沸点。

(3)将微量法测定结果与常量法测定结果进行比较。液体的沸程常可代表它的纯度。纯粹的液体沸程很小(0.5～1℃，一般不超过2℃)。对于合成实验的产品，因大部分是从混合物中采用蒸馏法提纯，而蒸馏方法的分离能力有限，故在普通有机化学实验中收集的沸程较宽。

【注意事项】

(1)仪器安装要严密、正确。

(2)注意安装拆卸的顺序。

(3)加热前放沸石，通冷凝水。

(4)准确量取15mL 95% C_2H_5OH，蒸馏速度1～2滴/s。

(5)不许蒸干，残留液至少0.5mL，否则易发生事故(瓶碎裂等)。

(6)液体沸点在80℃以下的液体用水浴加热蒸馏。

(7)仪器装配符合规范。

(8)热源温控适时调整。

(9)馏分收集范围严格无误。

(10)微量法测定时,观察最后一个气泡缩回时的温度应准确。

【思考题】

(1)什么叫沸点?液体的沸点和大气压有什么关系?文献里记载的某物质的沸点是否即为你们那里的沸点温度?

(2)蒸馏时加入沸石的作用是什么?如果蒸馏前忘记加沸石,能否立即将沸石加至将近沸腾的液体中?当重新蒸馏时,用过的沸石能否继续使用?

(3)为什么蒸馏时最好控制馏出液的速度为1~2滴/s为宜?

(4)如果液体具有恒定的沸点,那么能否认为它是单纯物质?

(5)分馏和蒸馏在原理及装置上有哪些异同?如果是两种沸点很接近的液体组成的混合物能否用分馏来提纯呢?

(6)若加热太快,馏出液速度大于1~2滴/s(每秒的滴数超过要求量),用分馏分离两种液体的能力会显著下降,为什么?

(7)用分馏柱提纯液体时,为了取得较好的分离效果,为什么分馏柱必须保持回流液?

(8)在分离两种沸点相近的液体时,为什么装有填料的分馏柱比不装填料的效率高?

(9)什么叫共沸物?为什么不能用分馏法分离共沸混合物?

(10)在分馏时通常用水浴或油浴加热,它比直接火加热有什么优点?

实验四 脂肪烃与芳香烃的性质

【实验目的】

(1) 熟悉脂肪烃、芳香烃的主要化学性质。

(2) 掌握烷烃、烯烃、炔烃、芳香烃的鉴别方法。

【实验原理】

烷、烯、炔都是烃类。烷烃在一般情况下比较稳定,在特殊条件下可发生取代反应等。而烯烃和炔烃由于分子中具有不饱和双键和叁键(—C≡C—),所以表现出加成,氧化等特征反应。具有R—C≡CH结构的炔烃,因含有活泼氢,能与重金属,如亚铜离子,银离子形成炔基金属化合物,故能够与烯烃和具有R—C≡C—R结构的炔类相区别。芳烃具有芳香性,一般较难氧化和加成,易取代。如有侧链,则侧链易被氧化成羧基。苯环上的氢常被—X、—NO_2、—SO_3H、—R等所取代,属于亲电取代反应。苯环上发生二取代时,第二个取代基引入的难易和位置都与第一个取代基的定位效应有关。

【实验内容】

1. 烷烃的性质

1)对氧化剂的稳定性

样品:精制石油醚

试剂:0.1%$KMnO_4$、稀H_2SO_4(1∶5V/V)

操作：在试管中加入 2 滴 0.1% $KMnO_4$溶液及 4 滴稀 H_2SO_4，然后加入 10 滴精制石油醚，振摇观察其结果。

2）光照下卤代反应

样品：精制石油醚

试剂：5% Br_2-CCl_4溶液

操作：取 2 支干燥试管，各加入 10 滴精制石油醚，再加入 1～2 滴 Br_2-CCl_4溶液，摇匀后，一支放在暗处；另一支光照，观察现象，数分钟后比较其结果。

2. 烯烃的性质

1）加成反应

样品：粗汽油（含烯烃）或乙烯

试剂：溴水

操作：于试管中加入 5 滴溴水，然后加入 1 滴粗汽油，振荡试管，观察溴水是否褪色。

绝大多数含有碳碳双键或三键的化合物，能使溴水或溴的四氯化碳的棕红色褪去。但在不饱和键两端连接有负性基团时，反应进行极缓慢。

2）氧化反应

样品：粗汽油（含烯烃）或乙烯

试剂：0.1% $KMnO_4$溶液、稀 H_2SO_4（1∶5V/V）

操作：于试管中加入 1 滴 0.1% $KMnO_4$溶液和 10 滴稀 H_2SO_4，然后加入 2 滴粗汽油，振荡试管，观察高锰酸钾的紫色是否褪去。

含有碳碳双键和三键的化合物能与高锰酸钾发生氧化反应，使高锰酸钾紫色褪去，而对于一些易被氧化的化合物如酚、醇、醛也能使高锰酸钾溶液褪色。

3. 乙炔的制备和化学性质

（1）制备

$$CaC_2+2H_2O \longrightarrow HC\equiv CH\uparrow + Ca(OH)_2 + Q$$

操作：取 5g 电石（碳化钙块状），置于干燥的抽滤管中，管口用带有分液漏斗的胶塞塞紧，其侧管连接一根下端拉细的弯玻璃管。然后通过小分液漏斗将水逐滴地滴入，反应立即开始，用逸出的乙炔气分别做下列试验。

（2）化学性质

1）加成反应

样品：乙炔气

试剂：溴水

操作：将乙炔气通入盛有 10 滴溴水的试管中，观察溴水是否褪色。

2）氧化反应

样品：乙炔气

试剂：0.1% $KMnO_4$溶液、稀 H_2SO_4（1∶5V/V）

操作：将乙炔通入盛有 1 滴 0.1% $KMnO_4$溶液与 10 滴稀 H_2SO_4混合液的试管中，观察高锰酸钾溶液紫色是否褪去。

3）形成银的炔化物

样品：乙炔气

试剂：5% $AgNO_3$溶液、5% NaOH 溶液、5% NH_4OH 溶液

操作:将乙炔气通入新制备的银氨溶液中,即析出乙炔银沉淀,用玻棒取出少量(高粱米粒大)用滤纸吸干,将其放于砂盘中,用小火加热进行爆炸试验。

由于炔银干燥时易爆炸,因此将剩余的沉淀加入 3mL 稀硝酸,在水浴上加热煮沸,分解破坏。

$$Ag{-}C{\equiv}C{-}Ag + 2HNO_3 \longrightarrow 2AgNO_3 + HC{\equiv}CH\uparrow$$

银氨溶液配制:在试管中加入 5 滴 5% $AgNO_3$溶液,1 滴 5% NaOH 溶液,再逐滴加入 5% NH_4OH 至沉淀恰好溶解。

反应式:$AgNO_3 + NaOH \longrightarrow AgOH + NaNO_3$

$$2AgOH \longrightarrow Ag_2O\downarrow + H_2O$$

$$Ag_2O + 4NH_4OH \longrightarrow 2[Ag(NH_3)_2]OH + 3H_2O$$

银氨溶液即托伦试剂(Tollen's reagent)必须临用现配,久置会析出爆炸性黑色沉淀物 Ag_3N,故不能贮存。

4)形成亚铜的炔化物

样品:乙炔气

试剂:氯化亚铜氨溶液

操作:将乙炔气通入盛有 5 滴氯化亚铜氨溶液的试管中,析出乙炔亚铜沉淀,进行与乙炔银相同的爆炸试验,并破坏剩余物。

氯化亚铜氨溶液配制:将 3.5g $CuSO_4 \cdot 5H_2O$ 及 1g NaCl 溶于 12mL 热水中,在搅拌下加入由 1g $NaHSO_3$和 10mL 5% NaOH 组成的溶液,放冷(置暗处,以免氧化),用倾泻法洗涤,得氯化亚铜沉淀,然后将其溶于 10~15mL 氨水(用浓氨水与等量水配成)中,即得氯化亚铜氨溶液。

反应式:$2CuSO_4 + NaCl + NaHSO_3 + H_2O \longrightarrow Cu_2Cl_2\downarrow + NaHSO_4$

$$Cu_2Cl_2 + 4NH_4OH \longrightarrow Cu_2(NH_3)_4Cl_2 + 4H_2O$$

4. 芳香烃的性质

1)卤代反应

取 4 支干燥洁净的试管,编号为 A、B、C、D。在 A、B 2 支试管中各加 5 滴苯,在 C、D 2 支试管中各加 5 滴甲苯,然后在这 4 支试管中加 2 滴 3%溴的四氯化碳溶液,摇匀。在 A、C 2 支试管中各加入少量铁粉,振荡,观察现象。若无明显变化,可放入沸水中加热 1~2min,观察现象,比较它们有何不同,为什么?

2) 硝化反应

取 2 支试管,各加 1mL 浓硝酸和 2mL 浓硫酸,摇匀,制成混酸。稍冷后,在每支试管中加入 20 滴甲苯、苯,振荡一会儿,观察现象。将混合液分别倒入装 40~50mL 冷水的烧杯中,观察现象。

3)傅-克反应(Friedel - Crafts 反应)

取一支干燥洁净的试管,加入约 0.1g 无水三氯化铝,用喷灯加强热,使三氯化铝升华至试管壁上,试管口装上干燥管,冷却至室温。另取一支试管加 10 滴氯仿和 6 滴苯,混匀,将所得的溶液沿试管壁倒入第一支试管中,观察现象。用萘、甲苯和氯苯作试样,结果如何?

4)氧化反应

取 2 支洁净试管,分别加入苯和甲苯 10 滴,再各加入 1%高锰酸钾和 1:4 硫酸 2 滴,用力振荡,在 50~60℃水浴中加热 5min,观察有何变化。为什么?

【注意事项】

(1)石油醚的精制

取2.5mL石油醚于试管中,加入1mL浓H_2SO_4,剧烈振荡后静置片刻,待分层后,将下层深色的硫酸用滴管抽去,重新加入1mL浓H_2SO_4振荡洗涤,重复上述操作,直到硫酸层无色为止(洗3~4次)。然后用水洗去残留的酸液(洗2次以上)即得到精制石油醚。

(2)烷烃易溶于Br_2-CCl_4溶液中,溴代反应进行较快,而生成的溴化氢气体则不溶于Br_2-CCl_4溶液中,若向试管吹一口气,便有白色烟雾,能使湿的蓝色石蕊试纸变红。而加成反应则无溴化氢气体产生,这是取代反应与加成反应不同之处。

(3)乙烯的制备

取3mL乙醇于抽滤试管中,小心加入9mL浓H_2SO_4,随加随振荡,再加3g干燥的细砂,管口塞以带有温度计的胶塞,使水银球浸入混合液中,但勿触及管底,加热后生成的气体通过另一盛有15mL 10% NaOH溶液的抽滤试管再经一末端抽细的玻璃管导出。

在砂浴上用强火加热,使温度迅速到达150℃以上,当乙烯开始发生后,用小火缓缓加热并控制温度在160~170℃。细砂应预先用稀盐酸洗净,除去可能夹杂的石灰质,然后用水洗涤,干燥备用。细砂能加速硫酸氢乙酯分解成乙烯,可防止反应混合物受热时发生突沸。浓硫酸是氧化剂,在反应过程中,可将乙醇等有机物氧化,产生C、CO、CO_2等,硫酸本身被还原成SO_2;SO_2和乙烯一样也能使溴水和高锰酸钾溶液褪色,故通过NaOH溶液洗涤。硫酸氢乙酯与乙醇在140℃作用产乙醚,故需要迅速升温到150℃以上,硫酸氢乙酯于160℃分解成乙烯。当乙烯开始生成后,加热不宜太强烈,否则会产生太量泡沫而暴沸,一般控制在160~170℃,必要时可略降低温度。

(4)工业用电石含有硫化钙、磷化钙等杂质,与水作用产生硫化氢、磷化氢、砷化氢等气体夹杂在乙炔气中,故生成的气体常带有恶臭。

【思考题】

(1)比较烷烃、烯烃与炔烃化学性质的异同点,并解释之。

(2)烷烃的卤代反应中,为什么用溴的四氯化碳溶液,用溴水行吗?为什么?

(3)用电石制取的乙炔常带有臭味,如何除去?装气瓶中装有重铬酸钾硫酸溶液,能否除去臭味?

(4)甲苯的卤代、硝化等反应为什么比苯容易进行?

实验五 卤代烃的性质

【实验目的】

(1)熟悉卤代烃的主要化学性质。

(2)掌握卤代烃的鉴别方法。

(3)进一步认识不同烃基结构、不同卤原子对反应速率的影响。

【实验原理】

卤代烃的主要化学性质是亲核取代反应,反应通式如下:

$$RX + Nu^- : \rightarrow RNu + X^- (Nu^- :为亲核试剂)$$

在卤代烃的亲核取代反应中,因底物的组成和结构不同、反应条件不同和亲核试剂的强弱不同,其反应历程有单分子亲核取代反应(SN1)和双分子亲核取代反应(SN2)两种。一般情况下,两种不同的反应历程处于一种竞争状态。通常溶剂化效应强的卤代烃有利于按单分子亲核取代反应进行;亲核试剂的亲核能力越强越有利于按双分子亲核取代反应历程进行。要弄清楚某一反应按怎样的历程进行,以及某一卤代烃在反应中的活性如何,必须仔细地分析反应及卤代烃和亲核试剂的结构。

卤代烃分子中的C—X 键比较活泼,—X 可以被—OH、—NH_2、—CN 等取代,也可与硝酸银醇溶液作用,生成不溶性的卤化银沉淀。烃基的结构和卤素的种类是影响反应的主要因素,分子中卤素活泼性越大,反应进行越快。各种卤代烃卤素的活泼顺序如下。

1)在单分子亲核取代反应中,各种卤代烃的活性顺序是:

叔卤代烃> 仲卤代烃> 伯卤代烃

2)在双分子亲核取代反应中,各种卤代烃的活性顺序是:

伯卤代烃> 仲卤代烃> 叔卤代烃

此外,还有两种活性顺序:① RI > RBr > RCl;② 烯丙型卤代烃(苄卤) > 孤立型卤代烃(卤烷) > 乙烯型卤代烃(卤苯)。

【实验仪器与试剂】

试剂:5% 氢氧化钠、10% 硝酸、1% 硝酸银、溴苯、1-溴丁烷、2-溴丁烷、2-甲基-2-溴丙烷、烯丙基溴、1-氯丁烷、2-氯丁烷、1-碘丁烷、2-甲基-2-氯丙烷及15% 碘化钠丙酮溶液。

【实验内容】

1. 与碘化钠丙酮溶液反应 取5 支试管各加入1~2mL 15% 碘化钠丙酮溶液,分别加入2 滴1-溴丁烷、2-溴丁烷、2-甲基-2-溴丙烷、烯丙基溴、溴苯,混匀,观察现象。记下出现沉淀的时间,必要时将试管置于60~70 ℃水浴中加热片刻,记录沉淀时间。说明没有产生沉淀的原因。

2. 与硝酸银的反应

(1)烃基结构对反应速率的影响:取3 支试管,各加入饱和硝酸银乙醇溶液1mL,然后分别加入2~3 滴1-氯丁烷、2-氯丁烷、2-甲基-2-氯丙烷,振荡试管观察有无沉淀析出?必要时可在沸水浴中加热后再观察。比较3 种卤代烃的活性。

(2)卤原子对反应速率的影响:取3 支试管,各加入饱和硝酸银乙醇溶液1mL,然后加入2~3 滴1-氯丁烷、1-溴丁烷、1-碘丁烷,振荡试管,观察有无沉淀析出?必要时在沸水浴中加热后再观察。比较3 种卤代烃的活性。

由于分子结构不同,各种卤代烃与硝酸银乙醇溶液反应,在反应速度上有很大的差别,在室温下能立刻产生卤化银沉淀的卤代化合物有:RCOX、$RCH=CHCH_2X$、$ArCH_2X$、R_3CCl、RI。在室温下无明显反应,但加热后能产生沉淀的卤代烃有RCH_2Cl、R_2CHCl、2,4-二硝基氯苯。在加热下也无卤化银沉淀生成的卤代烃有:ArX、$RCH=CHX$、$HCCl_3$。

3. 与稀碱反应

(1)烃基结构对反应速率的影响:取3 支试管,各加入10~15 滴1-氯丁烷、2-氯丁烷、2-甲基-2-氯丙烷,再加入1~2mL 5% 氢氧化钠溶液,充分振荡后静置,小心取水层数滴加入同体积的稀硝酸酸化，然后加入 1% 硝酸银 1~2 滴，观察现象。若无沉淀生成可在水浴中小心加热再检验，比较 3 种氯代烃的活性顺序。

(2) 卤原子对反应速率的影响：取 3 支试管，各加入 10~15 滴 1-氯丁烷、1-溴丁烷、1-碘丁烷，再分别加入 1~2mL 5% 氢氧化钠溶液，振荡后静置，小心取水层数滴，用等体积的 10% 硝酸酸化后，加 1% 硝酸银溶液 1~2 滴，观察现象。比较 3 种卤代烃的活性顺序。

4. 拜尔斯坦(Beilsten)铜丝试验 取一根长约 25cm 的铜线，将其一端在玻璃棒上卷成螺旋形，另一端系在玻璃棒上，将螺旋部分在灯焰上灼烧至不显绿色。冷却后，用铜丝圈沾少量样品，放在火焰上灼烧，若火焰为绿色，则可能有卤素存在。

【思考题】

(1) 为什么在不同反应中，卤原子的活性总是：碘>溴>氯？

(2) 说明下列卤代烃反应活泼性次序的原因：

① RI > RBr > RCl

② $PhCH_2Cl > CH_3(CH_2)_2Cl > PhCl$

(3) 卤代烃与硝酸银乙醇溶液反应中，不同烃基的活性总是：3°>2°> 1°，为什么？实验中可否用硝酸银的水溶液代替硝酸银的乙醇溶液？为什么？

(4) 苄氯和氯苯中氯原子的活性大小如何，为什么？

(5) 如何鉴别下列化合物？

1) CH_3CH_2Br

2) $CH_2=CHBr$

实验六 醇和酚的性质

【目的要求】

(1) 熟练醇、酚的化学性质。

(2) 掌握醇、酚的鉴别方法。

【实验原理】

醇和酚的化学性质决定于羟基的性质，以及由羟基的影响而引起羟基性质的变化。在酚分子中羟基与苯环直接相连，彼此间影响较大，因此酚与醇之间还具有许多不同的特性。

1. 醇 醇与金属钠作用生成醇钠，并放出氢气，由于 R 基 +I 效应，反应不如水那样剧烈，而且随着 R 基的不同，反应速度有明显的差别，如伯、仲、叔醇三类醇与钠反应的活泼顺序为：伯醇>仲醇>叔醇。醇钠极易水解为原有醇和氢氧化钠，又如伯醇易被氧化为醛，仲醇易被氧化为酮，而叔醇一般条件下不易被氧化。醇分子中的羟基可以被卤素原子取代，生成卤代烃，其反应活泼顺序与醇钠的生成和氧化反应相反。在试验中常用卢卡斯试剂进行卤代反应来鉴别伯、仲、叔醇。多元醇由于相邻碳原子上羟基的相互影响，显示出比一元醇更大的酸性，如乙二醇、甘油可与氢氧化铜作用生成深蓝色的类似盐类的产物。

2. 酚 苯酚分子中其羟基直接与苯环相连接，羟基氧原子上未共用电子对与苯环形成 P-π 共轭体系，不仅使羟基中的氢氧之间的键极性增大，氢原子极易解离而具有弱酸性，而

且由于羟基的 +C 效应使羟基邻、对位上的氢原子更加活泼，比苯更容易发生亲电取代反应。另外酚类化合物具有烯醇结构，因而大多都能与三氯化铁发生颜色反应。

【实验仪器、试剂与试样】

仪器：试管、镊子、角匙、水浴锅。

试剂：NaOH(50g/L)、$NaHCO_3$(50g/L)、$CuSO_4$(20g/L)、$KMnO_4$(0.5g/L)、$FeCl_3$(10g/L)、H_2SO_4(3mol/L)、卢卡斯试剂、饱和溴水溶液、酚酞、金属钠。

试样：

A 组：无水乙醇

B 组：正丁醇、仲丁醇、叔丁醇

C 组：乙醇、甘油

D 组：固体苯酚

E 组：苯酚(10g/L)、乙醇(10g/L)

【实验步骤】

1. 醇钠的生成与水解 在干燥的试管中，加入 A 组试样 1mL，放入一小粒金属钠，观察现象；待钠完全消失，加入 2mL 水，并滴加 2 滴酚酞溶液，变红者为正反应。

2. 醇的氧化试验 在试管中加入 5 滴 $KMnO_4$(0.5g/L)，2 滴 H_2SO_4(3mol/L)然后加入 B 组试样 3 滴，褪色者为正反应。

3. 酚的卢卡斯试验 在干燥的试管中加入 1mL 卢卡斯试剂，然后加入 B 组试样 5 滴，摇匀后，置于温水浴中。根据各试管中出现浑浊或分层的时间可鉴别出不同类型的醇(注意起初 5min 及半小时后混合液的变化情况)。

4. 邻二醇的酸性试验 在试管中加入 7 滴 $CuSO_4$(20g/L)10 滴 NaOH(50g/L)，配置成新鲜的 $Cu(OH)_2$，淡蓝色沉淀，然后加入 C 组试样 3 滴，振荡均匀。沉淀消失成深蓝色溶液为正反应。

5. 苯酚的酸性试验 取 D 组试样(约 50g)放入一试管中，再加入 3mL 水，震荡使成乳浊液，将此乳浊液均分于两支试管中，在另一个试管中滴加 NaOH(50g/L)至澄清，然后再逐滴加入 H_2SO_4(3mol/L)酸化，溶液又呈混浊状者为正反应，在第二只试管中加入 $NaHCO_3$(50g/L)乳浊液未变化者为正反应。

6. 苯酚的溴代反应试验 取 E 组试样 4 滴，振摇下逐滴加入溴水溶液 6 滴，溴溶液褪色，出现白色沉淀者为正反应。

7. 苯酚的三氯化铁试验 取 E 组试验 10 滴，加入 $FeCl_3$(10g/L)2 滴，摇匀，出现紫红色为正反应。

【注意事项】

(1)若反应停止后，仍有残余的钠存在应再加入少量无水乙醇，使之作用完全，方可加水，否则钠与水反应剧烈，不仅影响实验效果，而且也不安全。

(2)卢卡斯试剂的配置，将 34g 新脱水的无水氯化锌溶解于 23mL 的浓盐酸中，冷却后，密贮于玻璃瓶中。

(3)苯酚对皮肤有很强的腐蚀性，使用时勿与皮肤接触，若不慎碰到皮肤可先用水冲洗,再用乙醇擦洗。

【思考题】

(1)在醇钠的生成与水解试验中,为什么要用无水乙醇?

(2)在苯酚的酸性试验中,说明苯酚的酸性程度如何?

实验七 醛和酮的性质

【实验目的】

(1)熟悉醛、酮的性质。

(2)掌握醛、酮的鉴别方法。

【实验原理】

醛和酮都有羰基,因而具有很多相似的化学性质,如与羰基试剂(苯肼、羟胺)的加成缩合作用,与 HCN、$NaHSO_3$的加成作用等。但由于醛分子中羰基分别与烃基和氢相连,而酮分子中的羰基与两个烃基相接,因而化学性质也不尽相同,例如,醛类易被弱氧化剂(如托伦试剂,斐林试剂)氧化,易与希夫试剂产生颜色反应;丙酮能与亚硝酰铁氰化钠反应呈现红色,据此可鉴别醛和酮。

醛和酮分子中的α-碳上的氢,由于受羰基的影响比较活泼,易被卤代。当乙醛和甲基酮(CH_3CO-R)与次碘酸钠(NaOI)作用时,甲基上的氢原子被碘代,并分解产生碘仿。由于含有 $CH_3CH(OH)-R$ 结构的醇,被次碘酸钠氧化生成乙醛或甲基酮,故也能发生碘仿反应。

【实验仪器、试剂与试样】

仪器:试管、烧杯(500mL)、水浴锅。

试剂:饱和 $NaHSO_3$溶液、NaOH(50g/L)、碘溶液、$AgNO_3$(10g/L)、$NH_3 \cdot H_2O$(20g/L)、H_2SO_4(3mol/L)、斐林试剂Ⅰ、Ⅱ、亚硝酰铁氧化钠(50g/L)、2,4-二硝基苯肼溶液、稀硝酸溶液希夫试剂。

试样:

A 组:乙醛、苯乙酮、丙酮、苯甲醛。

B 组:甲醛、乙醛、丙酮。

【实验步骤】

1. 饱和 $NaHSO_3$试验 在干燥的试管中加入 1mL 饱和 $NaHSO_3$溶液,然后滴加 A 组试样 10 滴,摇匀后,将试管置于冰水中冷却,有无色结晶析出者为正反应。

2. 2,4-硝基苯肼试验 在试管中加入 1mL 2,4-二硝基苯肼试剂,然后加入 A 组试样 2 滴,摇匀后,静置,有黄色沉淀者为正反应。

3. 斐林试剂试验 在试管中加入斐林试剂Ⅰ、Ⅱ各 1mL,摇匀后,加入 A 组试样 4 滴,摇匀,放入水浴中加热,有红色沉淀生成者为正反应。

4. 托伦试剂试验 在洁净的试管中,加入 1mL $AgNO_3$(10g/L),在振荡下逐滴加入 NH_3

· H_2O (20g/L)至产生的沉淀刚好溶解为止,即为托伦试剂,向制得的托伦溶液中加入B组试样2~3滴,摇匀后,将试管置于温水浴中,管壁有银镜生成者为正反应。

5. 希夫试剂试验 在试管中加入1mL水,再加入B组试样1滴,然后再加入希夫试剂1滴,摇匀,放置片刻。呈现紫红者为正反应。然后再加入1mL H_2SO_4(3mol/L),摇匀,根据其紫红色是否褪去可鉴别出甲醛和其他醛。

6. 碘仿试验 在试管中加入B组试样10滴和碘溶液10滴,摇匀后,滴加NaOH(50g/L)至碘的颜色消失为止,有淡黄色沉淀生成,能嗅到有碘仿的特殊气味者为正反应(若出现白色乳液,可把试管放入50~60℃的水浴中数分钟,再观察结果)。

7. 亚硝酰铁氰化钠试验 在试管中加入B组试剂1mL,然后加入2滴NaOH(50g/L)和2滴亚硝酰铁氰化钠溶液,摇匀,有鲜红色出现为正反应。

【注意事项】

(1)若不析出沉淀,可静止15min或微热1min,即可析出黄色或橙色沉淀。

(2)菲林试剂Ⅰ:将34.6g $CuSO_4 \cdot 5H_2O$ 溶于500mL水中;菲林试剂Ⅱ:将173g酒石酸钾钠、70g NaOH溶于500mL水中。

(3)试管必须十分洁净,否则,不能生成银镜,仅出现黑色絮状沉淀。托伦试剂需临时配制,不能储存,因放置过久或生成一种爆炸性的 Ag_3N 沉淀,另外反应不能用直火加热,否则会生成就具有爆炸性的雷酸根 Ag—ON ═C,故用水浴温热。试验完毕,试管用稀硝酸洗涤。

(4)希夫试剂:溶解0.2g盐酸盐于100mL热水中,冷却后,加入2g亚硫酸氢钠和2mL浓盐酸,最后,用水稀释至200mL,静置,待红色褪去即可使用。

(5)反应时不能加热,溶液中不能含有碱性物质和氧化剂,因它们都能与亚硫酸作用,使试剂变回原来品红的粉红色干扰鉴别。

【思考题】

(1)在饱和 $NaHSO_3$ 实验中,如果换成稀 $NaHSO_3$ 溶液,结果如何?

(2)在托伦试剂试验中,为什么要强调用洁净的试管?

实验八 胺类化合物的性质

【实验目的】

(1)加深对胺类化合物的理解。

(2)掌握胺类化合物的鉴别方法。

【实验原理】

胺类化合物具有碱性,能与酸生成盐,能与酸生成盐。伯胺和仲胺与酰化剂(酰卤、酸酐)作用形成酰胺,叔胺氮原子上无氢原子,不起酰化反应,酰胺是具有一定熔点的晶体,所以常用酰化反应来对胺类化合物进行鉴别。伯、仲、叔胺与亚硝酸作用生成不同的产物,仲胺生成黄色油状或固体的*N*-亚硝酸基胺,叔胺生成亚硝酸盐或其他复杂产物,伯胺生成重氮盐。脂肪伯胺生成重氮盐容易分解，芳香伯胺生成的重氮盐在低温时较稳定，能进一步发生偶联反应。胺类易被氧化，在不同的条件下，生成有颜色的复杂化合物，芳香胺易发生取代反应，如苯胺和溴水作用可生成 2,4,6-三溴苯胺的白色沉淀。

尿素是一种特殊的酰胺，有两个氨基连在同一个羰基上（图 4-6）具有弱碱性，固体尿素加热至熔点以上（150℃左右），两分子尿素失去一分子氨生成缩二脲，缩二脲或分子中含有两个以上酰胺键（—CO—NH—）的化合物（如多肽、蛋白质等）在碱性溶液中，均可与稀 $CuSO_4$ 生成紫色的络合物，此反应叫做缩二脲反应。

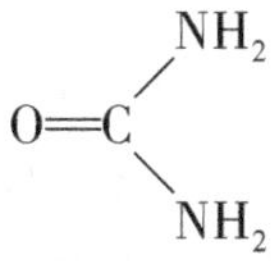

图 4-6　尿素分子

【实验仪器、试剂与试样】

仪器：温度计（100℃）、水浴锅。

试剂：NaOH（100g/L）、$NaNO_2$（100g/L）、$CuSO_4$（10g/L）、饱和溴水、浓盐酸、红色石蕊试纸、β-萘酚碱液、乙酸酐。

试样：

A 组：苯胺、苄胺、二乙胺。

B 组：苯胺、*N*-甲基苯胺、*N*,*N*-二甲基苯胺。

C 组：尿素、草酸。

【实验步骤】

1. 胺的碱性　取 A 组试样 10 滴，加入蒸馏水 2~3mL 充分振摇，观察溶解情况，并润湿红色石蕊试纸检测是否为碱性，最后滴加浓盐酸至显酸性，有何现象？

2. 胺的酰化反应　取 B 组试样 3 滴，加入 3 滴乙酸酐，充分振摇后加热 2min，放冷，再加 10 滴蒸馏水和 10 滴 NaOH（100g/L），至呈碱性，观察现象。

3. 胺与亚硝酸反应及偶联反应　取 B 组试样 4 滴，加入 2~3 滴浓盐酸，于冰水中冷却至 0~5℃，在冰浴条件下滴加 4~6 滴 $NaNO_2$（100g/L）静置数分钟后再加入 1mL 蒸馏水，观察溶解与否及颜色变化。

再将冷却过的 β-萘酚钠盐溶液逐滴加入上述溶液中，有橙红色出现者为正反应。

4. 胺的溴代　取 B 组试样 1 滴，加入蒸馏水 5 滴混合后，逐滴加入 2~3 滴饱和溴水，有白色浑浊者为正反应。

5. 缩二脲反应　在干燥小试管中投入 0.5g（约一小匙）C 组试样，小心加热至熔化，随后则有气体放出（可贴润湿红色石蕊试纸于试管口试之）。继续加热至试管内物质凝固，将试管放冷后注入 1~2mL 蒸馏水，充分振荡（尽可能使固体溶解）然后将上层溶液倾入另一个试管，加 2~4 滴 NaOH（100g/L）和 1~2 滴 $CuSO_4$（10g/L），有蓝紫色出现为正反应。

【思考题】

（1）用何种方法区别伯、仲、叔胺？又如何区分芳香胺和脂肪胺？

（2）指出重氮化反应的注意点。

实验九 羧酸及其衍生物的性质

【实验目的】

熟悉羧酸及其衍生物主要化学性质。

【实验原理】

含有羧基（—CO_2H）的化合物称羧酸，羧酸可视为烃分子的一个或几个氢原子被羧基取代后的产物。根据烃基的种类又分饱和羧酸、不饱和羧酸、芳香羧酸三类。又可根据羧基的数目，分为一元羧酸、二元羧酸和多元羧酸等。羧酸中的羰基具有羧基和羟基，由于两者相互作用的结果，因此具有一些特殊的性质。羧酸通常为弱酸，具有酸的通性，一些具有特殊结构的羧酸还具有它们的特殊性质。羧酸的性质不仅取决于羧基，还与烃基、其他官能团、数目、相对位置和空间排列等有关。羧基中的羟基被其他原子或基团取代后生成羧酸衍生物。羧酸衍生物一般是指酰卤、酸酐、酯和酰胺等。羧酸衍生物的主要反应是亲核取代反应。酰卤、酸酐、酯和酰胺在一定条件下可以发生水解、醇解和氨解反应。油脂是高级脂肪酸的甘油酯，油脂在碱性条件下水解，可制得肥皂。

【实验试剂】

试剂：饱和溴水、金属钠、饱和乙酸铜溶液、刚果红试纸、饱和碳酸氢钠溶液、石灰水、10%氢氧化钠、10%盐酸、浓硫酸、20%氢氧化钠、1∶1 氨水、10%氯化钙、6mol/L 硫酸、1%高锰酸钾、5%硝酸银溶液、饱和氯化钠溶液、10%硫酸、饱和碳酸钠溶液、苯胺、乙酰乙酸乙酯和草酸铵晶体、氯化钠晶体、饱和亚硫酸钠、5%三氯化铁溶液、红色石蕊试纸、甲酸、冰醋酸、草酸晶体、苯甲酸晶体、无水乙醇、乙酰氯、乙酸酐、乙酰胺晶体。

【实验内容】

1. 羧酸的性质

（1）羧酸的酸性：羧酸在水中可解离出氢质子而显酸性，可用细玻璃棒蘸取少量的乙酸，用蓝石蕊试纸或广泛 pH 试纸，刚果红试纸（变色范围从 pH5 红色至 pH3 蓝色）检查其酸性。羧酸可与碱中和生成羧酸盐和水。可用苯甲酸与碱进行成盐反应。

1）刚果红试验：取 3 支试管，分别加入 2～3 滴甲酸、冰醋酸和 0.1g 草酸。各加入 2～3mL蒸馏水，振荡。分别用干净的玻璃棒蘸取少量溶液在刚果红试纸上划线，比较颜色深浅，在剩余的溶液中加入 1 滴甲基橙，观察有何变化，说明理由。

2）碳酸氢钠试验：取 1 支试管，加入 5mL 饱和碳酸氢钠溶液，然后加入甲酸 1mL，迅速装上带软木塞的导气管，把气体导入盛有 2mL 石灰水的试管中，观察有何现象，说明理由。

（2）成盐反应。

1）与氢氧化钠作用：取 1 支试管，加入 0.2g 苯甲酸晶体，再加入 1mL 水，观察溶解情况。逐滴加入 10%氢氧化钠数滴，振荡，有何变化？再加入 10%盐酸 0.5mL，观察有何变化，说明理由。

2）草酸钙的生成：取几粒草酸铵晶体于试管中，加入 0.5mL 左右的水，制成饱和溶液，并滴加 1 滴 10% 氢氧化钠，然后加入 10% 氯化钙溶液 1～2 滴，有何变化，说明理由。

（3）分解反应：取 3 支试管，分别加入甲酸 1mL、乙酸 1mL 和草酸 1g，装上带导气管的软木塞，导气管伸入装有 2mL 石灰水的试管里，使导气管插入石灰水中，加热样品，观察有何现象，并说明理由。

（4）氧化反应：高锰酸钾氧化：取 3 支试管，分别加入甲酸 1mL、乙酸 1mL 和草酸 0.2g，加水 1～2mL 制成溶液，加 6mol/L 的硫酸 0.5mL，再加入 1% 高锰酸钾溶液 5 滴，加热至微沸，观察溶液颜色有何变化，说明理由。

浓硫酸氧化：取 2 支试管，分别加入 1g 草酸、1mL 甲酸，各缓缓加入 1mL 浓硫酸，装上带有导气管的橡皮塞，加热，边加热边观察试管里的颜色变化，待产生大量气泡时，点燃导气管口的气体，观察有何现象。

银镜反应：取 2 支洁净试管，其中一支加入 20% 氢氧化钠 0.5mL，甲酸 5～6 滴。另一支试管中加入 1∶1 氨水 1mL，5% 硝酸银 5～6 滴。把两者混合均匀，如产生沉淀，再加几滴氨水，使其恰好溶解。静置于 80～90℃ 水浴中加热，观察有何现象。

（5）酯化反应

在 1 支干燥的小试管中加入 1mL 无水乙醇和 1mL 冰醋酸，再加入 0.2mL 浓硫酸，摇匀，在 60～70℃ 的水浴中加热 8～10min。然后将试管浸入冰水中冷却，加入 3mL 饱和氯化钠溶液。观察溶液分层情况，并嗅其气味。

2. 羧酸衍生物的性质

（1）水解反应：酯、酰卤、酸酐、酰胺均能发生水解反应，可根据其水解产物鉴别酯、酰卤、酸酐及酰胺。

在试管中加入 10 滴蒸馏水、5 滴乙酸乙酯，再加入 1 滴稀 H_2SO_4，振摇后，将试管浸入 60～70℃ 水浴中加热，不断振摇，至酯层消失（生成乙酸、乙醇）。检查是否有乙酸生成用下面方法。

取酯水解后的溶液，小心地用 5% NaOH 溶液中和至中性（注意 NaOH 不能过量，随时用 pH 试纸检查），然后向溶液中加入 2 滴 5% $FeCl_3$ 溶液，溶液呈棕红色，加热煮沸后生成棕红色的絮状沉淀。

FeCl3 与乙酸钠起复分解反应，生成乙酸铁，乙酸铁立刻部分水解成碱式六乙酸铁的络离子使溶液呈棕红色，煮沸时更进一步水解，铁完全变成不溶于水的碱式乙酸铁。

1）取 1 支试管，加入 2mL 蒸馏水，滴入 1～2 滴乙酰氯，振荡，观察有何现象。在所得的溶液中加入 1 滴 5% 硝酸银溶液，观察有何现象，说明了什么？

2）取 1 支试管，加入 2mL 蒸馏水，滴入乙酸酐 1～2 滴，观察有何现象，若乙酸酐不溶解，可稍微加热。

3）取 3 支试管，编号为 A、B、C，各加入乙酸乙酯 5 滴，A 试管中加蒸馏水 5mL，B 试管中加蒸馏水 4.5mL 和 10% 硫酸 0.5mL，C 试管中加水 4.5mL 和 20% 氢氧化钠 0.5mL。混匀，同时置于 70～80℃ 水浴里加热，观察 3 支试管中乙酸乙酯消失的快慢，并说明理由。

4）取 2 支试管，编号为 A、B，分别加入乙酰胺晶体 0.2g。A 试管中加入 20% 氢氧化钠 2mL，振荡后加热至沸腾，嗅其气味，在试管口放一张湿润的红色石蕊试纸，观察有何现象，说明了什么？B 试管中加入 10% 硫酸 2mL，振荡后加热至沸腾，嗅其气味。稍冷，加入 20% 氢氧化钠 2～3mL，再加热，嗅其气味，再用湿润的红色石蕊试纸在试管口检验,观察有何现象, 如何解释? 根据上述实验,试比较酰氯、酸酐、酯和酰胺的反应活性。

(2)醇解作用

1)取1支干燥的试管,加入1mL无水乙醇,置于冰水浴中冷却,慢慢加入乙酰氯1mL,并不断摇动。反应结束后,小心地用饱和碳酸钠溶液中和至无气泡生成,加入少量氯化钠晶体,使之饱和,观察有何现象, 气味如何?

2)取1支干燥的试管,加入无水乙醇和乙酸酐各1mL,加热2~3min,再用饱和碳酸钠溶液中和至无气泡生成,加入少量氯化钠晶体使之饱和,观察有何现象,气味如何?

(3)氨解作用:取2支试管,各加入新蒸馏的苯胺10滴,再分别加入乙酰氯、乙酸酐10滴,用力振荡,用手摸试管底部看有无放热,反应完毕,加水3mL,观察有何现象?

3. 乙酰乙酸乙酯的反应 乙酰乙酸乙酯是具有互变异构的化合物,为酮式和烯醇式的平衡混合物,呈酮式与烯醇式化学性质。

(1)与2,4-二硝基苯肼的反应:取1支干燥试管,加入0.5mL纯净的干燥的乙酰乙酸乙酯和0.5mL新制的2,4-二硝基苯肼,振荡后静置10~15min,观察有无结晶析出, 为什么?

(2)与三氯化铁反应:取1支试管,加入5滴乙酰乙酸乙酯和2~3滴1%三氯化铁溶液,振荡,观察溶液颜色有何变化,说明了什么?

(3)与饱和溴水反应:取1支试管,加入3滴饱和溴水,再加入0.5mL乙酰乙酸乙酯,观察溶液颜色有何变化,说明了什么?

(4)与金属钠的反应:取1支干燥的试管,加入0.5mL乙酰乙酸乙酯,切取一粒绿豆大小的金属钠,投入试管中,有何现象,用拇指堵住试管口一会儿,移近灯焰,观察现象,说明了什么?

(5)与饱和乙酸铜溶液的反应:取1支试管,加入0.5mL乙酸铜,再加入0.5mL乙酰乙酸乙酯,振荡后静置,观察有何现象, 再加入2mL氯仿,观察又有何现象。

以上试验表明乙酰乙酸乙酯具有何种结构?

【注意事项】

(1)刚果红的变色范围是pH=3~5,在弱酸性、中性、碱性溶液中呈红色,在强酸性溶液中变为蓝色。刚果红试液与弱酸作用呈棕黑色,与中强酸作用呈蓝黑色,与强酸作用呈蓝色。

(2)草酸钙易溶于无机酸中,但不溶于水和乙酸,加入氢氧化钠有利于结晶的析出。

(3)因甲酸酸性较强,会破坏银氨离子,试验不易成功,加入碱与甲酸中和,转化为甲酸根离子,可克服此缺点,但碱量不宜过多。

(4)目的是降低乙酸乙酯的溶解性,促进液体分层。

(5)酰氯的水解、醇解反应剧烈,滴加时要小心,以免液体从试管中溅出伤人。

(6)乙酰乙酸乙酯的烯醇式与三氯化铁作用生成紫红色或紫色的配合物。

(7)反应生成的烯醇式铜盐呈蓝绿色结晶,它可溶于氯仿中。

【思考题】

(1)酯、酰卤、酸酐、酰胺的水解产物是什么?

(2)浓硫酸在酯化反应中起什么作用?

(3)从结构上分析,甲酸、乙二酸应具有哪些特殊性质?

(4)在酯化反应中加入饱和碳酸钠和氯化钠的目的是什么?能否用氢氧化钠代替碳酸钠?为什么?

(5)丙酮的互变异构体中烯醇式仅占 $2.4\times10^{-4}\%$,而乙酰乙酸乙酯中烯醇式却占 7.5%,试从结构上加以分析,为什么会有这种差异?

实验十　糖类化合物的性质

【实验目的】

(1)了解常见单糖、双糖和多糖的性质。

(2)掌握主要糖类的鉴别方法。

【实验原理】

凡具有游离半缩醛羟基的糖在溶液中具有链状和环状结构的相互转化。在稀碱中能发生异构重排;能被托伦试剂、斐林试剂、班乃迪试剂等碱性弱氧化剂所氧化;能发生成脎、成苷等反应,这类糖称为还原性糖。

还原性糖与班乃迪试剂反应,将其还原为砖红色 Cu_2O 沉淀,临床上班乃迪试验用来作血糖和尿糖的定性和定量检查。

还原性糖与盐酸苯肼反应,生成难溶于水的黄色糖脎结晶,不同的糖脎均有其确定的晶形。可以用显微镜观察来鉴别不同的还原糖。但仅 C_1 和 C_2 结构不同的糖的异构体,会生成相同的脎,故不能用于鉴别。

糖类在浓盐酸或浓硫酸作用下,能与酚类化合物发生显色反应,其中莫利许(Molish)试剂(α-萘酚的乙醇溶液)与糖产生紫色,可用此法检出糖类;谢利瓦诺夫(Seliwanoff)试剂(间苯二酚的盐酸溶液)与糖产生红色,由于与酮糖反应出现红色较醛糖快得多,故可用于鉴别酮糖和醛糖。

蔗糖因无游离的半缩醛羟基,是非还原性糖。但在酸或酶的作用下,可以水解生成具有还原性的单糖。

淀粉是多糖,属非还原性糖,也可经酶或酸水解生成还原性糖。在用酸水解时,淀粉逐步水解经一系列中间产物——糊精,随后生成麦芽糖,最终为葡萄糖。淀粉与碘液显蓝色。水解中间产物,各种糊精与碘液呈不同颜色,可以通过由蓝→紫→红→无色的颜色变化了解淀粉水解进程。

【实验仪器、试剂与试样】

仪器:大小试管、烧杯(500mL)、酒精灯、白瓷点滴板、显微镜。

试剂:浓硫酸、硫酸(3mol/L)、NaOH(100g/L)、碘溶液、班乃迪试剂 、盐酸苯肼—乙酸钠溶液、莫利许试剂、谢利瓦诺夫试剂、红色石蕊试纸。

试样:A 组:葡萄糖、果糖、麦芽糖、蔗糖、淀粉均配成 20g/L 的溶液。

B 组:A 组 5 种固体试样和乳糖、非糖固体试样分别按 B1,B2,……B7 编号。

【实验步骤】

1. 糖与班乃迪试剂反应 取 6 支大试管,各加入 1mL 班乃迪试剂,再分别加入 2 滴 A 组试样和蒸馏水(对照管),在沸水中加热 2~3min,移出试管,观察并记录结果。

2. 糖脎的生成 取大试管 2 支,分别加入 1mL 葡萄糖、果糖溶液,再加入 1mL 新配制的盐酸苯肼-乙酸钠溶液,摇匀后置沸水中 30min,取出试管,自行冷却(为什么?),此时有黄色结晶生成,取少许结晶在显微镜下观察其晶形。

3. 糖的颜色反应

(1)莫利许实验:取大试管 6 支,分别加入 1mL 葡萄糖、果糖、蔗糖、淀粉溶液和蒸馏水(对照管)。再各加入 2 滴新配制的莫利许试剂,摇匀。将每支试管倾斜,沿管壁徐徐注入 1mL 浓硫酸,使酸进入管低,观察两层液体交界处的颜色。

(2)谢利瓦诺夫实验:取大试管 4 支,各加入 1mL 谢利瓦诺夫试剂,然后再分别加入 5 滴葡萄糖、果糖、蔗糖溶液及蒸馏水,摇匀,在沸水中加热 2min。比较各管红色出现的次序。

4. 蔗糖的水解 取大试管 2 支,各加入 1mL 蔗糖溶液,并往其中一支试管内加入 2 滴 H_2SO_4(3mol/L),将 2 支试管均置沸水中加热 10imn。冷却后加入 NaOH(100g/L)至溶液呈碱性(红色石蕊试纸变蓝),再各加入 10 滴班乃迪试剂,置沸水中再加热 3min,取出后,观察结果。

5. 淀粉的性质

(1)与碘液作用:取 1 支大试管,加 1 滴淀粉溶液,用蒸馏水稀释 10 倍,加 1 滴碘液,显何色?再在酒精灯上加热,待颜色褪去后,冷却,显何色?

(2)水解反应:取大试管 1 支,加入 2mL 淀粉溶液,再加 3 滴浓 H_2SO_4,置沸水中加热。每隔 2min,用吸管取 1 滴反应液于白瓷板上,加 1 滴碘液,观察颜色变化,当反应液不与碘显色时,取出冷却,用 NaOH(100g/L)中和至红色石蕊试纸变蓝。加入 10 滴班乃迪试剂,摇匀,置沸水中加热 3min,观察结果。

6. 未知物鉴定 用 B 组试样设计一鉴别方案,并用化学试剂鉴别之。

【思考题】

(1)葡萄糖与果糖是否可以用生成糖脎的反应鉴别?为什么?

(2)蔗糖和淀粉与班乃迪试剂均无作用,此实验对了解二者结构有何提示?

实验十一 环己烯的制备

【实验目的】

(1)学习在酸催化下醇脱水制取烯烃的原理和方法。

(2)了解简单蒸馏、分馏原理,初步掌握简单蒸馏和分馏的装置及操作。

(3)基本掌握使用分液漏斗洗涤液体的基本操作及用干燥剂干燥液体的方法。

(4)学习电加热套的加热操作。

【实验原理】

烯烃是重要的化工原料,工业上主要通过石油裂解的方法制备烯烃,有时也利用醇在高温下脱水制取。实验室中主要使用浓硫酸等作为催化剂使醇脱水,或卤代烃在强碱存在下发生消除反应来制备烯烃。本实验采用浓硫酸作为催化剂使环己醇脱水来制备环己烯,反应式如下:

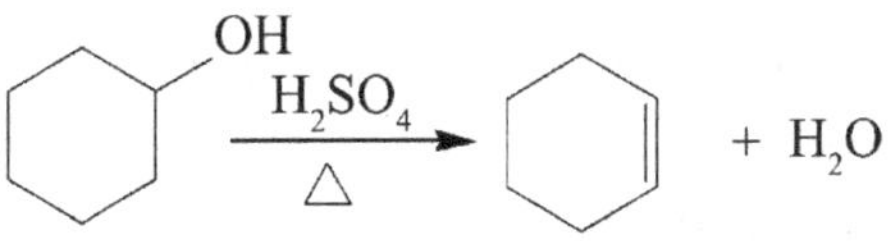

【实验仪器及试剂】

仪器:圆底烧瓶(50mL 1 个)、维氏(Vigreux)分馏柱(1 支)、直形冷凝管(1 支)、蒸馏头(1 个)、温度计套管(1 个)、接引管(1 个)、锥形瓶(25mL 2 个)、量筒(25mL 1 个)、水银温度计(150℃ 1 支)。

试剂:环己醇 9. 6g 10mL(0. 096mol)、浓硫酸 1mL、饱和食盐水、无水氯化钙。

【物理常数】

见表 4-1。

表 4-1 环己醇、环己烯物理常数

化合物名称	分子量	性状	比重	熔点(℃)	沸点(℃)	折光率	溶解度		
							水	乙醇	乙醚
环己醇	100. 16	晶体或体	0. 9624	25. 2	161. 0	1. 461	略溶	溶	溶
环己烯	82. 14	液 体	0. 8100	-103. 7	83. 3	1. 445	难溶	易溶	易溶

【实验步骤 】

在 50mL 干燥的圆底烧瓶中,放入 15g 环己醇(15. 6mL,0. 15mol)、1mL 浓硫酸和几粒沸石,充分振摇使混合均匀。烧瓶上装一短的分馏柱作分馏装置,接上冷凝管,用锥形瓶作接收器,外用冰水冷却。

用小火慢慢将反应混合物加热至沸腾,控制加热速度使分馏柱上端的温度不要超过90℃,馏出液为环己烯和水的混合物。如无液体蒸出时,可将火加大。当烧瓶中只剩下很少量的残渣并出现阵阵白雾时,即可停止蒸馏。全部蒸馏时间约需 1h。将馏出液用精盐饱和,然后加入 3~4mL 5%碳酸钠溶液中和微量的酸。将此液体倒入小分液漏斗中,振摇后静置分层。将下层水溶液自漏斗下端活塞放出、上层的粗产物自漏斗的上口倒入干燥的锥形瓶中,加入 1~2g 无水氯化钙干燥。将干燥后的液体滤入干燥的蒸馏瓶中,加入沸石后用水浴加热蒸馏,收集 80~85℃的馏分于一已称重的干燥锥形瓶中,产率 6~8g。

纯环己烯为无色透明液体,沸点 83℃,d_4^{20}0. 8102,折光率 n_D^{20}1. 4465。

【注意事项】

(1)环己醇在室温下为黏稠的液体(熔点为 25. 2℃),量筒内的环己醇难以倒净,会影响产率。若采用称量法则可避免损失。

(2)浓硫酸有一定的氧化性,因此,浓硫酸和环己醇必须混合均匀后才能加热,否则反应物会被氧化，在加热过程中可能会局部炭化。

(3)小火加热至沸腾，调节加热速度，以保证反应速度大于蒸出速度，使分馏得以连续进行，控制柱顶温度不超过85℃，防止未反应的环己醇蒸出，降低反应产率。反应时间约40min。

(4)用饱和NaCl水溶液洗涤的目的是洗去有机层中水溶性杂质，减少有机物在水中的溶解度。

(5)洗涤操作(分液漏斗的使用)。

1)洗涤前首先检查分液漏斗旋塞的严密性；

2)洗涤时要做到充分轻振荡，切忌用力过猛，振荡时间过长，否则将形成乳浊液，难以分层，给分离带来困难。一旦形成乳浊液，可加入少量食盐等电解质或水，使之分层。

3)振荡后，注意及时打开旋塞，放出气体，以使内外压力平衡。放气时要使分液漏斗的尾管朝上，切忌尾管朝人。

(6)干燥剂的用量应适量，过少，水没去除尽，蒸馏中前馏分较多，过多，干燥剂会吸附产品，降低产率。

(7)粗产物要充分干燥后方可进行蒸馏。蒸馏所用仪器(包括接收器)要全部干燥。

(8)反应终点的判断

1)圆底烧瓶中出现白雾；

2)柱顶温度下降后又回升至85℃以上；

3)接收器(量筒)中馏出物(环己烯-水的共沸物，表4-2)的量达到理论计算值。

表4-2 环己醇和水、环己烯和水皆形成二元共沸物表

	沸点(℃)		共沸物的组成/%
	组分	共沸物	
环己醇	161.5	98.7	~20.0
水	100.0		~80.0
环己烯	83.0	70.8	90.0
水	100.0		10.0

(9)粗产物要充分干燥后方可进行蒸馏。蒸馏所用仪器(包括接收器)要全部干燥。

(10)最好用简易空气浴，使蒸馏时受热均匀。由于反应中环己烯与水形成共沸物(沸点70.8℃，含水10%)；环己醇与环己烯形成共沸物(沸点64.9℃，含环己醇30.5%)；环己醇与水形成共沸物(沸点97.8℃，含水80%)。因此在加热时温度不可过高，蒸馏速度不宜太快。以减少未作用的环己醇蒸出。

(11)水层应尽可能分离完全，否则将增加无水氯化钙的用量，使产物更多地被干燥剂吸附而招致损失，这里用无水氯化钙干燥较适合，因它还可除去少量环己醇。

(12)水层应尽可能分离完全，否则将增加无水氯化钙的用量，使产物更多地被干燥剂吸附而招致损失，这里用无水氯化钙干燥较适合，因它还可除去少量环己醇。

【思考题】

(1)在粗制的环己烯中，加入精盐使水层饱和的目的何在？

（2）在蒸馏终止前，出现的阵阵白雾是什么？

（3）下列醇用浓硫酸进行脱水反应的主要产物是什么？

①3-甲基-1-丁醇；②3-甲基-2-丁醇；③3，3-二甲基-2-丁醇。

（4）进行分馏操作时应注意什么？

（5）在环己烯制备实验中，为什么要控制分馏柱顶温度不超过73℃？

（6）环己烯的制备过程中，如果实验产率太低，试分析主要在哪些操作步骤中造成损失？

实验十二　乙酸乙酯的制备

【实验目的】

（1）了解酯化反应的原理及从有机酸合成酯的方法。

（2）掌握回流、蒸馏、干燥、分液漏斗的使用等操作。

【实验原理】

羧酸与醇在酸催化下加热生成酯的反应，称为酯化反应。主反应：

$$CH_3COOH+CH_3CH_2OH \xrightleftharpoons{H_2SO_4} CH_3COOCH_2CH_3+H_2O$$

副反应：

$$C_2H_5OH \xrightleftharpoons[H_2SO_4]{140℃} C_2H_5OC_2H_5+H_2O$$

$$C_2H_5OH \xrightarrow{H_2SO_4} \begin{cases} \xrightarrow{170℃} CH_2=CH_2+H_2O \\ \xrightarrow{[O]} CH_3CHO+SO_2\uparrow+H_2O \end{cases}$$

$$CH_3CHO \xrightarrow{H_2SO_4} CH_3COOH+SO_2\uparrow+H_2O$$

$$SO_2+H_2O \longrightarrow H_2SO_3$$

$$EtOH + EtOH \rightarrow EtOEt + H_2O$$

为了提高酯的产量，本实验采取加入过量乙醇及不断把反应中生成的酯和水蒸出的方法。在工业生产中，一般采用加入过量的乙酸，以便使乙醇转化完全，避免由于乙醇和水及乙酸乙酯形成二元或三元共沸物给分离带来困难。

【实验仪器与试剂】

仪器：电热套、分水器、球形冷凝管、直形冷凝管、蒸馏头、50mL单口圆底烧瓶、分液漏斗锥形瓶、接受弯头。

试剂：乙醇11.5mL（9.3g，0.125mol）、冰醋酸7.2mL（7.5g，0.125mol）、浓硫酸3~4滴、10%碳酸钠水溶液10mL、无水硫酸镁2~3g（用于干燥乙酸乙酯）。

【反应装置】

见图4-6和图4-7。

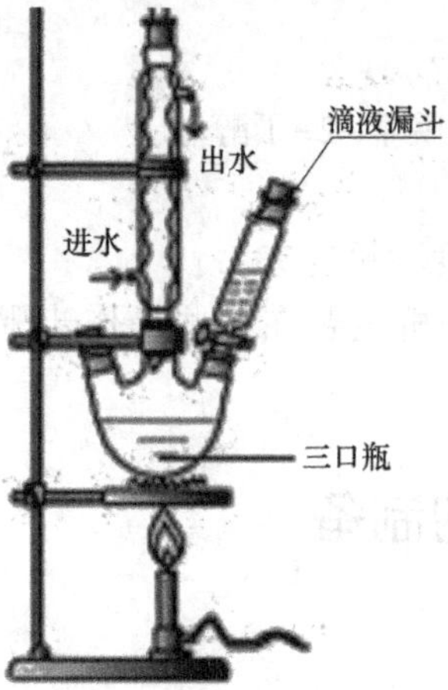

图 4-6　反应装置图

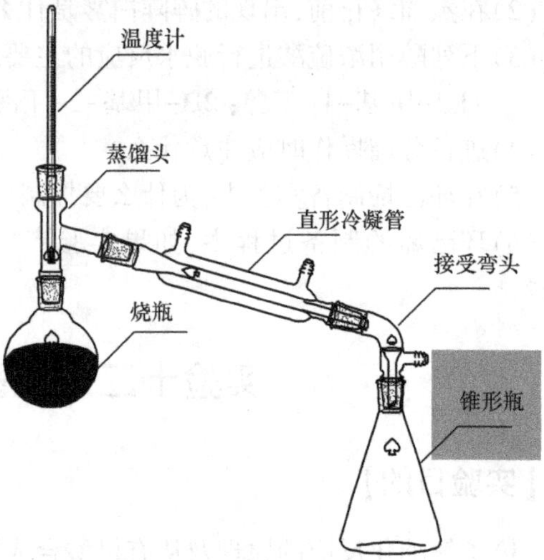

图 4-7　蒸馏装置图

【实验步骤】

在干燥的 50mL 单口烧瓶中加入 11.5mL 乙醇、7.2mL 冰醋酸、3~4 滴浓硫酸和几粒沸石，摇动烧瓶使之混合均匀。装上分水器（分水器中加入水至支管下沿约 1cm 处）、球形冷凝管。用加热套加热回流 40min，注意观察分水器支管液面高度，始终控制在距支管下沿 0.5~1.0cm。计量分出水的体积，当分出水的体积接近理论值（此时已无水生成），停止加热回流，撤掉加热套。

将分水器中液体转移到反应用烧瓶中，摇动烧瓶使之混合均匀（此步操作既是将分水器中产品回收，又是用水洗涤反应混合物），然后将烧瓶中液体转移到分液漏斗中，静置分层，自分液漏斗下口放出水。再向分液漏斗中加入 10mL 10% 碳酸钠水溶液，洗涤有机相，放出水相，有机相再用 10mL 水洗一次。

将有机相自分液漏斗上口转移至干燥的锥形瓶中，用无水硫酸镁干燥之（可以小心加热加快干燥速度）。

在 50mL 烧瓶中进行蒸馏，收集 124~126℃ 馏分，产量 10~11g。

【注意事项】

（1）酯化反应所用仪器必须无水，包括量取乙醇和冰醋酸的量筒也要干燥。

（2）加热之前一定将反应混合物混合均匀，否则容易炭化。

（3）注意分水器的正确使用，控制水柱高度要合理，水柱太低产率低，太高起不到分水作用。

（4）用 10% 碳酸钠水溶液洗涤有机相时有二氧化碳产生，注意及时给分液漏斗放气，以免气体冲开分液漏斗的塞子而损失产品。

（5）正确进行蒸馏操作，温度计的位置影响流出温度，温度计水银球的上沿与蒸馏头下沿水平。

（6）有机相干燥要彻底，不要把干燥剂转移到蒸馏烧瓶中。

（7）反应和蒸馏时不要忘记加沸石。

(8)在馏出液中除了酯和水外,还含有少量未反应的乙醇和乙酸,也含有副产物乙醚。故必须用碱除去其中的酸,并用饱和氯化钙除去未反应的醇。否则会影响到酯的得率。

(9)当有机层用碳酸钠洗过后,若紧接着就用氯化钙溶液洗涤,有可能产生絮状碳酸钙沉淀,使进一步分离变成困难,故在两步操作间必须用水洗一下。由于乙酸乙酯在水中有一定的溶解度,为了尽可能减少由此而造成的损失,所以实际上用饱和食盐水来进行水洗。

(10)乙酸乙酯与水或乙醇可分别生成共沸混合物。因此,有机层中的乙醇不除净或干燥不够时,由于形成低沸点共沸混合物,从而影响酯的产率。

乙酸乙酯与水或醇形成二元和三元共沸物的组成及沸点如表 4-3。

表 4-3　乙酸乙酯与水或醇形成二元和三元共沸混合物

共沸混合物沸点/℃	组成/ %		
	乙酸乙酯	乙醇	水
70.2	82.6	8.4	9.0
70.4	91.9	8.1	70.4
71.8	69.0	31.0	71.8

【思考题】

(1)酯化反应有什么特点?本实验中如何创造条件促使酯化反应尽量向生成物方向进行?

(2)本实验若采用乙酸过量的做法是否合适?为什么?

(3)蒸出的粗乙酸乙酯中主要有哪些杂质?如何除去?

(4)本实验可能有哪些副反应?

(5)为何要先经无水硫酸镁干燥后,才能进行乙酸乙酯的蒸馏?

实验十三　乙酰水杨酸的制备

【实验目的】

(1)了解乙酰水杨酸制备的反应原理和实验方法。

(2)通过乙酰水杨酸制备实验,初步熟悉有机化合物的分离、提纯等方法。

(3)巩固称量、溶解、加热、结晶、洗涤、重结晶等基本操作。

【实验原理】

乙酰水杨酸即阿司匹林,水杨酸分子中含羟基(—OH)、羧基(—COOH),具有双官能团。它既是酚又是羧酸,因此它能进行两种不同的酯化反应,它既可与醇反应;也可与羧酸反应,在乙酸酐存在下,形成乙酰水杨酸(阿司匹林),而在过量甲醇存在下,产品则是水杨酸甲酯(冬青油)。本实验将用水杨酸与乙酸酐反应制备乙酰水杨酸。

主反应:

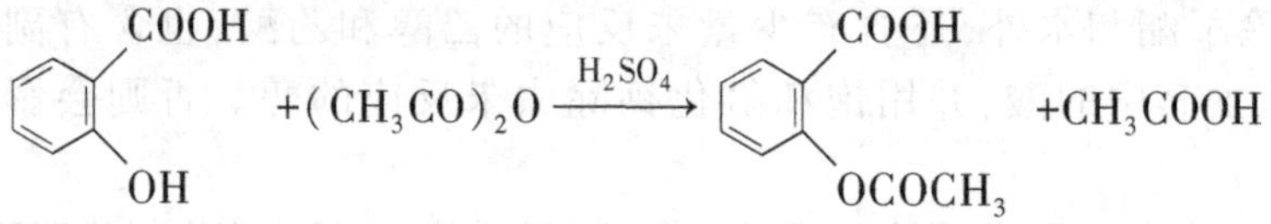

副反应：

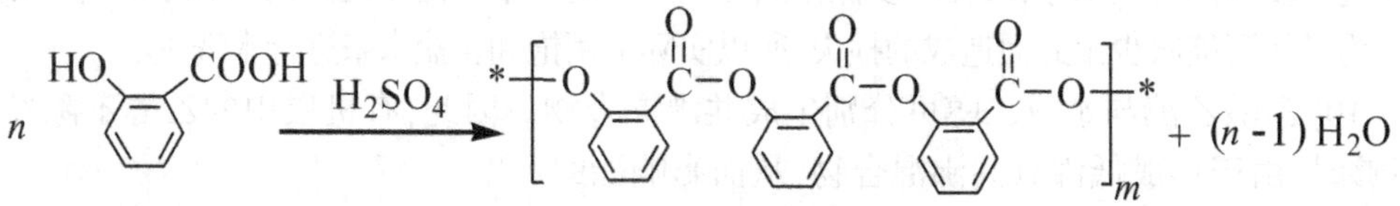

在生成乙酰水杨酸的同时，水杨酸分子之间也可以发生缩合反应，生成少量的聚合物。乙酰水杨酸能与碳酸钠反应生成水溶性盐，而副产物聚合物不溶于碳酸钠溶液，利用这种性质上的差异，可把聚合物从乙酰水杨酸中除去。

粗产品中还有杂质水杨酸，这是由于乙酰化反应不完全或由于在分离步骤中发生水解造成的。它可以在各步纯化过程和产物的重结晶过程中被除去。与大多数酚类化合物一样，水杨酸可与三氯化铁形成深色络合物，而乙酰水杨酸因酚羟基已被酰化，不与三氯化铁显色，因此，产品中残余的水杨酸很容易被检验出来。

【实验仪器与试剂】

仪器：150mL 锥形瓶，5mL 吸量管（干燥，附洗耳球），100mL、250mL、500mL 烧杯各一只，加热器，橡胶塞，温度计，玻棒，布氏漏斗，表面皿，药匙，50mL 量筒，烘箱。

试剂：水杨酸 2g（0.015mol）、乙酸酐 5mL（0.053mol）、饱和 $NaHCO_3$、4mol/L 盐酸、浓硫酸、冰块、95% 乙醇、蒸馏水、1% $FeCl_3$。

【实验装置和流程】

1. 实验装置 见图 4-8～图 4-10。

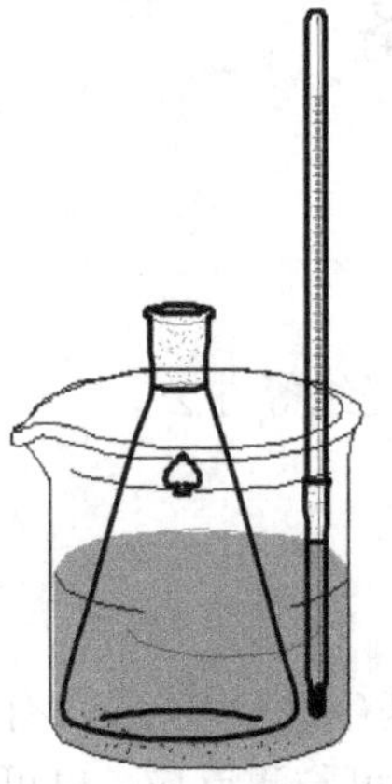

图 4-8 反应装置

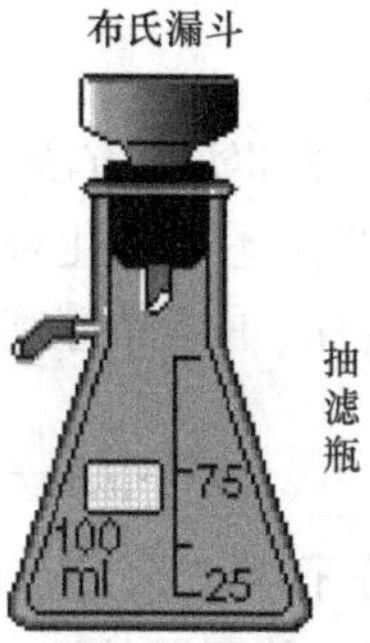

图 4-9 抽滤装置

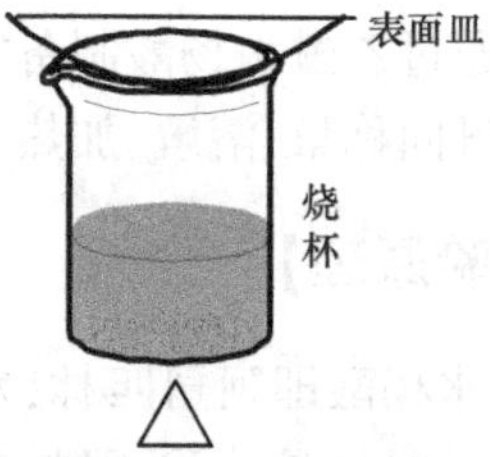

图 4-10 干燥装置

2. 流程　实验流程图见图 4-11。

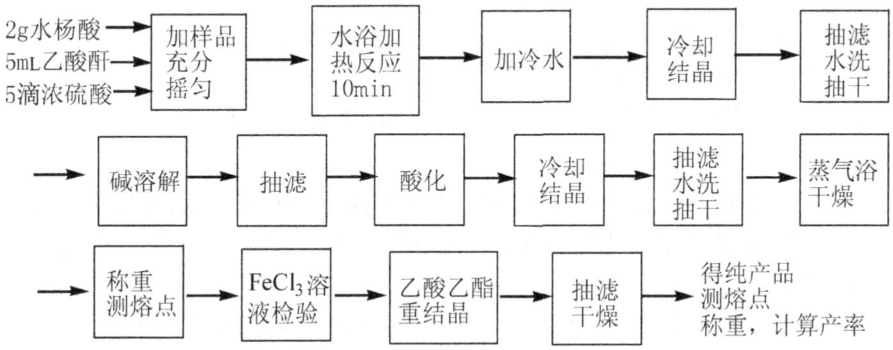

图 4-11　乙酰水杨酸制备流程图

【实验步骤】

在 125mL 的锥形瓶中加入 2g 水杨酸、5mL 乙酸酐、5 滴浓硫酸，小心旋转锥形瓶使水杨酸全部溶解后，在水浴中加热 5～10min，控制水浴温度在 85～90℃。取出锥形瓶，边摇边滴加 1mL 冷水，然后快速加入 50mL 冷水，立即进入冰浴冷却。若无晶体或出现油状物，可用玻棒摩擦内壁（注意必须在冰水浴中进行）。待晶体完全析出后用布氏漏斗抽滤，用少量冰水分二次洗涤锥形瓶后，再洗涤晶体，抽干。

将粗产品转移到 150mL 烧杯中，在搅拌下慢慢加入 25mL 饱和碳酸钠溶液，加完后继续搅拌几分钟，直到无二氧化碳气体产生为止。抽滤，副产物聚合物被滤出，用 5～10mL 水冲洗漏斗，合并滤液，倒入预先盛有 4～5mL 浓盐酸和 10mL 水配成溶液的烧杯中，搅拌均匀，即有乙酰水杨酸沉淀析出。用冰水冷却，使沉淀完全。减压过滤，用冷水洗涤 2 次，抽干水分。将晶体置于表面皿上，蒸汽浴干燥，得乙酰水杨酸产品。称重，约 1.5g，测熔点 133～135℃。

取几粒结晶加入盛有 5mL 水的试管中，加入 1～2 滴 1% 的 $FeCl_3$ 溶液，观察有无颜色反应。

为了得到更纯的产品，可将上述晶体的一半溶于少量（2～3mL）乙酸乙酯中，溶解时应在水浴上小心加热，如有不溶物出现，可用预热过的小漏斗趁热过滤。将滤液冷至室温，即可析出晶体。如不析出晶体，可在水浴上稍加热浓缩，然后将溶液置于冰水中冷却，并用玻璃棒摩擦瓶壁，结晶后，抽滤析出的晶体，干燥后再测熔点，应为 135～136℃。

水杨酸、乙酸酐、乙酰水杨酸的物理常数见表 4-4。本实验约需时 4h。

表 4-4　水杨酸、乙酸酐、乙酰水杨酸物理常数

名　称	相对分子质量	熔点或沸点	溶解程度		
			水	醇	醚
水杨酸	138	158(s)	微	易	易
乙酸酐	102.09	139.35(l)	易	溶	∞
乙酰水杨酸	180.17	135(s)	溶、热	溶	微

【注意事项】

(1)实验在通风橱中进行,因为乙酸酐具有强烈刺激性,并注意不要粘在皮肤上。

(2)仪器要全部干燥,药品也要实现经干燥处理。

(3)乙酸酐要使用新蒸馏的,收集 139~140℃ 的馏分。长时间放置的乙酸酐遇空气中的水,容易分解成乙酸。

(4)要按照书上的顺序加样。否则,如果先加水杨酸和浓硫酸,水杨酸就会被氧化。

(5)本实验的几次结晶都比较困难,要有耐心。在冰水冷却下,用玻棒充分摩擦器皿壁,才能结晶出来。

(6)由于产品微溶于水,所以水洗时,要用少量冷水洗涤,用水不能太多。

(7)第一次的粗产品不用干燥,即可进行下步纯化,第二步的产品可用蒸汽浴干燥。

(8)在最后重结晶操作中,可用微型玻璃漏斗过滤,以避免用大漏斗粘附的损失。

最后的重结晶出可用乙醇溶解,并加水析晶。方法如下:

将晶体放入磨口锥形瓶中,加入 10mL 95% 乙醇及 1~2 颗沸石,接上球形冷凝管,在水浴中加热溶解后,移去火源,取下锥形瓶,滴入冷蒸馏水至沉淀析出,再加入 2mL 冷蒸馏水,析出完全后,抽滤,以少量冷蒸馏水洗涤晶体两次,抽干,取出晶体,用滤纸压干,再蒸气浴干燥,称重。

(9)乙酰水杨酸易受热分解,因此熔点不是很明显,它的分解温度为 128~135℃,熔点为 136℃。在测定熔点时,可先将载体加热至 120℃ 左右。然后放入样品测定。

(10)也可以用稀乙酸(1:1)或苯、汽油(40~60℃)、乙醚-石油醚(30~60℃)重结晶。重结晶时,其溶液不应加热过久,也不宜用高沸点溶剂,因为这样乙酰水杨酸将部分分解。

(11)反应温度不宜过高,否则将增加副产物的生成,如水杨酰水杨酸酯,乙酰水杨酸酯。

【思考题】

(1)反应容器为什么要干燥无水?

(2)为什么用乙酸酐而不用乙酸?

(3)本实验为什么不能在回流下长时间反应?

(4)反应后加水的目的是什么?

(5)第一步的结晶的粗产品中可能含有哪些杂质?

(6)当结晶困难时,可用玻璃棒在器皿壁上充分摩擦,即可析出晶体。试述其原理?除此之外,还有什么方法可以让其快速结晶?

(7)在硫酸存在下,水杨酸与乙醇作用会得到什么产品?

(8)试比较苄醇、苯酚和水杨酸乙酰化速度。

(9)醇、酚、糖的酯化有什么不同?

(10)本实验中可产生什么副产物?

(11)加入浓硫酸的目的是什么?

实验十四　苯甲酸的制备

【实验目的】

(1)掌握甲苯氧化制备苯甲酸的原理及方法。

(2)掌握机械搅拌,回流,过滤、重结晶等操作。

【实验原理】

通常情况下,苯环的结构非常稳定,与氧化剂如稀硝酸、高锰酸钾、过氧化氢、铬酸等都不反应。若苯环上连有侧链,则侧链可被氧化。氧化时不论侧链是甲基还是其他带有 α-H 的烷基,都被氧化成羧基,生成苯甲酸,这个反应可用来制备芳香酸。一般情况下用甲苯和高锰酸钾反应制备苯甲酸。由于在酸性条件下反应过分剧烈,因而本实验在水溶液中进行,然后再酸化。甲苯与高锰酸钾在沸腾的水溶液中反应,得到苯甲酸钾盐,酸化后得到苯甲酸:

$$PhCH_3+2KMnO_4 \longrightarrow PhCO_2K + MnO_2+ H_2O$$

$$PhCO_2K + HCl \longrightarrow PhCO_2H + KCl$$

氧化反应一般都是放热反应,为使反应能够平稳地进行,必须控制反应在一定的温度下进行。

【实验仪器与试剂】

仪器:250mL 圆底烧瓶、球形冷凝器、布氏漏斗、抽滤瓶、250mL 烧杯、水浴锅、表面皿。

试剂:甲苯、高锰酸钾、浓盐酸、亚硫酸氢钠、活性炭。

【实验步骤】

在 250 mL 三颈瓶的中间瓶口上安装机械搅拌,其余分别安装回流冷凝管和作为加料口。将甲苯 3. 5mL(0. 034mol),水 150 mL 及高锰酸钾 10. 4g (0. 072mol),一次加入三颈瓶中,搅拌加热至沸,并保持沸腾 1. 5~2h。直至甲苯层几乎消失,回流液不再出现油珠,此时溶液的紫色全部褪去。

将反应混合物用两层滤纸趁热抽滤,用少量热水洗涤滤渣(MnO_2),合并滤液和洗涤液,滤液冷却后在搅拌下慢慢加入浓盐酸酸化,至 pH 为 2~3。

将析出的苯甲酸抽滤,用少量冷水洗涤,干燥,称重约为 2g。在水中进行重结晶,得到白色晶体,熔点 124℃。纯苯甲酸的熔点 122. 4℃。

本实验需时 3~4h。

【注意事项】

(1)每次加料不宜太多,否则摇动烧瓶时反应异常激烈;加料过程中有时会发生管道堵塞现象,可用一细长玻璃棒疏通。

(2)氧化反应进行完全时,反应液就不再有紫红色,但也有可能有稍过量的高锰酸钾,而使反应液仍呈紫红色,此时可酌加乙醇 1~2mL(绝不可太多)。温热片刻,紫色即可褪去。

(3)滤液如果呈紫色,可加入少量亚硫酸钠使紫色褪去,重新抽气过滤,如颜色较淡可不进行处理。

(4)苯甲酸在不同温度时于 100mL 水中的溶解度为 0.18g(4℃),0.27g(18℃),2.2g(75℃)。

【思考题】

(1)在氧化反应中,影响苯甲酸产量的主要因素是哪些?

(2)为什么高锰酸钾要分批加入?

(3)反应完毕后,如果滤液呈紫色,为什么要加亚硫酸氢钠?

(4)精制苯甲酸还有什么方法?

实验十五　乙酰苯胺的制备

【实验目的】

(1)掌握苯胺的乙酰化反应,掌握简单分馏的原理。

(2)巩固分馏和重结晶操作方法。

【实验原理】

苯胺分子中的氨基具有碱性和亲核性,能发生亲核反应实现对氨基氮原子的烷基化和酰基化。苯胺的酰化在有机合成中常常作为对苯胺的一种保护措施。避免苯胺在合成中被氧化。与苯酚不同,苯胺不但可用酰氯或酸酐来进行酰化,它甚至可用冰醋酸来直接进行酰化,使用冰醋酸试剂易得,价格便宜,但需要较长的反应时间和较强的反应条件。另一方面,氨基经酰化后,降低了氨基在亲电取代反应(特别是卤化)中的活化能力,使其由很强的第一类定位基变为中等强度的第一类定位基,使反应由多元取代变为有用的一元取代,由于乙酰基的空间效应,往往选择性地生成对位取代产物。苯胺与乙酰氯反应最为激烈,乙酸酐次之,乙酸反应较平缓,价格便宜,操作方便,因此本实验采用乙酸作乙酰化试剂。

$$PhNH_2 + CH_3CO_2H \xrightleftharpoons{\Delta} PhNHCOCH_3 + H_2O$$

苯胺氨基用冰醋酸的酰化反应与生成的乙酰苯胺的水解反应都是可逆反应。若能设法蒸去反应生成的水,则化学平衡向着生成乙酰苯胺的方向移动。水的沸点是 100℃,冰醋酸的沸点是 119℃,为了只蒸出水分,不带出乙酸,必须采用分馏装置。

【实验仪器与试剂】

仪器:50mL 圆底烧瓶、韦氏分馏柱、150℃温度计、250mL 烧杯、接受管、250mL 吸滤瓶、布氏漏斗、热水漏斗、蒸馏头和加热套。

试剂:苯胺(新蒸馏)、冰醋酸和活性炭。

【实验步骤】

在 25mL 圆底烧瓶中,加入 5mL(0.055mol)苯胺 7.5mL(0.13mol)冰醋酸及少许锌粉

(约 0.1g),装上一短的刺形分馏柱,其上端安装温度计及蒸馏头,蒸馏头的支管通过尾接管与接收瓶相连,接收瓶外部用冷水浴冷却。加热,使反应物保持微沸约 15min。然后逐渐升高温度,当温度计读数达到 100℃左右时,支管即有液体流出。维持温度在 100~110℃反应约 1.5h,生成的水及大部分乙酸被蒸出,此时温度计读数下降,表示反应已经完成。在搅拌下趁热将反应物倒入 100mL 冷水中,冷却后抽滤析出的固体,用冷水洗涤。粗产物用水重结晶,产量约 5g。

乙酰苯胺纯品的熔点为 114.3℃。

本实验需时 3~4h。

【注意事项】

(1)苯胺久置颜色变深,含有杂质会影响乙酰苯胺的制备,所以要用新蒸馏的无色或浅黄色的苯胺。苯胺有毒,操作时应避免与皮肤接触或吸入蒸气。若不慎触及皮肤,应立即用水冲洗,再用肥皂及温水洗涤。

(2)加入锌粉的目的,是防止苯胺在反应过程中被氧化,生成有色的杂质,但不宜多加,否则处理过程中会产生不溶于水的氢氧化锌。

(3)因为属于小量制备,最好用微量分馏管代替刺形分馏柱。分馏管支管用一段橡皮管与一玻璃弯管相连了玻管下端伸入试管中,试管外部用冷水浴冷却。

(4)收集乙酸及水的总体积约为 2mL。

(5)反应物冷却后,后会产生结晶,沾在瓶壁不易理处。故须趁热在搅动下倒入冷水中,以除去过量的乙酸及未作用的苯胺(它可成为苯胺乙酸盐而溶于水)。

【思考题】

(1)本实验采取了什么措施来提高乙酰苯胺的产率?

(2)为什么反应时要控制分馏柱顶温度在 100~110℃,若高于此温度有什么不好?

(3)根据理论计算,反应产生几毫升水?为什么收集的液体要比理论量多?

实验十六　溴乙烷的制备

【实验目的】

(1)掌握由乙醇为原料制备卤代烃的方法、原理。

(2)掌握蒸馏、常用玻璃仪器的装配和拆卸等基本操作和技能。

(3)掌握磁力搅拌器的使用,巩固分液漏斗的使用方法。

(4)掌握低沸点蒸馏的基本操作及处理低沸点有机物的方法。

【实验原理】

纯溴乙烷的沸点 38.4℃,折光率 n_D^{20} 1.4239。

主反应:

$$NaBr+H_2SO_4 \longrightarrow HBr+NaHSO_4$$

$$C_2H_5OH+HBr \rightleftharpoons C_2H_2Br+H_2O$$

副反应：

$$2C_2H_5OH \xrightarrow{H_2SO_4} C_2H_5OC_2H_5+H_2O$$

$$C_2H_5OH \xrightarrow{H_2SO_4} C_2H_4+H_2O$$

$$2HBr+H_2SO_4 \longrightarrow Br_2+SO_2+2H_2O$$

【实验仪器与试剂】

仪器：烧瓶、锥形瓶、烧杯、蒸馏头、直形冷凝管、温度计、温度计套管、分液漏斗、量筒、加热套、磁力搅拌器。

试剂：95%乙醇、浓硫酸、溴化钠固体、乙醇（95%）10mL（7.9g，0.165mol）、溴化钠（无水）13g（0.126mol）、饱和亚硫酸氢钠5mL。

【实验装置】

见图4-12和图4-13。

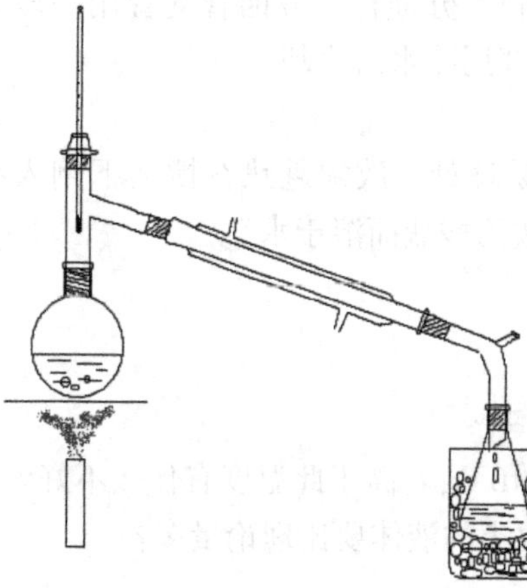

图4-12 反应装置图

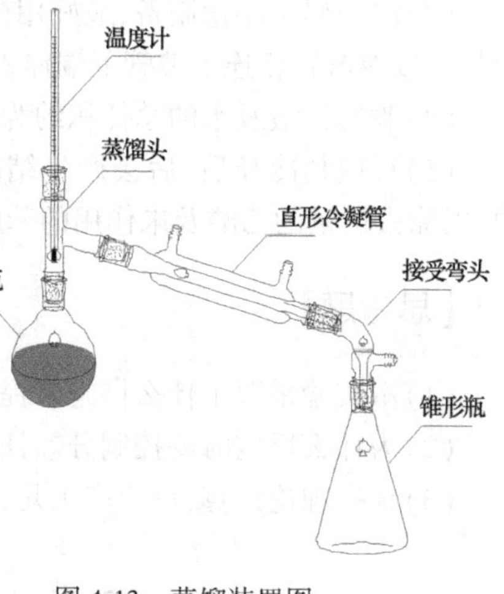

图4-13 蒸馏装置图

【实验步骤】

在100mL圆底烧瓶中加入13g研细的溴化钠，然后放入9mL水，振荡使之溶解，再加入10mL 95%乙醇，在冷却和不断摇荡下，慢慢地加入19mL浓硫酸，同时用冷水冷至室温后，加入几粒沸石，安装成常压蒸馏装置。接收器内外均应放入冰水混合物，以防止产品的挥发损失。接液管的支管用橡皮管导入下水道或室外。将反应混合物在磁力搅拌器上加热蒸馏，瓶中物质开始发泡。控制火焰大小，使油状物质逐渐蒸馏出去，约30min后慢慢加大火焰大小，到无油点蒸出为止。馏出物为乳白色油状物，沉于瓶底。

将馏出液倒入分液漏斗中，静置分层后，将下层的粗制溴乙烷放入干燥的小锥形瓶中，在冰水浴中，边振摇边滴加浓硫酸，直至溴乙烷变得清澈透明，而且瓶底有液层分出。用干燥的分液漏斗仔细地分去下面的硫酸层，将溴乙烷层从分液漏斗的上口倒入30mL蒸馏瓶中，水浴加热蒸馏，接收器外冰水浴冷却，收集37~40℃的馏分。蒸馏完成后，用橡皮塞塞紧收集瓶。

称重，测折光率，计算产率：产率= 实际产量/理论产量×100%

【注意事项】

(1)反应是可逆的，为使平衡向右边进行，可以采用一种反应物过量，也可移去一种产物（溴乙烷或水），或两者并用。本实验是使乙醇过量，同时将反应中生成的低沸点产物溴乙烷不断蒸馏出来，以此来促使反应向右进行。

(2)溴化钠要先研细，在搅拌下加入，以防止结块而影响反应进行。亦可用含结晶水的溴化钠（ $NaBr \cdot 2H_2O$ ），其用量按物质的量进行换算，并相应地减少加入的水量。

(3)本反应为放热反应，不加热也会进行，而且越来越快。如果装置安装速度太慢，生成的溴乙烷将逸入空气中，而导致产率下降。

(4)亚硫酸氢钠溶液能将溴乙烷中的溴还原为无色的溴化氢，而除去颜色。在分离水和产物之前，只要在分液漏斗内充分振荡，无亚硫酸氢钠也能脱除颜色。

(5)加浓硫酸要边加边摇边冷却，充分冷却后（在冰水浴中）再加溴化钠，以防反应放热冲出。

(6)加热要先小火，以避免溴化氢逸出。逐渐稍大，使反应平稳发生，避免大火，否则产物损失，并有副产物生成。

(7)精制时要先彻底分去水，冷却下加硫酸，否则加硫酸产生热量使产物挥发损失。

(8)在加入乙醇时不把粘在瓶口的溴化钠洗掉，必然使体系漏气，导致溴乙烷产率降低 。

(9)如果在加热之前没有把反应混合物摇均，反应时极易出现暴沸使反应失败。

(10)在反应过程中，既不要反应时间不够，也不要蒸馏时间太长，将水过分蒸出造成硫酸钠凝固在烧瓶中。

(11)实验过程采用两次分液，第一次保留下层，第二次要上层产品，事先头脑要清楚。

(12)整个反应过程需 0.5~1h，反应结束时，烧瓶中残液由浑浊变为清亮透明，应趁热将残液倒出，以免硫酸氢钠冷后结块，不易倒出。

【思考题】

(1)在制备溴乙烷时，反应混合物中如果不加水，会有什么结果？

(2)粗产物中会有什么杂质？是如何除去的？

(3)如果实验结果产率不高，试分析其原因。

(4)是否可用碘化钠代替溴化钠来制备碘乙烷？为什么？

(5)本实验中硫酸起什么作用？

(6)粗产品溴乙烷中呈棕红色是什么原因？应该如何处理？

实验十七　正丁醚的制备

【实验目的】

(1)掌握醇分子间脱水制醚的反应原理和实验方法。

(2)掌握水分离器的安装和使用方法,掌握干燥剂的使用。

(3)掌握分液漏斗的实验操作。

【实验原理】

脂肪族低级单醚通常由两分子醇在酸性脱水催化剂的存在下共热来制备。在实验室中常用浓硫酸作脱水剂。例如,乙醇先同等物质的量的硫酸反应,生成酸式硫酸乙酯,后者再同乙醇反应,生成乙醚。生成的乙醚不断地从反应器中蒸出。制备沸点较高的单醚(如正丁醚)时,可利用一特殊的分水器将生成的水不断从反应物中除去。但是醇类在较高温度下还能被浓硫酸脱水生成烯烃,为了减少这个副反应,在操作时必须特别控制好反应温度。用浓硫酸作脱水剂时,由于它有氧化作用,往往还生成少量氧化产物和二氧化硫,为了避免氧化反应,有时用芳香族磺酸作脱水剂。上述方法适用于从低级伯醇制单醚;用仲醇制醚的产量不高;用叔醇,则主要发生脱水生成烯烃的反应。混醚通常用威廉森(Willia mson)合成法制备。烷基芳基醚一般由卤烷和酚钠在乙醇或丙酮溶液中反应制得。

本实验是用正丁醇在浓硫酸催化下脱水制备正丁醚,同时使用水分离器装置,利用共沸物的方法除去反应生成的水,以使反应顺利进行。

主反应:

$$2CH_3CH_2CH_2CH_2OH \xrightleftharpoons[134\sim135^\circ C]{H_2SO_4} (CH_3CH_2CH_2CH_2)_2O+H_2O$$

副反应:

$$CH_3CH_2CH_2CH_2OH \xrightleftharpoons[>135^\circ C]{H_2SO_4} CH_2CH=CH_2+H_2O$$

【物理常数】

见表4-5。

表 4-5 正丁醇、浓硫酸、正丁醚物理常数表

名称 结构式或分子式	相对分子质量	颜色形态	比重	熔点/℃	沸点/℃	折光率	溶解度		
							水	乙醇	乙醚
$n-C_4H_9OH$	74.12	无色液体	0.8098	-89.53	117.25	1.3993	溶	∞	∞
$n-C_4H_9OC_4H_9-n$	130.23	无色液体	0.7730		142.40	1.3992	不溶		
浓硫酸	98.08	无色液体	1.8400 96%~98%	10.36 (100%)	338.00 98.3%		∞ 放热		

【实验仪器与试剂】

仪器:100mL 三口瓶、球形冷凝管、分水器、蒸馏头、接尾管、50mL 蒸馏瓶、升降台、万能夹、双顶丝、温度计、分液漏斗、25mL 蒸馏瓶、电加热套。

试剂:正丁醇,浓硫酸,无水氯化钙,5%氢氧化钠,饱和氯化钙

【实验装置】

图 4-14。

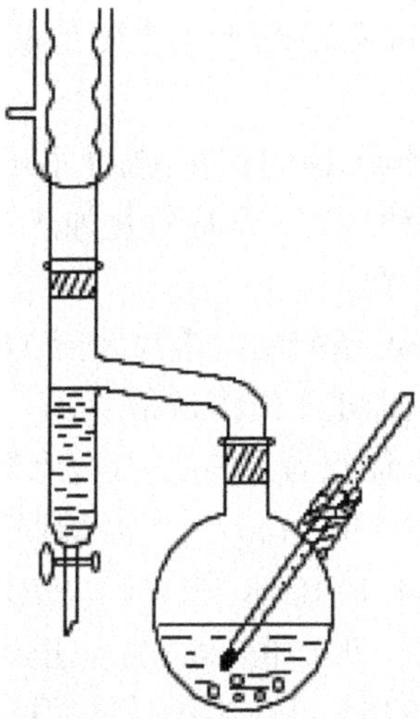

图 4-14　正丁醚提取装置

【实验步骤】

在 100mL 三口烧瓶中，加入 15.5mL 正丁醇、2.5mL 浓硫酸和几粒沸石，摇匀后，一口装上温度计，温度计插入液面以下，另一口装上分水器，分水器的上端接一回流冷凝管。先在分水器内放置(V-1.7)mL 水，另一口用塞子塞紧。然后将三口瓶放在石棉网上小火加热至微沸，进行分水。反应中产生的水经冷凝后收集在分水器的下层，上层有机相积至分水器支管时，即可返回烧瓶。大约经 1.5h 后，三口瓶中反应液温度可达 134～136℃。当分水器全部被水充满时停止反应。若继续加热，则反应液变黑并有较多副产物烯生成。

将反应液冷却到室温后倒入盛有 25mL 水的分液漏斗中，充分振摇，静置后弃去下层液体。上层粗产物依次用 12mL 水、8mL 5%氢氧化钠溶液、8mL 水和 8mL 饱和氮化钙溶液洗涤，用 1g 无水氯化钙干燥。干燥后的产物滤入 25mL 蒸馏瓶中蒸馏，收集 140～144℃馏分，产量 3.5～4g。

纯正丁醚的沸点 142.4℃，折光率 n_D^{20} 1.3992。

本实验需时 6h。

【注意事项】

(1)加料时，正丁醇和浓硫酸如不充分摇动混匀，硫酸局部过浓，加热后易使反应溶液变黑。

(2)按反应式计算，生成水的量约为 0.8g，但是实际分出水的体积要略大于理论计算量，因为有单分子脱水的副产物生成。

(3)本实验利用恒沸混合物蒸馏方法，采用分水器将反应生成的水层上面的有机层不断流回到反应瓶中,而将生成的水除去。在反应液中,正丁醚和水形成恒沸物,沸点为94.1℃,含水33.4%。正丁醇和水形成恒沸物,沸点为93℃,含水45.5%。正丁醚和正丁醇形成二元恒沸物,沸点为117.6℃,含正丁醇82.5%。此外正丁醚还能和正丁醇、水形成三元恒沸物,沸点为90.6℃,含正丁醇34.6%,含水29.9%。这些含水的恒沸物冷凝后,在分水器中分层。上层主要是正丁醇和正丁醚,下层主要是水。利用分水器可以使分水器上层的有机物流回反应器中。

(4)反应开始回流时,因为有恒沸物的存在,温度不可能马上达到135℃。但随着水被蒸出,温度逐渐升高,最后达到135℃以上,即应停止加热。如果温度升得太高,反应溶液会炭化变黑,并有大量副产物丁烯生成。

(5)50%硫酸的配制方法:20mL浓硫酸缓慢加入到34mL水中。

(6)正丁醇能溶于50 %硫酸,而正丁醚溶解很少。

(7)本实验根据理论计算失水体积为1.5mL,故分水器放满水后先放掉约1.7mL水。

(8)制备正丁醚的较宜温度是130~140℃,但开始回流时,这个温度很难达到,因为正丁醚可与水形成共沸点物(沸点94.1℃含水33.4%)。另外,正丁醚与水及正丁醇形成三元共沸物(沸点90.6℃,含水29.9%,正丁醇34.6%),正丁醇也可与水形成共沸物(沸点93℃,含水44.5%),故应在100~115℃反应半小时之后可达到130℃以上。

(9)在碱洗过程中,不要太剧烈地摇动分液漏斗,否则生成乳浊液,分离困难。

(10)正丁醇溶在饱和氯化钙溶液中,而正丁醚微溶。

【思考题】

(1)如何得知反应已经比较完全?

(2)反应物冷却后为什么要倒入25mL水中,各步的洗涤目的何在?

(3)能否用本实验方法由乙醇和2-丁醇制备乙基仲丁基醚?你认为用什么方法比较好?

(4)计算理论上分出的水量。若实验中分出水的量超过理论数值,分析其原因。

(5)怎样得知反应已经比较完全了?

实验十八 己二酸的制备

【实验目的】

(1)学习环己醇氧化制备己二酸的原理和由醇氧化制备羧酸的常用方法。

(2)巩固浓缩、过滤、重结晶、固体的干燥等基本操作。

(3)懂得滴加原料、测量反应温度、有毒气体吸收装置的应用。

【实验原理】

己二酸是合成尼龙66的主要原料之一,可由环己醇或环己酮氧化制得。制备羧酸最常用的方法是烯、醇、醛等的氧化法。常用的氧化剂有硝酸、重铬酸钾(钠)的硫酸溶液、高锰酸钾、过氧化氢及过氧乙酸等。但其中用硝酸为氧化剂反应非常剧烈,伴有大量二氧化氮毒气放出,既危险又污染环境。因而本实验采用环己醇在高锰酸钾的酸性条件发生氧化反应,然后酸化得到己二酸。

【实验仪器与试剂】

仪器:烧杯(250mL、800mL 各 1 个)、温度计(1 支)、吸滤瓶(1 个)、布氏漏斗(1 个)、250mL 三颈烧瓶、循环水多用真空泵。

试剂:环己醇 2g 或 2. 1mL(0. 02mol)、高锰酸钾 6g(0. 038mol)、0. 3mol/L NaOH、亚硫酸氢钠、浓硫酸、硝酸(d=1. 42)5mL (0. 08mol)。

【实验步骤】

本实验必须在通风橱内进行,做实验必须严格地遵照规定的反应条件。

(1)在 50mL 圆底烧瓶中放一支温度计,其水银球要尽量接近瓶底。用有直沟的单孔软木塞将温度计夹在铁架上。

(2)在烧瓶中加 5mL 水,再加 5mL 硝酸。将溶液混合均匀,在水浴上加热到 80℃,然后用滴管加 2 滴环己醇。反应立即开始,温度随即上升到 85~90℃。小心地逐渐滴加 2. 1mL 环己醇,一定要使温度维持在这个范围内,必要时往水浴中添加冷水。当醇全部加入而且溶液温度降低到 80℃以下时,将混合物在 85~90℃下加热 2~3min。

(3)在冰浴中冷却,析出的晶体在布氏漏斗上进行抽滤。用滤液洗出烧瓶中剩余的晶体。用 3mL 冰水洗涤己二酸晶体,抽滤。晶体再用 3mL 冰水洗涤一次,再抽滤。取出产物,晾干。产量约 1. 4g。

纯己二酸为白色棱状结晶,溶点为 152℃,$d4^{24}$1. 366,沸点为 330. 5℃(分解)。

【注意事项】

(1)仪器安装要点:在安装电动搅拌装置时应做到:

1)搅拌器的轴与搅拌棒在同一直线上。

2)先用手试验搅拌棒转动是否灵活,再以低转速开动搅拌器,试验运转情况。

3)搅拌棒下端位于液面以下,以离烧杯底部 3~5mm 为宜。

4)温度计应与搅拌棒平行且伸入液面以下。

(2)操作要点

1)配制 50%硝酸要注意安全(16mL HNO_3+8mL H_2O)。

2)环己醇可采用称取法,环己醇放入滴液漏斗前要先检查活塞不漏液并关闭活塞(防止一次性加入)。

3)反应起始温度为 60℃,滴加速度以反应液保持微沸为宜(75~85℃)。

4)反应结束后抽去反应体系中的有毒气体。

5)分离纯化:①充分冷却反应物(冰水浴),使产物较完全地析出结晶。②用水重结晶纯化产品 4mL/g(粗)。

6)环己醇要逐滴加入,滴加速度不可太快。否则,因反应强烈放热,使温度急剧升高而难以控制。

7)浓缩蒸发时,加热不要过猛,以防液体外溅。浓缩至 10mL 左右后停止加热,让其自然冷却、结晶。

3. 在量取环己醇时不可使用量过硝酸的量筒,因为二者会激烈反应,容易发生意外。

4. 环己醇在较低温度下为针状晶体,熔化时为黏稠液体,不易倒净。因此量取后可用少量水荡洗量筒,一并加入滴液漏斗中,这样既可减少器壁粘附损失,也因少量水的存在而降低环己醇的熔点,避免在滴加过程中结晶堵塞滴液漏斗。

5. 本反应强烈放热,环己醇切不可一次加入过多,否则反应太剧烈,可能引起爆炸。

6. 注意装置不要漏气,亦不能装成密闭系统。

【思考题】

(1)制备己二酸时,为什么必须严格控制滴加环己醇的速度和反应的温度?

(2)本实验为什么必须在通风橱中进行?

(3)制备羧酸的常用方法有哪些?

(4)为什么必须控制氧化反应的温度?

(5)滴加原料反应时,不到反应液的沸点,但显微沸状态,为什么?

(6)反应体系中,开始时出现棕红色气体,而后期气体颜色变淡,何故?

(7)物料较少,为何用 250mL 三颈瓶?

(8)能否用同一量筒量取硝酸和环己酮?

(9)写出用硝酸氧化环己醇成为己二酸的平衡方程式(假定硝酸的还原产物完全是二氧化氮)。根据平衡方程式计算己二酸的理论产量。

实验十九　对硝基苯甲酸的制备

【实验目的】

掌握实验室氧化反应的原理和对硝基苯甲酸的制备方法。

【实验原理】

羧酸是重要的有机化工原料。制备羧酸的方法很多,最常用的是氧化法,芳烃的侧链氧化是制备芳香族羧酸最重要的方法。常用的氧化剂有重铬酸钾-硫酸、高锰酸钾、硝酸、过氧化氢等。

【实验步骤】

向配有搅拌器,温度计和回流冷凝管的 250mL 三口瓶中加入 6g(0.044mol)研碎的对硝基甲苯、18g(0.065mol)重铬酸钠和 20mL 水,然后向滴液漏斗中加入 30mL 浓硫酸。在搅拌下将漏斗中的浓硫酸慢慢滴加到三口瓶中。随着浓硫酸的加入,反应温度迅速上升,瓶内反应液颜色逐渐变深。为使反应温度不致过高,必要时可用冷水浴冷却。浓硫酸大约在 30min 滴加完毕。然后在搅拌下加热回流 1h 使反应更加充分。反应完毕,冷却反应液。然后将反应液在搅拌下慢慢地倒入盛有 60g 冰的烧杯中,有沉淀析出。抽滤,并用 20mL 的水分两次洗涤固体。将固体放入盛有 30mL 5% 硫酸的烧杯中,在沸水浴中加热以溶解铬盐。冷却,抽滤。再将固体转移至烧杯中,然后加入 30mL 水和 30mL 10% 的氢氧化钠水溶液,在 60℃ 水浴中加热进一步除去未反应的铬盐(生成氢氧化物沉淀)。抽滤,保留滤液。在充分搅拌下将滤液慢慢倒入盛有 20mL 浓硫酸和 30g 冰的烧杯中,用 pH 试纸检验溶液是否为强酸性。否则需补加少量的酸，使溶液呈强酸性。冷却溶液，有结晶析出。抽滤，并用少量冷水洗涤结晶。干燥称重。粗品可用乙醇-水进行重结晶，产品为浅黄色片状结晶，熔点242℃。纯对硝基苯甲酸的熔点242℃。

本实验需时4~6h。

【注意事项】

(1)反应温度过高会导致对硝基甲苯挥发而凝结在冷凝管的内壁上。

(2)不可反过来将硫酸加入到滤液中，否则生成的沉淀会包含一些钠盐影响产品的纯度。

【思考题】

本实验中如何对粗制的对硝基苯甲酸进行提纯？

实验二十 甲基橙的制备

【实验目的】

(1)掌握重氮化反应和偶合反应的原理。

(2)掌握重氮化反应和偶合反应的实验方法及盐析等操作。

【实验原理】

甲基橙是一种酸碱指示剂，在中性或碱性介质中呈黄色，在酸性介质中($pH<3.0$)呈红色。制备甲基橙传统方法是由对氨基苯磺酸重氮化制成对磺酸基苯基重氮盐，再与*N*,*N*-二甲基苯胺乙酸盐在弱酸性介质中偶合得到。

本实验采用一种制备甲基橙的新方法，重氮化反应可在室温下进行，试剂的种类和用量减少，步骤简化，产率较高。对氨基苯磺酸是一种两性化合物，其酸性比碱性强，能形成酸性内盐，它易与碱作用生成易溶的钠盐而难与酸作用成盐，所以不溶于酸。但是重氮化反应又须在酸性介质中完成，因此进行重氮化反应时，首先将对氨基苯磺酸与氢氧化钠作用，变成可溶于水的对氨基苯磺酸钠。再在酸性条件下将对氨基苯磺酸钠转变为对氨基苯磺酸从溶液中以细粒状沉淀析出，并立即与亚硝酸钠在酸性条件下转变成的亚硝酸作用，发生重氮化反应，生成粉末状的重氮盐，再与*N*,*N*-二甲基苯胺发生偶合反应，生成甲基橙。

【实验步骤】

1. 重氮盐的制备 在100mL烧杯中，放入1.0g(0.005mol)对氨基苯磺酸晶体和0.4g(0.0055mol)$NaNO_2$晶体后加入15mL水，迅速搅拌溶解，5min后，固体完全溶解，溶液由黄色转变成橙红色，此溶液即为对氨基苯磺酸重氮盐溶液。

2. 偶合 在重氮盐溶液中迅速加入0.7mL(0.0055mol)新蒸馏的*N*,*N*-二甲苯胺，剧烈搅拌，反应液黏度逐渐增大，并呈褐红色，继续搅拌至反应液黏度下降，并析出大量橙色晶体(约15min)后，加入2.5mL 10% NaOH溶液，搅拌均匀，放置冷却，抽滤，用少量冷水洗涤,得橙色粗制甲基橙固体。

将粗产品转入 35mL 水中,加热搅拌至完全溶解,放置冷却至室温,当晶体开始析出时,再在冰浴中冷却。甲基橙全部结晶析出后,抽滤。依次用少量乙醇、乙醚洗涤产品。产品经干燥后,称重,产量 1~1.5g。溶解少许产品于水中,加入几滴稀盐酸,然后用稀 NaOH 溶液中和。观察溶液的颜色变化。

本实验约需时 4h。

【注意事项】

(1)对氨基苯磺酸和 *N*,*N*-二甲基苯胺对皮肤有刺激作用,使用时要小心。

(2)甲基橙是一种盐,没有明确的熔点,不必测熔点。

【思考题】

(1)简述本实验中重氮化反应和偶合反应的注意事项。

(2)甲基橙在酸性介质中的颜色和结构如何变化?

实验二十一　茶叶中咖啡因的提取

【实验目的】

(1)通过学习从茶叶中提取咖啡因的实验,掌握一种从天然化合物中提取和提纯有机化合物的方法。

(2)学会回流、抽滤、升华的基本操作。

【实验原理】

茶叶中含有生物碱,其主要成分是含量占 3%~5% 的咖啡因和含量较少的茶碱和可可豆碱。此外,茶叶中还含有 11%~12% 的丹宁酸,以及叶绿素、纤维素、蛋白质等物质。咖啡因属于嘌呤的衍生物,咖啡因是弱碱性化合物,易溶于氯仿(12.5%)、水(2%)及乙醇(2%)等,在苯中的溶解度为 1%,鞣酸易溶于水和乙醇,但不溶于苯。虽然咖啡因在氯仿和苯中有较大的溶解度,且杂质在这两种溶剂中的溶解度较小,但是氯仿和苯有一定的毒性。咖啡因能升华,提纯方便,所以本实验还是选用安全廉价的 95% 乙醇作为萃取剂。

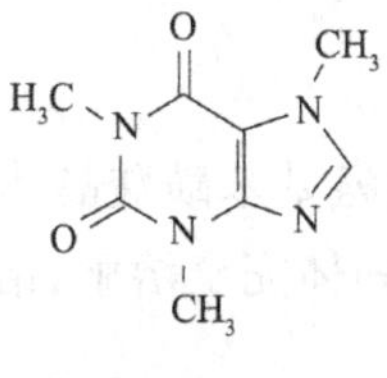

咖啡因

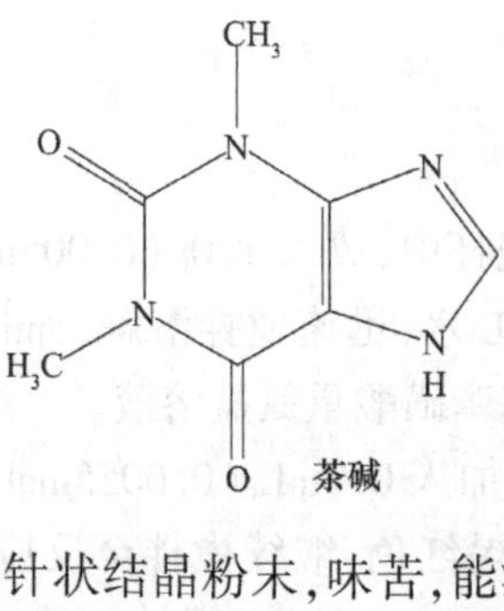

茶碱

可可豆碱

含结晶水的咖啡碱为白色针状结晶粉末,味苦,能溶于水、乙醇、丙酮、氯仿等,微溶于石油醚。因此可用95%乙醇回流提取茶叶中的咖啡因,将不溶于乙醇的纤维素和蛋白质等分离,需用少量溶剂就能将化合物从固体物质中萃取出来。所得提取液中除了咖啡因外,还含有叶绿素、丹宁及其水解物等杂质。

咖啡因在100℃时失去结晶水,开始升华,120℃时升华显著,178℃以上升华加快,无水咖啡碱的熔点为238℃,因此采用升华的方法提纯咖啡因粗品。在粗咖啡因中拌入生石灰,与丹宁等酸性物质反应生成钙盐,游离的咖啡因就可通过升华纯化。

咖啡因具有刺激心脏、兴奋大脑神经和利尿等作用,主要用作中枢神经兴奋药。它也是复方阿司匹林APC(阿司匹林–非那西丁–咖啡因)等药物的组分之一,咖啡和感冒药等都含有大量的咖啡因。

【实验仪器与试剂】

仪器:回流装置、抽滤装置、蒸馏装置、蒸发皿、玻璃漏斗等。

试剂:95%乙醇、生石灰。

其他:茶叶末、滤纸。

【实验步骤】

1. 提取 称取5g茶叶(研成粉末),置于250mL圆底烧瓶中,加95%乙醇40mL,安装回流装置,加热回流40min,停止加热,冷却后抽滤,将滤液倒入100mL圆底烧瓶中,加入沸石,改成蒸馏装置,回收大部分乙醇,当瓶中剩下2~6mL残液时,立即停止加热。

2. 升华 趁热将瓶中将残液倒入蒸发皿中,烧瓶用少量乙醇荡洗,拌入2~3g生石灰粉末,在蒸气浴上蒸干乙醇,最后将蒸发皿移至石棉网上,改成升华装置(在蒸发皿上盖一剪有许多小孔的滤纸,再用直径与蒸发皿相近的漏斗罩上,漏斗颈部塞一点疏松的棉花),用酒精灯小火缓慢、均匀地加热,使咖啡因升华。控制温度220℃左右。当滤纸上出现许多白色毛状结晶时,停止加热,自然冷却。小心取下漏斗,揭开滤纸,用刮刀将纸上和器皿周围的咖啡因刮下。收集咖啡因交于老师保存。

【注意事项】

(1)许多有机化学反应需要使反应物在较长的时间内保持沸腾才能完成。为了防止蒸气逸出,常用回流冷凝装置,使蒸气不断地在冷凝管内冷凝,返回反应器中。回流装置如实验图4-15,安装装置时须注意从上至下的原则,圆底烧瓶的大小以被回流溶液的体积为圆底烧瓶的容积的1/3~2/3最合适,使用球形冷凝管,下部进水,上部出水。回流前放入3粒沸石,先通水,后加热。回流结束时,先停止加热,当瓶内液体不在沸腾时,关闭冷凝水,以与安装相反的顺序拆除装置。

(2)减压过滤通常使用瓷质的布氏漏斗,漏斗装上橡皮塞,装在玻璃的吸滤瓶上(图4-16),吸滤瓶的支管则用橡皮管与抽气装置连接。若接水泵,吸滤瓶与水泵之间宜连接一个缓冲瓶(配有二通旋塞的吸滤瓶,调节旋塞,可以防止水的倒流),若用油泵,吸滤瓶与油泵之间应连接吸收水汽的干燥装置和缓冲瓶。滤纸应剪成比漏斗内径略小,以能恰好盖住所有小孔为度。过滤时,应先用溶剂把平铺在漏斗上的滤纸润湿,然后开动水泵(或油泵),使滤纸紧贴在漏斗上。小心地把要过滤的混合物倒入漏斗中,使固体均匀地分布在整个滤纸面上,一直到几乎没有液体滤出为止,为了尽量把液体除尽,可用玻璃瓶塞压挤过滤的固体(滤饼)。

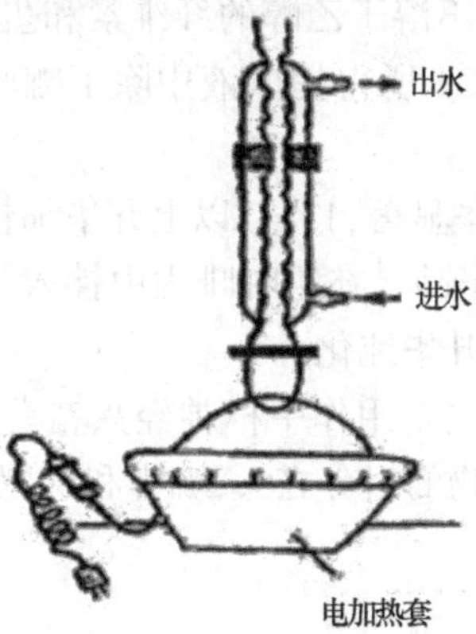

图 4-15　回流装置

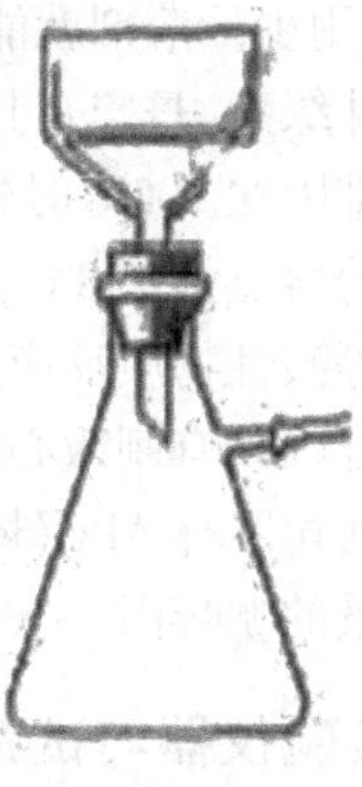

图 4-16　抽滤装置

(3)蒸馏时,瓶中乙醇不可蒸得太干,否则残液很黏,转移时损失较大。蒸馏装置见图4-17。

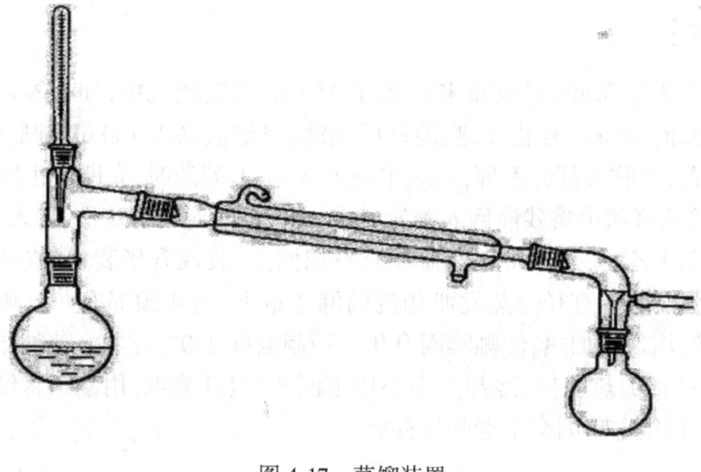

图 4-17　蒸馏装置

(4)生石灰起中合作用,以除去部分酸性物质和吸收少量水分,加入生石灰后,需不停地翻炒以防爆溅而影响产量。

(5)把要精制的物质放入蒸发皿中。用一张剪有若干小孔的圆形滤纸把锥形漏斗的口包来,把此漏斗倒盖在蒸发皿上,漏斗颈部塞一团疏松的棉花,如实验图 4-18 所示。升华过程中,始终都需用小火间接加热。如温度太高,会使产物发黄。

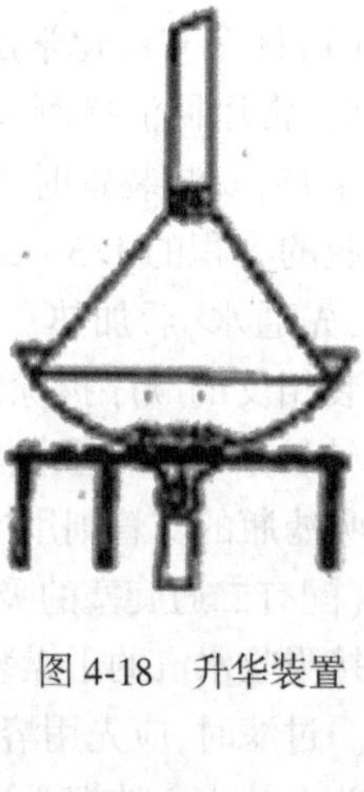

图 4-18　升华装置

【思考题】

(1)从茶叶中提取出的粗咖啡因有绿色光泽,为什么?

(2)实验中用到的生石灰起什么作用?

实验二十二　果胶的提取

【实验目的】

(1)学习从柑橘皮中提取果胶的方法。

(2)进一步了解果胶质的有关知识。

【实验原理】

果胶是植物中的一种酸性多糖物质,它通常为白色至淡黄色粉末,稍带酸味,具有水溶性,其相对分子质量为 $5\times10^4 \sim 30\times10^4$,主要存在于植物的细胞壁和细胞内层,为内部细胞的支撑物质。果胶是一种天然高分子化合物,具有良好的胶凝化和乳化稳定作用,已广泛用于食品、医药、日化及纺织行业。果胶又叫果胶酯酸,其主要成分是半乳糖醛酸甲酯及半乳糖醛酸通过1,4-苷键连成的高分子化合物。果胶物质广泛存在于植物中,尤其以果蔬中含量为多,山楂约为6.6%,柑橘为0.7%~1.5%,南瓜含量较多,为7%~17%。

果胶主要以不溶于水的原果胶存在于植物中,用酸水水解,生成可水溶性果胶,提取后,进行脱色、沉淀(果胶不溶于乙醇,在提取液中加入乙醇至体积分数为50%时,可使果胶沉淀下来而与其他杂质分离)、干燥即得果胶。

【实验仪器与试剂】

仪器:恒温水浴、布氏漏斗、抽滤瓶、玻棒、尼龙布、表面皿、精密pH试纸、烧杯、电子天平、小刀、真空泵、柑橘皮(新鲜)。

试剂:95%乙醇、无水乙醇、0.2mol/L盐酸溶液、6mol/L氨水、活性炭。

【实验步骤】

(1)称取新鲜柑橘皮20 g(干品为8g),用清水洗净后,放入250mL烧杯中,加120mL水,加热至90℃保温5~10min,使酶失活。用水冲洗后切成3~5mm大小的颗粒,用50℃左右的热水漂洗,直至水为无色,果皮无异味为止。每次漂洗都要把果皮用尼龙布挤干,再进行下一次漂洗。

果胶酶是聚半乳糖醛酸水解酶,水解果胶主要生成β-半乳糖醛酸。

(2)将处理过的果皮粒放入烧杯中,加入0.2mol/L的盐酸以浸没果皮为度,调溶液的pH2.0~2.5。加热至90℃,在恒温水浴中保温40min,保温期间要不断地搅动,趁热用垫有尼龙布(100目)的布氏漏斗抽滤,收集滤液。

(3)在滤液中加入0.5%~1%的活性炭,加热至80℃,脱色20min,趁热抽滤(如橘皮漂洗干净,滤液清澈,则可不脱色)。

(4)滤液冷却后,用6mol/L氨水调至pH3~4,在不断搅拌下缓缓地加入95%乙醇溶液,加入乙醇的量为原滤液体积的1.5倍(使其中乙醇的质量分数达50%~60%)。乙醇加入过程中即可看到絮状果胶物质析出,静置20min后,用尼龙布(100目)过滤制得湿果胶。

(5)将湿果胶转移于100mL烧杯中,加入30mL无水乙醇洗涤湿果胶,再用尼龙布过滤、挤压。将脱水的果胶放入表面皿中摊开,在60~70℃烘干。将烘干的果胶磨碎过筛,制得干果胶。

【注意事项】

(1)脱色中如抽滤困难可加入 2% ~4% 的硅藻土作助滤剂。

(2)湿果胶用无水乙醇洗涤,可进行 2 次。

(3)滤液可用分馏法回收乙醇。

【问题与思考】

(1)从橘皮中提取果胶时,为什么要加热使酶失活?

(2)沉淀果胶除用乙醇外,还可用什么试剂?

(3)在工业上,可用什么果蔬原料提取果胶?

实验二十三　蛋黄中卵磷脂的提取、纯化与鉴定

【实验目的】

(1)掌握从鲜鸡蛋中提取卵磷脂的方法与原理。

(2)卵磷脂鉴定的方法与原理。

(3)加深了解磷脂类物质的结构和性质。

【实验原理】

磷脂是一类含有磷酸的脂类,机体中主要含有两大类磷脂,由甘油构成的磷脂称为甘油磷脂(phosphoglyceride);由神经鞘氨醇构成的磷脂,称为鞘磷脂(sphingolipid)。其结构具有由磷酸相连的取代基团(含氨碱或醇类)构成的亲水头(hydrophilic head)和由脂肪酸链构成的疏水尾(hydrophobic tail)。在生物膜中磷脂的亲水头位于膜表面,而疏水尾位于膜内侧。磷脂是重要的两亲物质,它们是生物膜的重要组分、乳化剂和表面活性剂。

磷脂依照氨基醇的不同可分:①磷脂酰胆碱(卵磷脂)(PC),分布:植物主要有大豆等,动物主要有脑、精液、肾上腺、红细胞、蛋卵黄(8% ~10%)。其主要作用是控制肝脂代谢,防止脂肪肝的形成;②磷脂酰乙醇胺(脑磷脂)(PE),参与血液凝结;③磷脂酰丝氨酸(PS);④磷脂酰肌醇(PI);⑤磷脂酰甘油(PG);⑥二磷脂酰甘油(心磷脂)。

蛋黄磷脂属动物胚胎磷脂,含有大量的胆固醇和甘油三酯及许多人体不可缺少的营养物质和微量元素。卵磷脂是生命的基础物质,人类生命自始至终都离不开它的滋养和保护。卵磷脂存在于每个细胞之中,更多的是集中在脑及神经系统、血液循环系统、免疫系统,以及肝、心、肾等重要器官。卵磷脂也被誉为与蛋白质、维生素并列的“第三营养素”。蛋黄卵磷脂可将胆固醇乳化为极细的颗粒,这种微细的乳化胆固醇颗粒可透过血管壁被组织利用,而不会使血浆中的胆固醇增加。

卵磷脂和脑磷脂均溶于乙醚而不溶于丙酮,利用此性质可将其与中性脂肪分离开;卵磷脂能溶于乙醇而脑磷脂不溶,利用此性质又可将卵磷脂和脑磷脂分离。

卵磷脂为白色,当与空气接触后,其所含不饱和脂肪酸会被氧化而使卵磷脂呈黄褐色。卵磷脂被碱水解后可分解为脂肪酸盐、甘油、胆碱和磷酸盐。甘油与硫酸氢钾共热,可生成

具有特殊臭味的丙烯醛；磷酸盐在酸性条件下与钼酸铵作用，生成黄色的磷钼酸沉淀；胆碱在碱的进一步作用下生成无色且具有氨和鱼腥气味的三甲胺。这样通过对分解产物的检验可以对卵磷脂进行鉴定。

【实验仪器与试剂】

仪器：蛋清分离器、恒温水浴锅、蒸发皿（每组一个）、漏斗（每组一个）、铁架台、磁力搅拌器（每组一个）、天平、25mL量筒（每组一个）、100mL量筒（每组一个）、干燥试管（每组4支）、玻棒2支、小烧杯大小各2个。

试剂：95%乙醇（每组50mL）、乙醚（每组20mL）、丙酮（每组30mL）、$ZnCl_2$、无水乙醇（每组40mL）、滤纸（2张）、10%氢氧化钠（每组30mL）、3%溴的四氯化碳溶液（每组10mL）、红色石蕊试纸（每组2张）、3%溴的四氯化碳溶液（每组10mL）、硫酸氢钾（每组10mL）、钼酸铵溶液（每组10mL，钼酸铵试剂将6g钼酸铵溶于15mL蒸馏水中，加入5mL浓氨水，另外将24mL浓硝酸溶于46mL的蒸馏水中，两者混合静置一天后再用）。

实验材料：鲜鸡蛋

【实验步骤】

1. 卵磷脂的提取 方法一：蛋黄10g放入洁净的带塞三角瓶中，加入95%乙醇40mL，搅拌15min后，静置15min。然后加入10mL的乙醚，搅拌15min后，静置15min，过滤。滤渣进行二次提取，加入乙醇与乙醚（体积比为3∶1）的混合液30mL，搅拌、静置一定时间，第二次过滤。合并两次滤液，加热浓缩至少量，加入一定量丙酮除杂，卵磷脂沉淀出来，即得到卵磷脂粗品。

方法二：称取10g蛋黄于小烧杯中，加入温热的95%乙醇30mL，边加边搅拌均匀，冷却后过滤。如滤液仍然混浊，可再次过滤至滤液透明。将滤液置于蒸发皿内，于水浴锅中蒸干（或用加热套蒸干，温度可设140℃左右），所得干物即为卵磷脂。（为了减少或尽可能不用乙醚，实验采用方法二）

2. 卵磷脂的纯化 取一定量的卵磷脂粗品，用无水乙醇溶解，得到约10%的乙醇粗提液，加入相当于卵磷脂质量的10%的$ZnCl_2$水溶液，室温搅拌0.5h；分离沉淀物，加入适量冰丙酮（4℃）洗涤，搅拌1h，再用丙酮反复研洗，直到丙酮洗液为近无色止，得到白色蜡状的精卵磷脂；干燥；称重。

3. 卵磷脂的溶解性试验 取干燥试管，加入少许卵磷脂，再加入5mL乙醚，用玻棒搅动使卵磷脂溶解，逐滴加入丙酮3~5mL，观察实验现象。

4. 卵磷脂的鉴定

（1）三甲胺的检验：取干燥试管1支，加入少量提取的卵磷脂及2~5mL 10%氢氧化钠溶液，放入水浴中加热15min，在管口放一片红色石蕊试纸，观察颜色有无变化，并嗅其气味。将加热过的溶液过滤，滤液供下面检验。

（2）不饱和性检验：取干净试管1支，加入10滴上述滤液，再加入1~2滴3%溴的四氯化碳溶液，振摇试管，观察有何现象产生。

（3）磷酸的检验：取干净试管1支，加入10滴上述滤液和5~10滴95%乙醇溶液，然后再加入5~10滴钼酸铵试剂，观察现象；最后将试管放入热水浴中加热5~10min，观察有何变化。

(4)甘油的检验:取干净试管 1 支,加入少许卵磷脂和 0.2g 硫酸氢钾,用试管夹夹住并先在小火上略微加热,使卵磷脂和硫酸氢钾混熔,然后再集中加热,待有水蒸气放出时,嗅有何气味产生。

【注意事项】

(1)注意安全:本实验中的乙醚、丙酮及乙醇均为易燃药品,氯化锌具腐蚀性。
(2)实验过程要细致,培养耐心。

【思考题】

(1)卵磷脂的用途是什么?
(2)医药工业中制备卵磷脂的方法是什么?
(3)本实验有哪些步骤可以改进?
(4)论述文字与照片记录实验过程的重要性。
(5)简述通风橱的重要性(可以不作答)。

实验二十四　对硝基苯胺的制备——薄层色谱

【实验目的】

(1)学习色谱法的原理和分类方法。
(2)掌握薄层色谱一般原理和操作技术。

【实验原理】

(一)原理

色谱分析是基于分析样品各组分在不相混溶并作相对运动的两相(流动相和固定相)中的溶解度的不同,或在固定相上的物理吸附程度不同,而使各组分分离。

分析样品可以是液体、固体(溶于合适的溶剂中)或气体。流动相可以是有机溶剂、惰性载气等;固定相则可以是固体吸附剂,水或涂渍在担体表面的低挥发性有机化合物的液膜,即固定液。

(二)应用

色谱法在有机化学中的应用主要包括以下几方面。

(1)精制提纯化合物:有机化合物中含有少量结构类似的杂质,不易除去,可利用色谱法分离以除去杂质,得到纯品。

(2)鉴定化合物:在条件完全一致的情况,纯粹的化合物在薄层色谱或纸色谱中都呈现一定的移动距离,称比移值(R_f值),所以利用色谱法可以鉴定化合物的纯度或确定两种性质相似的化合物是否为同一物质。

(3)判断一些化学反应进行的程度:可以利用薄层色谱或纸色谱观察原料色点的逐步消失,以证明反应完成与否。

(三)常用方法

常用的色谱分析方法有:①薄层色谱法;② 柱色谱法;③ 纸色谱法;④气相色谱法;

⑤高效液相色谱法。这里介绍薄层色谱法。

1. 薄层色谱(thin layer chromatography,TLC)　薄层层析,是近年来发展起来的一种微量、快速而简单的色谱法,它兼备了柱色谱和纸色谱的优点。一方面适用于小量样品(几到几十微克,甚至0.01μg)的分离;另一方面若在制作薄层板时,把吸附层加厚,将样品点成一条线,则可分离多达500mg的样品,又可用来精制样品。故此法特别适用于挥发性较小或在较高温度易发生变化而不能用气相色谱分析的物质。

薄层色谱属于固-液吸附色谱。样品在涂在玻璃板上的吸附剂(固定相)和溶剂(流动相,又称展开剂)之间进行分离。由于各种化合物的吸附能力各不相同,在展开剂上移时,它们进行不同程度的解吸,从而达到分离的目的。

2. 比移值 R_f　薄层色谱是在被洗涤干净的玻璃板(10cm×3cm左右)上均匀的涂一层吸附剂或支持剂,待干燥、活化后将样品溶液用管口平整的毛细管滴加于离薄层板一端约1cm处的起点线上,晾干或吹干后置薄层板于盛有展开剂的展开槽内,浸入深度为0.5cm。待展开剂前沿离顶端约1cm附近时,将色谱板取出,干燥后喷以显色剂,或在紫外灯下显色。记下原点至主斑点中心及展开剂前沿的距离,计算比移值。

3. 吸附剂　薄层色谱的吸附剂最常用的是硅胶和氧化铝,其颗粒大小一般为260目以上。颗粒太大,展开时溶剂移动速度快,分离效果不好;反之,颗粒太小,溶剂移动太慢,斑点不集中,效果也不理想。吸附剂的活性与其含水量有关,含水量越低,活性越高。化合物的吸附能力与分子极性有关,分子极性越强,吸附能力越大。

国产硅胶有:硅胶G(含有煅石膏作黏合剂)、硅胶H(不含煅石膏,使用时需加入少量聚乙烯醇、淀粉等作黏合剂用)和硅胶F_{254}(含有荧光物质),后者使用之后可在紫外光下观察,有机化合物在亮的荧光板上呈暗色斑点。硅胶经常用于湿法铺层。

4. 铺层及活化　实验室常用20cm×50cm,20cm×10cm,20cm×20cm的玻璃板来铺层。玻璃板要预先洗净擦干。将吸附剂调成糊状进行涂布,黏结剂一般用所羧甲基纤维素钠(CMC),也有用淀粉的。CMC为粉状固体,用时先加水,水浴上熬成糊状,配成0.25%～0.5%的水溶液。此溶液最好现配现用。

为了得到厚度均匀的涂层,可以用涂布器铺层。将洗净的玻璃板在涂布器中间摆好,夹紧,在涂布槽中倒入糊状物,将涂布器自左至右迅速推进,糊状物就均匀涂于玻璃板上(图4-19)。如果没有涂布器也可以进行手工涂布,但这样涂的板的厚度不易控制。具体操作方法是:将硅胶加0.25%～0.5% CMC,调成浆状(在平铺玻璃板上能晃动但不能流动),将其涂在载玻片上,为使其平坦,可将载玻片用手端平晃动,致平坦为止。

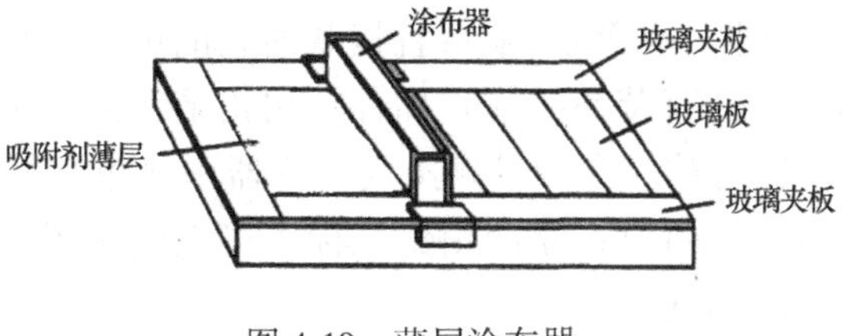

图4-19　薄层涂布器

5. 点样　通常将样品溶于低沸点溶剂(丙酮、甲醇、乙醇、氯仿、苯、乙醚和四氯化碳)配成1%的溶液,用内径小于1mm管口平整的毛细管点样。操作方法如下:

(1) 先用铅笔在距薄层板一端1cm处轻轻划一横线作为起始线。

(2)然后用毛细管吸取样品,在起始线上小心点样,斑点直径一般不超过2mm。

(3)若因样品溶液太稀,可重复点样,但应待前次点样的溶剂挥发后方可重新点样,以防样点过大,造成拖尾、扩散等现象,而影响分离效果。

(4)若在同一板上点几个样,样点间距离应为1~1.5cm。

(5)点样要轻,不可刺破薄层。

6. 展开 展开剂的选择主要根据样品的极性、溶解度和吸附剂的活性等因素来考虑。凡溶剂的极性越大,则对一化合物的洗脱能力也越大,即 R_f 值也越大(如果样品在溶剂中有一定溶解度)。薄层的展开在密闭的容器中进行。先将选择的展开剂放入展开缸中(图4-20),使展开缸内空气饱和5~10min,再将点好试样的薄层板放入展开缸中进行展开,点样的位置必须在展开剂液面之上,当展开剂上升到薄层的前沿(离前端5~10mm)或多组分已明显分开时,取出薄层板放平晾干,用铅笔划溶剂前沿的位置后,即可显色。展开方式有:

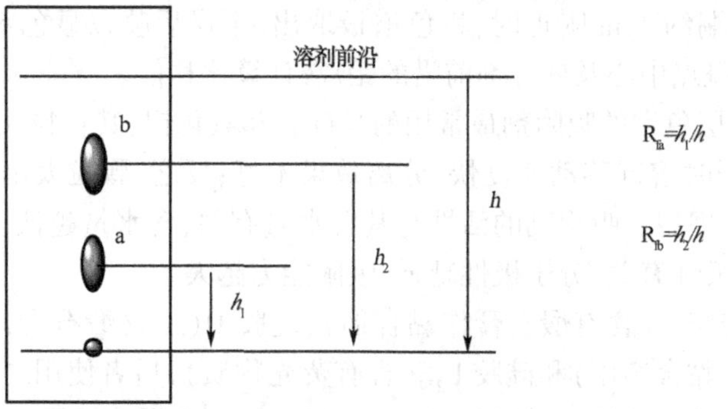

图4-20 色谱图中斑点位置的鉴定

一般 R_f 值在0.15~0.75,具有良好的分离效果。否则应调换展开剂重新展开。

(1)上升法:将色谱板垂直于盛有展开剂的容器中,适合于含黏合剂的色谱板。

(2)倾斜上行法:色谱板倾斜10°~15°角,适用于干板或无黏合剂软板的展开;色谱板倾斜45°~60°角,适用于含有黏合剂的色谱板。

(3)下降法:用滤纸或纱布等将展开剂吸到薄层板的上端,使展开剂沿板下行,这种连续展开的方法适用于 R_f 值小的化合物。

(4)双向色谱法:将样品点在方形薄层板的角上,先向一个方向展开,然后转动90°角的位置,再换另一种展开剂展开。适合于成分复杂的化合物分离。

7. 显色 如果化合物本身有颜色,就可直接观察它的斑点。如果本身无色,可先在紫外灯光下观察有无荧光斑点(有苯环的物质都有),用铅笔在薄层板上划出斑点的位置;对于在紫外灯光下不显色的,可放在含少量碘蒸气的容器中显色来检查色点(因为许多化合物都能和碘成黄棕色斑点),显色后,立即用铅笔标出斑点的位置。此外,还可以根据化合物的特性采用试剂进行喷雾显色

【实验仪器与试剂】

仪器:薄层板、展开缸、镊子、滴管。

试剂:甲苯、乙酸乙酯。

【实验步骤】

1. 制备　薄层板的制备。

2. 点样　将样品A、B分别溶于乙醇(或丙酮),配成1%溶液。点样前,可先用铅笔在薄层板上距一端1cm处轻轻划一横线,作为起始线,并标出点样位置。然后用毛细管吸取样品在起始线上小心点样,直径<2mm。如需重复点样,则应待前次点样的溶剂挥发后方可重点。若在同一块板上点几个样,样品点间距离为5mm以上。

3. 展开　按甲苯:乙酸乙酯=4:1配好展开剂放入展开缸,摇匀,饱和5~10min。再将点好试样的薄层板放入展开缸中进行展开,点样的位置必须在展开剂液面之上,当展开剂上升到薄层的前沿(离前端5~10mm)或多组分已明显分开时,取出薄层板放平晾干,用铅笔划出溶剂前沿的位置后,即可显色。

4. 显色　如果化合物本身有颜色,就可直接观察它的斑点。如果本身无色,可先在紫外灯光下观察有无荧光斑点(有苯环的物质都有),用铅笔在薄层板上划出斑点的位置;对于在紫外灯光下不显色的,可放在含少量碘蒸气的容器中显色来检查色点(因为许多化合物都能和碘成黄棕色斑点),显色后,立即用铅笔标出斑点的位置。

5. 记录　记下原点至斑点中心及展开剂前沿的距离,计算比移值(R_f)。

【注意事项】

(1)样品的用量:所需样品的量与显色剂的灵敏度、吸附剂的种类、薄层的厚度均有关系。样品太少,斑点不清楚,难以观察,但样品量太多时往往出现斑点太大或拖尾现象,以至不易分开。

(2)点样与展开应按要求进行,点样不能戳破薄层板面,展开时,不要让展开剂前沿上升至底线。否则,无法确定展开剂上升高度,即无法求得R_f值和准确判断粗产物中各组分在薄层板上的相对位置。

【思考题】

(1)在混合物薄层色谱中,如何判定各组分在薄层上的位置?

(2)展开剂的高度若超过了点样线,对薄层色谱有何影响?

(刘　勇)

第五章　分析化学实验

实验一　草酸中 $H_2C_2O_4$ 含量的测定

【实验目的】

(1)学习 NaOH 标准溶液的配制、标定及有关仪器的使用。

(2)学习碱式滴定管的使用,练习滴定操作。

【实验原理】

$H_2C_2O_4$ 为有机弱酸,其 $K_{a1}=5.9\times10^{-2}$,$K_{a2}=6.4\times10^{-5}$。常量组分分析时 $cK_{a1}>10^{-8}$,$cK_{a2}>10^{-8}$,$K_{a1}/K_{a2}<10^5$,可在水溶液中一次性滴定其两步离解的 H^+:

$$H_2C_2O_4+2NaOH = Na_2C_2O_4+2H_2O$$

计量点 pH8.4 左右,可用酚酞作指示剂。

NaOH 标准溶液采用间接配制法配制,以邻苯二甲酸氢钾标定:

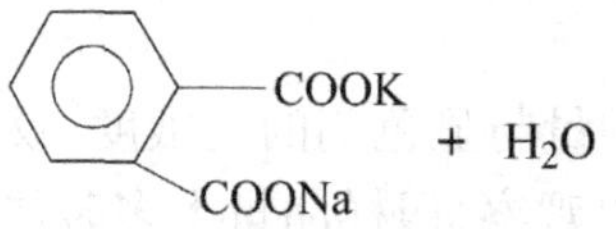

此反应计量点 pH 9.1 左右,同样可用酚酞作指示剂。

【实验仪器与试剂】

器材:天平(0.1g、0.1mg)、碱式滴定管(50mL)、移液管(20mL)、容量瓶(100mL)、锥形瓶(250mL)等。

药品:NaOH(A. R.)、邻苯二甲酸氢钾(基准试剂)、$H_2C_2O_4\cdot2H_2O$(A. R. 或 C. P.,样品)、酚酞指示剂(0.2%乙醇溶液)等。

【实验内容】

(一)NaOH 标准溶液的配制与标定

1. NaOH 标准溶液的配制(约 0.1mol/L)　用台秤称取 NaOH 1.0g 于 100mL 烧杯中,加 50mL 蒸馏水,搅拌使其溶解。移入 500mL 试剂瓶中,再加 200mL 蒸馏水,用橡皮塞塞好,摇匀。

2. NaOH 标准溶液的标定　准确称取 0.4~0.5g 邻苯二甲酸氢钾 3 份,分别置于 250mL 锥形瓶中,加 20~30mL 蒸馏水溶解,再加 1~2 滴 0.2%酚酞指示剂,用 NaOH 标准溶液滴定至溶液呈微红色,半分钟不褪色即为终点。

(二)$H_2C_2O_4$ 含量测定

准确称取 0.5g 左右草酸试样,置于小烧杯中,加 20mL 蒸馏水溶解,然后定量地转入 100mL 容量瓶中,用蒸馏水稀释至刻度,摇匀。

用 20mL 移液管移取试样溶液于 250mL 锥形瓶中,加酚酞指示剂 1～2 滴,用 NaOH 标准溶液滴定至溶液呈微红色,半分钟不褪色即为终点。平行做 3 次。

$H_2C_2O_4$ 含量计算,取三次测定的平均值。

【思考题】

(1) NaOH 标准溶液可否用直接法配制? 为什么?

(2) 在滴定分析中,滴定管、移液管为什么需要用操作溶液润洗几次,而锥形瓶不用操作液润洗?

(3) 溶解邻苯二甲酸氢钾所用水的体积需要很准确吗? 为什么?

(4) 滴定管读数的正确操作是怎样的? 有几种读数方法?

(5) 以酚酞为指示剂,若终点微红色半分钟以后褪去,是否说明还没滴定到终点? 为什么?

实验二　紫外分光光度法测定苯酚的含量

【实验目的】

(1) 掌握紫外光谱法进行物质定性、定量分析的基本原理。

(2) 学习 UV-1700 型紫外-可见分光光度计的使用方法。

【实验原理】

含有苯环和共轭双键的有机化合物在紫外区有特征吸收。物质结构不同对紫外及可见光的吸收具有选择性。其中,最大吸收波长 λ、摩尔吸收系数 ε 及吸收曲线的形状不同是进行物质定性分析的依据。

由于在 λ_{max} 处吸光度 A 有最大值,在此波长下 A 随浓度的变化最为明显,方法的灵敏度最大,故在紫外分光光度计上作苯酚水溶液(试液)的吸收光谱曲线,再由曲线上找出 λ_{max},据此对物质进行定量分析。

用紫外分光光度计进行定量分析时,若被分析物质浓度太低或太高,可使透光率的读数扩展 10 倍或缩小为原来的 1/10,有利于低浓度或高浓度的分析,其方法原理是依据朗伯-比耳定律:$A=\varepsilon bc$。

【实验仪器与试剂】

仪器:UV-1700 型紫外-可见分光光度计、1cm 石英吸收池 2 个、25mL 比色管 7 支、5mL 移液管 1 支、100mL 和 250mL 烧杯各 1 个、吸耳球 1 个。

试剂:苯酚标准溶液(100mg/L)、样品溶液(未知浓度)、未知溶液 A。

【实验内容与步骤】

1. 基线校正　两个比色皿放蒸馏水进行基线校正。

2. 定性分析　A 未知液 1mL 于 25mL 比色管中,用去离子水稀释至刻度,摇匀。取未知液 A,在 UV-1700 型紫外-可见分光光度计上,用 1cm 石英吸收池,去离子水作参比溶液,在 200~330nm 波长范围内,1nm 采样间距,进行高速扫描,绘制吸收曲线,确定最大吸收波长,根据曲线进行定性分析。

3. 定量分析

(1)标准曲线的制作:取 5 支 25mL 的比色管,用移液管分别准确加入 1.0mL、2.0mL、3.0mL、4.0mL、5.0mL 浓度为 100mg/L 的苯酚标准溶液,用去离子水稀释至刻度,摇匀。取各浓度的苯酚标准溶液,用 1cm 石英吸收池,去离子水作参比溶液,在选定的最大波长下,按顺序从低至高浓度依次测量各溶液的吸光度,实验数据记录于标准表中。以吸光度对浓度作图,作出标准工作曲线。

(2)定量测定样品溶液中苯酚含量:取样品溶液 10mL 于 25mL 比色管中,用去离子水稀释至刻度,摇匀。取样品液与于 1cm 石英吸收池,去离子水作参比溶液,在同样条件下测定其吸光度,根据吸光度在标准工作曲线上查出样品溶液中苯酚的浓度。

【思考题】

苯酚的紫外吸收光谱中 210nm、270nm 的吸收峰是由哪类价电子跃迁产生的?

实验三　邻二氮菲分光光度法测定微量铁

【实验目的】

(1)学习确定实验条件的方法,掌握邻二氮菲分光光度法测定微量铁的方法原理。

(2)掌握 721 型分光光度计的使用方法,并了解此仪器的主要构造。

【实验原理】

1. 确定适宜的条件的原因　在可见光分光光度法的测定中,通常是将被测物与显色剂反应,使之生成有色物质,然后测其吸光度,进而求得被测物质的含量。因此,显色条件的完全程度和吸光度的测量条件都会影响到测量结果的准确性。为了使测定有较高的灵敏度和准确性,必须选择适宜的显色反应条件和仪器测量条件。通常所研究的显色反应条件有显色温度和时间,显色剂用量,显色液酸度,干扰物质的影响因素及消除等,但主要是测量波长和参比溶液的选择。对显色剂用量和测量波长的选择是该实验的内容。

2. 如何确定适宜的条件　条件试验的一般步骤为改变其中一个因素,暂时固定其他因素,显色后测量相应溶液吸光度,通过吸光度与变化因素的曲线来确定适宜的条件。

3. 本试验测定工业盐酸中铁含量的原理　根据朗伯-比耳定律:$A=\varepsilon bc$。

当入射光波长 λ 及光程 b 一定时,在一定浓度范围内,有色物质的吸光度 A 与该物质的浓度 c 成正比。只要绘出以吸光度 A 为纵坐标,浓度 c 为横坐标的标准曲线,测出试液的吸光度,就可以由标准曲线查得对应的浓度值,即工业盐酸中铁的含量。

4. 邻二氮菲法的优点　用分光光度法测定试样中的微量铁,目前一般采用邻二氮菲法,该法具有高灵敏度、高选择性、稳定性好、干扰易消除等优点。

5. 邻二氮菲法简介　邻二氮菲为显色剂,选择测定微量铁的适宜条件和测量条件,并用于工业盐酸中铁的测定。

6. 邻二氮菲可测定试样中铁的总量的条件和依据　邻二氮菲亦称邻菲咯啉(简写

phen)，是光度法测定铁的优良试剂。在 pH=2~9 的范围内，邻二氮菲与二价铁生成稳定的橘红色配合物 $[Fe(phen)_3]^{2+}$。

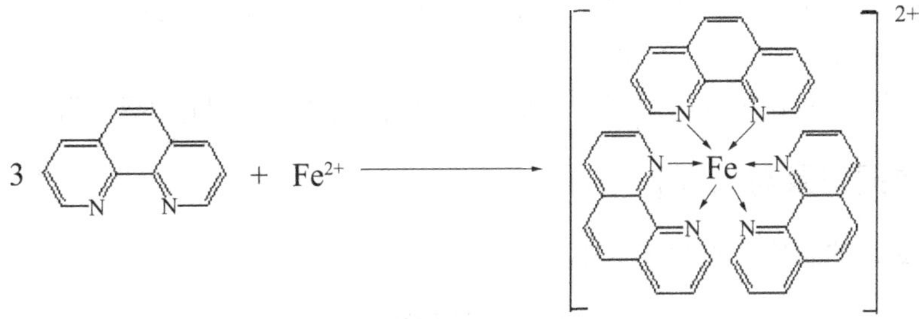

此配合物的 $\lg K_{稳}=21.3$，摩尔吸光系数 $\varepsilon_{510}=1.1\times10^4$ L/(mol · cm)，而 Fe^{3+} 能与邻二氮菲生成 3:1 配合物，呈淡蓝色，$\lg K_{稳}=14.1$。所以在加入显色剂之前，应用盐酸羟胺($NH_2OH \cdot HCl$)将 Fe^{3+} 还原为 Fe^{2+}，其反应式如下：

$$2Fe^{3+}+2NH_2OH\cdot HCl \longrightarrow 2Fe^{2+}+N_2+H_2O+4H^++2Cl^-$$

测定时控制溶液的酸度为 pH≈5 较为适宜，用邻二氮菲可测定试样中铁的总量。

【实验仪器与试剂】

仪器：721 型分光光度计、1cm 吸收池、10mL 吸量管、50mL 比色管(7 个)。

试剂：1.0×10^{-3} mol/L 铁标准溶液、100μg/mL 铁标准溶液、0.15% 邻二氮菲水溶液、10% 盐酸羟胺溶液(新配)、1mol/L 乙酸钠溶液、1mol/L NaOH 溶液、6mol/L HCl(工业盐酸试样)。

【实验步骤】

(一)准备工作

打开仪器电源开关，预热，调解仪器。

(二)测量工作

(以通过空白溶液的透射光强度为 I_0，通过待测液的透射光强度为 I，由仪器给出透射比 T，再由 T 值算出吸光度 A 值)

1. 吸收曲线的绘制和测量波长的选择　用吸量管吸取 2.00mL 1.0×10^{-3} mol/L 铁标准溶液，注入 50mL 比色管中，加入 1.00mL 10% 盐酸羟胺溶液，摇匀，加入 2.00mL 0.15% 邻二氮菲溶液、5.0mLNaAc 溶液，以水稀释至刻度。在光度计上用 1cm 比色皿，采用试剂溶液为参比溶液，在 440~560nm，每隔 10nm 测量一次吸光度(在最大吸收波长处，每隔 2nm)，以波长为横坐标，吸光度为纵坐标，绘制吸收曲线，选择测量的适宜波长。

2. 显色剂条件的选择(显色剂用量)　在 6 支比色管中，各加入 2.00mL 1.0×10^{-3} mol/L 铁标准溶液和 1.00mL 10% 盐酸羟胺溶液，摇匀。分别加入 0.10mL、0.50mL、1.00mL、2.00mL、3.00mL 及 4.00mL 0.15% 邻二氮菲溶液，5.0mL NaAc 溶液，以水稀释至刻度，摇匀。在光度计上用 1cm 比色皿，采用试剂溶液为参比溶液，测吸光度。以邻二氮菲体积为横坐标，吸光度为纵坐标，绘制吸光度-试剂用量曲线，从而确定最佳显色剂用量。

3. 工业盐酸中铁含量的测定

(1)标准曲线的制作:在 6 支 50mL 比色管中,分别加入 0.00mL、0.20mL、0.40mL、0.60mL、0.80mL、1.00mL、100μg/mL 铁标准溶液,再加入 1.00mL 10% 盐酸羟胺溶液、2.00mL 0.15% 邻二氮菲溶液和 5.0mL NaAc 溶液,以水稀释至刻度,摇匀。在 512nm 处,用 1cm 比色皿,以试剂空白为参比,测吸光度 A。

(2)试样测定:准确吸取适量工业盐酸 3 份,按标准曲线的操作步骤,测定其吸光度。

【实验数据记录与处理】

1. 标准曲线的制作 见表 5-1 和图 5-1。

表 5-1 实验数据

波长(nm)	440	450	460	470	480	490	492	494	496
T(%)	58.0	54.8	50.8	46.0	44.9	43.2	42.8	42.0	42.0
吸光度(A)	0.2366	0.2600	0.2900	0.3372	0.3478	0.3645	0.3686	0.3768	0.3768
波长(nm)	498.0	500.0	502.0	504.0	506.0	508.0	510.0	512.0	514.0
T(%)	41.8	41.6	41.0	40.0	41.1	40.0	39.8	39.2	39.5
吸光度(A)	0.3788	0.3809	0.3872	0.3979	0.3862	0.3872	0.4001	0.4067	0.4034
波长(nm)	516.0	518.0	520.0	530.0	540.0	550.0	560.0		
T(%)	39.8	40.0	40.9	48.0	57.2	73.1	83.1		
吸光度(A)	0.4001	0.3979	0.3882	0.3188	0.2426	0.1361	0.0804		

根据表 5-1 数据,作得标准曲线图(图 5-1)如下:

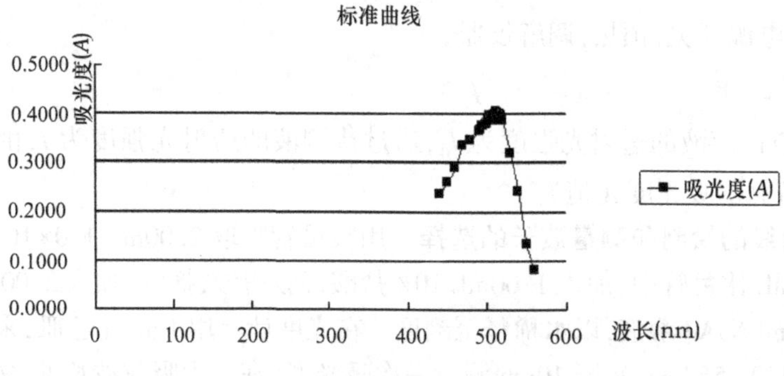

图 5-1 标准曲线

由作图可知,最大吸收波长为 512nm。

2. 显色剂用量的测定 (表 5-2 和图 5-2)

邻二氮菲用量曲线(λ=512nm):

表 5-2　邻二氮菲用量表

邻二氮菲的体积(mL)	0.10	0.50	1.00	2.00	3.00	4.00
T(%)	85.1	51.1	36.4	35.9	36.1	36.8
吸光度(A)	0.0701	0.2916	0.4389	0.4450	0.4425	0.4342

据表 5-2 数据，作得标准曲线图(图 5-2)如下：

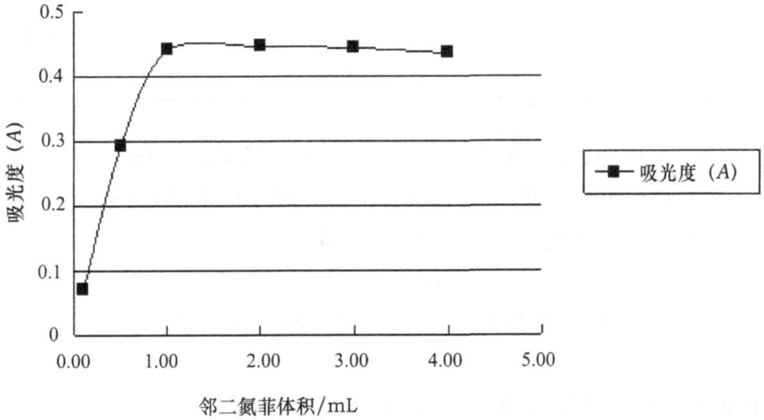

图 5-2　邻二氮菲用量曲线

由图可知，显色剂最佳用量为 2.00mL 0.15% 邻二氮菲溶液。

3. 工业盐酸中铁含量的测定　(表 5-3 和图 5-3)

(1)标准曲线的制作

表 5-3　标准铁溶液数据表

铁标液体积(mL)	0	0.2	0.4	0.6	0.8	1.0
铁浓度(μg/mL)	0	0.4	0.8	1.2	1.6	2.0
T(%)	100.0	85.0	66.3	57.8	41.1	38.1
吸光度(A)	0	0.0706	0.1785	0.2381	0.3862	0.4191

据表 5-3 数据，作得标准曲线图(图 5-3)如下：

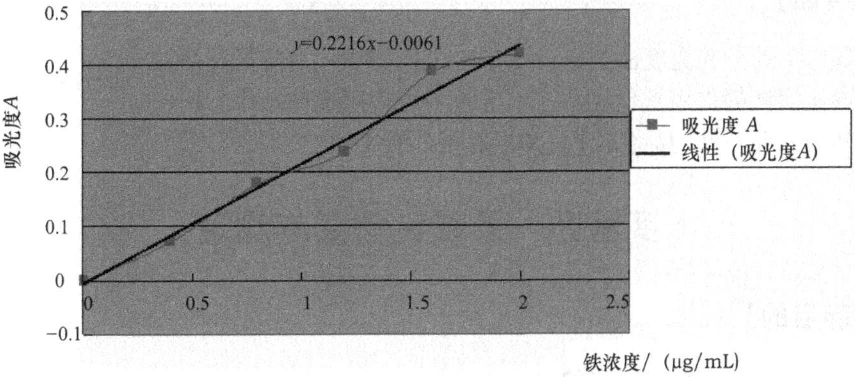

图 5-3　铁溶液含量标准曲线

标准曲线方程为 $y=0.2216x-0.0061$　$R_2=0.98$

(2)试样测定(工业盐酸铁含量的测定)表 5-4

表 5-4　试样中未知铁含量数据

未知样标号	1	2
吸入盐酸的量(mL)	1.0	1.5
T(%)	82.2	75.1
吸光度(A)	0.0851	0.1244
稀释后盐酸中铁的含量(μg/mL)	0.4116	0.5889

把 $y=0.0851, 0.1244$ 代入标准曲线方程 $y=0.2216x-0.0061$ 中,得到 $x=0.4116$, 0.5889,即稀释后工业盐酸中铁的含量为 0.4116μg/mL,0.5889μg/mL。

由 $1.0\ C_{x2}/50=0.4116$,得 $C_{x1}=20.58$(μg/mL)

由 $1.5C_{x3}/50=0.5889$,得 $C_{x2}=19.63$(μg/mL)

则 $C_x=(C_{x1}+C_{x2})/2=(20.58+19.63)/2=20.11$(μg/mL)

RSD=3.34%

所以工业盐酸中铁的含量为 20.11μg/mL。

小结:通过实验数据可知,最适宜波长为 $\lambda=512$nm;邻二氮菲(0.15%)的适宜用量为 2mL;最终由标准曲线得工业盐酸中铁的含量为 20.11μg/mL。

【注意事项】

(1)不能颠倒各种试剂的加入顺序。

(2)读数据时要注意 A 和 T 所对应的数据。透射比与吸光度的关系为 $A=\log(I_0/I)=\log(1/T)$;测定条件指:测定波长和参比溶液的选择。

(3)最佳波长选择好后不要再改变。

(4)每次测定前要注意调满刻度。

(5)通过本实验,学习了确定实验条件的方法,再次熟悉了可见分光光度法的测量原理和实验操作步骤,掌握了邻二氮菲分光光度法测定微量铁的方法原理以及掌握 721 型分光光度计的使用方法。

【思考题】

(1)邻二氮菲分光光度法测定微量铁时为何要加入盐酸羟胺溶液?

(2)参比溶液的作用是什么? 在本实验中可否用蒸馏水作参比?

(3)邻二氮菲与铁的显色反应,其主要条件有哪些?

实验四　乙酸钠含量的测定

【实验目的】

(1)掌握非水溶液酸碱滴定的原理及操作。

(2)掌握结晶紫指示剂的滴定终点的判断方法。

【实验原理】

乙酸钠在水溶液中，是一种很弱的碱（$pK_b = 9.24$），不能在水中用强酸准确滴定。选择适当的溶剂如冰醋酸则可大大提高乙酸钠的碱性，可以 $HClO_4$ 为标准溶液进行滴定，其滴定反应为

$$H_2Ac^+ \cdot ClO^{-4} + NaAc \xlongequal{} 2HAc + NaClO_4$$

邻苯二甲酸氢钾常作为标定 $HClO_4-HAc$ 标准溶液的基准物，其反应如下：

$$C_6H_4 \cdot COOH \cdot COOK + H_2Ac+ \cdot ClO^{-4} \xlongequal{} C_6H_4 \cdot COOH \cdot COOH + HAc + KClO_4$$

由于测定和标定的产物为 $NaClO_4$ 和 $KClO_4$，它们在非水介质中的溶解度都较小，故滴定过程中随着 $HClO_4-HAc$ 标准溶液的不断加入，慢慢有白色混浊物产生，但并不影响滴定结果。本实验选用乙酸酐、冰醋酸混合溶剂，以结晶紫为指示剂，用标准高氯酸-冰醋酸溶液滴定。

【实验仪器与试剂】

仪器：25mL 酸式滴定管、250mL 锥形瓶。

试剂：

（1）$HClO_4-HAc$（0.1mol/L）：在 700～800mL 的冰醋酸中缓缓加入 72%（质量比）的高氯酸 8.5mL，摇匀，在室温下缓缓滴加乙酸酐 24mL，边加边摇，加完后再振摇均匀，冷却，加适量的冰醋酸，稀释至 1L，摇匀，放置 24h（使乙酸酐与溶液中水充分反应）。

（2）结晶紫指示剂：0.2g 结晶紫溶于 100mL 冰醋酸溶液中。

（3）冰醋酸（A. R）

（4）邻苯二甲酸氢钾（A. R）

（5）乙酸酐（A. R）

【实验步骤】

1. $HClO_4-HAc$ 滴定剂的标定　称取 $KHC_8H_4O_4$ 0.15～0.2g 于干燥锥形瓶中，加入冰醋酸 20～25mL 使其溶解，加结晶紫指示剂 1 滴，用 $HClO_4-HAc$（0.1mol/L）缓缓滴定至溶液呈稳定蓝色（略带紫色），即为终点，平行测定 3 份。取相同量的冰醋酸进行空白试验校正。根据 $KHC_8H_4O_4$ 的质量和所消耗的 $HClO_4-HAc$ 的体积，计算 $HClO_4$ 溶液的浓度。

2. 乙酸钠含量的测定　准确称取 0.1g 无水乙酸钠（0.25g 试样三水乙酸钠），置于洁净且干燥的 250mL 锥形瓶中，加入 20mL 冰醋酸使之完全溶解，再加 5mL 乙酸酐，加结晶紫指示剂 1 滴，用 0.1mol/L $HClO_4-HAc$ 标准溶液滴至溶液由紫色转变为蓝色，即为终点。平行测定 3 份，并将结果用空白试验校正。根据所消耗的 $HClO_4$-HAc 体积（mL），计算试样中乙酸钠的质量分数。

【注意事项】

乙酸酐 $(CH_3CO)_2O$ 是由 2 个乙酸分子脱去 1 分子 H_2O 而成，它与 $HClO_4$ 作用发生剧烈反应，反应式为

$$5(CH_3CO)_2O + 2HClO_4 + 5H_2O = 10CH_3COOH + 2HClO_4$$

同时放出大量的热，过热易引起 $HClO_4$ 爆炸，因此，配制时不可使高氯酸与乙酸酐直接混合，只能将 $HClO_4$ 缓缓滴入到冰醋酸中，再滴加乙酸酐。

实验五　气相色谱法测定水中二氯乙酸和三氯乙酸

【实验目的】

(1) 掌握气相色谱法测定水中二氯乙酸和三氯乙酸的基本原理。

(2) 熟悉气相色谱法测定水中二氯乙酸和三氯乙酸的操作细则。

(3) 了解气相色谱法中常用的衍生化试剂。

【实验原理】

水样通过固相萃取浓缩净化，经甲醇硫酸衍生化后气相色谱分离，电子捕获检测器(ECD)检测，外标工作曲线法定量。

【实验仪器与试剂】

仪器：气相色谱仪附 ECD 检测器、色谱数据工作站、自制玻璃柱($\Phi = 1cm$)×10cm 供树脂吸附使用、电热恒温水浴箱、微型旋涡振荡器、钢瓶高纯 N_2(99.999%)。

试剂：甲基叔丁醚(MTBE，色谱纯)、乙腈(色谱纯)、乙醚、正乙烷(分析纯)。

D101 大孔树脂：树脂处理方法：将树脂过筛，选用 30～60 目，按以下顺序洗涤：去离子水浸泡 30min，0.5mol/L 盐酸浸泡 30min，去离子水洗至中性后再用 0.5mol/L 的氢氧化钠浸泡 30min，去离子水洗至中性，再分别用乙醚和甲醇回流 8h 以上，甲醇保存备用。

二氯乙酸和三氯乙酸混合标准贮备液：分别准确称取 10.0mg 二氯乙酸和三氯乙酸于 10mL 容量瓶中，以甲基叔丁基醚溶解定容，得浓度为 1.0mg/mL 二氯乙酸和三氯乙酸混合标准贮备液储备液；该液临用时配成 1.0mg/L 的标准应用液。

色谱条件：①色谱柱：玻璃柱(2m×4mm60～80 目)5% SE-30；②柱温：70℃；③进样口温度：180℃；④检测器温度：200℃；⑤N_2 流速：40mL/min。

【实验步骤】

1. 样品净化浓缩　取 100～250mL 的自来水于分液漏斗中，加入 0.5g 亚硫酸钠以除去余氯，再加入 2.5～5mL 的浓硫酸，混匀，备用。

取经预处理后的 D101 大孔树脂，湿法装柱约 8cm，小心除去柱内气泡。然后按以下顺序对树脂活化：10mL 甲醇，10mL 乙腈，10mL 水，10mL 2% (*V/V*) 硫酸水溶液。酸化样品以 2～3mL/min 的流速流经树脂柱。待样品全通过吸附柱后，用洗耳球轻轻吹去柱内大部分水，再用小气流的 N_2 吹柱约 5min，尽量排去柱内水，再取 2～3mL MTBE 通过吸附柱，让其自然流下，以除去柱中残留水分。关闭柱活塞加 3mL 乙腈于吸附柱，用细不锈钢丝轻轻松动树脂，以除去柱中气泡，平衡 20min，打开柱活塞，以 0.5～1mL/min 的速度放出乙腈，收集洗脱液，待自然停止后再重复洗脱 2 次，合并洗脱液并通过无水 Na_2SO_4 小柱除尽其中水分，最后用少许乙腈淋洗无水 Na_2SO_4 小柱，合并有机相。洗脱液经纯氮气常温下浓缩至近干，用甲醇溶解定容至 1mL 备用。

2. 衍生化　准确吸取 0.5mL 浓缩液于 10mL 具塞刻度离心管中，加入 2mL 临用新配的 10% 硫酸甲醇溶液，加塞混匀，60℃ 水浴中衍生化 2h。加入 5mL 饱和 Na_2SO_4 和 1.0mL MTBE 溶液。振荡萃取 2min，静置 15min，分离出 MTBE 液层供测定用。样液进样 1μL，以峰面积查得标准曲线对应的含量，换算成样品含量。

3. 工作曲线的绘制　准确吸取各为 10~200ng 的 DCAA 和 TCAA 混合标准溶液按上述操作进行，在上述色谱条件下，进样 1μL，测定色谱峰面积，以峰面积为纵坐标，待测组分绝对含量(ng)为横坐标，绘制工作曲线并计算样品含量。

4. 计算

$$c(\mu g/L) = \frac{M}{V_0 \times 1000} \times \frac{V_1}{V_2} \tag{5-1}$$

式(5-1)中，c 为样品中待测物浓度(μg/L)；M 为工作曲线所对应含量(μg)；V_0 为采样体积(mL)；V_1 为样品富集后定容体积(mL)；V_2 为衍生化样品体积(mL)。

【注意事项】

(1) 取 MTBE 通过吸附柱，自然流下，可有效地去除柱中残留水分。

(2) 衍生化条件以 60℃ 水浴，时间 2h 为最佳。

【思考题】

(1) 论述工作曲线和标准曲线的优缺点。

(2) 如何考察衍生化效率？

实验六　可溶性氯化物中氯含量的测定

【实验目的】

(1) 学习 NH_4SCN 标准溶液的配制和标定。

(2) 掌握用佛尔哈德返滴定法测定可溶性氯化物中氯含量的原理和方法。

【实验原理】

在含 Cl^- 的酸性试液中，加入过量的 Ag^+ 标准溶液，定量生成 AgCl 沉淀后，过量 Ag^+ 以铁铵矾作指示剂，用 NH_4SCN 标准溶液回滴，由 $Fe(SCN)^{2+}$ 络离子的红色来指示滴定终点。主要包括下列沉淀反应和络合反应：

$Ag^+ + Cl^- \rightleftharpoons AgCl\downarrow$ (白色)　　$K_{sp} = 1.8\times10^{-10}$

$Ag^+ + SCN^- \rightleftharpoons AgSCN\downarrow$ (白色)　　$K_{sp} = 1.0\times10^{-12}$

$Fe^{3+} + SCN^- \rightleftharpoons Fe(SCN)^{2+}$ (白色)　　$K_1 = 138$

指示剂用量大小对滴定有影响，一般控制 Fe^{3+} 浓度为 0.015mol/L 为宜。

滴定时，控制氢离子浓度为 0.1~1mol/L，剧烈摇动溶液，并加入硝基苯(有毒)或石油醚保护 AgCl 沉淀，使其与溶液隔开，防止 AgCl 沉淀与 SCN^- 发生交换反应而消耗滴定剂。

测定时，能与 SCN^- 生成沉淀或生成络合物，或能氧化 SCN^- 的物质均有干扰。PO_4^{3-}、

AsO_4^{3-}、CrO_4^{2-}等离子，由于酸效应的作用而不影响测定。

佛尔哈德法常用于直接测定银合金和矿石中银的质量分数。

【实验试剂】

$AgNO_3$(0.1mol/L)、NH_4SCN(0.1mol/L)、铁铵矾指示剂溶液(400g/L)、HNO_3(1+1)、硝基苯、NaCl 试样。

【实验步骤】

1. NH_4SCN 溶液的标定 用移液管移取 $AgNO_3$ 标准溶液 25mL 于 250mL 锥形瓶中，加入 5mL(1+1)HNO_3，铁铵矾指示剂 1mL，然后用 NH_4SCN 溶液滴定。滴定时，剧烈振荡溶液，当滴至溶液颜色为淡红色稳定不变时即为终点。平行标定 3 份，计算 NH_4SCN 溶液浓度。

2. 试样分析 准确称取约 2gNaCl 试样于 50mL 烧杯中，加水溶解后，定量转入 250mL 容量瓶中，稀释至刻度，摇匀。

用移液管移取 25mL 试样溶液于 250mL 锥形瓶中，加 25mL 水，5mL(1+1) HNO_3，用滴定管加入 $AgNO_3$ 标准溶液至过量 5~10mL(加入 $AgNO_3$ 溶液时，生成白色 AgCl 沉淀，接近计量点时，氯化银要凝聚，振荡溶液，再让其静置片刻，使沉淀沉降，然后加入几滴 $AgNO_3$ 到清液层，如不生成沉淀，说明 $AgNO_3$ 已过量，这时，再加入 5~10mL $AgNO_3$ 溶液即可)。然后，加入 2mL 硝基苯，用橡皮塞塞住瓶口，剧烈振荡 30s，使 AgCl 沉淀进入硝基苯层而与溶液隔开。再加入铁铵矾指示剂 1mL，用 NH_4SCN 标准溶液滴至出现的淡红色 $Fe(SCN)^{2+}$ 络合物稳定不变时即为终点。平行测定 3 份，计算 NaCl 试样中的氯的含量。

【思考题】

(1)佛尔哈德法测氯时，为什么要加入石油醚或硝基苯？当用此法测定 Br^-、I^- 时，还需加入石油醚或硝基苯吗？

(2)试讨论酸度对佛尔哈德法测定卤素离子含量的影响。

(3)本实验溶液为什么用 HNO_3 酸化？可否用 HCl 溶液或 H_2SO_4 酸化？为什么？

(4)银合金用 HNO_3 溶解后，以铁铵矾作指示剂，可用 NH_4SCN 标准溶液滴定，即可以佛尔哈德法直接测定银合金中银的含量。试讨论方法原理及有关条件。

实验七 过氧化氢含量测定

【实验目的】

(1)掌握用 $KMnO_4$ 法直接滴定 H_2O_2 的基本原理和方法。

(2)掌握用吸量管移取试液的操作。

【实验原理】

在强酸性条件下，$KMnO_4$ 与 H_2O_2 进行如下反应：

$$2KMnO_4+5H_2O_2+3H_2SO_4 = 2MnSO_4+K_2SO_4+5O_2\uparrow+8H_2O$$

$KMnO_4$ 自身作指示剂。

【实验试剂】

$KMnO_4$标准滴定溶液 $c(1/5KMnO_4)=0.1mol/L$、H_2SO_4(3mol/L)、双氧水试样。

【实验内容】

用吸量管准确量取 2mL(或准确称取 2g)双氧水试样,放入装有 200mL 水的 250mL 容量瓶中,用水稀释至刻度,摇匀。

用移液管吸取上述试液 25mL,置于锥形瓶中,加 20mL H_2SO_4(3mol/L),用 $c(1/5KMnO_4)=0.1mol/L$ $KMnO_4$标准滴定溶液滴定至溶液呈浅粉色,保持 30s 不褪为终点。平行测定 3 次。

【数据处理】

1. 计算公式

$$\omega(H_2O_2)=\frac{c(\frac{1}{5}KMnO_4)[V(KMnO_4)-V_{空白}]\times10^{-3}\times M(\frac{1}{2}H_2O_2)}{m(样品)\times\frac{25}{250}}\times100\% \quad (5\text{-}2)$$

$$\rho(H_2O_2)=\frac{c(\frac{1}{5}KMnO_4)[V(KMnO_4)-V_{空白}]\times10^{-3}\times M(\frac{1}{2}H_2O_2)}{V(样品)\times\frac{25}{250}}\times1000 \quad (5\text{-}3)$$

式(5-2)和式(5-3)中,$\omega(H_2O_2)$为过氧化氢的质量分数,%;
$\rho(H_2O_2)$为过氧化氢的质量浓度,g/L;
$c(1/5KMnO_4)$为 $KMnO_4$标准滴定溶液的浓度,mol/L;
$V(KMnO_4)$为滴定时消耗 $KMnO_4$标准滴定溶液的体积,mL;
V(空白)为空白试验滴定时消耗 $KMnO_4$标准滴定溶液的体积,mL;
m(样品)为 H_2O_2试样的质量,g;
V(样品)为 H_2O_2试样的体积,mL;
$M(1/2H_2O_2)$为 1/2 H_2O_2的摩尔质量,g /mol。

2. 数据记录　(表 5-5)

表 5-5　平行测定 3 次的数据记录

	1	2	3
V(样品), mL			
取试液体积,mL			
$V(KMnO_4)$, mL			
V(空白), mL			
$c(1/5KMnO_4)$,mol/L			
$\rho(H_2O_2)$,g/L			
H_2O_2的平均质量浓度,g/L			
相对平均偏差			

【注意事项】

(1)只能用 H_2SO_4 来控制酸度，不能用 HNO_3 或 HCl 控制酸度。因 HNO_3 具有氧化性，Cl^- 会与 MnO_4^- 反应。

(2)不能通过加热来加速反应。因 H_2O_2 易分解。

(3) Mn^{2+} 对滴定反应具有催化作用。滴定开始时反应缓慢，随着 Mn^{2+} 的生成而加速。

【思考题】

(1)用高锰酸钾法测定 H_2O_2 时，能否用 HNO_3 或 HCl 来控制酸度？

(2)用高锰酸钾法测定 H_2O_2 时，为何不能通过加热来加速反应？

实验八　胆矾中铜含量测定

【实验目的】

(1)练习分析天平的操作技术。

(2)掌握间接碘量法测定胆矾中铜含量的原理和方法。

(3)熟悉滴定分析操作中的掩蔽技术。

【实验原理】

胆矾($CuSO_4 \cdot 5H_2O$)中的铜含量常用间接碘量法测定，Cu^{2+} 与过量 I^- 发生如下反应：

$$2Cu^{2+} + I^- \longrightarrow 2CuI\downarrow + I_2$$

$$I_2 + I^- \longrightarrow I_3^-$$

生成的 I_2 用 $Na_2S_2O_3$ 标准溶液滴定，以淀粉为指示剂，滴定至溶液的蓝色刚好消失即为终点，由此计算出样品中铜的含量。

$$I_2 + 2S_2O_3^{2-} \longrightarrow 2I^- + S_4O_6^{2-}$$

由于 CuI 沉淀强烈吸附 I_3^-，致使分析结果偏低，为了减少 CuI 沉淀对 I_3^- 的吸附，可在大部分 I_2 被 $Na_2S_2O_3$ 溶液滴定后，再加入 KSCN，使 CuI($K_{sp} = 5.06\times10^{-12}$)转化为溶解度更小的 CuSCN($K_{sp} = 4.8\times10^{-15}$)。

$$CuI + SCN^- \longrightarrow CuSCN\downarrow + I^-$$

CuSCN 对 I_3^- 的吸附较小，因而可提高测定结果的难确度。KSCN 只能在接近终点时加入，否则 SCN^- 可能直接还原 Cu^{2+} 而使结果偏低：

$$6Cu^{2+} + 7SCN^- + 4H_2O \longrightarrow 6CuSCN\downarrow + SO_4^{2-} + HCN + 7H^+$$

为了防止 Cu^{2+} 的水解及满足碘量法的要求，反应必须在微酸性介质中进行($pH = 3 \sim 4$)。控制溶液的酸度常用 H_2SO_4 或 HAc，而不用 HCl，因 Cu^{2+} 易与 Cl^- 生成 $CuCl_4^{2-}$ 配离子不利于测定。

若试样中含有 Fe^{3+}，对测定有干扰，因发生反应：

$$2Fe^{3+} + 2I^- \longrightarrow 2Fe^{2+} + I_2$$

使结果偏高，可加入 NaF 或 NH_4F，将 Fe^{3+} 掩蔽为 FeF_6^{3-}。

【实验仪器与试剂】

仪器:碱式滴定管、锥形瓶、烧杯、量杯、分析天平。

试剂:0.02mol/L $Na_2S_2O_3$标准溶液、1mol/L H_2SO_4溶液、0.5%淀粉溶液、5% KI 溶液、5% KSCN 溶液、饱和 NaF 溶液。

【实验内容】

准确称取胆矾试样0.1g置于250mL锥形瓶中,加入2mL 1mol/L H_2SO_4溶液及20mL蒸馏水,样品溶解后,加入2mL饱和NaF溶液(若不含Fe^{3+},则不加入)和6mL 5% KI溶液,摇匀后立即用$Na_2S_2O_3$标准溶液滴定至浅黄色(接近终点)。然后加入2mL 0.5%的淀粉溶液,继续滴定到呈浅蓝色(更接近终点),再加入5mL 5% KSCN溶液,摇匀,溶液的蓝色转深,再继续用$Na_2S_2O_3$标准溶液滴定至蓝色刚好消失为止,此时溶液呈米色CuSCN悬浮液,记录所耗$Na_2S_2O_3$的体积。平行测定2~3次。

按式(5-4)计算铜的百分含量:

$$Cu\% = \frac{C_{Na_2S_2O_3} \cdot \frac{V_{Na_2S_2O_3}}{1000} \cdot M_{Cu}}{W_{样}} \times 100 \qquad (5\text{-}4)$$

【思考题】

(1)硫酸铜易溶于水,溶解时为什么要加硫酸?

(2)测定铜含量时,加入KI为何要过量?此量是否要求很准确?加KSCN的作用是什么?为什么只能在临近终点前才能加入KSCN?

(3)测定反应为什么一定要在弱酸性溶液中进行?

实验九 饮料中维生素C含量的测定

【实验目的】

(1)学习配制和标定$Na_2S_2O_3$溶液、I_2溶液的原理、方法及保存。

(2)了解直接碘量法的基本原理。

(3)掌握维生素C的测定方法。

【实验原理】

维生素C又称抗坏血酸病,分子式为$C_6H_8O_6$,在医药上和化学上应用非常广泛。在分析化学中常作为还原剂用于光度法和配位滴定法等,如Fe^{3+}还原为Fe^{2+},Cu^{2+}还原为Cu^{+},Au(Ⅲ)还原为金属Au等,因此了解它的分析方法十分重要。

维生素C分子中含有还原性的烯二醇基,能被I_2定量氧化为二酮基,其滴定反应式:

$$C_6H_8O_6+I_2 = C_6H_6O_6+2HI$$

由于反应速率较快,可以直接用I_2标准溶液滴定。通过消耗I_2溶液的体积及其浓度可以计算试样中维生素C的含量。

由于抗坏血酸具有较强的还原性，在空气中极易被氧化而变成黄色，尤其在碱性介质中更甚，测定时加入 HAc 使溶液呈弱酸性，可减少维生素 C 的副反应。

用升华法制得的单质碘，可以直接配制标准溶液。但由于碘的挥发性及对天平的腐蚀性，不宜在分析天平上称重，故经常先配制一个近似浓度的溶液，然后再进行标定。配制 I_2 溶液时加入过量 KI（I_2 与 KI 形成 KI_3 使溶解度增加，挥发性大为降低）。溶液保存在棕色瓶中放在暗处，避免见光而使浓度发生改变，还应避免与橡皮等有机物接触。

【实验试剂】

$K_2Cr_2O_7$ 标准溶液（0.017mol/L）、$Na_2S_2O_3 \cdot 5H_2O$（分析纯）、I_2（分析纯）、KI（分析纯）、0.5%淀粉指示剂、HCl 溶液（6mol/L）、HAc 溶液（2mol/L）。

【实验步骤】

（1）配制 0.05mol/L I_2 溶液：称取 3.3g I_2 和 5g KI 置于研钵中（在通风橱内），加入少量水研磨，待 I_2 全部溶解后，将溶液转入棕色瓶中加入纯水稀释至 250mL，充分摇匀。一般由实验室预先配制好 I_2 溶液。

（2）配制 0.10mol/L $Na_2S_2O_3$ 溶液：称取 6.5g $Na_2S_2O_3 \cdot 5H_2O$，溶于 250mL 新煮沸的冷蒸馏水中，加 0.1gNa_2CO_3，保存在棕色瓶中，放置一周后进行标定。一般由实验室预先配制好 $Na_2S_2O_3$ 溶液。

（3）0.10mol/L $Na_2S_2O_3$ 溶液浓度的标定：用移液管吸取 20mL $K_2Cr_2O_7$ 标准溶液于 250mL 锥形瓶中，加 5mL 6mol/L HCl，加入 10mL 100g/LKI。摇匀后盖上表面皿，于暗处放置 5min。然后用 100mL 水稀释，用 $Na_2S_2O_3$ 溶液滴定至浅黄绿色后加入 2mL 淀粉指示剂，继续滴定至溶液蓝色消失并变为绿色即为终点。平行标定 3 次。

（4）0.05mol/L I_2 溶液浓度的标定：移取 20mL I_2 溶液置于 250mL 锥形瓶中，用 50mL 水，用 $Na_2S_2O_3$ 标准溶液滴定至浅黄色时，加入 2mL 淀粉指示剂，继续用 $Na_2S_2O_3$ 溶液滴定至蓝色恰好消失即为终点。平行标定 3 次。

（5）维生素 C 含量的测定：移取 25mL 饮料（橙汁）于 250mL 锥形瓶中，加入 10mL 2mol/L HAc 溶液和 1mL 淀粉指示剂，立即用稀释 10 倍的 I_2 标准溶液滴定至稳定的浅蓝色，即为终点。平行测定 3 次。

【结果计算】

维生素 C 的质量分数为

$$W(\mathrm{VC})(\%) = \frac{c(\mathrm{I_2}) \times V(\mathrm{I_2}) \times 176.13}{V(\mathrm{VC}) \times 10} \times 100 \tag{5-5}$$

式（5-5）中，$c(I_2)$ 为 I_2 标准溶液浓度，mol/L；

$V(I_2)$ 为滴定用去 I_2 标准溶液的体积，mL；

$V(VC)$ 为加入饮料的体积，mL；

173.16 为维生素 C 的相对分子质量。

【注意事项】

（1）$K_2Cr_2O_7$ 与 KI 的反应需一定的时间才能进行得完全，故需放置 5min。

(2)在标定 $Na_2S_2O_3$ 和 I_2 溶液时,淀粉指示剂应在临近终点时加入,而不能加入得过早。

【思考题】

(1)配制 I_2 溶液时加入 KI 的目的是什么?

(2)为什么 $Na_2S_2O_3$ 溶液应放置一周后再进行标定?

(3)为什么在标定 $Na_2S_2O_3$ 和 I_2 溶液时,淀粉指示剂应在临近终点时加入?

(4)测定维生素 C 试样时,为何要在 HAc 介质的溶液中进行?

实验十　食盐中氯含量测定

【实验目的】

(1)学习 $AgNO_3$ 标准溶液的配制和标定。

(2)掌握用莫尔法进行沉淀滴定的原理、方法和实验操作。

【实验原理】

某些可溶性氯化物中氯含量的测定常采用莫尔法。此法是在中性或弱碱性溶液中,以 K_2CrO_4 为指示剂,以 $AgNO_3$ 标准溶液进行滴定。由于 AgCl 沉淀的溶解度比 Ag_2CrO_4 小,因此,溶液中首先析出 AgCl 沉淀。当 AgCl 定量沉淀后,过量 1 滴 $AgNO_3$ 溶液即与 CrO_4^{2-} 生成砖红色 Ag_2CrO_4 沉淀,指示达到终点。主要反应式如下:

$Ag^+ + Cl^- = AgCl\downarrow$(白色)　　$K_{sp} = 1.8\times10^{-10}$

$2Ag^+ + CrO_4^{2-} = Ag_2CrO_4\downarrow$(砖红色)　　$K_{sp} = 2.0\times10^{-12}$

滴定必须在中性或弱碱性溶液中进行,最适宜的 pH 为 6.5~10.5。如果有铵盐存在,溶液的 pH 需控制在 6.5~7.2。

指示剂的用量对滴定有影响,一般以 5×10^{-3} mol/L 为宜(指示剂用量大小对测定有影响,必须定量加入。溶液较稀时,需作指示剂的空白校正,方法如下:取 1mL K_2CrO_4 指示剂溶液,加入适量水,然后加入无 Cl^- 的 $CaCO_3$ 固体(相当于滴定时 AgCl 的沉淀量),制成相似于实际滴定的浑浊溶液。逐渐滴入 $AgNO_3$ 溶液,至与终点颜色相同为止,记录读数,从滴定试液所消耗的 $AgNO_3$ 体积中扣除此读数。凡是能与 Ag^+ 生成难溶性化合物或络合物的阴离子都干扰测定。如 PO_4^{3-}、AsO_4^{3-}、SO_3^{2-}、S^{2-}、CO_3^{2-}、$C_2O_4^{2-}$ 等。其中 H_2S 可加热煮沸除去,将 SO_3^{2-} 氧化成 SO_4^{2-} 后就不再干扰测定。大量 Cu^{2+}、Ni^{2+}、Co^{2+} 等有色离子将影响终点观察。凡是能与 CrO_4^{2} 指示剂生成难溶化合物的阳离子也干扰测定,如 Ba^{2+}、Pb^{2+} 能与 CrO_4^{2-} 分别生成 $BaCrO_4$ 和 $PbCrO_4$ 沉淀。Ba^{2+} 的干扰可通过加入过量的 Na_2SO_4 消除。Al^{3+}、Fe^{3+}、Bi^{3+}、Sn^{4+} 等高价金属离子在中性或弱碱性溶液中易水解产生沉淀,会干扰测定。

【实验试剂】

$AgNO_3$ 分析纯、NaCl 优级纯(使用前在高温炉中于 500~600℃下干燥 2~3h,置于干燥器中冷却)、K_2CrO_4 溶液(50g/L)。

【实验步骤】

1. 配制 0.1mol/L $AgNO_3$溶液 称取 8.5g $AgNO_3$溶解于 500mL 不含 Cl^-的蒸馏水中，将溶液转入棕色试剂瓶中，置暗处保存，以防止光照分解。

2. 0.1mol/L $AgNO_3$溶液浓度的标定 称取 0.5～0.65g NaCl 基准物于小烧杯中，用蒸馏水溶解后，定量转入 100mL 容量瓶中，以水稀释至刻度，摇匀。

用移液管移取 25mL NaCl 溶液注入 250mL 锥瓶中，加入 25mL 水(沉淀滴定中，为减少沉淀对被测离子的吸附，一般滴定的体积以大些为好，故需加水稀释试液。)，用吸量管加入 1mL K_2CrO_4溶液，在不断摇动条件下，用 $AgNO_3$溶液滴定至呈现砖红色即为终点 。平行标定 3 份。根据 $AgNO_3$溶液的体积和 NaCl 的质量，计算 $AgNO_3$溶液的浓度。

3. 食盐中 NaCl 含量的测定 准确称取 1.3g 食盐于烧杯中，加水溶解后，定量转入 250mL 容量瓶中，用水稀释至刻度，摇匀。用移液管移取 25mL 试液于 250mL 锥形瓶中，加入 25mL 水，用 1mL 吸量管加入 1mL K_2CrO_4溶液，在不断摇动条件下，用 $AgNO_3$标准溶液滴定至溶液出现砖红色即为终点。平行测定 3 份。计算食盐中氯的含量。

【结果计算】

计算食盐中氯含量：

$$Cl(\%)=\frac{c\times V\times 34.45}{m\times 0.1\times 1000}\times 100 \tag{5-6}$$

式(5-6)中，c 为 $AgNO_3$标准溶液浓度，mol/L；

V 为滴定用去 $AgNO_3$溶液的体积，mL；

m 为 NaCl 质量，单位 g。

【注意事项】

(1)滴定应在中性或弱碱性溶液中进行($pH=6.5\sim10.5$)。

(2)加 1mL K_2CrO_4的量要准确，可用吸量管吸取。

(3)滴定时应剧烈摇动，使被 AgCl 沉淀吸附的 Cl^-及时释放出来，防止终点提前。

(4)实验结束后滴定管应及是清洗：先用蒸馏水冲洗 2～3 次，再用自来水冲洗，以免产生 AgCl 沉淀，难以洗净。

【思考题】

(1)配制好的 $AgNO_3$溶液要贮于棕色瓶中，并置于暗处，为什么？

(2)能否用莫尔法以 NaCl 标准溶液直接滴定 Ag^+？为什么？

(3)计算滴定前溶液中 CrO_4^{2-}的浓度大约是多少？

(4)本法滴定中，试液的酸度宜控制什么范围？为什么？

实验十一 酱油中氨基酸总量的测定

【实验目的】

掌握用双指示剂甲醛滴定法测定氨基酸总量的方法。

【实验原理】

氨基酸具有酸性的—COOH 基和碱性的—NH_2基。它们相互作用而使氨基酸成为中性的内盐。当加入甲醛溶液时，—NH_2基与甲醛结合，从而使其碱性消失。这样就可以用强碱标准溶液来滴定—COOH 基，并用间接的方法测定氨基酸总量。

【实验试剂】

40% 中性甲醛溶液、0.1% 百里酚酞乙醇溶液、0.1% 中性红溶液、50% 乙醇溶液、氢氧化钠标准溶液（0.1mol/L）。

【实验步骤】

移取酱油 10mL 加入 100mL 容量瓶中，定容，摇匀。移取 10mL 酱油稀释液置于 250mL 锥形瓶中，各加 30mL 蒸馏水，其中 1 份加入 3 滴中性红指示剂，用 0.1mol/L 氢氧化钠标准溶液滴定至由红变为琥珀色为终点；另 1 份加入 3 滴百里酚酞指示剂及中性甲醛 20mL，摇匀，静置 1min，用 0.1mol/L 氢氧化钠标准溶液滴定至淡蓝色为终点。分别记录两次所消耗的碱液体积。平行测定 3 次。

【结果计算】

$$\text{氨基酸态氮}(\%) = \frac{(V_1 - V_2) \times c \times 0.014}{m} \times 100 \qquad (5\text{-}7)$$

式（5-7）中：c 为氢氧化钠标准溶液的浓度，mol/L；

V_1 为用中性红作指示剂滴定时消耗氢氧化钠标准溶液体积，mL；

V_2 为用百里酚酞作指示剂滴定时消耗氢氧化钠标准溶液体积，mL；

m 为测定用样品溶液相当于样品的质量，g；

0.014 为氮的毫摩尔质量，g/mmol。

【注意事项】

（1）此法适用于测定食品中的游离氨基酸。

（2）固体样品应先进行粉碎，准确称样后用水萃取，然后测定萃取液；液体试样如酱油、饮料等可直接吸取试样进行测定。萃取可在 50℃ 水浴中进行 0.5h 即可。

（3）若样品颜色较深，可加适量活性炭脱色后再测定，或用电位滴定法进行测定。

（4）与本法类似的还有单指示剂（百里酚酞）甲醛滴定法，此法用标准碱完全中和—COOH基时的 pH 为 8.5~9.5，但分析结果稍偏低，即双指示剂法的结果更准确。

【思考题】

（1）测定氨基酸态氮时，加入甲醛的作用是什么？

（2）为什么要强调使用“中性”甲醛溶液？怎样配制“中性甲醛”溶液？

（3）若样品中含有铵盐，有无干扰，为什么？

实验十二 食品中亚硝酸盐的测定

【实验目的】

(1)熟悉食品中亚硝酸盐的卫生标准。

(2)掌握食品中亚硝酸盐含量测定的基本方法。

【实验原理】

样品经沉淀蛋白质,除去脂肪后,在弱酸条件下,亚硝酸盐与对氨基苯磺酸氮化,再与盐酸萘乙二胺偶合形成紫红色燃料,其最大吸收波长为538nm,可测定吸光度并与标准比较定量。反应式如下:

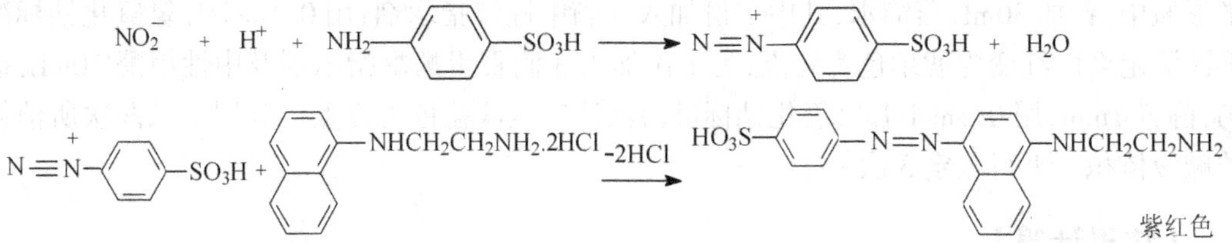

【实验仪器与试剂】

仪器:小型绞肉机、组织捣碎机、分光光度计。

试剂:

(1)亚铁氰化钾溶液:称取106g亚铁氰化钾[$K_4Fe(CN)_3 \cdot 3H_2O$]溶于水,并定容至1000mL;

(2)乙酸锌溶液:称取220g乙酸锌[$Zn(CH_3COO)_2 \cdot 2H_2O$]加30mL冰乙酸,溶于水并定容至100mL;

(3)饱和硼砂溶液:称取5g硼酸钠($NaB_4O_7 \cdot 10H_2O$)溶于100mL热水中,冷却备用;

(4)0.4%对氨基苯磺酸溶液:称取0.4g对氨基苯磺酸溶于100mL 20%盐酸中,避光保存;

(5)0.2%盐酸萘乙二胺溶液:称取0.2g盐酸萘乙二胺,以水定容100mL,避光保存;

(6)氢氧化铝乳液:溶解125g硫酸铝[$Al_2(SO_4)_3 \cdot 18H_2O$]于1000mL重蒸馏水中,使氢氧化铝全部沉淀(溶液呈微碱性),用蒸馏水反复洗涤,真空抽滤,直至洗液分别用氯化钡、硝酸银检验不发生混浊为止。取下沉淀物,加适量重蒸馏水使呈稀浆糊状,捣匀备用;

(7)果蔬提取剂:50g氯化镉与50g氯化钡溶于1000mL重蒸馏水中,用浓盐酸(2mL左右)调整到pH为1;

(8)亚硝酸钠标准溶液:精密称取0.1000g于硅胶干燥器中干燥25h的亚硝酸钠(GR),加水溶解移入500mL容量瓶中,并稀释至刻度。此溶液每毫升相当于200μg亚硝酸钠;

(9)亚硝酸钠标准使用液:吸取标准液5mL于200mL容量瓶中,用重蒸馏水定容。此溶液含5μg/mL亚硝酸钠,临用时配制。

【实验步骤】

1. 试样中硝酸盐和亚硝酸盐的提取

(1)肉类制品(红烧类除外):称取经搅碎混合均匀的试样5g于50mL烧杯中,加入硼砂饱和溶液12.5mL,以玻璃棒搅和,继之以70℃左右重蒸馏水约300mL将其洗入500mL的容量瓶中,置沸水浴中加热15min,取出,一边转动,一边加入5mL亚铁氰化钾溶液,摇匀,再加入5mL乙酸锌溶液以沉淀蛋白质。定容,混匀,静置半小时,除去上层脂肪,过滤,弃去初滤液30mL,收集滤液备用。

(2)红烧类肉制品:前面部分同肉类制品。取其滤液60mL于100mL容量瓶中,加氢氧化铝乳液至刻度,过滤,滤液应无色透明。

(3)果蔬类:称取适量样品用组织捣碎机捣碎,取适量匀浆于500mL容量瓶中,加200mL水,加入果蔬提取剂100mL(如滤液有白色悬浮物,可以适当减少加入量),振摇1h。加2.5mol/L氢氧化钠溶液40mL,用纯水定容后立即过滤。然后取60mL滤液于100mL容量瓶中,加氢氧化铝乳液至刻度。用滤纸过滤,滤液应无色透明。

2. 标准曲线绘制　吸取0mL、0.2mL、0.4mL、0.6mL、0.8mL、1.0mL、1.5mL、2.0mL、2.5mL亚硝酸钠标准使用液(相当于0μg、1μg、2μg、3μg、4μg、5μg、7.5μg、10μg、12.5μg亚硝酸钠),分别置50mL比色管中。各加入0.4%对氨基苯磺酸2mL,混匀,静置3~5min后各加入1.0mL 0.2%盐酸萘乙二胺溶液,加水至刻度、混匀,静置15min,用2cm比色杯,以零管调零,于538nm处测定吸光度,绘制标准曲线。

3. 样品测定　吸取40mL样品提取液于50mL比色管中,按绘制标准曲线同样方法操作,于538处测吸光度,从标准曲线上查出测定用样液中亚硝酸钠的含量(μg/mL)。

【结果计算】

$$\text{肉制品中亚硝酸盐含量(g/kg)} = \frac{c \times 1000}{m \times \frac{40}{500} \times \frac{1}{50} \times 1000 \times 1000}$$

红烧类和果蔬类中亚硝酸盐含量(g/kg)

【实验结论】

查肉制品中亚硝酸盐限量标准作出结论。

实验十三　葡萄糖含量的测定

【实验目的】

(1)了解间接碘量法的基本原理。

(2)掌握葡萄糖含量的测定方法。

【实验原理】

碘与NaOH作用可生成次碘酸钠(NaIO),葡萄糖($C_6H_{12}O_6$)能定量地被次碘酸钠

(NaIO)氧化成葡萄糖酸($C_6H_{12}O_7$)。在酸性条件下,未与葡萄糖作用的次碘酸钠可转变成碘(I_2)析出,因此只要用 $Na_2S_2O_3$ 标准溶液滴定析出的 I_2,便可计算出 $C_6H_{12}O_6$ 的含量。

I_2 与 NaOH 作用:$I_2+2NaOH = NaIO + NaI + H_2O$

$C_6H_{12}O_6$ 和 NaIO 定量作用:$C_6H_{12}O_6+ NaIO = C_6H_{12}O_7+ NaI$

总反应式:$I_2+ C_6H_{12}O_6+2NaOH = C_6H_{12}O_7+ NaI + H_2O$

$C_6H_{12}O_6$ 作用完后,剩下未作用的 NaIO 在碱性条件下发生歧化反应:

$$3NaIO = NaIO_3+2NaI$$

在酸性条件下:$NaIO_3+5NaI +6HCl = 3I_2+6NaCl +3H_2O$

析出过量的 I_2 可用标准 $Na_2S_2O_3$ 溶液滴定:

$$I_2+2Na_2S_2O_3 = Na_2S_4O_6+2NaI$$

由以上反应可以看出一分子葡萄糖与一分子 NaIO 作用,而一分子 I_2 产生一分子 NaIO,也就是一分子葡萄糖与一分子 I_2 相当。本法可用于食品中葡萄糖含量的测定。

【实验试剂】

I_2 标准溶液(0.05mol/L)、$Na_2S_2O_3$ 标准溶液(0.1mol/L)、NaOH 溶液(1mol/L)、HCl 溶液(1∶1)、0.5%淀粉指示剂、葡萄糖样品。

【实验步骤】

准确称取 0.5g 葡萄糖试样于 100mL 烧杯中,加少量水溶解后定量转移至 100mL 容量瓶中,定容并摇匀。用移液管移取该试液 20mL 于 250mL 锥形瓶中,由酸式滴定管准确加入 20mL I_2 标准溶液。在摇动下缓缓滴加 1mol/L NaOH 溶液,直至溶液变成浅黄色。盖上表面皿,放置约 15min,使之反应完全。用少量水冲洗表面皿和锥形瓶内壁,然后加入 2mL HCl,立即用 $Na_2S_2O_3$ 标准溶液滴定至浅黄色。加 2mL 淀粉指示剂,继续滴定至蓝色恰好消失即为终点。平行测定 3 份。

【结果计算】

$$\text{葡萄糖}(\%)=\frac{\left(20\times c_1-\frac{1}{2}\times c_2\times V_2\right)\times 180}{m\times\frac{20}{100}\times 1000}\times 100 \qquad (5\text{-}8)$$

式(5-8)中,c_1 为 I_2 标准溶液浓度,mol/L;

c_2 为 $Na_2S_2O_3$ 标准溶液浓度,mol/L;

V_2 为滴定消耗 $Na_2S_2O_3$ 标准溶液体积,单位:mL;

m 为葡萄糖试样质量,单位:g;

180 为葡萄糖相对分子质量。

【注意事项】

(1)氧化葡萄糖时滴加稀 NaOH 的速度要慢。

(2)加入 HCl 酸后应立即用 $Na_2S_2O_3$ 标准溶液滴定。

【思考题】

(1)为什么在氧化为葡萄糖时滴加 NaOH 的速度要慢？

(2)为什么在酸化后应立即用 $Na_2S_2O_3$标准溶液滴定？

(3)实验中为什么要先加入 NaOH 溶液，后加入 HCl 溶液？

实验十四　碘量法测定水中溶解氧

【实验目的】

(1)掌握碘量法测定溶解氧的原理和方法。

(2)熟悉滴定操作。

(3)了解溶解氧测定的意义和采样原则。

【实验原理】

在碱性溶液中，$Mn(OH)_2$和溶解氧结合成为 $MnO(OH)_2$，再与过量的 $Mn(OH)_2$结合成 $MnMnO_3$，在酸性溶液中将 KI 氧化释放出 I_2，以 $Na_2S_2O_3$滴定 I_2。根据 $Na_2S_2O_3$消耗的体积计算出样品中溶解氧的含量。

【实验仪器与试剂】

仪器：溶解氧瓶、碘量瓶(250mL)、滴定管(25mL 或 50mL)、100mL 移液管。

试剂

1)硫酸锰溶液：将 480g $MnSO_4 \cdot 4H_2O$ 或 400g $MnCl_2 \cdot 2H_2O$ 用蒸馏水溶解，过滤后稀释至 1000mL。

2)碱性碘化钾溶液：将 500g 分析纯 NaOH 溶于 300~400mL 蒸馏水中。另取 150g 分析纯 KI 或 135g 分析纯 NaI 溶于 200mL 蒸馏水中。合并上述两种溶液，加蒸馏水至 1000mL，放置 24h 使碳酸钠下沉，取上清液备用。

3)0.1mol/L $Na_2S_2O_3$标准贮备液：取约 25g 分析纯 $Na_2S_2O_3 \cdot 5H_2O$，用煮沸放冷的蒸馏水配成 1000mL。加 0.4g NaOH 或 0.2g 无水 Na_2CO_3，或数小粒碘化汞，储于棕色瓶中以防止分解。溶液可保存数周。

4)标定 $Na_2S_2O_3$准确浓度：准确取 0.15g 分析纯 KIO_3于 250mL 三角瓶内，加 100mL 蒸馏水，微热使其溶解，加约 3g KI 及 10mL 乙酸，放置 5min。用 0.1mol/L $Na_2S_2O_3$标准溶液滴定，不停振摇三角瓶，至溶液变微黄色，加 1mL 淀粉溶液，继续滴定至溶液刚变成无色为止，记录滴定液用量，按式(5-9)计算其准确浓度。

$$c = \frac{6 \times m}{M \times V} \tag{5-9}$$

式(5-8)中，c 为 $Na_2S_2O_3$的摩尔浓度(mol/L)；

m 为 KIO_3的质量(mg)；

M 为 KIO_3的摩尔质量(214.01)；

V为滴定体积(mL)。

0.025mol/L $Na_2S_2O_3$标准应用液：取适量已标定的 $Na_2S_2O_3$标准溶液，准确配成 0.025mol/L $Na_2S_2O_3$标准溶液。此溶液在夏天存放，最好不超过 10d，用前重新标定。

淀粉溶液：以小量蒸馏水将 2g 可溶淀粉溶解，用玻棒调成糊状，再加煮沸的蒸馏水至 200mL，冷后加 0.25g 水杨酸或 0.8g 氯化锌以防止分解。如果此溶液与碘生成紫蓝色，表示淀粉已部分变质，应重新配制。

KI(AR)、CH_3COOH(AR)、浓硫酸。

【实验步骤】

(1)用溶解性气体采样器采集水样。

(2)取下各溶解氧瓶的瓶塞，用吸管插入液面以下，加 1mL 硫酸锰溶液。

(3)再按相同方式加 1mL 碱性碘化钾溶液。

(4)盖紧瓶塞，颠倒混合 2~3 次。待沉淀下降到液层中部，再混合一次，静置数分钟，使沉淀重新下降至液层中部。

(5)用吸管沿瓶口加 1mL 浓硫酸，盖紧瓶塞，颠倒混合，至棕色沉淀完全溶解为止(必要时可补加少许酸)。

(6)如果不需精确校正加入试剂后水样原来的体积，滴定时可用吸管吸出 100mL 经上述处理过的水，注入 250mL 带塞的三角瓶中，用 0.025mol/L $Na_2S_2O_3$标准溶液滴定至溶液呈淡黄色，加 1mL 淀粉溶液，继续滴定至蓝色消失为止。记录用量，记为 V(mL)。

(7)计算

$$DO(mg/L) = 2V$$

【注意事项】

(1)测定溶解氧时，试剂的加入方式比较特别，应将移液管尖插入液面之下，慢慢加入，以免将空气中氧带入水样中引起误差。

(2)要注意淀粉指示剂的加入时机，应该先将溶液由棕色滴定至淡黄色时再加淀粉指示剂，否则终点会出现反复，难以判断。

(3)当水样中含有 NO_2^-、Fe^{3+}时，可发生下述反应而影响溶解氧的测定：

$$2NO_2^- + O_2 = 2NO_3^-$$

$$2NO_2^- + 2I^- + 4H^+ = 2NO\uparrow + I_2 + 2H_2O$$

$$2Fe^{3+} + 2I^- = 2Fe^{2+} + I_2$$

向水样中加入叠氮化钠和氟化钠，可消除 NO_2^-和 Fe^{3+}的干扰。

$$2NaN_3 + 2HNO_2 + H_2SO_4 = 2N_2\uparrow + 2N_2O\uparrow + Na_2SO_4 + 2H_2O$$

$$Fe^{3+} + 6F^- = [FeF_6]^{3-}$$

(4)若水样中存在有大量的 Fe^{2+}，会消耗游离出来的碘，使测定结果偏低。此时应加入高锰酸钾溶液将 Fe^{2+}氧化为 Fe^{3+}，再加入 NaF 将 Fe^{3+}转化为$[FeF_6]^{3-}$配离子。过量的高锰酸钾溶液以草酸还原除去。草酸也不能过量，否则会使碘还原为 I^-，影响测定结果。

(5)水样中的悬浮物质较多时，会吸附游离碘而使结果偏低。此时预先用明矾 $[KAl(SO_4)_2]$在碱性条件下水解，生成氢氧化铝沉淀，后者再凝聚水中的悬浮物质，沉淀析出后取上清液测定溶解氧。

【思考题】

(1)如何采集测定 DO 的水样?

(2)碘量法测定 DO 时,应注意什么问题?

实验十五　酸性高锰酸钾法测定水中化学耗氧量

【实验目的】

(1)掌握酸性高锰酸钾法测定 C_{OD}的原理、测定条件、注意事项及计算。

(2)熟悉滴定操作。

(3)了解 C_{OD}测定的意义。

【实验原理】

高锰酸钾在酸性溶液中将部分有机物氧化,过量的高锰酸钾以草酸标准溶液回滴,根据实际消耗的高锰酸钾量来计算化学耗氧量。

【实验仪器与试剂】

仪器:50mL 滴定管、250mL 三角瓶、电热板或电炉。

试剂

$c(1/2NaC_2O_4)$= 0.01mol/L 草酸溶液:称取 6.303g 分析纯草酸($H_2C_2O_4 \cdot 2H_2O$),溶于蒸馏水中,加水至 1000mL。

$c(1/5KMnO_4)$= 0.1mol/L $KMnO_4$溶液:称取 3.3g $KMnO_4$溶于 1000mL 水中,立刻煮沸 10~15min,静置 7~10d(不要使灰尘落入其中)然后小心用虹吸管将上部澄清液注入棕色玻瓶内,用铺玻璃棉的滤器(不可用滤纸)过滤。备用。

$c(1/5KMnO_4)$= 0.01mol/L $KMnO_4$溶液:将 0.1mol/L $KMnO_4$溶液稀释 10 倍,临用时按测定步骤校正其浓度。

3+1H_2SO_4:将 1 份浓硫酸缓缓加入 3 份蒸馏水中。

【实验步骤】

1. 三角瓶的预处理　向 250mL 三角瓶中加入 50mL 水,再加入 1mL 1+3 硫酸及小量高锰酸钾溶液,加热煮沸数分钟,溶液应保持高锰酸钾特有的紫红色。倒掉溶液,用少量蒸馏水冲洗三角瓶数次。

2. 样品的氧化　取 100mL 混合均匀的水样,或根据其中有机物含量取适量混合均匀的水样加蒸馏水至 100mL 置于已处理过的三角瓶中,加 5mL 1+3 硫酸溶液,用滴定管加 10mL $c(1/5\ KMnO_4)$溶液,加数粒玻璃珠。将三角瓶置于沸水浴中加热 30min。

3. 终止氧化反应　取下三角瓶,趁热加入 10mL $c(1/2\ NaC_2O_4)$溶液,充分摇匀,此时高锰酸钾特有的紫红色应完全消失。

4. 滴定剩余的草酸　于白色背景上,用 $c(1/5\ KMnO_4)$滴定至溶液呈微红色,记录用量

为 V_1(mL);4mL<V_1<6mL,否则应另取水样重做。

5. 校正高锰酸钾浓度 向滴定至终点的水样中趁热加 10mL $c(1/2\ NaC_2O_4)$溶液,立即用 $c(1/5KMnO_4)$滴定至溶液呈微红色,设滴入高锰酸钾的体积为 V_2mL,由式(5-10)求出水样中 C_{OD}值

6. 计算

$$化学耗氧量(O_2mg/L)=\frac{[10(+V_1)K-10]\times 0.01\times 8\times 1000}{100} \quad (5\text{-}10)$$

如水样曾用蒸馏水稀释,则应另取 100mL 蒸馏水按上述步骤滴定。设消耗高锰酸钾量为 V_0(mL),则按式(5-11)计算耗氧量。

$$化学耗氧量(O_2mg/L)=\frac{\{[(10+V_1)K-10]-[(10+V_0)K-10]R\}\times 0.01\times 8\times 1000}{水样体积(mL)} \quad (5\text{-}11)$$

式(5-11)中,R 为稀释水样时蒸馏水在 100mL 水样中所占的比例;

K 为高锰酸钾浓度校正系数($10/V_2$)。

【注意事项】

(1)本法在测定的过程中,有机物被氧化的程度受反应条件的影响,为了保证方法具有良好的重现性和结果的可比性,必须严格控制如下反应条件。

1)酸度以 0.45mol/L H^+为宜。浓度过大,高锰酸钾易自动分解;酸度过小,反应速度慢,结果偏低,且酸度只能用硫酸来维持,而不能用盐酸和硝酸。因为盐酸在酸性介质中能与高锰酸钾反应生成氯气;硝酸具有氧化性;本身可干扰测定,其中混杂的亚硝酸也有干扰。

2)高锰酸钾溶液的浓度应控制在 $c(1/5KMnO_4)$= 0.01mol/L 左右。浓度大,有机物被氧化的程度大,结果偏高;反之,浓度过小,结果偏低。由于新配制的高锰酸钾溶液浓度不稳定,应提前两周配制,临用时用草酸标准溶液校正。

3)加热方式和加热时间也是影响测定结果的重要因素。加热方式过去一般采用在电炉上加热煮沸 10min,由于电炉温度难以控制,使得各样品加热至煮沸的时间和蒸发程度不一致,使反应时间、酸度和高锰酸钾浓度均不一致,因而使测定结果可比性差。现行方法改用沸水浴加热,则可准确控制加热温度和反应时间,提高了测定结果的精密度、准确度和可比性。加热时间必须准确控制为 30min,否则结果不可靠。为了准确控制时间,在加热后需立即加入过量的草酸溶液终止氧化反应,用高锰酸钾溶液回滴,而不是直接用草酸溶液滴定剩余的高锰酸钾,在测定多个样品时,每个样品应有足够的时间间隔。

4)水样应适当的稀释,保证在沸水浴中加热 30min 后消耗的高锰酸钾溶液为加入量的 1/2 左右。已有研究结果表明:只有当反应消耗的高锰酸钾为原加入量的 1/2 左右时,化学耗氧量与有机物含量之间才成比例关系,才可作不同水体在有机污染程度的比较,否则,结果无意义。这是因为,样品中有机物的含量直接影响氧化剂的氧化速度和氧化能力的大小,所以,同一水样,由于稀释倍数不同,测得的 C_{OD}值也不完全一致。因此,必须在报告结果时注明稀释倍数。

(2)当水样中含有大量的 NO_2^-、S^{2-}、Fe^{2+}等还原性无机物时,C_{OD}值会增高,显然增高的 C_{OD}值与有机物无关,应消除其影响。方法是取另一份水样在不加热的情况下测定其冷耗

量，再从 C_{OD} 值中减去冷耗量即可。

(3)水样中氯离子浓度超过 300mg/L 时，在酸性介质中被高锰酸钾氧化而生成氯气，这样就消耗了高锰酸钾，使结果偏高。此时可采用碱性高锰酸钾法测定，即用氢氧化钠溶液替代硫酸溶液，让高锰酸钾在碱性条件下氧化水中的有机物，这样不但可避免大量氯离子的干扰，而且有研究表明，有些氯化物（如氯化钙、氯化锶等）还可提高高锰酸钾的氧化效率。

(4)测定 C_{OD} 的水样，最好用玻璃瓶采集，塑料瓶恐有有机物溶出。采集的水样应尽快测定，不能尽快测定的要有有效的保存措施，否则耗氧量会迅速降低。加硫酸调至 pH<2、或加氯化汞 50mg/L、或加硫酸铜 2~5mg/L，低温下，样品可保存两周。

(5)样品氧化时所用锥形瓶事先要用酸性高锰酸钾煮沸数分钟，以消除可能存在的有机物。

【思考题】

(1)测定 C_{OD} 应注意哪些问题，为什么？

(2)测定 C_{OD} 应严格控制的条件有哪些，为什么？

实验十六　奶粉中蛋白质含量的测定

【实验目的】

掌握微量凯氏法测定蛋白质总氮量的原理及操作技术，包括：样品的消化、蒸馏吸收及滴定与含氮量的计算。

【实验原理】

凯氏定氮法：食品经加硫酸消化使蛋白质分解，其中氮素与硫酸化合成硫酸铵。然后加碱蒸馏使氨游离，用硼酸液吸收后，再用盐酸或硫酸滴定根据盐酸消耗量，再乘以一定的数值即为蛋白含量，其化学反应式如下：

(1) $2NH_2(CH_2)_2COOH+13H_2SO_4 = (NH_4)_2SO_4+6CO_2+12SO_2+16H_2$

(2) $(NH_4)_2SO_4+2NaOH = 2NH_3+2H_2O+Na_2SO_4$

(3) $2NH_3+4H_3BO_3 = (NH_4)_2B_4O_7+5H_2O$

(4) $(NH_4)_2B_4O_7+H_2SO_4+5H_2O = (NH_4)_9SO_4+4H_2BO_2$

【实验仪器与试剂】

仪器：凯氏微量定氮仪一套（图 5-4）、定氮瓶 100mL 或 50mL1 个、三角瓶 150mL 3 个、量筒（10mL、50mL、100mL）、吸量管 10mL 1 支、酸式滴定管 1 支、容量瓶 100mL1 只、小漏斗 1 只。

试剂：硫酸钾、硫酸铜、浓硫酸、2% 硼酸溶液、40% 氢氧化钠溶液、混合指示剂（溶解于 95% 乙醇的 0. 1% 溴甲酚绿溶液 10mL 和溶于 95% 乙醇的 0. 1% 甲基红溶液 2mL 混合而成）、HCl 标准溶液（0. 01mol/L）或硫酸标准溶液（0. 005mol/L）。

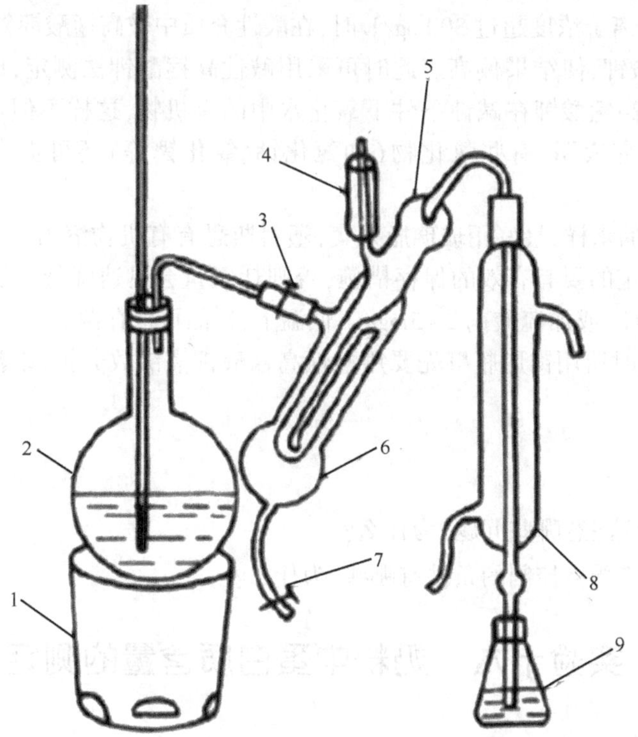

图 5-4　凯氏微量定氮装置图

1. 电炉；2. 水蒸气发生器(2L 烧瓶)；3. 螺旋夹；4. 小玻杯及棒状玻塞；5. 反应室；6. 反应室外层；7. 橡皮管及螺旋夹；8. 冷凝管；9. 蒸馏液接收瓶

【实验步骤】

(1)样品处理：称取 0. 2~2. 0g 奶粉，移入干燥的 100mL 或 500mL 定氮瓶中，加入 0. 2g 硫酸铜，3g 硫酸钾及 20mL 硫酸，稍摇匀后于瓶口放一小漏斗，将瓶以 45°角斜支于有小孔的石棉网上，小火加热，待内容物全部炭化，泡沫完全停止后，加强火力，并保持瓶内液体微沸，至液体呈蓝绿色澄清透明后，再继续加热 0. 5h。取下放冷，小心加 20mL 水，放冷后，移入 100mL 容量瓶中，并用少量水洗定氮瓶，洗液并入容量瓶中，再加水至刻度，混匀备用。取与处理样品相同量的硫酸铜、硫酸钾、硫酸铵同一方法做试剂空白试验。

(2)按图装好定氮装置，于水蒸气发生器内装水约 2/3 处，加甲基红指示剂数滴及数毫升硫酸，以保持水呈酸性，加入数粒玻璃珠以防暴沸，用调压器控制，加热煮沸水蒸气发生瓶内的水。

(3)向接收瓶内加入 10mL 2% 硼酸溶液及混合指示剂 1 滴，并使冷凝管的下端插入液面下，吸取 10mL 样品消化液由小玻璃杯流入反应室，并以 10mL 水洗涤小烧杯使流入反应室内，塞紧小玻璃杯的棒状玻璃塞。将 10mL 40% 氢氧化钠溶液倒入小玻璃杯，提起玻璃塞使其缓慢流入反应室，立即将玻璃盖塞紧，并加水于小玻璃杯以防漏气。夹紧螺旋夹，开始蒸馏，蒸气通入反应室使氨通过冷凝管而进入接收瓶内，蒸馏 5min。移动接收瓶，使冷凝管下端离开液面，再蒸馏 1min，然后用少量水冲洗冷凝管下端外部。取下接收瓶，以 0. 01mol/L HCl 标准溶液或 0. 005mol/L 硫酸标准溶液滴定至灰色或蓝紫色为终点。

(4)同时吸取 10mL 试剂空白消化液按步骤 3 操作。

【结果计算】

$$蛋白质(\%)=\frac{c\times(V_1-V_2)\times\frac{N_{氮}}{1000}}{m}\times F\times 100 \qquad (5\text{-}12)$$

式(5-12)中:V_1为样品消耗硫酸或盐酸标准液的体积,mL;

V_2为试剂空白消耗硫酸或盐酸标准溶液的体积,mL;

N 为硫酸或盐酸标准溶液的当量浓度;0.014:1mol/L 硫酸或盐酸标准溶液 1mL 相当于氮克数;

m 为样品的质量(或体积),g(或 mL);

F 为氮换算为蛋白质的系数。

【注意事项】

(1)样品应是均匀的,固体样品应预先研细混匀,液体样品应振摇或搅拌均匀。

(2)样品放入定氮瓶内时,不要粘附颈上,万一粘附可用少量水冲下,以免被检样消化不完全,结果偏低。

(3)消化时如不容易呈透明溶液,可将定氮瓶放冷后,慢慢加入 30% 过氧化氢 2~3mL,促使氧化。

(4)在整个消化过程中,不要用强火,保持和缓的沸腾,使火力集中在凯氏瓶底部,以免附在壁上的蛋白质在无硫酸存在的情况下。使氮有损失。

实验十七 大豆中钙、镁、铁含量的测定

【实验目的】

(1)掌握滴定分析法、分光光度法等分析测试方法的综合运用。

(2)了解大豆样品分解处理方法,掌握大豆综合分析中测定钙、镁、铁的方法。

(3)掌握实际试样中干扰排除等实验技术。

【实验原理】

大豆原产于我国,各地方均有种植。东北是我国大豆的主要产区,占全国大豆产量的一半以上。大豆的品种很多,根据皮色可分为黄、青、黑、褐色大豆,其中黄色为主。大豆的营养价值很高,兼有作为油料、粮食、副食品、饲料和工业原料等广泛的用途,在国民经济中占有很重要的地位。大豆中除了含有蛋白质等营养素外,无机盐的含量也十分丰富,如每 100g 大豆中 Ca、Mg、Fe、P、K 的含量分别为 367mg、235mg、11mg、571mg、1810mg。可以看出,大豆(包括大豆和杂豆)还是一种难得的高钾、高镁的低钠食品,这在补充生命元素上有很大用处。例如,在我国生活条件较差的广大农村常常流行一种低血钾软病,轻则四肢酸软劳动能力减退,重则四肢完全不能动弹呈瘫痪状态,严重的可因呼吸停止而死亡。本病的主要原因是饮食中钾、镁不足而钠(食盐)过高。所以在一些工地的伙食主管部门和其他

集体伙食单位都应注意每天搭配一些豆类(如豆饭、豆包、豆汤、豆腐等)以保障劳动者的健康,弥补在日常食物中钾和镁的含量不足问题。

在测定大豆中无机盐组分前,先将大豆粉碎、灼烧、盐酸提取后,用配位滴定法以 EDTA 为滴定剂,在碱性条件下,以钙指示剂指示终点,测定其中钙含量。另取一份溶液控制 pH = 10,以铬黑 T 为指示剂,可测定钙镁总量。试样中铁等元素的干扰可用适量的三乙醇胺掩蔽消除。可用邻二氮菲光度测定铁的含量。

【实验仪器与试剂】

仪器:天平、分光光度计、高温炉。

试剂:EDTA(0.005mol/L)、20% NaOH、氨性缓冲溶液(pH = 10)、三乙醇胺(1∶2)、HCl(1∶1)、钙指示剂(按 1∶100 与固体氯化钠混合研成粉末)、铁标准溶液(100μg/ mL)、0.15% 邻二氮菲、10% 盐酸羟胺(临用前配制)、NaAc 溶液(1mol/L)、$CaCO_3$(基准物质)、铬黑 T(1g/L,称取 0.1g 铬黑 T 溶于 75mL 三乙醇胺和 25mL 乙醇中)。

【实验步骤】

1. 大豆试样的处理 在市场上购买的大豆用粉碎机粉碎后,称取 10~15g 置于瓷坩埚中,在电炉上灰化、炭化完全,置于高温炉中 650℃ 灼烧 1~2h。取出冷却后,加入 10mL 1∶1 HCl 溶液浸泡 20min,并不断搅拌,静止沉降,过滤。用 250mL 容量瓶承接,用蒸馏水洗沉淀、瓷坩埚数次。定容、摇匀,待用。加少许钙指示剂,用 EDTA 标准溶液滴定溶液由紫红色变为蓝色为终点。平行标定 3 份。

2. EDTA 溶液的标定 用减量法称取 0.10~0.12g 基准物质 $CaCO_3$ 于小烧杯中。少量水润湿,盖上表面皿,从烧杯嘴处往烧杯中滴加 5mL 1∶1HCl 溶液,使 $CaCO_3$ 完全溶解。加水 50mL,微沸几分钟以除去 CO_2。冷却后用水冲洗烧杯内壁和表面皿。定量转移至 250mL 容量瓶中。定容,摇匀。用移液管移取钙标准溶液 20mL 于锥形瓶中,加水至 100mL,加 5mL20% NaOH 溶液。

3. 大豆试样中钙镁含量的测定

(1)大豆中钙、镁总量的测定:用移液管移取试液 20mL 于锥形瓶中,加 5mL1∶3 三乙醇胺,加水至 25mL,加 10mL pH = 10 氨性缓冲溶液,2 滴铬黑 T 指示剂,用 EDTA 标准溶液滴定溶液由紫红色变为蓝色即为终点。平行测定 3 次,计算大豆试样中钙镁总量。

(2)大豆中钙含量的测定:用移液管移取试液 20mL 于锥形瓶中,加 5mL 1∶3 三乙醇胺,加水至 100mL,加 5mL 20% NaOH 溶液,加少许钙指示剂,用 EDTA 标准溶液滴定溶液由红色变为蓝色为终点。平行测定 3 份,计算大豆试样中钙含量。

(3)大豆中镁含量的测定:钙镁总量减钙含量可得镁的含量。

4. 邻二氮菲光度法测定大豆中铁含量

(1)标准曲线的制作:在 6 个 25mL 比色管中,用移液管分别加入 0mL、0.2mL、0.4mL、0.6mL、0.8mL、1.0mL 100μg/ mL 铁标准溶液,分别加入 1mL 盐酸羟胺、2mL 邻二氮菲、5mL NaAc 溶液。每加入一种试剂都要摇匀,用水稀释到刻度,放置 10min。用 1cm 比色皿,以试剂空白为参比,在 510nm 处测量各溶液的吸光度。以铁含量为横坐标,以吸光度为纵坐标绘制工作曲线。

(2)试样中铁含量的测定:准确移取大豆试样溶液 10mL 于比色管中,以下按标准曲线操作步骤显色、测定其吸光度,在工作曲线上查出大豆试样中铁的含量。

【结果计算】

(1)计算大豆中钙镁总量

$$钙镁总量(\%)=\frac{C\times V_1\times 56.08}{m\times 1000\times \frac{20}{250}}\times 100 \quad (5\text{-}13)$$

(2)计算大豆中钙含量

$$钙含量(\%)=\frac{C\times V_2\times 56.08}{m\times 1000\times \frac{20}{250}}\times 100 \quad (5\text{-}14)$$

式(5-13)和式(5-14)中,C 为 EDTA 标准溶液浓度,mol/L;
V_1为滴定钙镁总量消耗的 EDTA 溶液体积,mL;
V_2为滴定钙消耗的 EDTA 溶液体积,mL。
m 为大豆试样质量,g。

【注意事项】

(1)滴定时,因反应速度较慢,在接近终点时,标准溶液慢慢加入,并充分摇动。
(2)测定钙含量 pH 控制在 12~13,测定钙镁总量要控制在 10。

【思考题】

(1)测量前为什么要将大豆粉碎?
(2)测定钙的含量和钙镁总量时应如何控制溶液的 pH?
(3)标定 EDTA 标准溶液时,还可用什么物质作基准物?
(4)在测定铁时,为什么要加入盐酸羟胺?其作用是什么?是写出有关反应方程式?
(5)为什么在测定标准曲线和试样时,不以水为参比,而以试剂空白为参比?

实验十八　二氧化硅含量的测定

一、氯化铵重量法

【实验原理】

试样用无水 Na_2CO_3烧结,使不溶的硅酸盐转化为可溶性的硅酸钠,用盐酸分解熔融块。

$$Na_2SiO_3+2HCl = H_2SiO_3+2NaCl$$

再加入固体氯化铵,在沸水浴上加热蒸发,使硅酸脱水析出,沉淀用滤纸过滤后,灼烧,得到含有铁、铝等杂质的不纯二氧化硅。用 HF 处理沉淀,使其中的 SiO_2以 SiF_4形式挥发,失去的质量即为纯 SiO_2的质量。

$$SiO_2+6HF = H_2SiF_6+2H_2O$$
$$H_2SiF_6 = SiF_4\uparrow +2HF$$

再用分光光度法测定滤液中可溶性的 SiO_2 的量，二者之和即为 SiO_2 的总量（GB/T176—1996 中规定的基准法）。

【实验步骤】

1. 纯 SiO_2 的测定 称取约 0.5g 试样，置于铂金坩埚中，在 950~1000℃下灼烧 5min，冷却。用玻璃棒仔细压碎块状物，加入 0.3g 无水碳酸钠，再在上述温度下灼烧 10min。将烧结块移入瓷蒸发皿中，滴入 5mL 盐酸及 2~3 滴硝酸，用热盐酸（1+1）清洗坩埚数次，洗液合并于蒸发皿中。加入 1g 氯化铵，在沸水浴上蒸发至干。取下蒸发皿，加入 10~20mL 热盐酸（3+97），搅拌使可溶性盐类溶解，过滤，滤液保存在 250mL 容量瓶中。将沉淀连同滤纸一并移入坩埚中，烘干灰化后在 950~1000℃灼烧 1h，冷却，称重，反复灼烧，直至恒重（m_1）。向坩埚中加入数滴水润湿沉淀，加 3 滴硫酸（1+4）和 10mL HF，加热至白烟冒尽，在 950~1000℃的马弗炉中灼烧 1h，冷却，称重，反复灼烧，直至恒重（m_2）。在上述处理后得到的残渣中加入 0.5g 焦硫酸钾，熔融，熔块用热水和数滴盐酸溶解，溶液并入分离 SiO_2 后得到的滤液中（容量瓶），加水稀释到刻度。此溶液用来测定可溶性 SiO_2、Fe_2O_3、Al_2O_3、CaO、MgO、TiO_2 等。

2. 可溶性 SiO_2 的测定（硅钼蓝分光光度法） SiO_2 标准溶液的配制：称取 0.2g 纯 SiO_2，置于铂金坩埚中，加 2g 无水碳酸钠，在 1000~1100℃下灼烧 15min，冷却。放入盛有热水的塑料杯中，待全部溶解后，冷却至室温，移入 1000mL 容量瓶中，稀释至刻度。浓度为 0.2mg/mL SiO_2。吸取上述溶液 10mL 于 100mL 容量瓶中，稀释至刻度。浓度为 0.02mg/mL SiO_2。

工作曲线的绘制：吸取 0.02mg/mL SiO_2 的溶液 0mL、2mL、4mL、5mL、6mL、8mL、10mL 分别放入 100mL 容量瓶中，各加 5mL 盐酸（1+1）、8mL 乙醇（95%）、6mL 钼酸铵溶液（50g/L），用水稀释至刻度。放置 1h，以水为参比，于 660nm 处测定吸光度，绘制工作曲线。

样品测定：从待测液中吸取 25mL 放入 100mL 容量瓶中，按照与绘制工作曲线相同的处理方法测定吸光度，求出 SiO_2 的含量（m_3）。

【结果计算】

$$\text{纯 } SiO_2 \text{ 的含量} = \frac{m_1 - m_2}{m} \times 100\% \qquad (5\text{-}15)$$

$$\text{可溶性 } SiO_2 \text{ 的含量} = \frac{m_3 \times 10^{-3}}{m \times \dfrac{25}{250}} \times 100\% \qquad (5\text{-}16)$$

式中（5-15）和式（5-16）中，m_1 为灼烧后未经 HF 处理的沉淀及坩埚的质量，g；
m_2 为经 HF 处理后的沉淀及坩埚的质量，g；
m_3 为测定的 100mL 溶液中 SiO_2 的质量，g；
m 为试样的质量，g。

二、氟硅酸钾容量法（GB/T176—1996 中规定的代用法）

【实验原理】

试样经苛性碱熔剂熔融后，加入硝酸使其生成游离硅酸。在有过量氟离子和钾离子存

在的强酸性溶液中,发生如下反应:

$$2K^{+}+H_2SiO_3+6F^{-}+4H^{+}=\!=\!=K_2SiF_6+3H_2O$$

沉淀经过滤、洗涤及中和残余酸后,加沸水使沉淀水解,用 NaOH 标准溶液滴定生成的 HF。

$$K_2SiF_6+3H_2O=\!=\!=2KF+H_2SiO_3+4HF$$

$$HF+NaOH=\!=\!=NaF+H_2O$$

【数据计算】

$$SiO_2\text{ 的含量}=\frac{cV\times M}{4\times 1000m}\times 100\% \tag{5-17}$$

式(5-17)中,c 为 NaOH 标准溶液的浓度,mol/L;

V 为 NaOH 标准溶液的体积,mL;

M 为 SiO_2 的摩尔质量,g/mol;

m 为试样的质量,g。

体系中有 H_2SiO_3 存在,为了防止部分 H_2SiO_3 被同时滴定,应控制终点的 pH<8.5。用中性红(6.8~8.0,红至亮黄)作指示剂。K_2SiF_6 的水解是吸热反应,必须在热溶液中滴定。

实验十九　氨基酸的纸层析法

【实验目的】

了解并掌握氨基酸纸层析的原理和方法。

【实验原理】

以滤纸为支持物的层析法,称为纸层析法。纸层析所用展层剂大多由水和有机溶剂组成。展层时,水为静止相,它与滤纸纤维亲和力强;有机溶剂为流动相,它与滤纸纤维亲和力弱。有机溶剂在滤纸上由下向上移动的,称为上行法;由上向下移动的,称为下行法。将样品在滤纸上确定的原点处展层,由于样品中各种氨基酸在两相中不断进行分配,且它们的分离系数各不相同,所以不同的氨基酸随流动相移动的速率也不相同,于是各种氨基酸在滤纸上就相互分离出来,形成距原点不等的层析点。

在一定条件下(室温、展层剂的组成、滤纸的质量、pH 等不变),不同的氨基酸有固定的移动速率(Rf 值)Rf=原点到层析点中心的距离/原点到溶剂前沿的距离。用混合氨基酸做样品时,如果只用一种溶剂展层,由于某些氨基酸的移动速率相同或相近,就不能将它们分开,为此,当用一种溶剂展层后,可将滤纸旋转 90°,以第一次所的层析点为原点,在用另一溶剂展层,从而达到分离的目的,这种方法称为双向层析法。

本试验主要介绍的是单向层析法。其中混合氨基酸有精氨酸、酪氨酸、苯丙氨酸组成。

【实验仪器与试剂】

仪器:滤纸、层析缸、细线、点样管、橡皮筋、电吹风、喷雾器。

试剂：

(1) 混合氨基酸(精氨酸、酪氨酸、苯丙氨酸)。

(2) 展层剂：正丁醇:12%氨水:95%乙醇:蒸馏水=13:3:3:1($V:V$)

(3) 0.5%茚三酮-无水丙酮溶液：0.5g茚三酮溶于100mL无水丙酮，贮于棕色瓶中。

【实验步骤】

(1) 取滤纸剪成20cm×10cm的滤纸条一张，在一端打孔，系一根细线，在另一端2~3cm处用铅笔画一横线，中间画一圆点(原点)。

(2) 取毛细管1支(回收)，吸取氨基酸混合液，在原点处点样，样点直径不宜超过5mm，每点一次用吹风机吹干，点2~3次为佳。

(3) 点样后将滤纸放入层析缸中展层，注意点样线要高于层析液面，滤纸不要贴在层析缸壁上，当展层至另一端1~2cm处时，停止展层(2~3h)。

(4) 取出滤纸，用铅笔记下溶剂前沿，然后用热风吹干(或烘箱60℃)烘干。

(5) 均匀喷上茚三酮-无水丙酮液，注意使溶液不倒流，不间断。

(6) 用吹风机吹干，观察层析点，确定其几何中心。

(7) 量取数值，计算各自的Rf值，与表中标准氨基酸Rf值比较，确定样品氨基酸种类。

【实验结果】

(图5-5)

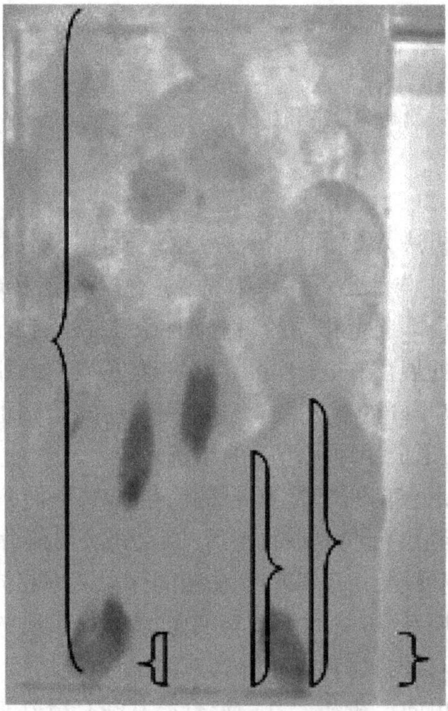

图5-5 氨基酸层析图谱

从左到右依次为H、H_1、H_2、H_3、H_4。

$H_1=1.0cm$　$H_2=4.4cm$　$H_3=5.0cm$　$H_4=0.99cm$　$H=11.7cm$

由此可得

$Rf_1=0.08547$；$Rf_2=0.37607$；$Rf_3=0.42735$；$Rf_4=0.08461$

据此可知，混合氨基酸由甘氨酸(Gly)和苯丙氨酸(Phy)组成。

【实验分析】

1. 实验中出现了拖尾的现象　拖尾现象是指展层，显色后在层析分配图上，所看到的某一种氨基酸的分子位移，不是如标准图谱所示的那样，完整地显示在某一位置上，而是形成像笤帚似的那样，前端粗圆而逐渐细小下来，宛如拖着一个尾巴。其图所呈颜色也是由浓渐淡。

图像的出现，是在实验中对影响 Rf 值的主要因素要求，掌握不够所致。诸如，物质结构与极性对 Rf 值的影响，层析溶剂对 Rf 值的影响，pH 对 Rf 值的影响(溶剂、滤纸和样品的 pH)，温度对 Rf 值的影响，滤纸的质地是否均匀，薄厚是否适当，纤维的松紧度是否适中等对 Rf 值的影响，展层的方式(上行、下行)对 Rf 值的影响。然而在多次实验过程中无论怎样严格遵循其影响 Rf 值的主要因素的要求，都仍不可避免地要出现拖尾现象。此时，这就需要从具体操作规范方面，诸如样品的处理，点样、展层、显色等几个操作程序去考虑思索，经仔细分析，样品的处理是为除去杂质纯化样品，达到层析分配某氨基酸的清晰显色图像；展层过程是在上述影响 Rf 值的主要因素要求下进行，使样品达到一个适当的位移，便于在显色后从图像上，区分不同样品的氨基酸；显色是在用配制好的，与水不相混合，并挥发性较快喷雾后迅速吹干的。更何况显色剂又是含水量极低，不会影响样品的斑点扩散，那么问题就集中在点样这个操作程序上了。点样是将被层析分配的几种氨基酸混合液，和为了对照实验结果，而分别配制的几种氨基酸的溶液，用微量点样管或毛细管，或血球计数器将 5~15μL 的样品，点在以滤纸为惰性支持物的层析纸上设计好的多点位置中去。点样后要自然风干，或冷风吹干。最好不要用加热装置，如吹风机，灯泡之类的热源将其样品点加速干燥。因为加热装置在学生操作时，一旦注意不够，掌握不好，则温度升高势必要使样品破坏，更会使样品点干的太燥。正是由于这样，样品点太干燥，使其样品物的分子，牢固地吸牢在层析纸的纤维上。所以在展层过程中，样品点的每个物质分子，不能在层析纸上同时起步，而是形成了有先有后，鱼贯而上行或下行的状况，最终使样品物质的分子，不能同时都集中到达一个位置。致使在显色后，实验结果的图像上，观察到的不是一个完整的斑点，而是一个拖着尾巴的斑点。这就是上述所说的拖尾现象。

纸上分配层析所出现的拖尾现象，究其原因很简单，就是在点样品后，样品点吹得太干燥所致。样品点不要吹得太干燥，否则，样品物质的分子，会牢吸在层析纸的纤维上，出现拖尾现象。

2. 影响 Rf 值的主要因素

(1)物质结构对于 Rf 值的影响："物以类聚"，极性物质易溶于极性溶剂(水)中，非极性物质易溶于非极性溶剂(有机溶剂)中。所以物质的极性大小决定了物质在水和有机溶剂之间的分配情况。例如酸性和碱性氨基酸极性大于中性氨基酸。所以前者在水(固定相)中分配较多，因此 Rf 值低于后者。

(2)溶质与溶剂间的相互作用对 Rf 值的影响：这种影响是由溶质与溶剂间的相互作用与分配系数的关系所决定的。溶质与溶剂之间若能形成氢键，对分配系数的影响就很大。

如酚、三甲基吡啶、氨等和水混合后都能很好地与溶质形成氢键。某些溶剂(如酚,正丁醇等)是质子的供给体,而水既是质子的供给体又是质子的接受体。当溶质结构中增加能接受质子的基团(如 NH_2)时,因酚与水都能给 NH_2 基提供质子,所以酚和水两相对接受质子的基团的引力,基本上是一致的,因此当溶质结构中增加氨基时,该物质与酚和水的作用对其在酚和水两相间的分配影响不大,对 Rf 值影响较小。又例如当有机溶剂是质子的接受体(如三甲基吡啶,NH_3 等),而溶质也是质子的接受体(如—NH_2 基),这时有机溶剂对—NH_2 没有引力,而水却有引力,于是水的引力就大于有机溶剂,因此溶质就被水拉向水相,对 Rf 值的影响就大。

(3)pH 对 Rf 值的影响:这种影响主要是由 pH 与分配系数的关系所决定的。弱酸与弱碱的解离度受 pH 影响很大,解离度越大,极性越强,极性强的物质在两相溶剂中分配时,偏向于极性强的一相,这样,改变 pH 就会同时改变分配系数,从而使 Rf 也会相应变化。在氨基酸的层析法中,改变溶剂的 pH,使酸性和碱性氨基酸的 Rf 值变动较大,而中性氨基酸的 Rf 值变动较小。在正丁醇中加甲酸,可使酸性氨基酸的极性降低,从而使 Rf 值变大,而使碱性氨基酸的 Rf 变小。反之,如在正丁醇中加氨,可使天冬氨酸和谷氨酸的 Rf 值变小,而使赖氨酸、精氨酸等碱性氨基酸的 Rf 值变大。

(4)滤纸对 Rf 值的影响:滤纸本身的 pH 及含水量对 Rf 值的影响很大,所以不同的滤纸得到不同的 Rf 值及不同的斑点形状。纸上含水量的多少随溶剂与纸对水的亲和力的大小而异,质地不均一的滤纸常使溶剂扩展不一致,随着纤维的纹理流动紊乱,另一方面纸的含水量不均一,也不能得到理想的分离效果。

(5)温度对 Rf 值的影响: Rf 值的重现性与恒温情况的好坏有密切关系。温度对 Rf 值的影响主要是因为溶质在固体相与流动相之间的分配随温度的变化而不同。随各溶剂组分的黏度和表面张力的不同其蒸发能力也不同,因此有些溶剂系统对温度的敏感程度强些,有些则差些。敏感程度强的对温度的要求就严格,敏感程度差的对温度的要求就不太严格。温度改变使溶剂系统中的溶解度改变,所以 Rf 值也改变。一般层析展层是在恒温室中进行的,室温可在 20~40℃,温度改变不超过 0.5℃。

无色物质的层析图谱可用光谱法(如核苷酸类物质用紫外光照射)或显色法鉴定。氨基酸纸上层析图谱常用的显色剂有茚三酮、吲哚醌。本实验采用茚三酮为显色剂。茚三酮显色反应受温度、pH、时间影响较大。如果要使结果重复,必须严格控制上述条件。样品中如含有大量盐酸会使氨基酸不显出颜色。样品中含大量盐时显色点上会出现白斑,空气中其他的杂质如氨,硫化氢或酚等皆会影响显色结果。铜离子可以与氨基酸-茚三酮显色物形成络合物,颜色较稳定,用硫酸铜乙醇溶液洗脱层析后的显色斑点,可以通过比色法定量测定氨基酸含量。由于纸上层析设备条件较简单,操作比较简便,并可以分离微量样品,因此纸层析方法已成为生化分析和研究的主要方法之一,广泛应用于氨基酸、肽、核苷酸,糖、维生素以及脂肪酸等的分离鉴定。

实验二十　血清蛋白乙酸纤维素薄膜电泳

【实验目的】

(1)掌握乙酸薄膜电泳的原理及操作。

(2)定量测定人血清中各种蛋白质的相对百分含量。

【实验原理】

采用乙酸纤维薄膜为支持物的电泳方法,叫做乙酸纤维素薄膜电泳。乙酸纤维素,是纤维素的羟基乙酰化所形成的纤维素乙酸酯。将它溶于有机溶剂(如丙酮、氯仿、氯乙烯、乙酸乙酯等)后,涂抹成均匀的薄膜则成为乙酸纤维素薄膜。该膜具有均一的泡沫状的结构,有强渗透性,厚度约为120μm。

乙酸纤维素薄膜电泳是近年来推广的一种新技术,它具有微量、快速、简便、分辨力高、对样品无拖尾和吸附现象等优点。该技术已广泛应用于血清蛋白、糖蛋白、脂蛋白、结合球蛋白、同工酶的分离和测定等方面。目前,乙酸纤维薄膜电泳趋向于代替纸电泳。

【实验仪器与试剂】

试剂

(1)新鲜血清——无溶血现象。

(2)巴比妥——巴比妥钠缓冲液(pH8.6,0.07mol/L,离子强度0.06):称取巴比妥1.66g和巴比妥钠12.76g,溶于少量蒸馏水后定容1000mL。

(3)染色液①:称取氨基黑10B 0.5g,加入蒸馏水40mL、甲醇50mL和冰乙酸10mL,混匀,在具塞试剂瓶内贮存。

(4)漂洗液①:取95%乙醇45mL、冰乙酸5mL和蒸馏水50mL。混匀,在具塞试剂瓶内贮存。[易挥发、密封]

(5)透明液①[易挥发、密封]

甲液:取冰醋酸15mL和无水乙醇85mL,混匀,装入试剂瓶内,塞紧瓶塞,备用。

乙液:取冰醋酸25mL和无水乙醇75mL,混匀,装入试剂瓶内,塞紧瓶塞,备用。

(6)液体石蜡。

(7)0.4mol氢氧化钠溶液:称取16g氢氧化钠(分析纯)用少量蒸馏水溶解后定容到1000mL。

仪器:乙酸纤维素薄膜(2cm×8cm)、培养皿(直径9~10cm)、血色素吸管或点样器、直尺和铅笔、镊子、电泳仪和电泳槽、万用电表、玻璃板(8cm×12cm)、普通滤纸、试管和试管架、吹风机、单面刀片、擦镜纸、吸量管(2mL、5mL)和吸量管架、72型分光光度计。

【实验步骤】

(一)仪器和薄膜的准备

1. 乙酸纤维素薄膜的润湿的选择 将薄膜小心地放入盛有缓冲液的培养皿内,使它漂浮在液面。若迅速润湿,整条薄膜色泽深浅一致,则表明薄膜质地均匀;若润湿时,薄膜上出现深浅不一的条纹或斑点等,则为薄厚不匀的薄膜。实验中应选用质地均匀的薄膜。因为,纤维素薄膜的质量对电泳的结果影响很大。例如,膜厚薄不均可以造成区带歪扭不齐、各区带界限不清、背景脱色困难、实验结果难于重复等现象。

---

① 染色液、漂洗液和透明液应在密封的瓶子内贮存。否则,易挥发的成分蒸发,使溶液各组分配比发生改变,影响实验结果。在气侯温度较高的季节,更要十分注意,特别是透明液

将选用的薄膜用镊子轻压，使它全部浸入缓冲液内，待膜完全浸透（约半小时）后取出，夹在清洁的滤纸中间，轻轻吸去多余的缓冲液，同时分辨出光泽面和无光泽面。

2. 制作“滤纸桥” 剪裁尺寸合适的滤纸条。取双层附着在电泳槽的支架上，使它的一端与支架的前沿对齐，而另一端浸入电泳槽的缓冲液内。然后，用缓冲液将滤纸全部润湿并驱除气泡，使滤纸紧贴在支架上，即为“滤纸桥”。按照同样的方法，在另一个电泳槽的支架上制作相同的“滤纸桥”。它们的作用是联系乙酸纤维素薄膜和两极缓冲液之间的中间“桥梁”。

3. 平衡 用平衡装置（或自制的平衡管），使两个电泳槽内缓冲液的液面彼此处于水平的状态。一般需要平衡 15～20min。注意，平衡后应将平衡装置的活塞关好（或除去平衡管）。

（二）点样

在薄膜无光泽的一面点样。点样区距负极端 1.5cm 处。点样时，先用血色素吸管将2～3μL 的血清均匀地涂在点样器表面，再用点样器“印”在薄膜的点样区内（图 5-6）。注意。应使血清均匀分布在点样区，形成具有一定宽度、精细匀称的直线，切不可用力过大把薄膜弄破。事先可在滤纸上练习点样，掌握点样技术，这是获得具有清晰区带的电泳图谱的重要环节之一。

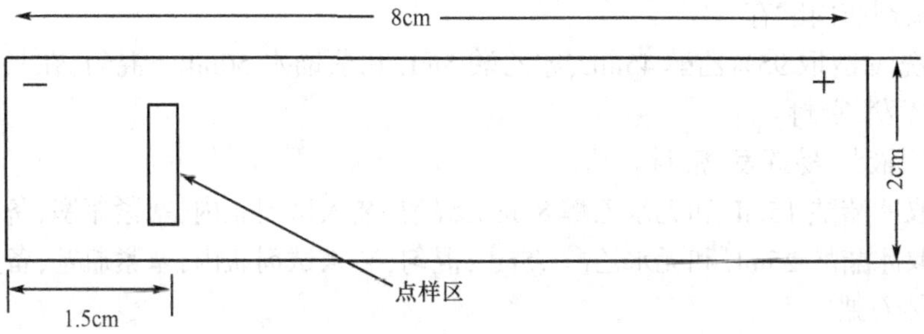

图 5-6 乙酸纤维素薄膜规格及点样位置

（三）电泳

将已点样的薄膜使无光泽面向下贴在电泳槽支架的“滤纸桥”上，参照图 5-7。平衡 10min，仔细检查电泳装置的线路是否正确，然后，通电。打开电源开头，调节电压和电流强度，先旋动仪器粗调旋钮，再旋动细调旋钮。调节到薄膜每厘米宽的电流强度为 0.3mA，通电 10～15min 后，再将电压和电流强度提高到薄膜每厘米长度电压为 10V 左右，薄膜每厘米宽的电流强度为 0.4～0.6mA。在电泳过程中，应注意控制电压和电流强度，防止过高或偏低。待电泳区带展开约 3.5cm 时，则并闭电源，一般通电时间为 60min 左右①。

① 电泳时间的长短，应以获得血清各组分的最佳分离效果为标准。因为，使用不同型号电泳仪进行实验，有时所需电泳时间差异较大。另外，电泳时产生大量的热，为了获得重复性强、区带清晰的电泳图谱，应使用冷却装置降温。在炎热的夏季，更为必要

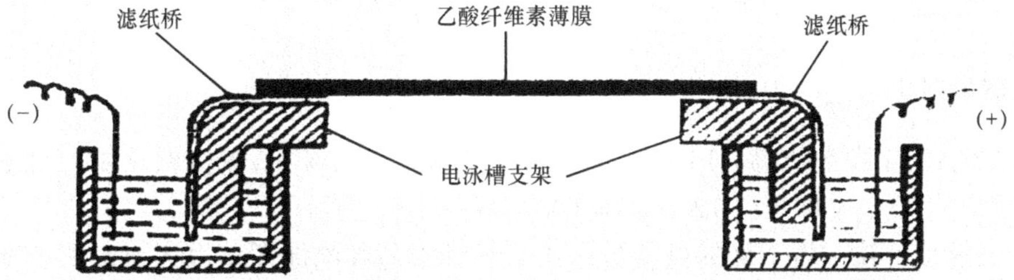

图 5-7　乙酸纤维素薄膜电泳装置示意图

（四）染色

电泳完毕立即取出薄膜，直接浸入染色液中，染色 5min。然后，用漂洗液浸洗，每隔 10min 左右换 1 次漂洗液，连续更换 3 次，可使背景颜色脱去。将膜夹在干净的滤纸中，吸去多余的溶液。操作中，要注意控制染色和漂洗的时间，防止背景过深或某些区带太浅。

（五）结果判断

一般的染色后的薄膜上可显现清楚的五条区带。从正极端起，依次为清蛋白、α_1 球蛋白、α_2 球蛋白、β 球蛋白和 γ 球蛋白。

（六）透明

将染色后漂洗干净的薄膜用吹风机吹干，再浸入透明液的甲液中，浸泡 2min 后立即浸入透明液的乙液中，浸泡 1min（要准确），然后迅速取出薄膜，将它紧贴在玻璃板上，不要存留气泡。2~3min 内薄膜完全透明，放置 10~15min 后，用吹风机将膜吹干。在水龙头下将玻璃板上透明的薄膜润湿后，用单面刀片从膜的一角撬起，并划开一端，再用手捏住撬起的膜轻轻撕下，可以容易地从玻璃板上取下透明的薄膜。用滤纸吸干，浸入液体石蜡中，约 3min 后取出。再用干净的滤纸吸干，压平，则成为色泽鲜艳而又透明的血清蛋白乙酸纤维薄膜电泳图谱，可长期保存不褪色。

（七）定量

未经透明处理的血清蛋白乙酸纤维素薄膜电泳图谱可直接用于定量测定。一般采用洗脱法或光密度计法，测定各蛋白质组分的相对百分含量。

1. 洗脱法　将电泳图谱的各区带剪下，分别浸入盛有 0.4mol 氢氧化钠溶液的试管中，清蛋白管加入 4mL，其余每管各加 2mL，摇匀，放入 37℃ 恒温水浴上浸提 30min，每隔 10min，充分摇动一次，以便将色泽完全洗脱下来。该溶液颜色较稳定，在室温下 24h 内颜色强度无显著变化。然后在 620nm 波长处比色，测定各管的光密度值为 OD_A、$OD_{\alpha 1}$、$OD_{\alpha 2}$、OD_β、OD_γ。按下列方法计算血清各部分蛋白质所占百分率。

（1）先计算光密度值总和（简写为 T）：

$$T = 2 \times OD_A + OD_{\alpha 1} + OD_{\alpha 2} + OD_\beta + OD_\gamma$$

（2）再计算血清各部分蛋白质所占百分率（即相对百分含量）：

$$清蛋白\% = \frac{2 \times OD_A}{T} \times 100 \qquad \beta 球蛋白\% = \frac{OD_\beta}{T} \times 100$$

$$\alpha_1\text{球蛋白}\% = \frac{OD_{\alpha 1}}{T}\times 100 \qquad \gamma\text{球蛋白}\% = \frac{OD_{\gamma}}{T}\times 100$$

$$\alpha_2\text{球蛋白}\% = \frac{OD_{\alpha 2}}{T}\times 100$$

正常值：清蛋白 54.0% ~73.0%；α_1球蛋白 2.8% ~5.1%；α_2球蛋白 6.3% ~0.6%；β 球蛋白 5.2% ~1.0%；γ 球蛋白 12.5% ~0.0%。

2. 光密度计法 将干燥的血清蛋白乙酸纤维素薄膜电泳图谱放入自动扫描光密度仪(或色谱扫描仪)内，通过反射(使用未透明的薄膜时)或透射(用已透明的薄膜时)方式，在记录器上自动绘出血清蛋白质各组分曲线图，横坐标为膜的长度，纵坐标为光密度(或光强度)，每一个峰代表一种蛋白质组分。然后，用求积仪测量出各峰的面积，计算每个峰的面积与它们总面积的百分比就代表血清中各种蛋白质组分的百分含量。或将曲线图上各峰沿曲线剪下，称量各峰的重量，计算每个峰的重量与它们总重量的查分比也可以代表血清中各种蛋白质组分的百分含量。在使用具有电子计算机附件的自动扫描光密度仪时，可以由显示部分或打字带上获得血清蛋白乙酸纤维素薄膜电泳图谱上每条区带所代表的蛋白质组分的含量。

【思考题】

指出乙酸纤维素薄膜用作电泳的支持物有何优点？

实验二十一　荧光法测定硫酸奎尼丁含量

【目的要求】

(1)掌握用校正曲线法进行荧光定量分析。
(2)熟悉荧光分光光度计的使用方法。

【实验原理】

硫酸奎尼丁属生物碱类抗心律失常药，分子结构如图 5-8 所示。由于其分子结构中具有喹啉环结构(奎尼丁为奎宁的右旋体)，故能产生较强的荧光，可用直接荧光法测定其荧光强度，由校正曲线法或回归方程求出试样中奎尼丁的含量。

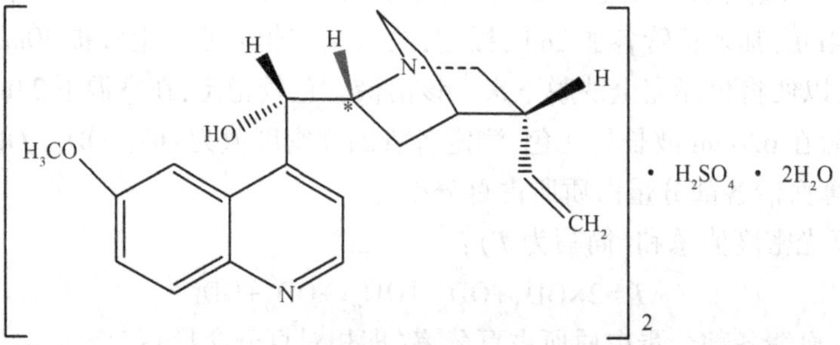

图 5-8　硫酸奎尼丁的分子结构

【实验仪器与试剂】

仪器：岛津 RF-1501 型荧光分光光度计、移液管(1mL、5mL)、刻度吸量管(5mL)、量瓶(50mL)。

试剂：H_2SO_4溶液(0.05mol/L)、硫酸奎尼丁(原料药)、硫酸奎尼丁对照品。

【实验步骤】

1. 硫酸奎尼丁标准储备液的制备　精密称取硫酸奎尼丁对照品约 50mg，置 50mL 量瓶中，用硫酸溶液溶解并稀释至刻度，摇匀；精密吸取 5mL，置 50mL 量瓶中，用硫酸溶液溶解并稀释至刻度，摇匀，制得硫酸奎尼丁标准贮备液。

2. 标准系列溶液的制备　精密称取硫酸奎尼丁标准贮备液 1mL、2mL、3mL、4mL 及 5mL，分别置 50mL 量瓶中，用硫酸溶液稀释至刻度，摇匀，制得对照品标准系列溶液。

3. 试样溶液的制备　精密称取硫酸奎尼丁试样约 10mg，置 50mL 量瓶中，用硫酸溶液溶解并稀释至刻度，摇匀；精密吸取 1mL，置 50mL 量瓶中，用硫酸溶液溶解并稀释至刻度，摇匀，制得待测样品溶液。

4. 测定

(1)开机：先开主机电源，再开氙灯(Xe lamp)。

(2)确定最大激发波长和最大发射波长。

(3)校正曲线测定：将空白硫酸溶液放入吸收池，点击自动调零按钮"Autozero"，仪器自动进行空白校正(自动扣除空白)。输入浓度值，按顺序放入标准溶液，点击"Start"进行测定。标准系列溶液测定完毕后，绘制标准曲线，仪器窗口将显示标准曲线回归方程($FI = K \times C + B$)和相关系数(r)。

5. 试样测定　按弹出对话框的提示进行。试样测定的数据(荧光强度和浓度)将显示在数据表格里。根据浓度计算试样中硫酸奎尼丁的百分含量。

6. 关机　先关氙灯，待仪器降至室温后，再关总机电源。

【注意事项】

(1)在溶液的配制过程中要注意容量仪器的规范操作和使用。

(2)测量顺序为低浓度到高浓度，以减少测量误差。

(3)进行校正曲线测定和试样测定时，应保证仪器参数设置一致。

【思考题】

(1)测定试样溶液、标准溶液时，为什么要同时测定硫酸的空白溶液？

(2)如何选择激发光波长(λex)和发射光波长(λem)？采用不同的 λex 或对 λem 测定结果有何影响？

实验二十二　石墨炉原子吸收分光光度法测定牛奶中微量铜的含量——标准加入法

【实验目的】

(1)了解石墨炉原子吸收分光光度计的结构组成。

(2)学会石墨炉原子吸收分光光度法的操作技术和测定方法。

(3)学习使用标准加入法进行定量分析。

(4)了解石墨炉原子吸收分光光度法测定食品中微量金属元素的分析过程与特点。

【实验原理】

石墨炉原子吸收分光光度法是将试样(液体或固体)置于石墨管中,用大电流通过石墨管,此时石墨管经过干燥、灰化、原子化三个升温程序将试样加热至高温使试样原子化。为了防止试样及石墨管氧化,需要在不断通入惰性气体(氩气)的情况下进行升温。其最大优点是试样的原子化效率高(几乎全部原子化)。特别是对于易形成耐熔氧化物的元素,由于没有大量氧的存在,并有石墨提供了大量的碳,所以能够得到较好的原子化效率。因此,通常石墨炉原子吸收分光光度法的灵敏度是火焰原子吸收分光光度法的10~200倍。

实际分析中,样品的原子化程序一般采用四个阶段。

(1)干燥阶段:目的是在低温下蒸发试样中的溶剂。干燥温度取决于溶剂及样品中液态组分的沸点,一般选取的温度应略高于溶剂的沸点。干燥时间取决于样品体积和其基体组成,一般为10~40s。

(2)灰化阶段:目的是破坏样品中的有机物质,尽可能的除去基体成分。灰化温度取决于样品的基体和待测元素的性质,最高灰化温度以不使待测元素挥发为准则,一般可通过灰化曲线求得。灰化时间视样品的基体成分确定,一般为10~40s。

(3)原子化阶段:样品中待测元素在此阶段被解离成气态的基态原子。原子化温度可通过原子化曲线或查手册确定。原子化时间以原子化完全为准,应尽可能选择短些。在原子化阶段,一般采用停气技术,以提高测定灵敏度。

(4)清洗阶段:使用更高的温度以完全除去石墨管中的残留样品,消除记忆效应。

标准加入法测定过程和原理如下:

取等体积的试液两份,分别置于相同容积的两只容量瓶中,其中一只加入一定量待测元素的标准溶液,分别用纯水稀释至刻度,摇匀,分别测定其吸收度,则:

$$A_x = k \times c_x \tag{5-18}$$

$$A_0 = k \times (c_x + c_0) \tag{5-19}$$

式(5-18)和式(5-19)中,c_x 为待测元素的浓度,c_0 为加入标准溶液后溶液浓度的增加量,A_x,A_0 分别为两次测量的吸光度,将以上两式整理得

$$c_x = \frac{A_x}{A_0 - A_z} \times c_0 \tag{5-20}$$

铜作为微量营养元素存在于各中食品中,牛奶中的金属元素含量,不但随牛奶的产地和奶牛饲料不同而异,还受牛奶加工过程的影响。牛奶中的铜含量一般较低,常用石墨炉原子吸收分光光度法测定,但由于牛奶样品的基体,且在通常情况下又很难配制不含铜的基体,因此常用标准加入法进行分析。

在实际测定过程中,采取作图法所得结果更为准确。一般吸取4份等体积的试液置于四只等容积的容量瓶中,从第二只容量瓶开始,分别按比例递增加入待测元素的标准溶液,然后用溶剂稀释至刻度,摇匀,分别测定溶液 c_x,c_x+c_0,c_x+2c_0,c_x+3c_0 的吸光度为 A_x,A_1,A_2,A_3,然后以吸光度 A 对待测元素标准溶液的加入量作图,得图(5-9)所示的直线,其纵坐标

上的截距 A_x 为只含试样 c_x 的吸光度，延长直线与横坐标相交于 c_x，即为所要测定的试样中该元素的浓度图(5-9)。

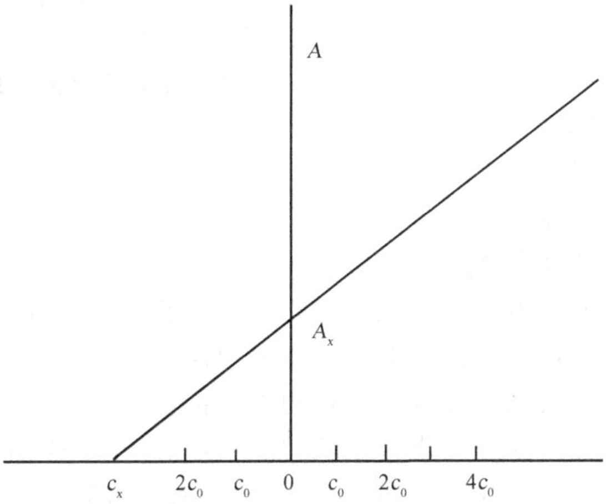

图 5-9　浓度与吸光度的工作曲线

在使用标准加入法时应注意：

1)为了得到较为准确的外推结果，至少要配制 4 种不同比例加入量的待测元素标准溶液，以提高测量准确度。

2)绘制的工作曲线斜率不能太小，否则外延后将引入较大误差，为此应是一次加入量 c_0 与未知量 c_x 尽量接近。

3)待测元素的浓度与对应的吸光度应呈线性关系，即绘制工作曲线应呈直线，而且当 c_x 不存在时，工作曲线应通过零点。

实验仪器的测量条件(表 5-6)：

表 5-6　石墨炉原子吸收分光光度法测 Cu 元素加温程序

阶段	Cu		
	温度(℃)	升温(s)	保持时间(s)
干燥	120	10	10
灰化	450	10	20
原子化	2000	0	3
清洗	2100	1	1

【实验仪器与试剂】

仪器：原子吸收分光光度计(TAS-990 型)、铜空心阴极灯、氩气钢瓶、自动控制循环冷却水系统。

试剂：铜标准溶液(0.1mg/mL)、纯水、牛奶。

【实验内容及步骤】

1. 配制试样

(1)配制牛奶使用液

准确吸取 20mL 牛奶于 100mL 容量瓶中,用纯水稀释至刻度,摇匀备用。即稀释 5 倍。

(2)配制标准溶液系列

在 5 只 50mL 干净而且干燥的烧杯中,各加入 20mL 牛奶使用液,用微量注射器分别加入铜标准溶液 0μL,10μL,20μL,30μL,40μL(铜标准溶液体积忽略不计),摇匀。该系列的外加铜浓度依次为 0ng/mL,50ng/mL,100ng/mL,150ng/mL,200ng/mL。

2. 仪器操作和使用

(1)先让电脑启动正常;

(2)开启仪器主机电源;

(3)打开仪器的电脑操作软件,进行联机,并等待;

(4)连机正常后按实验要求进行调整、设置——选择测量方法(石墨炉);

(5)开启氩气钢瓶,检查输出压力是否为 0.5MPa;

(6)开启冷却水阀门,观察水流量能否达到 2L/min;

(7)打开石墨电源开关,点击电脑屏幕的"加热"键,进行升温程序的调整;

(8)下一步即可以进样(10uL)并进行测量,按"测量"键测量(测量之前最好进行空烧);

(9)测量完后保存测量结果,再关闭仪器。

3. 关闭仪器的过程如下

(1)关闭氩气瓶总阀;

(2)关闭冷却水阀门;

(3)退出电脑操作软件;

(4)关闭仪器石墨炉电源;

(5)关闭仪器主机电源;

(6)关闭电脑。

【实验数据的处理】

(1)以所测得的吸光度为纵坐标,相应的外加铜浓度为横坐标,绘制标准曲线——一条直线。

(2)将绘制的标准曲线延长,交横坐标于 c_x,再乘以样品稀释的倍数,即求得牛奶中铜的含量(浓度)。即牛奶中铜的含量 $=5\times c_x$

【思考题】

(1)采用标准加入法定量应注意那些问题?

(2)为什么标准加入法中工作曲线外推与浓度轴相交点,就是试样中待测元素的浓度?

(3)石墨炉原子吸收分光光度法测定中为什么要通水和通氩气?

(4)为什么石墨炉原子吸收分光光度法比火焰原子吸收分光光度法的灵敏度高?

实验二十三　气相色谱(FID)定性定量分析基础

【实验目的】

(1)熟练掌握气相色谱仪器(FID)操作技术。

(2)学习掌握调整保留值、相对保留值测定方法。

(3)学习掌握调整保留值定性法原理及峰面积归一化定量测定方法。

【实验原理】

1. 预习提示

(1)气相色谱氢火焰离子化检测器(FID)结构、检测原理、特点、操作条件。

(2)气相色谱基本概念、常用术语如保留值、调整保留值、相对保留值等。

(3)色谱调整保留值定性、相对保留值定性、加入已知物增加峰高法定性方法。

(4)简单峰面积归一化定量方法。

2. 色谱分离技术　又称层析分离技术或色层分离技术,是一种分离复杂混合物中各个组分的有效方法。它是利用不同物质在由固定相和流动相构成的体系中具有不同的分配系数,当两相作相对运动时,这些物质随流动相一起运动,并在两相间进行反复多次的分配,从而使各物质达到分离,图 5-10。

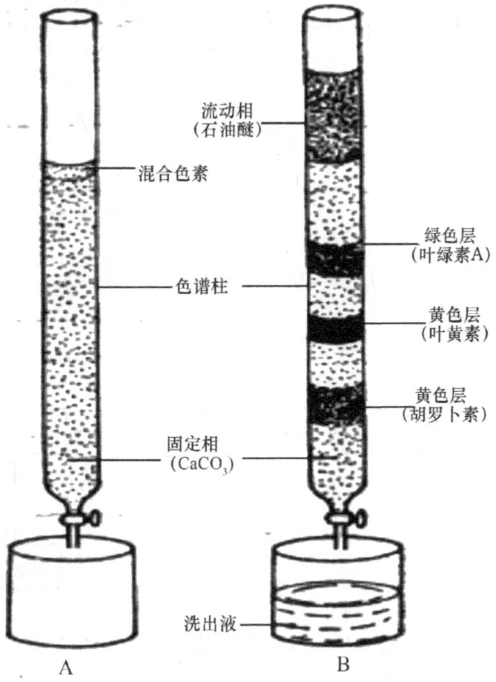

图 5-10　植物叶绿素的分离

色谱法的分类:$\begin{cases}\text{气相色谱法(GC)}\\ \text{液相色谱法(HPLC)}\end{cases}$

3. 色谱法基本概念　色谱图、色谱峰、基线

保留时间 t_R、死时间 t_M

调整保留时间　　$t'_R \quad t'_R = t_R - t_M$　　(5-21)

相对保留值　　$r_{21} = \dfrac{t_{R_2}}{t_{R_1}}$　　(5-22)

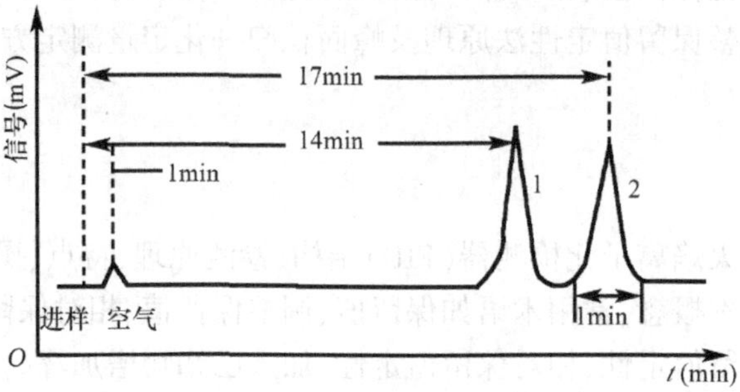

图 5-11 试样色谱流出曲线

4. 气相色谱 是流动相为气体的色谱。适于分离分析的对象是气体或容易气化的热稳定性好的物质。

5. 气相色谱仪基本结构 图 5-12

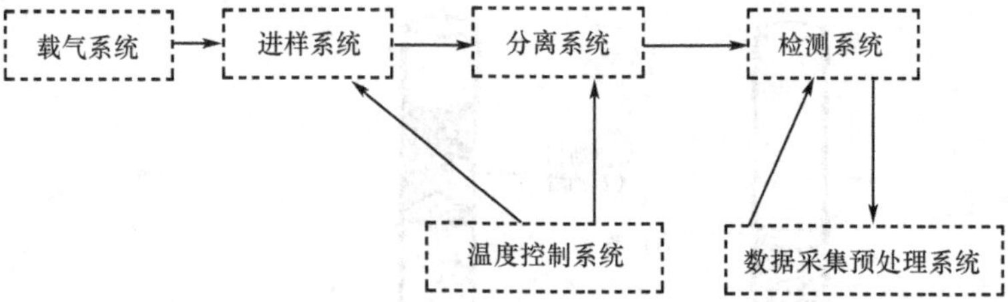

图 5-12 气相色谱基本结构

6. 气相色谱流程 图 5-13

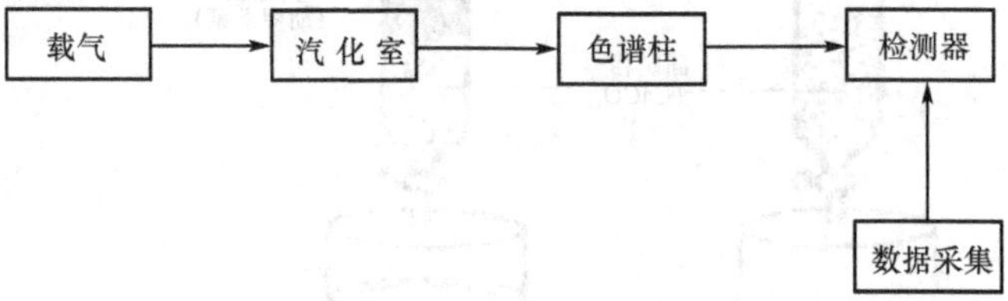

图 5-13 气相色谱流程

7. 气相色谱火焰离子化检测器(FID)检测原理 被测组分被载气携带,从色谱柱流出,与氢气混合一起进入离子室,由毛细管喷嘴喷出。氢气在空气的助燃下经引燃后进行燃烧,以燃烧所产生的高温(约 2100℃)火焰为能源,使被测有机物质电离成正负离子。产生的离子在收集极和发射极的外电场作用下定向运动形成电流。产生的微电流大小与进入离子室的被测组分含量有关,含量越大,产生的微电流就越大,这二者之间存在定量关系。

8. 气相色谱保留值定性的依据 在一定色谱条件下,每一种物质都有一个确定的保留值和它相对应。标准保留值、调整保留值、相对保留值定性;加入已知物增加峰高法定性。

9. 简单峰面积归一化定量方法

$$c_i\% = \frac{m_i}{m_1 + m_2 + \cdots + m_n} \times 100\% = \frac{A_i}{\sum_{i=1}^{n} A_i} \times 100\%$$

【实验条件】

仪器:SP-6800A 型气相色谱仪、氢火焰离子化检测器(FID)、1μL 微升微量进样器、空气压缩机。

试剂:乙醚、乙酸乙酯、乙酸丁酯。

气相色谱条件(参考):

气 体	钢瓶输出压力	仪器工作压力
载气(N_2)	0.40MPa	0.10MPa
燃气(H_2)	0.25MPa	0.06~0.07MPa
助燃气(空气)	≥0.4MPa	0.12~0.13MPa

温度条件:

汽化室温度 200℃;柱室温度 180℃;检测器温度 200℃。

【实验步骤】

(1)仪器调试。按照仪器操作规程并参考上述条件打开仪器"查看基线"至基线平直。

(2)标准保留时间、调整保留时间测定。

用 1μL 进样器吸取乙醚 0.1μL,注入色谱仪,验证仪器是否正常,同时记录保留时间,重复进样 3 次以上;再分别吸取乙酸乙酯、乙酸丁酯注入色谱仪,记录乙醚、乙酸乙酯的保留时间、乙醚、乙酸丁酯的保留时间(如乙酸乙酯或乙酸丁酯标样不含乙醚,应加入少量乙醚)分别重复 3 次。

(3)试样定性、定量测定。

在与上述相同的稳定色谱条件吸取含乙醚、乙酸乙酯、乙酸丁酯混合试样 0.2μL,注入色谱仪,记录乙醚、乙酸乙酯、乙酸丁酯的保留时间。重复 3 次。

(4)选择混合试样典型色谱图编制、打印分析报告。

(5)结束工作。

实验结束,先点主机"停止加热",关闭氢气钢瓶,关空气压缩机电源开关。待柱室温度降至 40℃以下时,关主机电源开关。逐步退出电脑系统。

【数据处理】

根据实验记录数据,填表 5-7,经必要计算过程求得相关参数:

(1)死时间 t_M。

(2)乙酸乙酯、乙酸丁酯调整保留时间 $t'_R = t_R - t_M$。

(3)乙酸丁酯对乙酸乙酯的相对保留时间 $r_{21} = \frac{t'_{R_2}}{t'_{R_1}}$。

(4)依据标准保留值对试样中未知组分确定出定性结果。

(5)附分析报告。

【思考题】

(1)简述气相色谱 FID 的检测原理。

(2)适于气相色谱分析的试样应必须具备什么基本特征?

(3)在本实验中,进样量是否需要非常准确?为什么?

实验结论附表

在本实验选定的色谱条件下各相关参数如下:

表 5-7 标准样实验结果统计表

物质名称	调整保留时间 t_R(min)	死时间 t_M(min)	相对保留时间 r_{21}(min)
乙醚			
乙酸乙酯			
乙酸丁酯			

根据标准样实验结果确定出试样定性结果如下(表 5-8)。

表 5-8 试样定性结果表

峰序号	死时间 t_M(min)	调整保留时间 t_R(min)	相对保留时间 r_{21}(min)	物质名称	相对含量(%)
1					
2					
3					
4					

实验二十四 高效液相色谱仪(岛津 LC-20A 型)基本操作

【实验步骤】

1. 开机

(1)配制流动相,一般 A 相为有机相,B 相为水相,盐或其他添加物一般放在 B 相中。除色谱纯有机相和高纯水以外物质的流动相一定用 0.45μm 滤膜过滤才能使用。稍微松开瓶盖,超声脱气 20min。

(2)安装色谱柱,注意柱子上的箭头指示流动相的流动方向。

(3)将流动相滤头放入相应的溶剂瓶中。

(4)依次打开泵、柱温箱、检测器电源,一定最后打开 CBM 的电源。

(5)排气:将 A、B 泵排液阀逆时针旋转打开,分别按"purge"键,冲洗大约 3min 后自动停止,拧紧各排液阀。

检查输液泵的压力显示值,正常值应该在-0.3~0.3MPa。

(6)打开 PC 电源,双击桌面的"LCsolution"工作站图标,打开操作栏下的分析"仪器 1"图标,弹出"Login"窗口,直接点击确定,"哔"的声音之后,表明已联机。

2. 参数设置和系统平衡

(1)参数设置

1)泵设置:在数据采集窗口的仪器参数视图中设置分析条件,如流速、流动相梯度程序、柱箱温度、数据采集时间等参数。

2)PDA 检测器设置:点右键可选择显示窗口,选择需显示波长和信号量程;在“normal”下可输入数据采集时间,进入“Advance”,可选择光源、波长范围、检测池温度一般选默认 40°、狭缝宽度 1.2nm。

3)RI 检测器设置:

极性选“+”,分析模式、温度通常 40°,响应通常 1.5s、输出选电压,其他选择默认,点击“R-flow”清洗参比池,一般需 20min,点击“balance”,值应在±50 之间;按“Zero”调零。

(2)保存方法至指定位置,或者调用已保存的分析方法,确认所需参数。点击下载按钮传送参数至仪器。如果此时系统控制器尚未激活,需点击“仪器 开/关按钮”激活,系统每个模块即以新参数开始运行。

(3)点击“采集”菜单栏下的“绘图开始”,预览基线。在初始流动相条件下以设定速度平衡柱子至基线稳定,一般需要 30min(此时进样阀处于 Inject 状态以冲洗定量环上的残留物质)。

3. 样品分析

(1)根据需要选择定量方法,配制相应的定量用标准样品。

1)外标法:配制系列浓度标样,做相应的标准曲线。

2)内标法:向实际样品中定量加入标准物质。

(2)点击分析界面左侧的“单次运行”按钮(快捷键栏绿色按钮),编辑样品名,软件默认当前方法,数据保存选择编号自动递增,单击“确定”后出现一个“数据采集开始”小窗口。用手动进样阀上样,把进样器扳到“inject”位置后数据采集自动开始(此时保持进样器处于“inject”位置,以冲洗定量环)。

4. 数据再处理

(1)打开 “再解析”,弹出“Login”(登录)窗口,直接点击确定进入数据分析画面,以外标法为例。

(2)参数设置:

1)点击左边“助手栏”的“PDA 数据分析”图标,点击“助手栏”右侧“数据管理器”中“项目在:选择浏览文件夹”按钮,打开样品数据文件夹。

2)双击要处理的数据文件,右键选择菜单栏中的“显示多色谱图表”,在波长栏里输入波长值,显示栏里打对勾,带宽值输入 4nm,根据需要可输入多个波长值,然后点击确定。

3)点击左边“助手栏”的“向导”图标,选择测量通道(波长),输入斜率值(slope)和最小峰面积值(min),其他项目使用默认值。点击右边的“Program”图标进入,点击色谱图中的放大按钮放大色谱图,确认色谱峰积分正确,可进一步填写积分时间程序计算色谱峰,点击确定退出。

4)点击下一步,在需要计算的色谱峰保留时间前打钩,点击下一步,选择计算方法为外标法,计算对象为峰面积,输入标准工作曲线中的工作点个数,曲线拟合类型为线性,选择工作曲线是否过原点,权重方法选择无。选择标准工作曲线的 x 轴代表浓度,输入浓度单位名称、浓度值小数点后位数,组类型选择未使用,点击下一步。

5)峰定性一般选择时间窗方法,窗口值一般输入5%,峰筛选选择最近的峰,保留时间的更新一般选择无,点击下一步。

6)在名称栏里输入峰名称,峰类型栏里选择默认的目标峰,浓度栏里输入每个标准样品里各组分的浓度值,点击完成,退出。

(3)点击“助手栏”中的“应用到方法”图标,将向导中各参数内容保存到相对应样品分析方法中。

(4)批处理参数设置:

1)点击“助手栏”中的“返回”,点击“批处理”图标,点击右侧“数据管理器”中“项目在:选择浏览文件夹”按钮,选择需要批处理的数据文件夹。

2)点击“文件”菜单→新建批处理文件,编辑菜单→按选定的数据文件行添加,找到并选择标准样品数据文件,点击下箭头依次加入,点击确定退出。

3)填写批处理表,输入样品名称与ID,在第一个标准样品的样品类型栏中选择标准与初始化校准。其他标准样品的样品类型选择标准和增加校准级别并退出。在方法文件栏里选择刚才保存的向导方法文件,数据文件栏里确定标准样品的数据文件,在级别栏里输入标准样品的级别号。

4)点击左边助手栏的批处理开始图标,在跳出的对话框中输入批处理文件名并保存。批处理表中数据文件开始依次计算,计算完毕后,“返回”。

(5)查看标准工作曲线:点击“助手栏”中的“校准”图标,在数据浏览器中找到批处理文件中选择的方法文件,打开文件可查看各组分的标准工作曲线。

(6)批处理未知样品:参考批处理参数设置步骤。未知样品的样品类型选择未知,调用方法文件与未知样品的数据文件,未知样品的级别输入“0”。

(7)查看数据处理结果:点击“助手栏”的“PDA数据分析”图标,在“项目在:选择浏览文件夹”按钮中找到并选择批处理文件中计算过的未知样品文件,打开,右下角的“化合物表视图”查看计算结果,或者点击“视图”菜单→峰表,也可查看计算结果。若需查看报告则点击“助手栏”中的“数据报告”图标进行设置。

注:①若已有标准曲线,确认未知样品峰积分正确的情况下,可直接执行第(6)、(7)步对样品进行定量分析。②执行完以上步骤后,界面正下方会有“PDA数据分析”、“LC校准曲线”、“批处理表”快捷键,可以很方便地查看相关数据信息。

5. 关机

(1)使用纯水与纯有机试剂清洗流路系统(如用缓冲液,先用水清洗1h,再用有机溶剂清洗30min以上),最后用有机溶剂封存。

(2)清洗结束后,停止系统运行,在“LCsolution”工作站中,按“仪器 开/关”按钮键即停止所有单元工作。

(3)退出“LCsolution”软件(可听到蜂鸣一声),再完全退出。

(4)关闭主机与LC各电源。

(5)用容易溶解样品的溶剂在“inject”和“load”位置清洗手动进样阀,一般用高纯水。

【注意事项】

清洗流路系统要求:

1)如果使用缓冲液,先用水更换缓冲液,清洗1h,然后更换有机相清洗40min。

2）如果使用的是有机溶剂与纯水，直接更换有机相清洗 40min 即可。

3）B 泵箱内有一小瓶 10% 甲醇水溶液，每次做实验前检查是否有溶液并更换一次。

实验二十五　离子交换树脂总交换容量的测定

【实验目的和要求】

1. 通过实验，加深对离子交换树脂的总交换容量概念的认识。
2. 熟悉静态法和动态法测定总交换容量的操作方法。

【实验原理】

交换容量是离子交换树脂质量的重要性能标志，本实验测定的是离子交换树脂的总交换量也叫最大或极限交换量，它是指树脂经过 100～105℃ 干燥至恒重后，每克或水中每毫升树脂具有的可交换离子的总数，单位为摩尔/克（干树脂）或 mL（湿树脂）即（mol /g 或 mol/mL）

氢型阳离子交换树脂与碱作用时，生成水。作为一不可逆反应，故可用静态 法测定总交换容量：

$$RH+NaOH \longrightarrow RNa+H_2O$$

阴离子交换树脂不能采用类似的方法来测定，应采用 Cl 型树脂。当它与 Na_2SO_4 作用时，生成氯化钠：

$$R(\equiv NHCl)_2 + NaSO_4 \longrightarrow R(\equiv NH)_2 SO_4 + NaCl$$

故可采用动态法操作，滴定流出液 Cl 离子含量而测定其总交换容量。

【实验用品 】

玻璃交换柱，分液漏斗，732 型阳离子交换树脂和 717 型阴离子交换树脂。

【实验步骤】

（一）溶液配制

1. 酚酞指示剂　称取酚酞 0.5g，加 45mL95% 乙醇溶解，用蒸馏水稀释至 50mL。

2. 甲基橙指示剂　称取 0.1g 甲基橙溶于 100mL 蒸馏水中。

3. K_2CrO_4 指示剂　称取 5.0g K_2CrO_4 固体溶于 100mL 蒸馏水中。

4. 0.5mol/L Na_2SO_4 溶液　称取 71.01g 无水 Na_2SO_4 固体，用蒸馏水溶解后稀释至 1L。

5. 0.15mol/L NaOH 标准溶液　称取 6.0g 固体 NaOH，用蒸馏水溶解稀释至 1L。标定：分别精确称取预先在 105℃ 烘干箱至恒重得邻苯二甲酸氢钾 0.5～0.6g 于 两只锥形瓶中，加蒸馏水 70mL 溶解，加酚酞指示剂 2～3 滴，以配好的 NaOH 溶液滴定到出现粉红色为滴定终点，记下消耗的 NaOH 溶液体积 V_{NaOH}（mL），按式（5-24）计算浓度：

$$N = \frac{\frac{W}{M} \times 1000}{V} \tag{5-24}$$

式（5-24）中：N 为 NaOH 溶液的 mol 浓度；

W 为称取的邻苯二甲酸氢钾重量 g；

M 为邻苯二甲酸氢钾分子量，为 204.2 。

6. 0.05mol/LHCl 标准溶液 量取 4.2mL 浓 HCl，用蒸馏水稀释至 1L。标定：分别吸取上述已标定好的 NaOH 标准溶液 10mL 于两只锥形瓶中，加 2 滴甲基橙 指示剂，用配好的 HCl 溶液滴定至出现橙红色为终点，记下消耗的 HCl 溶液 体积 V_{HCl}(mL)，按式(5-25)计算 HCl 的浓度：

$$N = \frac{10 \times N_{NaOH}}{V_{HCl}} \tag{5-25}$$

7. 0.025 mol/L $AgNO_3$标准溶液 称取 4.25g $AgNO_3$，用蒸馏水溶解后稀释至 1L。标定：取 NaCl(A.R)少量于干净的坩埚中，只要煤气灯灼烧至无鸣爆声，立即倒入称量瓶中，放入干燥器，冷却后分别精确称取 0.06g 于两只锥形瓶中，加水 80mL 溶解，加 K_2CrO_4指示剂 3 滴，以 $AgNO_3$溶液滴定至出现砖红色为终点，记下消耗的 $AgNO_3$溶液体积 V_{AgNO_3}(mL)，按式(5-26)计算 $AgNO_3$的浓度：

$$N = \frac{\frac{W}{M} \times 1000}{V} \tag{5-26}$$

式(5-26)中：N 为 $AgNO_3$溶液的 mol 浓度；

W 为称取的 NaCl 重量 g；

M 为 NaCl 分子量，为 58.5。

8. 1mol/L NaOH 溶液 称取 40g 固体 NaOH，用蒸馏水溶解后稀释至 1L。

9. 1mol/L HCl 溶液 量取 83.3mL 浓 HCl，用蒸馏水稀释至 1L。

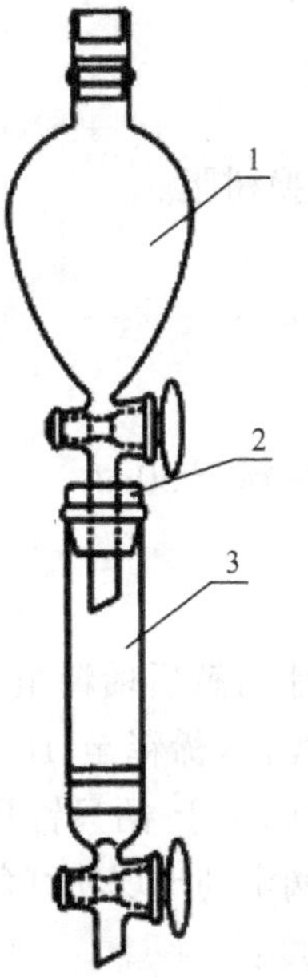

图 5-14 离子交换树脂预处理示意图

1. 分液漏斗；2. 橡皮塞；3. 玻璃交换柱(带沙芯板)

（二）树脂的预处理

分别称取 5g 732 型阳离子交换树脂和 717 型阴离子交换树脂，用去离子水浸泡 10min，至出水清澈无混浊、无杂质为止。装入交换柱中，阳离子交换树脂按下 列顺序通入酸碱处理：1mol/L HCl → dH_2O 洗 → 1mol/L NaOH → dH_2O 洗 → 1mol/LHCl → dH_2O 洗 ，阴离子交换树脂也按上述顺序通入酸碱处理液体积为床层体积的 3 倍，流速为 10mL 每 5min。将阳离子树脂处理成氢型，阴离子树脂处理成氯型。如图 5-14 所示：

（三）静态法测定阳离子交换树脂的总交换容量

精确称取 2g 已预处理好，并抽干的氢型阳离子交换树脂 732 型，105℃下烘干 至恒重，按式(5-27)计算含水量：

$$W\% = \frac{W_1 - W_2}{W_1} \times 100\% \tag{5-27}$$

式(5-27)中：W_1为烘干前树脂重；

W_2为烘干后树脂重。

另取处理好的树脂 2g，放入三角瓶中，用吸管加入 50mL NaOH 标准溶液，放置 24h，要求树脂全部浸入溶液中。然后，用吸管分别取出 10mL 放入两只三角瓶中。以甲基橙 1 滴作指示剂，用 0.05mol/L HCl

标准溶液滴定，溶液有黄色变到红色为滴定终点，取两次平均值。

$$总交换容量(mol/g 干树脂)=\frac{50N_1-5N_2V_2}{G(1-W)} \tag{5-28}$$

式(5-28)中：G 为湿树脂重量(g)；

W 为树脂含水量%；

N_1 为 NaOH 标准溶液的浓度(mol/L)；

N_2 为 HCl 标准液的浓度(mol/L)；

V_2 为 HCl 标准溶液的用量(mL)。

（四）动态法测定弱碱性阴离子交换树脂的交换容量

精确称取 2g 已预处理好的并抽干的氯型阴离子交换树脂 717 型，在 105℃下烘干至恒重，按式(6-4)计算含水量 W。同时另精确称取 2g，装入小玻璃柱中，装柱时应注意不应使树脂层中有气泡存在。然后通入 0.5mol/LNa_2SO_4溶液进行交换，用 500mL 容量瓶收集流出液，流速约为 250mL/h，流满刻度为止，吸取流出液 50mL，用 0.025mol/L$AgNO_3$标准液滴定，加入 4 滴 K_2CrO_4指示剂，溶液从黄色变为红色为滴定终点。

$$总交换容量(mol/g 干树脂)=\frac{10VN}{G(1-W)} \tag{5-29}$$

式(5-29)中：V 为 $AgNO_3$标准用量(mL)；

N 为 $AgNO_3$标准溶液 mol 浓度；

G 为湿树脂重(g)；

W 为树脂含水量%

(四) 思考题

A. 预习

1. 根据实验操作步骤，列出本实验所需的药品和仪器(包括规格和数量、用途)。
2. 画出动态法操作过程的实验装置图。

B. 实验结果和讨论

1. 记录实验结果原始数据，并计算总交换容量。
2. 写出本实验的操作注意点。
3. 阴离子交换树脂为什么一般采用 Cl 型树脂并采用动态法测定总交换容量？能否采用静态法操作？说明理由。
4. 两种方法中，HCl 和 $AgNO_3$标准溶液所起的作用是什么？写出方程式。
5. 说明总交换容量计算公式的原理。

实验二十六 药用硼砂含量的测定

【实验目的】

(1)掌握药用硼砂含量的测定方法和原理的方法。

(2)掌握酸式滴定管的滴定操作和甲基红指示终点的判断。

【实验原理】

药用硼砂为天然矿物硼砂的矿石,经提炼、精制而成的结晶体。在医学上具有清热解毒、杀菌防腐的功效。其主要化学成分为带 10 分子结晶水的四硼酸的钠盐($Na_2B_4O_7 \cdot 10H_2O$)。因为硼酸是弱酸,可用 HCl 标准溶液直接滴定。

【实验仪器和试剂】

试剂:硼砂、盐酸、甲基红指示剂(0.1%乙醇)。

【实验步骤】

(1)准确称取 1.8~1.9g 样品于干净的小烧杯中。
(2)加水约 30ml,微热,溶解后全量转入 100mL 容量瓶中,定容。
(3)精密吸取样品溶液 20.00mL 于锥形瓶中,加指示剂 1~2 滴。
(4)用上次配制并标定的 HCl 溶液滴定至终点(黄→橙),记录终点读数。
(5)再平行滴定两次,记录终点读数。

【结果计算】

在下表中记录实验数据。

	Ⅰ	Ⅱ	Ⅲ
$m_{Na_2B_4O_710H_2O}$(g)			
C_{HCl}(mol/L)			
HCl 的始读数(mL)			
HCl 的终读数(mL)			
VHCl(ml)			
$\omega_{Na_2B_4O_710H_2O}$%			
$\overline{\omega}_{Na_2B_4O_710H_2O}$%			
RSD(%)			

实验二十七　游泳池水中尿素的测定

【实验目的】

掌握游泳池水中尿素测定原理;熟悉游泳池水中尿素测定的操作细则;了解游泳池水其他常见卫生指标的检测。

【实验原理】

尿素与二乙酰一肟及安替比林反应生成黄色化合物，在 460nm 比色定量。

【实验仪器与试剂】

仪器：25mL 棕色具塞比色管；恒温水浴箱；722N 型分光光度计。

试剂

0.2%二乙酰一肟溶液：称取 0.2g 二乙酰一肟溶于 10%乙酸中，并稀释至 100mL，保存于棕色瓶备用。

0.2%安替比林溶液：称取 0.2g 安替比林（1,5-二甲基-2-苯-3-吡唑酮），溶于 1+1 硫酸中并用混酸稀释至 100mL，棕色瓶中保存。

尿素标准溶液：准确称取 0.1000g 尿素于小烧杯中，加少量纯水溶解后转入 1000mL 容量瓶中，加 0.1mL 氯仿并用纯水定容，此液每 mL 含 0.1mg 尿素。冷藏保存。

尿素标准使用溶液，准确吸取尿素标准储备溶液 10.00mL 于 100mL 容量瓶中，用纯水定容，此液每 mL 含 0.01mg 尿素。

【操作步骤】

（1）吸取水样 10mL（尿素含量在 0.001～0.015mg 范围内）于 25mL 棕色具塞试管中，另取棕色具塞试管加入尿素标准使用液 0mL、0.1mL、0.3mL、0.5mL、0.7mL、1.0mL、1.5mL，并用纯水稀释至 25mL。

（2）于上述各管加入 1.0mL 二乙酰一肟溶液，混均。再加安替比林溶液 2.0mL，混匀。

（3）将上述试管在沸水浴中加热 50min。取出并在流动的自来水中冷却 2min。立即以纯水为对照，于 460nm 处，用 1cm 比色皿，测定各管吸光值。

（4）以浓度对吸光值制备标准曲线。以水样吸光值从曲线上查出尿素含量。

（5）计算公式如下：

$$c=\frac{M\times 1000}{V} \tag{5-30}$$

式（5-30）中，c 为水样中尿素浓度 mg/L；M 为从曲线上查得的尿素含量，mg；V 为水样体积，mL。

【注意事项】

（1）配制 0.2%安替比林溶液，如果硫酸浓度大于 1+1 时，显色缓慢且操作不便。

（2）沸水浴中加热时间控制在 45～55min，有色物颜色最深，若再延长时间吸光值下降。

（3）显色后溶液遇光褪色，故采用棕色具塞比色管。

【思考题】

（1）如何采用单因素变化试验考察本试验的最优反应条件？

（2）针对本试验线性范围比较窄的情况，宜采用什么方法提高测定的准确性？

实验二十八　钙制剂中钙含量的测定

【实验目的】

(1)学会钙制剂的溶样方法。
(2)掌握钙离子的测定方法。

【实验原理】

钙与身体健康息息相关,钙除成骨以支撑身体外,还参与人体的代谢活动,它是细胞的主要阳离子,还是人体最活跃的元素之一,缺钙可导致儿童佝偻病、青少年发育迟缓、孕妇高血压、老年人的骨质疏松症。缺钙还可引起神经病、糖尿病、外伤流血不止等多种过敏性疾病。补钙越来越被人们所重视,因此,许多钙制剂相应而生。对钙制剂中钙的含量,可采用EDTA法进行直接测定。

钙制剂一般用酸溶解并加入少量三乙醇胺,以消除Fe^{3+}等干扰离子,调节pH≈12~13,以铬蓝黑R作指示剂,指示剂与钙生成红色的络合物,当用EDTA滴定至计量点时,游离出指示剂,溶液呈现蓝色。

【实验试剂】

EDTA(0.01mol/L):配制方法见第三章实验九"EDTA标准溶液的配制和标定"。

$CaCO_3$标准溶液(0.01mol/L):准确称取基准物质$CaCO_3$0.1g左右,先以少量水润湿,再逐滴小心加入6mol/LHCl,至$CaCO_3$完全溶解,定量转入100mL容量瓶中,以水稀释至刻度,并计算其浓度。

NaOH(5mol/L)。

HCl(6mol/L)。

三乙醇胺(200g/L)。

铬蓝黑R(5g/L)乙醇溶液。

【实验步骤】

1. EDTA溶液浓度的标定　准确移取2.00mL$CaCO_3$标准溶液3份分别于25mL锥形瓶中,加入0.2mLNaOH溶液,铬蓝黑R指示剂2~3滴,用EDTA溶液滴定至溶液由红色变为蓝色即为终点,根据滴定用去EDTA毫升数和$CaCO_3$标准溶液的浓度,计算EDTA溶液的浓度。

2. 钙制剂钙含量的测定　准确称取钙制剂(视含量多少而定,本实验以葡萄糖酸钙为例)0.25g,加6mol/L HCl2mL,加热溶解完全后,定量转移到50mL容量瓶中,用水稀释至刻度,摇匀。

准确移取上述试液25.00mL,加入三乙醇胺溶液1mL,5mol/L NaOH 1mL,加入水2mL,摇匀,加铬蓝黑R3~4滴,用0.01mol/L EDTA标准溶液滴定至溶液由红色变为蓝色即为终点,根据消耗EDTA的体积,计算出钙的质量分数及每片中钙的含量(g/片)。

【注意事项】

钙制剂视钙含量多少而确定称量范围。有色有机钙因颜色干扰无法辨别终点，应先进行消化处理。牛奶、钙奶均为乳白色，终点颜色变化不太明显，接近终点时再补加 2～3 滴指示剂。

【思考题】

(1)试述铬蓝黑 R 的变色原理。
(2)计算钙制剂含量为 40%和 10%的秤取质量范围。
(3)拟定牛奶和钙奶等液体钙制剂测定方法。

实验二十九　磷酸的电位滴定

【实验目的】

(1)掌握电位滴定法的操作及确定计量点的方法；
(2)学习用电位滴定法测定弱酸的 pK_a的原理及方法。

【实验原理】

电位滴定法对混浊、有色溶液的滴定有其独到的优越性，还可用来测定某些物质的电离平衡常数。

磷酸为多元酸，其 pK_a可用电位滴定法求得。当用 NaOH 标准液滴定至剩余 H_3PO_4的浓度与生成 $H_2PO_4^-$的浓度相等，即半中和点时，溶液中氢离子浓度就是电离平衡常数 K_{a1}。

$$H_3PO_4+H_2O = H_3O^++H_2PO_4^-$$

$$K_{a1}=\frac{[H_3O^+][H_2PO_4^-]}{[H_2PO_4^-]}$$

当 H_3PO_4的一级电离释放出的 H^+被滴定一半时，$[H_3PO_4]=[H_2PO_4^-]$，则 $K=[H_3O^+]$，$pK_{a1}=pH$。

同理：

$$H_2PO_4^- = HPO_4^{2-}+H_3O^+$$

$$K_{a2}=\frac{[H_3O^+][HPO_4^{2-}]}{[H_2PO_4^-]}$$

当二级电离出的 H^+被中和一半时，$[H_2PO_4^-]=[HPO_4^{2-}]$，则 $K=[H_3O^+]$，$pK_{a2}=pH$。

绘制 pH-V 滴定曲线，确定化学计量点，化学计量点一半的体积(半中和点的体积)对应的 pH，即为 H_3PO_4的 pK_a。

【实验仪器与试剂】

pHS-3C 型精密 pH 计，电磁搅拌器，25mL 滴定管，移液管，100mL 烧杯；0. 1mol/L 磷酸液，0. 1mol/LNaOH 标准溶液，pH＝4. 00、6. 86、9. 18 标准缓冲溶液。

【实验步骤】

连接好滴定装置如图 5-17 所示。

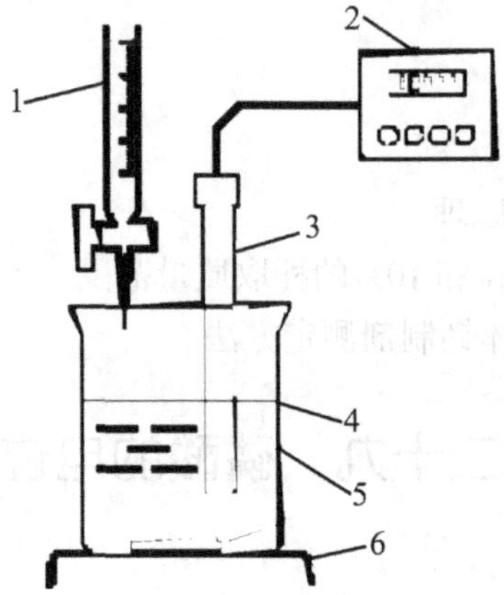

图 5-17　滴定装置连接示意图

1. 滴定管；2. pH 计；3. 复合 pH 电极；4. 磷酸溶液；5. 磁子；6. 电磁搅拌器

1. 校准　用 pH＝4. 00 标准缓冲溶液校准 pH 计。

2. 滴定　精密量取 0. 1mol/L 磷酸样品溶液 10mL，置 100mL 烧杯中，加蒸馏水 10mL，插入甘汞电极与玻璃电极（或复合玻璃电极）。用 0. 1mol/L NaOH 标准液滴定，当 NaOH 标准液体积未达到 10. 00mL 之前，每加 2. 00mL NaOH 标准液记录一次 pH 的数值，在接近化学计量点（加入 NaOH 液时引起溶液的 pH 值变化逐渐增大）时，每次加入体积应逐渐减小，在化学计量点前后每加入一滴（如 0. 05mL），记录一次 pH 的数值，尽量使滴加的 NaOH 标准液体积相等，继续滴定直至过了第二个化学计量点时为止。当被滴定液 pH 达到 7 时，用 pH＝9. 18 的标准缓冲溶液再校准一次酸度计。数据记录格式见表 5-13。

表 5-13　H_3PO_4 电位滴定数据处理表

滴定剂体积 V(mL)	pH 计读数(pH)	ΔpH	ΔV	ΔpH/ΔV	平均体积

3. 数据处理

（1）按 pH-V，ΔpH/ΔV-V 法作图及按 Δ_2pH/ΔV_2-V 法作图，确定计量点，并计算 H_3PO_4 的准确浓度。

（2）由 pH-V 曲线找出第一个化学计量点的半中和点的 pH，以及第一个化学计量点到第二个化学计量点间的半中和点的 pH，确定出 H_3PO_4 的 pK_{a1} 和 pK_{a2}。计算 H_3PO_4 的 pK_{a1}

和 pK_{a2}。

【注意事项】

(1)安装仪器、滴定过程中搅拌溶液时,要防止碰破玻璃电极。

(2)滴定剂加入后,要充分搅拌溶液,停止时再测定 pH 值,以得到稳定的读数。

(3)在化学计量点前后,每次加入体积以相等为好,这样在数据处理时较为方便。

(4)滴定过程中尽量少用蒸馏水冲洗,防止溶液过度稀释突跃不明显。

(5)用玻璃电极测定碱溶液时,速度要快,测完后要将电极置于水中复原。

【思考题】

(1)用 NaOH 滴定 H_3PO_4,第一化学计量点和第二化学计量点所消耗的 NaOH 体积理应相等,为什么实际上并不相等?

(2)如何根据滴定弱碱的数据,求它的 K_b?

(3)磷酸的第三级电离常数 K_{a3}可以从滴定曲线上求得吗?

(郭　忠)

参考文献

陈华,薄雪梅.2010. 大学化学实验. 北京:化学工业出版社
高占先.2003. 有机化学实验.4版. 北京:高等教育出版社
谷珉珉. 贾韵仪,姚子鹏.1991. 有机化学实验. 上海:复旦大学出版社
郭戎,史志祥.2013. 分析化学实验. 北京:科学出版社
胡春.2007. 有机化学实验. 北京:中国医药科技出版社
黄涛.1998. 有机化学实验.2版. 北京:高等教育出版社
吉卯祉,葛正华.2002. 有机化学实验. 北京:科学出版社
兰州大学,复旦大学.1994. 有机化学实验.2版. 北京:高等教育出版社
李楚芝,王桂芝.2012. 分析化学实验. 北京:化学工业出版社
李玲,黄莺.2014. 医用化学实验. 北京:化学工业出版社
李慎新.2010. 分析化学实验. 北京:化学工业出版社
李兆陇,阴金香,林天舒.2001. 有机化学实验. 北京:清华大学出版社
龙盛京.2002. 有机化学实验. 北京:人民卫生出版社
沈萍,王念贵.2005. 有机化学实验. 武汉:中国地质大学出版社
唐中坤,陈清元.2010. 医用化学实验.2版. 北京:科学出版社
武汉大学化学与分子科学学院实验中心.2004. 有机化学实验. 武汉:武汉大学出版社
许遵乐,刘汉标.1988. 有机化学实验. 广州:中山大学出版社
游文玮.2010. 医用化学. 北京:化学工业出版社
余瑜,尚京川.2013. 医用化学实验.2版,北京:科学出版社
曾昭琼.2000. 有机化学实验.3版. 北京:高等教育出版社
张欣荣.2008. 医用化学. 北京:中国医药科技出版社
赵建庄,高岩.2003. 有机化学实验. 北京:高等教育出版社
周建峰.2002. 有机化学实验. 上海:华东理工大学出版社
周科衍,吕俊民.1999. 有机化学实验.3版. 北京:高等教育出版社

附　　录

附录一　常用元素的原子量表

附表-1　常见元素原子量表

元素名称	原子量	元素名称	原子量	元素名称	原子量
氢　H	1	碳　C	12	氮　N	14
氧　O	16	氟　F	19	钠　Na	23
镁　Mg	24	铝　Al	27	硅　Si	28
磷　P	31	硫　S	32	氯　Cl	35.5
钾　K	39	钙　Ca	40	锰　Mn	55
铁　Fe	56	铜　Cu	64	锌　Zn	65
溴　Br	80	银　Ag	108	碘　I	127
钡　Ba	137				

附录二　饱和水蒸气压力

“饱和水蒸气压力”(water vapor saturation pressure):当空气中所含水蒸气的量达到最大时就称这种空气为“饱和湿空气”,与饱和湿空气对应的压力称为“饱和水蒸气压力”,用符号 Ps 表示。水蒸气压力 p 与饱和水蒸气压力 Ps 的比值称为相对湿度 Rh,与饱和水蒸气压力 Ps 对应着的相对湿度为:Rh=100%。

附表-2　饱和水蒸气压力表

温度 t(℃)	绝对压强 p(kPa)	水蒸气的密度 ρ(kg/m^{-3})	焓 H(kJ/kg)	汽化热 r(kJ/kg)	
				液体	水蒸气
0	0.61	0.00	0.00	2491.10	2491.10
5	0.87	0.01	20.94	2500.80	2479.86
10	1.23	0.01	41.87	2510.40	2468.53
15	1.71	0.01	62.80	2520.50	2457.70
20	2.33	0.02	83.74	2530.10	2446.30
25	3.17	0.02	104.67	2539.70	2435.00
30	4.25	0.03	125.60	2549.30	2423.70
35	5.62	0.04	146.54	2559.00	2412.10
40	7.38	0.05	167.47	2568.60	2401.10
45	9.58	0.07	188.41	2577.80	2389.40
50	12.34	0.08	209.34	2587.40	2378.10
55	15.74	0.10	230.27	2596.70	2366.40
60	19.92	0.13	251.21	2606.30	2355.10
65	25.01	0.16	272.14	2615.50	2343.10

续表

温度 t(℃)	绝对压强 p(kPa)	水蒸气的密度 ρ(kg/m^{-3})	焓 H(kJ/kg)	汽化热 r(kJ/kg)	
				液体	水蒸气
70	31.16	0.20	293.08	2624.30	2331.20
75	38.55	0.24	314.01	2633.50	2319.50
80	47.38	0.29	334.94	2642.30	2307.80
85	57.88	0.35	355.88	2651.10	2295.20
90	70.14	0.42	376.81	2659.90	2283.10
95	84.56	0.50	397.75	2668.70	2270.50
100	101.33	0.60	418.68	2677.00	2258.40
105	120.85	0.70	440.03	2685.00	2245.40
110	143.31	0.83	460.97	2693.40	2232.00
115	169.11	0.96	482.32	2701.30	2219.00
120	198.64	1.12	503.67	2708.90	2205.20
125	232.19	1.30	525.02	2716.40	2191.80
130	270.25	1.49	546.38	2723.90	2177.60
135	313.11	1.72	567.73	2731.00	2163.30
140	361.47	1.96	589.08	2737.70	2148.70
145	415.72	2.24	610.85	2744.40	2134.00
150	476.24	2.54	632.21	2750.70	2118.50
160	618.28	3.25	675.75	2762.90	2037.10
170	792.59	4.11	719.29	2773.30	2054.00
180	1003.50	5.15	763.25	2782.50	2019.30
190	1255.60	6.38	807.64	2790.10	1982.40
200	1554.77	7.84	852.01	2795.50	1943.50
210	1917.72	9.57	897.23	2799.30	1902.50
220	2320.88	11.60	942.45	2801.00	1858.50
230	2798.59	13.98	988.50	2800.10	1811.60
240	3347.91	16.76	1034.56	2796.80	1761.80
250	3977.67	20.01	1081.45	2790.10	1708.60
260	4693.75	23.82	1128.76	2780.90	1651.70
270	5503.99	28.27	1176.91	2768.30	1591.40
280	6417.24	33.47	1225.48	2752.00	1526.50
290	7443.29	39.60	1274.46	2732.30	1457.40
300	8592.94	46.93	1325.54	2708.00	1382.50
310	9877.96	55.59	1378.71	2680.00	1301.30
320	11300.30	65.95	1436.07	2648.20	1212.10
330	12879.60	78.53	1446.78	2610.50	1116.20
340	14615.80	93.98	1562.93	2568.60	1005.70
350	16538.50	113.20	1636.20	2516.70	880.50
360	18667.10	139.60	1729.15	2442.60	713.00
370	21040.90	171.00	1888.25	2301.90	411.10
374	22070.90	322.60	2098.00	2098.00	0.00

附录三　常用酸、碱溶液的相对密度、含量和浓度

附表-3　常用酸溶液的相对密度、含量和浓度

相对密度(15℃)	HCl		HNO_3		H_2SO_4	
	w(%)	c(mol/L)	w(%)	c(mol/L)	w(%)	c(mol/L)
1.02	4.13	1.15	3.70	0.6	3.1	0.3
1.04	8.16	2.3	7.26	1.2	6.1	0.6
1.05	10.2	2.9	9.0	1.5	7.4	0.8
1.06	12.2	3.5	10.7	1.8	8.8	0.9
1.08	16.2	4.8	13.9	2.4	11.6	1.3
1.10	20.0	6.0	17.1	3.0	14.4	1.6
1.12	23.8	7.3	20.2	3.6	17.0	2.0
1.14	27.7	8.7	23.3	4.2	19.9	2.3
1.15	29.6	9.3	24.8	4.5	20.9	2.5
1.19	37.2	12.2	30.9	5.8	26.0	3.2
1.20			32.3	6.2	27.3	3.4
1.25			39.8	7.9	33.4	4.3
1.30			47.5	9.8	39.2	5.2
1.35			55.8	12.0	44.8	6.2
1.40			65.3	14.5	50.1	7.2
1.42			69.8	15.7	52.2	7.6
1.45					55.0	8.2
1.50					59.8	9.2
1.55					64.3	10.2
1.60					68.7	11.2
1.65					73.0	12.3
1.70					77.2	13.4
1.84					95.6	18.0

附表-4　常用碱溶液的相对密度、含量和浓度

相对密度(15℃)	$NH_3 \cdot H_2O$		NaOH		KOH	
	w(%)	c(mol/L)	w(%)	c(mol/L)	w(%)	c(mol/L)
0.88	35.0	18.0				
0.90	28.3	15				
0.91	25.0	13.4				
0.92	21.8	11.8				
0.94	15.6	8.6				
0.96	9.9	5.6				
0.98	4.8	2.8				
1.05			4.5	1.25	5.5	1.0
1.10			9.0	2.5	10.9	2.1
1.15			13.5	3.9	16.1	3.3
1.20			18.0	5.4	21.2	4.5
1.25			22.5	7.0	26.1	5.8
1.30			27.0	8.8	30.9	7.2
1.35			31.8	10.7	35.5	8.5

附录四 常用弱酸和弱碱的电离常数(25℃、I=0)

附表-5 常用弱酸和弱碱的电离常数

弱酸、弱碱	分子式	K_a	pK_a
弱酸			
砷酸	H_3AsO_4	$6.3\times10^{-3}(K_{a1})$	2.20
		$1.0\times10^{-7}(K_{a2})$	7
		$3.2\times10^{-12}(K_{a3})$	11.50
亚砷酸	$HAsO_2$	6.0×10^{-10}	9.22
硼酸	H_3BO_3	5.8×10^{-10}	9.24
焦硼酸	$H_2B_4O_7$	$1.0\times10^{-4}(K_{a1})$	4
		$1.0\times10^{-9}(K_{a2})$	9
碳酸	$H_2CO_3(CO_2+H_2O)$	$4.2\times10^{-7}(K_{a1})$	6.38
		$5.6\times10^{-11}(K_{a2})$	10.25
氢氰酸	HCN	6.2×10^{-10}	9.21
铬酸	H_2CrO_4	$1.8\times10^{-1}(K_{a1})$	0.74
		$3.2\times10^{-7}(K_{a2})$	6.50
氢氟酸	HF	6.6×10^{-4}	3.18
亚硝酸	HNO_2	5.1×10^{-4}	3.29
过氧化氢	H_2O_2	1.8×10^{-12}	11.75
磷酸	H_3PO_4	$7.6\times10^{-3}(>K_{a1})$	2.12
		$6.3\times10^{-3}(K_{a2})$	7.2
		$4.4\times10^{-13}(K_{a3})$	12.36
焦磷酸	$H_4P_2O_7$	$3.0\times10^{-2}(K_{a1})$	1.52
		$4.4\times10^{-3}(K_{a2})$	2.36
		$2.5\times10^{-7}(K_{a3})$	6.60
		$5.6\times10^{-10}(K_{a4})$	9.25
亚磷酸	H_3PO_3	$5.0\times10^{-2}(K_{a1})$	1.30
		$2.5\times10^{-7}(K_{a2})$	6.60
氢硫酸	H_2S	$1.3\times10^{-7}(K_{a1})$	6.88
		$7.1\times10^{-15}(K_{a2})$	14.15
硫酸	HSO_4^-	$1.0\times10^{-2}(K_{a1})$	1.99
亚硫酸	$H_3SO_3(SO_2+H_2O)$	$1.3\times10^{-2}(K_{a1})$	1.90
		$6.3\times10^{-8}(K_{a2})$	7.20
偏硅酸	H_2SiO_3	$1.7\times10^{-10}(K_{a1})$	9.77
		$1.6\times10^{-12}(K_{a2})$	11.8
甲酸	HCOOH	1.8×10^{-4}	3.74
乙酸	CH_3COOH	1.8×10^{-5}	4.74
一氯乙酸	$CH_2ClCOOH$	1.4×10^{-3}	2.86
二氯乙酸	$CHCl_2COOH$	5.0×10^{-2}	1.30
三氯乙酸	CCl_3COOH	0.23	0.64

续表

弱酸、弱碱	分子式	K_a	pK_a
氨基乙酸盐	$^{+}NH_3CH_2COOH^{-}$ $^{+}NH_3CH_2COO^{-}$	$4.5\times10^{-3}(K_{a1})$ $2.5\times10^{-10}(K_{a2})$	2.35 9.60
抗坏血酸	—CHOH—CH_2OH	$5.0\times10^{-5}(K_{a1})$ $1.5\times10^{-10}(K_{a2})$	4.30 9.82
乳酸	$CH_3CHOHCOOH$	1.4×10^{-4}	3.86
苯甲酸	C_6H_5COOH	6.2×10^{-5}	4.21
草酸	$H_2C_2O_4$	$5.9\times10^{-2}(K_{a1})$ $6.4\times10^{-5}(K_{a2})$	1.22 4.19
d-酒石酸	CH(OH)COOH CH(OH)COOH	$9.1\times10^{-4}(K_{a1})$ $4.3\times10^{-5}(K_{a2})$	3.04 4.37
邻-苯二甲酸	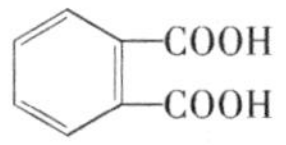	$1.1\times10^{-3}(K_{a1}>)$ $3.9\times10^{-6}(K_{a2})$	2.95 5.41
柠檬酸	CH_2COOH CH(OH)COOH CH_2COOH	$7.4\times10^{-4}(K_{a1})$ $1.7\times10^{-5}(K_{a2})$ $4.0\times10^{-7}(K_{a3})$	3.13 4.76 6.40
苯酚	C_6H_5OH	1.1×10^{-10}	9.95
乙二胺四乙酸	H_6-$EDTA^{2+}$ H_5-$EDTA^{+}$ H_4-EDTA H_3-$EDTA^{-}$ H_2-$EDTA^{2-}$ H-$EDTA^{3-}$	$0.1(K_{a1})$ $3\times10^{-2}(K_{a2})$ $1\times10^{-2}(K_{a3})$ $2.1\times10^{-3}(K_{a4})$ $6.9\times10^{-7}(K_{a5})$ $5.5\times10^{-11}(K_{a6})$	0.9 1.6 2.0 2.67 6.17 10.26
弱碱			
氨水	NH_3	1.8×10^{-5}	4.74
联氨	H_2NNH_2	$3.0\times10^{-6}(K_{b1})$ $1.7\times10^{-5}(K_{b2})$	5.52 14.12
羟胺	NH_2OH	9.1×10^{-6}	8.04
甲胺	CH_3NH_2	4.2×10^{-4}	3.38
乙胺	$C_2H_5NH_2$	5.6×10^{-4}	3.25
二甲胺	$(CH_3)_2NH$	1.2×10^{-4}	3.93
二乙胺	$(C_2H_5)_2NH$	1.3×10^{-3}	2.89
乙醇胺	$HOCH_2CH_2NH_2$	3.2×10^{-5}	4.50
三乙醇胺	$(HOCH_2CH_2)_3N$	5.8×10^{-7}	6.24
六次甲基四胺	$(CH_2)_6N_4$	1.4×10^{-9}	8.85
乙二胺	$H_2NHC_2CH_2NH_2$	$8.5\times10^{-5}(K_{b1})$ $7.1\times10^{-8}(K_{b2})$	4.07 7.15
吡啶	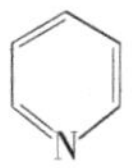	1.7×10^{-5}	8.77

附录五　常用的标准缓冲溶液

附表-6　常用 pH 标准缓冲溶液

不同温度时的 pH									配制
草酸盐标准缓冲溶液									$c[KH_3(C_2O_4)_2 \cdot 2H_2O]$ 为 0.05mol/L。称取 12.71g 四草酸钾 $[KH_3(C_2O_4)_2 \cdot 2H_2O]$ 溶于无 CO_2 的水中，稀释至 1000mL
0℃	5℃	10℃	15℃	20℃	25℃	30℃	35℃	40℃	
1.67	1.67	1.67	1.67	1.68	1.68	1.69	1.69	1.69	
45℃	50℃	55℃	60℃	70℃	80℃	90℃	95℃	—	
1.70	1.71	1.72	1.72	1.74	1.77	1.79	1.81	—	
酒石酸盐标准缓冲溶液									在 25℃时，用无 CO_2 的水溶解外消旋的酒石酸氢钾（$KHC_4H_4O_6$），并剧烈振摇至饱和溶液
0℃	5℃	10℃	15℃	20℃	25℃	30℃	35℃	40℃	
—	—	—	—	—	3.56	3.55	3.55	3.55	
45℃	50℃	55℃	60℃	70℃	80℃	90℃	95℃	—	
3.55	3.55	3.55	3.56	3.58	3.61	3.65	3.67	—	
苯二甲酸氢盐标准缓冲溶液									$c(C_6H_4CO_2HCO_2K)$ 为 0.05mol/L，称取于（115.0±5.0）℃、干燥 2~3h 的邻苯二甲酸氢钾（$KHC_8H_4O_4$）10.21g，溶于无 CO_2 的蒸馏水，并稀释至 1000mL（注：可用于酸度计校准）
0℃	5℃	10℃	15℃	20℃	25℃	30℃	35℃	40℃	
4.00	4.00	4.00	4.00	4.00	4.01	4.01	4.02	4.04	
45℃	50℃	55℃	60℃	70℃	80℃	90℃	95℃	—	
4.05	4.06	4.08	4.09	4.13	4.16	4.21	4.23	—	
磷酸盐标准缓冲溶液									分别称取在（115.0±5.0）℃干燥 2~3h 的磷酸氢二钠（Na_2HPO_4）（3.53±0.01）g 和磷酸二氢钾（KH_2PO_4）（3.39±0.01）g，溶于预先煮沸 15~30min 并迅速冷却的蒸馏水中，并稀释至 1000mL（注：可用于酸度计校准）
0℃	5℃	10℃	15℃	20℃	25℃	30℃	35℃	40℃	
6.98	6.95	6.92	6.90	6.88	6.86	6.85	6.84	6.84	
45℃	50℃	55℃	60℃	70℃	80℃	90℃	95℃	—	
6.83	6.83	6.83	6.84	6.85	6.86	6.88	6.89	—	
硼酸盐标准缓冲溶液									$c(Na_2B_4O_7 \cdot 10H_2O)$ 称取硼砂（$Na_2B_4O_7 \cdot 10H_2O$）（3.80±0.01）g（注意：不能烘），溶于预先煮沸 15~30min 并迅速冷却的蒸馏水中，并稀释至 1000mL。置聚乙烯塑料瓶中密闭保存。存放时要防止空气中的 CO_2 的进入（注：可用于酸度计校准）
0℃	5℃	10℃	15℃	20℃	25℃	30℃	35℃	40℃	
9.46	9.40	9.33	9.27	9.22	9.18	9.14	9.10	9.06	
45℃	50℃	55℃	60℃	70℃	80℃	90℃	95℃	—	
9.04	9.01	8.99	8.96	8.92	8.89	8.85	8.83	—	
氢氧化钙标准缓冲溶液									在 25℃，用无 CO_2 的蒸馏水制备氢氧化钙的饱和溶液。氢氧化钙溶液的浓度 $c[1/2Ca(OH)_2]$ 应在（0.0400~0.0412）mol/L。氢氧化钙溶液的浓度可以酚红为指示剂，用盐酸标准溶液 $[c(HCl)=0.1mol/L]$ 滴定测出。存放时要防止空气中的 CO_2 的进入。出现混浊应弃去重新配制
0℃	5℃	10℃	15℃	20℃	25℃	30℃	35℃	40℃	
13.42	13.21	13.00	12.81	12.63	12.45	12.30	12.14	11.98	
45℃	50℃	55℃	60℃	70℃	80℃	90℃	95℃	—	
11.84	11.71	11.57	11.45	—	—	—	—	—	

附录六　各种 pH 的磷酸盐缓冲液配制

磷酸盐缓冲液　取磷酸二氢钠 38.0g 与磷酸氢二钠 5.04g，加水至 1000mL，即得。

磷酸盐缓冲液（pH2.0）　甲液：取磷酸 16.6mL，加水至 1000mL，摇匀。乙液：取磷酸氢二钠 71.63g，加水使溶解至 1000mL。取上述甲液 72.5mL 与乙液 27.5mL 混合，摇匀，即得。

磷酸盐缓冲液（pH2.5）　取磷酸二氢钾 100g，加水 800mL，用盐酸调节 pH 至 2.5，用水稀释至 1000mL。

磷酸盐缓冲液（pH5.0）　取 0.2mol/L 磷酸二氢钠溶液一定量，用氢氧化钠试液调节 pH 至 5.0，即得。

磷酸盐缓冲液（pH5.8）　取磷酸二氢钾 8.34g 与磷酸氢二钾 0.87g，加水使溶解至 1000mL，即得。

磷酸盐缓冲液（pH6.5）　取磷酸二氢钾 0.68g，加 0.1mol/L 氢氧化钠溶液 15.2mL，用水稀释至 100mL，即得。

磷酸盐缓冲液（pH6.6）　取磷酸二氢钠 1.74g、磷酸氢二钠 2.7g 与氯化钠 1.7g，加水使溶解至 400mL，即得。

磷酸盐缓冲液（含胰酶）（pH6.8）　取磷酸二氢钾 6.8g，加水 500mL 使溶解，用 0.1mol/L 氢氧化钠溶液调节 pH 至 6.8；另取胰酶 10g，加水适量使溶解，将两液混合后，加水稀释至 1000mL，即得。

磷酸盐缓冲液（pH6.8）　取 0.2mol/L 磷酸二氢钾溶液 250mL，加 0.2mol/L 氢氧化钠溶液 118mL，用水稀释至 1000mL，摇匀，即得。

磷酸盐缓冲液（pH7.0）　取磷酸二氢钾 0.68g，加 0.1mol/L 氢氧化钠溶液 29.1mL，用水稀释至 100mL，即得。

磷酸盐缓冲液（pH7.2）　取 0.2mol/L 磷酸二氢钾溶液 50mL 与 0.2mol/L 氢氧化钠溶液 35mL，加新沸过的冷水稀释至 200mL，摇匀，即得。

磷酸盐缓冲液（pH7.3）　取磷酸氢二钠 1.9734g 与磷酸二氢钾 0.2245g，加水使溶解至 1000mL，调节 pH 至 7.3，即得。

磷酸盐缓冲液（pH7.4）　取磷酸二氢钾 1.36g，加 0.1mol/L 氢氧化钠溶液 79mL，用水稀释至 200mL，即得。

磷酸盐缓冲液（pH7.6）　取磷酸二氢钾 27.22g，加水使溶解至 1000mL，取 50mL，加 0.2mol/L 氢氧化钠溶液 42.4mL，再加水稀释至 200mL，即得。

磷酸盐缓冲液（pH7.8）　甲液：取磷酸氢二钠 35.9g，加水溶解，并稀释至 500mL。乙液：取磷酸二氢钠 2.76g，加水溶解，并稀释至 100mL。取上述甲液 91.5mL 与乙液 8.5mL 混合，摇匀，即得。

磷酸盐缓冲液（pH7.8～8.0）　取磷酸氢二钾 5.59g 与磷酸二氢钾 0.41g，加水使溶解至 1000mL，即得。

附录七 “Tris”和“HCl”组成的 Tris-HCl 缓冲溶液(pH7.19~9.10)

附表-7 Tris-HCl 缓冲液

pH	0.2mol/L Tris (mL)	0.2mol/L HCl (mL)	H_2O (mL)	pH	0.2mol/L Tris (mL)	0.2mol/L HCl (mL)	H_2O (mL)
7.19	10.0	18.0	12.0	7.36	10.0	17.0	13.0
7.54	10.0	16.0	14.0	7.66	10.0	14.0	15.0
7.77	10.0	14.0	16.0	7.87	10.0	13.0	17.0
7.96	10.0	12.0	18.0	8.05	10.0	11.0	19.0
8.14	10.0	10.0	20.0	8.23	10.0	9.0	21.0
8.32	10.0	8.0	22.0	8.41	10.0	7.0	23.0
8.51	10.0	6.0	24.0	8.62	10.0	5.0	25.0
8.74	10.0	4.0	26.0	8.92	10.0	3.0	27.0
9.10	10.0	2.0	28.0				

附表-8 配制 Tris-HCl 缓冲液(0.05mol/L)

50mL 0.1mol/L 三羟甲基氨基甲烷(Tris)溶液与 *X*mL 0.1mol/L 盐酸混匀并稀释至 100mL。

pH(25℃)	*X*(mL)	pH(25℃)	*X*(mL)	pH(25℃)	*X*(mL)
7.10	45.7	7.80	34.5	8.50	14.7
7.20	44.7	7.90	32.0	8.60	12.4
7.30	43.4	8.00	29.2	8.70	10.3
7.40	42.0	8.10	26.2	8.80	8.5
7.50	40.3	8.20	22.9	8.90	7.0
7.60	38.5	8.30	19.9		
7.70	36.6	8.40	17.2		

Tris 分子量=121.14;0.1mol/L 溶液为 12.114g/L;Tris 溶液可从空气中吸收二氧化碳,使用时注意将瓶盖严

附录八　常用难溶化合物的溶度积

附表-9　难溶化合物的溶度积常数

序号	分子式	K_{sp}	pK_{sp}	序号	分子式	K_{sp}	pK_{sp}
1	Ag_3AsO_4	1.0×10^{-22}	22.0	33	$BaCrO_4$	1.2×10^{-10}	9.93
2	$AgBr$	5.0×10^{-13}	12.3	34	$Ba_3(PO_4)_2$	3.4×10^{-23}	22.44
3	$AgBrO_3$	5.50×10^{-5}	4.26	35	$BaSO_4$	1.1×10^{-10}	9.96
4	$AgCl$	1.8×10^{-10}	9.75	36	BaS_2O_3	1.6×10^{-5}	4.79
5	$AgCN$	1.2×10^{-16}	15.92	37	$BaSeO_3$	2.7×10^{-7}	6.57
6	Ag_2CO_3	8.1×10^{-12}	11.09	38	$BaSeO_4$	3.5×10^{-8}	7.46
7	$Ag_2C_2O_4$	3.5×10^{-11}	10.46	39	$Be(OH)_2$ [2]	1.6×10^{-22}	21.8
8	$Ag_2Cr_2O_4$	1.2×10^{-12}	11.92	40	$BiAsO_4$	4.4×10^{-10}	9.36
9	$Ag_2Cr_2O_7$	2.0×10^{-7}	6.70	41	$Bi_2(C_2O_4)_3$	3.98×10^{-36}	35.4
10	AgI	8.3×10^{-17}	16.08	42	$Bi(OH)_3$	4.0×10^{-31}	30.4
11	$AgIO_3$	3.1×10^{-8}	7.51	43	$BiPO_4$	1.26×10^{-23}	22.9
12	$AgOH$	2.0×10^{-8}	7.71	44	$CaCO_3$	2.8×10^{-9}	8.54
13	Ag_2MoO_4	2.8×10^{-12}	11.55	45	$CaC_2O_4\cdot H_2O$	4.0×10^{-9}	8.4
14	Ag_3PO_4	1.4×10^{-16}	15.84	46	CaF_2	2.7×10^{-11}	10.57
15	Ag_2S	6.3×10^{-50}	49.2	47	$CaMoO_4$	4.17×10^{-8}	7.38
16	$AgSCN$	1.0×10^{-12}	12.00	48	$Ca(OH)_2$	5.5×10^{-6}	5.26
17	Ag_2SO_3	1.5×10^{-14}	13.82	49	$Ca_3(PO_4)_2$	2.0×10^{-29}	28.70
18	Ag_2SO_4	1.4×10^{-5}	4.84	50	$CaSO_4$	3.16×10^{-7}	5.04
19	Ag_2Se	2.0×10^{-64}	63.7	51	$CaSiO_3$	2.5×10^{-8}	7.60
20	Ag_2SeO_3	1.0×10^{-15}	15.00	52	$CaWO_4$	8.7×10^{-9}	8.06
21	Ag_2SeO_4	5.7×10^{-8}	7.25	53	$CdCO_3$	5.2×10^{-12}	11.28
22	$AgVO_3$	5.0×10^{-7}	6.3	54	$CdC_2O_4\cdot 3H_2O$	9.1×10^{-8}	7.04
23	Ag_2WO_4	5.5×10^{-12}	11.26	55	$Cd_3(PO_4)_2$	2.5×10^{-33}	32.6
24	$Al(OH)_3$ [1]	4.57×10^{-33}	32.34	56	CdS	8.0×10^{-27}	26.1
25	$AlPO_4$	6.3×10^{-19}	18.24	57	$CdSe$	6.31×10^{-36}	35.2
26	Al_2S_3	2.0×10^{-7}	6.7	58	$CdSeO_3$	1.3×10^{-9}	8.89
27	$Au(OH)_3$	5.5×10^{-46}	45.26	59	CeF_3	8.0×10^{-16}	15.1
28	$AuCl_3$	3.2×10^{-25}	24.5	60	$CePO_4$	1.0×10^{-23}	23.0
29	AuI_3	1.0×10^{-46}	46.00	61	$Co_3(AsO_4)_2$	7.6×10^{-29}	28.12
30	$Ba_3(AsO_4)_2$	8.0×10^{-51}	50.1	62	$CoCO_3$	1.4×10^{-13}	12.84
31	$BaCO_3$	5.1×10^{-9}	8.29	63	CoC_2O_4	6.3×10^{-8}	7.2
32	BaC_2O_4	1.6×10^{-7}	6.79				

续表

序号	分子式	K_{sp}	pK_{sp}
64	$Co(OH)_2$(蓝)	6.31×10^{-15}	14.2
	$Co(OH)_2$(粉红,新沉淀)	1.58×10^{-15}	14.8
	$Co(OH)_2$(粉红,陈化)	2.00×10^{-16}	15.7
65	$CoHPO_4$	2.0×10^{-7}	6.7
66	$Co_3(PO_4)_3$	2.0×10^{-35}	34.7
67	$CrAsO_4$	7.7×10^{-21}	20.11
68	$Cr(OH)_3$	6.3×10^{-31}	30.2
69	$CrPO_4\cdot4H_2O$(绿)	2.4×10^{-23}	22.62
	$CrPO_4\cdot4H_2O$(紫)	1.0×10^{-17}	17.0
70	$CuBr$	5.3×10^{-9}	8.28
71	$CuCl$	1.2×10^{-6}	5.92
72	$CuCN$	3.2×10^{-20}	19.49
73	$CuCO_3$	2.34×10^{-10}	9.63
74	CuI	1.1×10^{-12}	11.96
75	$Cu(OH)_2$	4.8×10^{-20}	19.32
76	$Cu_3(PO_4)_2$	1.3×10^{-37}	36.9
77	Cu_2S	2.5×10^{-48}	47.6
78	Cu_2Se	1.58×10^{-61}	60.8
79	CuS	6.3×10^{-36}	35.2
80	$CuSe$	7.94×10^{-49}	48.1
81	$Dy(OH)_3$	1.4×10^{-22}	21.85
82	$Er(OH)_3$	4.1×10^{-24}	23.39
83	$Eu(OH)_3$	8.9×10^{-24}	23.05
84	$FeAsO_4$	5.7×10^{-21}	20.24
85	$FeCO_3$	3.2×10^{-11}	10.50
86	$Fe(OH)_2$	8.0×10^{-16}	15.1
87	$Fe(OH)_3$	4.0×10^{-38}	37.4
88	$FePO_4$	1.3×10^{-22}	21.89
89	FeS	6.3×10^{-18}	17.2
90	$Ga(OH)_3$	7.0×10^{-36}	35.15
91	$GaPO_4$	1.0×10^{-21}	21.00
92	$Gd(OH)_3$	1.8×10^{-23}	22.74
93	$Hf(OH)_4$	4.0×10^{-26}	25.4
94	Hg_2Br_2	5.6×10^{-23}	22.24
95	Hg_2Cl_2	1.3×10^{-18}	17.88

序号	分子式	K_{sp}	pK_{sp}
96	HgC_2O_4	1.0×10^{-7}	7.00
97	Hg_2CO_3	8.9×10^{-17}	16.05
98	$Hg_2(CN)_2$	5.0×10^{-40}	39.3
99	Hg_2CrO_4	2.0×10^{-9}	8.70
100	Hg_2I_2	4.5×10^{-29}	28.35
101	HgI_2	2.82×10^{-29}	28.55
102	$Hg_2(IO_3)_2$	2.0×10^{-14}	13.71
103	$Hg_2(OH)_2$	2.0×10^{-24}	23.7
104	$HgSe$	1.0×10^{-59}	59.0
105	HgS(红)	4.0×10^{-53}	52.4
106	HgS(黑)	1.6×10^{-52}	51.8
107	Hg_2WO_4	1.1×10^{-17}	16.96
108	$Ho(OH)_3$	5.0×10^{-23}	22.30
109	$In(OH)_3$	1.3×10^{-37}	36.9
110	$InPO_4$	2.3×10^{-22}	21.63
111	In_2S_3	5.7×10^{-74}	73.24
112	$La_2(CO_3)_3$	3.98×10^{-34}	33.4
113	$LaPO_4$	3.98×10^{-23}	22.43
114	$Lu(OH)_3$	1.9×10^{-24}	23.72
115	$Mg_3(AsO_4)_2$	2.1×10^{-20}	19.68
116	$MgCO_3$	3.5×10^{-8}	7.46
117	$MgCO_3\cdot3H_2O$	2.14×10^{-5}	4.67
118	$Mg(OH)_2$	1.8×10^{-11}	10.74
119	$Mg_3(PO_4)_2\cdot8H_2O$	6.31×10^{-26}	25.2
120	$Mn_3(AsO_4)_2$	1.9×10^{-29}	28.72
121	$MnCO_3$	1.8×10^{-11}	10.74
122	$Mn(IO_3)_2$	4.37×10^{-7}	6.36
123	$Mn(OH)_4$	1.9×10^{-13}	12.72
124	MnS(粉红)	2.5×10^{-10}	9.6
125	MnS(绿)	2.5×10^{-13}	12.6
126	$Ni_3(AsO_4)_2$	3.1×10^{-26}	25.51
127	$NiCO_3$	6.6×10^{-9}	8.18
128	NiC_2O_4	4.0×10^{-10}	9.4
129	$Ni(OH)_2$(新)	2.0×10^{-15}	14.7
130	$Ni_3(PO_4)_2$	5.0×10^{-31}	30.3
131	α-NiS	3.2×10^{-19}	18.5
132	β-NiS	1.0×10^{-24}	24.00

续表

序号	分子式	K_{sp}	pK_{sp}	序号	分子式	K_{sp}	pK_{sp}
133	γ -NiS	2.0×10^{-26}	25.7	166	SnS	1.0×10^{-25}	25.0
134	$Pb_3(AsO_4)_2$	4.0×10^{-36}	35.39	167	SnSe	3.98×10^{-39}	38.4
135	$PbBr_2$	4.0×10^{-5}	4.41	168	$Sr_3(AsO_4)_2$	8.1×10^{-19}	18.09
136	$PbCl_2$	1.6×10^{-5}	4.79	169	$SrCO_3$	1.1×10^{-10}	9.96
137	$PbCO_3$	7.4×10^{-14}	13.13	170	$SrC_2O_4 \cdot H_2O$	1.6×10^{-7}	6.80
138	$PbCrO_4$	2.8×10^{-13}	12.55	171	SrF_2	2.5×10^{-9}	8.61
139	PbF_2	2.7×10^{-8}	7.57	172	$Sr_3(PO_4)_2$	4.0×10^{-28}	27.39
140	$PbMoO_4$	1.0×10^{-13}	13.00	173	$SrSO_4$	3.2×10^{-7}	6.49
141	$Pb(OH)_2$	1.2×10^{-15}	14.93	174	$SrWO_4$	1.7×10^{-10}	9.77
142	$Pb(OH)_4$	3.2×10^{-66}	65.49	175	$Tb(OH)_3$	2.0×10^{-22}	21.7
143	$Pb_3(PO_4)_3$	8.0×10^{-43}	42.10	176	$Te(OH)_4$	3.0×10^{-54}	53.52
144	PbS	1.0×10^{-28}	28.00	177	$Th(C_2O_4)_2$	1.0×10^{-22}	22.0
145	$PbSO_4$	1.6×10^{-8}	7.79	178	$Th(IO_3)_4$	2.5×10^{-15}	14.6
146	PbSe	7.94×10^{-43}	42.1	179	$Th(OH)_4$	4.0×10^{-45}	44.4
147	$PbSeO_4$	1.4×10^{-7}	6.84	180	$Ti(OH)_3$	1.0×10^{-40}	40.0
148	$Pd(OH)_2$	1.0×10^{-31}	31.0	181	TlBr	3.4×10^{-6}	5.47
149	$Pd(OH)_4$	6.3×10^{-71}	70.2	182	TlCl	1.7×10^{-4}	3.76
150	PdS	2.03×10^{-58}	57.69	183	Tl_2CrO_4	9.77×10^{-13}	12.01
151	$Pm(OH)_3$	1.0×10^{-21}	21.0	184	TlI	6.5×10^{-8}	7.19
152	$Pr(OH)_3$	6.8×10^{-22}	21.17	185	TlN_3	2.2×10^{-4}	3.66
153	$Pt(OH)_2$	1.0×10^{-35}	35.0	186	Tl_2S	5.0×10^{-21}	20.3
154	$Pu(OH)_3$	2.0×10^{-20}	19.7	187	$TlSeO_3$	2.0×10^{-39}	38.7
155	$Pu(OH)_4$	1.0×10^{-55}	55.0	188	$UO_2(OH)_2$	1.1×10^{-22}	21.95
156	$RaSO_4$	4.2×10^{-11}	10.37	189	$VO(OH)_2$	5.9×10^{-23}	22.13
157	$Rh(OH)_3$	1.0×10^{-23}	23.0	190	$Y(OH)_3$	8.0×10^{-23}	22.1
158	$Ru(OH)_3$	1.0×10^{-36}	36.0	191	$Yb(OH)_3$	3.0×10^{-24}	23.52
159	Sb_2S_3	1.5×10^{-93}	92.8	192	$Zn_3(AsO_4)_2$	1.3×10^{-28}	27.89
160	ScF_3	4.2×10^{-18}	17.37	193	$ZnCO_3$	1.4×10^{-11}	10.84
161	$Sc(OH)_3$	8.0×10^{-31}	30.1	194	$Zn(OH)_2$[3]	2.09×10^{-16}	15.68
162	$Sm(OH)_3$	8.2×10^{-23}	22.08	195	$Zn_3(PO_4)_2$	9.0×10^{-33}	32.04
163	$Sn(OH)_2$	1.4×10^{-28}	27.85	196	α -ZnS	1.6×10^{-24}	23.8
164	$Sn(OH)_4$	1.0×10^{-56}	56.0	197	β -ZnS	2.5×10^{-22}	21.6
165	SnO_2	3.98×10^{-65}	64.4	198	$ZrO(OH)_2$	6.3×10^{-49}	48.2

[1]~[3]:形态均为无定形

附录九　常用电极的标准电极电势

附表-10　常用标准电极电势

1. 在酸性溶液中（298K）

电对	方程式	电势(V)
Li(Ⅰ)—(0)	$Li^+ + e^- = Li$	-3.040 1
Cs(Ⅰ)—(0)	$Cs^+ + e^- = Cs$	-3.026
Rb(Ⅰ)—(0)	$Rb^+ + e^- = Rb$	-2.98
K(Ⅰ)—(0)	$K^+ + e^- = K$	-2.931
Ba(Ⅱ)—(0)	$Ba^{2+} + 2e^- = Ba$	-2.912
Sr(Ⅱ)—(0)	$Sr^{2+} + 2e^- = Sr$	-2.89
Ca(Ⅱ)—(0)	$Ca^{2+} + 2e^- = Ca$	-2.868
Na(Ⅰ)—(0)	$Na^+ + e^- = Na$	-2.71
La(Ⅲ)—(0)	$La^{3+} + 3e^- = La$	-2.379
Mg(Ⅱ)—(0)	$Mg^{2+} + 2e^- = Mg$	-2.372
Ce(Ⅲ)—(0)	$Ce^{3+} + 3e^- = Ce$	-2.336
H(0)—(-Ⅰ)	$H_2(g) + 2e^- = 2H^-$	-2.23
Al(Ⅲ)—(0)	$AlF_6^{3-} + 3e^- = Al + 6F^-$	-2.069
Th(Ⅳ)—(0)	$Th^{4+} + 4e^- = Th$	-1.899
Be(Ⅱ)—(0)	$Be^{2+} + 2e^- = Be$	-1.847
U(Ⅲ)—(0)	$U^{3+} + 3e^- = U$	-1.798
Hf(Ⅳ)—(0)	$HfO^{2+} + 2H^+ + 4e^- = Hf + H_2O$	-1.724
Al(Ⅲ)—(0)	$Al^{3+} + 3e^- = Al$	-1.662
Ti(Ⅱ)—(0)	$Ti^{2+} + 2e^- = Ti$	-1.630
Zr(Ⅳ)—(0)	$ZrO_2 + 4H^+ + 4e^- = Zr + 2H_2O$	-1.553
Si(Ⅳ)—(0)	$[SiF_6]^{2-} + 4e^- = Si + 6F^-$	-1.24
Mn(Ⅱ)—(0)	$Mn^{2+} + 2e^- = Mn$	-1.185
Cr(Ⅱ)—(0)	$Cr^{2+} + 2e^- = Cr$	-0.913
Ti(Ⅲ)—(Ⅱ)	$Ti^{3+} + e^- = Ti^{2+}$	-0.9
B(Ⅲ)—(0)	$H_3BO_3 + 3H^+ + 3e^- = B + 3H_2O$	-0.869 8
*Ti(Ⅳ)—(0)	$TiO_2 + 4H^+ + 4e^- = Ti + 2H_2O$	-0.86
Te(0)—(-Ⅱ)	$Te + 2H^+ + 2e^- = H_2Te$	-0.793
Zn(Ⅱ)—(0)	$Zn^{2+} + 2e^- = Zn$	-0.761 8
Ta(Ⅴ)—(0)	$Ta_2O_5 + 10H^+ + 10e^- = 2Ta + 5H_2O$	-0.750
Cr(Ⅲ)—(0)	$Cr^{3+} + 3e^- = Cr$	-0.744
Nb(Ⅴ)—(0)	$Nb_2O_5 + 10H^+ + 10e^- = 2Nb + 5H_2O$	-0.644
As(0)—(-Ⅲ)	$As + 3H^+ + 3e^- = AsH_3$	-0.608
U(Ⅳ)—(Ⅲ)	$U^{4+} + e^- = U^{3+}$	-0.607

续表

电对	方程式	电势/V
Ga(Ⅲ)—(0)	$Ga^{3+}+3e^{-}=Ga$	-0.549
P(Ⅰ)—(0)	$H_3PO_2+H^{+}+e^{-}=P+2H_2O$	-0.508
P(Ⅲ)—(Ⅰ)	$H_3PO_3+2H^{+}+2e^{-}=H_3PO_2+H_2O$	-0.499
C(Ⅳ)—(Ⅲ)	$2CO_2+2H^{+}+2e^{-}=H_2C_2O_4$	-0.49
Fe(Ⅱ)—(0)	$Fe^{2+}+2e^{-}=Fe$	-0.447
Cr(Ⅲ)—(Ⅱ)	$Cr^{3+}+e^{-}=Cr^{2+}$	-0.407
Cd(Ⅱ)—(0)	$Cd^{2+}+2e^{-}=Cd$	-0.4030
Se(0)—(-Ⅱ)	$Se+2H^{+}+2e^{-}=H_2Se(aq)$	-0.399
Pb(Ⅱ)—(0)	$PbI_2+2e^{-}=Pb+2I^{-}$	-0.365
Eu(Ⅲ)—(Ⅱ)	$Eu^{3+}+e^{-}=Eu^{2+}$	-0.36
Pb(Ⅱ)—(0)	$PbSO_4+2e^{-}=Pb+SO_4^{2-}$	-0.358 8
In(Ⅲ)—(0)	$In^{3+}+3e^{-}=In$	-0.338 2
Tl(Ⅰ)—(0)	$Tl^{+}+e^{-}=Tl$	-0.336
Co(Ⅱ)—(0)	$Co^{2+}+2e^{-}=Co$	-0.28
P(Ⅴ)—(Ⅲ)	$H_3PO_4+2H^{+}+2e^{-}=H_3PO_3+H_2O$	-0.276
Pb(Ⅱ)—(0)	$PbCl_2+2e^{-}=Pb+2Cl^{-}$	-0.267 5
Ni (Ⅱ)—(0)	$Ni^{2+}+2e^{-}=Ni$	-0.257
V(Ⅲ)—(Ⅱ)	$V^{3+}+e^{-}=V^{2+}$	-0.255
Ge(Ⅳ)—(0)	$H_2GeO_3+4H^{+}+4e^{-}=Ge+3H_2O$	-0.182
Ag(Ⅰ)—(0)	$AgI+e^{-}=Ag+I^{-}$	-0.152 24
Sn(Ⅱ)—(0)	$Sn^{2+}+2e^{-}=Sn$	-0.137 5
Pb(Ⅱ)—(0)	$Pb^{2+}+2e^{-}=Pb$	-0.126 2
C(Ⅳ)—(Ⅱ)	$CO_2(g)+2H^{+}+2e^{-}=CO+H_2O$	-0.12
P(0)—(-Ⅲ)	$P(white)+3H^{+}+3e^{-}=PH_3(g)$	-0.063
Hg(Ⅰ)—(0)	$Hg_2I_2+2e^{-}=2Hg+2I^{-}$	-0.040 5
Fe(Ⅲ)—(0)	$Fe^{3+}+3e^{-}=Fe$	-0.037
H(Ⅰ)—(0)	$2H^{+}+2e^{-}=H_2$	0
Ag(Ⅰ)-(0)	$AgBr+e^{-}=Ag+Br^{-}$	0.071 33
S(II. V)-(Ⅱ)	$S_4O_6^{2-}+2e^{-}=2S_2O_3^{2-}$	0.08
Ti(Ⅳ)—(Ⅲ)	$TiO^{2+}+2H^{+}+e^{-}=Ti^{3+}+H_2O$	0.1
S(0)—(-Ⅱ)	$S+2H^{+}+2e^{-}=H_2S(aq)$	0.142
Sn(Ⅳ)—(Ⅱ)	$Sn^{4+}+2e^{-}=Sn^{2+}$	0.151
Sb(Ⅲ)—(0)	$Sb_2O_3+6H^{+}+6e^{-}=2Sb+3H_2O$	0.152
Cu(Ⅱ)—(Ⅰ)	$Cu^{2+}+e^{-}=Cu^{+}$	0.153
Bi(Ⅲ)—(0)	$BiOCl+2H^{+}+3e^{-}=Bi+Cl^{-}+H_2O$	0.158 3
S(Ⅵ)—(Ⅳ)	$SO_4^{2-}+4H^{+}+2e^{-}=H_2SO_3+H_2O$	0.172
Sb(Ⅲ)—(0)	$SbO^{+}+2H^{+}+3e^{-}=Sb+H_2O$	0.212

续表

电对	方程式	电势/V
Ag(Ⅰ)—(0)	$AgCl+e^-=Ag+Cl^-$	0.222 33
As(Ⅲ)—(0)	$HAsO_2+3H^++3e^-=As+2H_2O$	0.248
Hg(Ⅰ)—(0)	$Hg_2Cl_2+2e^-=2Hg+2Cl^-$(饱和 KCl)	0.268 08
Bi(Ⅲ)—(0)	$BiO^++2H^++3e^-=Bi+H_2O$	0.320
U(Ⅵ)—(Ⅳ)	$UO_2^{2+}+4H^++2e^-=U^{4+}+2H_2O$	0.327
C(Ⅳ)—(Ⅲ)	$2HCNO+2H^++2e^-=(CN)_2+2H_2O$	0.330
V(Ⅳ)—(Ⅲ)	$VO^{2+}+2H^++e^-=V^{3+}+H_2O$	0.337
Cu(Ⅱ)—(0)	$Cu^{2+}+2e^-=Cu$	0.341 9
Re(Ⅶ)—(0)	$ReO_4^-+8H^++7e^-=Re+4H_2O$	0.368
Ag(Ⅰ)—(0)	$Ag_2CrO_4+2e^-=2Ag+CrO_4^{2-}$	0.447 0
S(Ⅳ)—(0)	$H_2SO_3+4H^++4e^-=S+3H_2O$	0.449
Cu(Ⅰ)—(0)	$Cu^++e^-=Cu$	0.521
I(0)—(-Ⅰ)	$I_2+2e^-=2I^-$	0.535 5
I(0)—(-Ⅰ)	$I_3^-+2e^-=3I^-$	0.536
As(Ⅴ)—(Ⅲ)	$H_3AsO_4+2H^++2e^-=HAsO_2+2H_2O$	0.560
Sb(Ⅴ)—(Ⅲ)	$Sb_2O_5+6H^++4e^-=2SbO^++3H_2O$	0.581
Te(Ⅳ)—(0)	$TeO_2+4H^++4e^-=Te+2H_2O$	0.593
U(Ⅴ)—(Ⅳ)	$UO_2^++4H^++e^-=U^{4+}+2H_2O$	0.612
Hg(Ⅱ)—(Ⅰ)	$2HgCl_2+2e^-=Hg_2Cl_2+2Cl^-$	0.63
Pt(Ⅳ)—(Ⅱ)	$[PtCl_6]^{2-}+2e^-=[PtCl_4]^{2-}+2Cl^-$	0.68
O(0)—(-Ⅰ)	$O_2+2H^++2e^-=H_2O_2$	0.695
Pt(Ⅱ)—(0)	$[PtCl_4]^{2-}+2e^-=Pt+4Cl^-$	0.755
Se(Ⅳ)—(0)	$H_2SeO_3+4H^++4e^-=Se+3H_2O$	0.74
Fe(Ⅲ)—(Ⅱ)	$Fe^{3+}+e^-=Fe^{2+}$	0.771
Hg(Ⅰ)—(0)	$Hg_2^{2+}+2e^-=2Hg$	0.797 3
Ag(Ⅰ)—(0)	$Ag^++e^-=Ag$	0.799 6
Os(Ⅷ)—(0)	$OsO_4+8H^++8e^-=Os+4H_2O$	0.8
N(Ⅴ)—(Ⅳ)	$2NO_3^-+4H^++2e^-=N_2O_4+2H_2O$	0.803
Hg(Ⅱ)—(0)	$Hg^{2+}+2e^-=Hg$	0.851
Si(Ⅳ)—(0)	(quartz)$SiO_2+4H^++4e^-=Si+2H_2O$	0.857
Cu(Ⅱ)—(Ⅰ)	$Cu^{2+}+I^-+e^-=CuI$	0.86
N(Ⅲ)—(Ⅰ)	$2HNO_2+4H^++4e^-=H_2N_2O_2+2H_2O$	0.86
Hg(Ⅱ)—(Ⅰ)	$2Hg^{2+}+2e^-=Hg_2^{2+}$	0.920
N(Ⅴ)—(Ⅲ)	$NO_3^-+3H^++2e^-=HNO_2+H_2O$	0.934
Pd(Ⅱ)—(0)	$Pd^{2+}+2e^-=Pd$	0.951
N(Ⅴ)—(Ⅱ)	$NO_3^-+4H^++3e^-=NO+2H_2O$	0.957
N(Ⅲ)—(Ⅱ)	$HNO_2+H^++e^-=NO+H_2O$	0.983

续表

电对	方程式	电势/V
I(Ⅰ)—(-Ⅰ)	$HIO+H^++2e^-=I^-+H_2O$	0.987
V(Ⅴ)—(Ⅳ)	$VO_2^++2H^++e^-=VO^{2+}+H_2O$	0.991
V(Ⅴ)—(Ⅳ)	$V(OH)_4^++2H^++e^-=VO^{2+}+3H_2O$	1.00
Au(Ⅲ)—(0)	$[AuCl_4]^-+3e^-=Au+4Cl^-$	1.002
Te(Ⅵ)—(Ⅳ)	$H_6TeO_6+2H^++2e^-=TeO_2+4H_2O$	1.02
N(Ⅳ)—(Ⅱ)	$N_2O_4+4H^++4e^-=2NO+2H_2O$	1.035
N(Ⅳ)—(Ⅲ)	$N_2O_4+2H^++2e^-=2HNO_2$	1.065
I(Ⅴ)—(-Ⅰ)	$IO_3^-+6H^++6e^-=I^-+3H_2O$	1.085
Br(0)—(-Ⅰ)	$Br_2(aq)+2e^-=2Br^-$	1.087 3
Se(Ⅵ)—(Ⅳ)	$SeO_4^{2-}+4H^++2e^-=H_2SeO_3+H_2O$	1.151
Cl(Ⅴ)—(Ⅳ)	$ClO_3^-+2H^++e^-=ClO_2+H_2O$	1.152
Pt(Ⅱ)—(0)	$Pt^{2+}+2e^-=Pt$	1.18
Cl(Ⅶ)—(Ⅴ)	$ClO_4^-+2H^++2e^-=ClO_3^-+H_2O$	1.189
I(Ⅴ)—(0)	$2IO_3^-+12H^++10e^-=I_2+6H_2O$	1.195
Cl(Ⅴ)—(Ⅲ)	$ClO_3^-+3H^++2e^-=HClO_2+H_2O$	1.214
Mn(Ⅳ)—(Ⅱ)	$MnO_2+4H^++2e^-=Mn^{2+}+2H_2O$	1.224
O(0)—(-Ⅱ)	$O_2+4H^++4e^-=2H_2O$	1.229
Tl(Ⅲ)—(Ⅰ)	$Tl^{3+}+2e^-=Tl^+$	1.252
Cl(Ⅳ)—(Ⅲ)	$ClO_2+H^++e^-=HClO_2$	1.277
N(Ⅲ)—(Ⅰ)	$2HNO_2+4H^++4e^-=N_2O+3H_2O$	1.297
Cr(Ⅵ)—(Ⅲ)	$Cr_2O_7^{2-}+14H^++6e^-=2Cr^{3+}+7H_2O$	1.33
Br(Ⅰ)—(-Ⅰ)	$HBrO+H^++2e^-=Br^-+H_2O$	1.331
Cr(Ⅵ)—(Ⅲ)	$HCrO_4^-+7H^++3e^-=Cr^{3+}+4H_2O$	1.350
Cl(0)—(-Ⅰ)	$Cl_2(g)+2e^-=2Cl^-$	1.358 27
Cl(Ⅶ)—(-Ⅰ)	$ClO_4^-+8H^++8e^-=Cl^-+4H_2O$	1.389
Cl(Ⅶ)—(0)	$ClO_4^-+8H^++7e^-=1/2Cl_2+4H_2O$	1.39
Au(Ⅲ)—(Ⅰ)	$Au^{3+}+2e^-=Au^+$	1.401
Br(Ⅴ)—(-Ⅰ)	$BrO_3^-+6H^++6e^-=Br^-+3H_2O$	1.423
I(Ⅰ)—(0)	$2HIO+2H^++2e^-=I_2+2H_2O$	1.439
Cl(Ⅴ)—(-Ⅰ)	$ClO_3^-+6H^++6e^-=Cl^-+3H_2O$	1.451
Pb(Ⅳ)—(Ⅱ)	$PbO_2+4H^++2e^-=Pb^{2+}+2H_2O$	1.455
Cl(Ⅴ)—(0)	$ClO_3^-+6H^++5e^-=1/2Cl_2+3H_2O$	1.47
Cl(Ⅰ)—(-Ⅰ)	$HClO+H^++2e^-=Cl^-+H_2O$	1.482
Br(Ⅴ)—(0)	$BrO_3^-+6H^++5e^-=1/2Br_2+3H_2O$	1.482
Au(Ⅲ)—(0)	$Au^{3+}+3e^-=Au$	1.498
Mn(Ⅶ)—(Ⅱ)	$MnO_4^-+8H^++5e^-=Mn^{2+}+4H_2O$	1.507
Mn(Ⅲ)—(Ⅱ)	$Mn^{3+}+e^-=Mn^{2+}$	1.541 5

续表

电对	方程式	电势/V
Cl(Ⅲ)—(-Ⅰ)	$HClO_2+3H^++4e^-=Cl^-+2H_2O$	1.570
Br(Ⅰ)—(0)	$HBrO+H^++e^-=1/2Br_2(aq)+H_2O$	1.574
N(Ⅱ)—(Ⅰ)	$2NO+2H^++2e^-=N_2O+H_2O$	1.591
I(Ⅶ)—(Ⅴ)	$H_5IO_6+H^++2e^-=IO_3^-+3H_2O$	1.601
Cl(Ⅰ)—(0)	$HClO+H^++e^-=1/2Cl_2+H_2O$	1.611
Cl(Ⅲ)—(Ⅰ)	$HClO_2+2H^++2e^-=HClO+H_2O$	1.645
Ni(Ⅳ)—(Ⅱ)	$NiO_2+4H^++2e^-=Ni^{2+}+2H_2O$	1.678
Mn(Ⅶ)—(Ⅳ)	$MnO_4^-+4H^++3e^-=MnO_2+2H_2O$	1.679
Pb(Ⅳ)—(Ⅱ)	$PbO_2+SO_4{}^{2-}+4H^++2e^-=PbSO_4+2H_2O$	1.691 3
Au(Ⅰ)—(0)	$Au^++e^-=Au$	1.692
Ce(Ⅳ)—(Ⅲ)	$Ce^{4+}+e^-=Ce^{3+}$	1.72
N(Ⅰ)—(0)	$N_2O+2H^++2e^-=N_2+H_2O$	1.766
O(-Ⅰ)—(-Ⅱ)	$H_2O_2+2H^++2e^-=2H_2O$	1.776
Co(Ⅲ)—(Ⅱ)	$Co^{3+}+e^-=Co^{2+}(2mol \cdot L^{-1}\ H_2SO_4)$	1.83
Ag(Ⅱ)—(Ⅰ)	$Ag^{2+}+e^-=Ag^+$	1.980
S(Ⅶ)—(Ⅵ)	$S_2O_8^{2-}+2e^-=2SO_4^{2-}$	2.010
O(0)—(-Ⅱ)	$O_3+2H^++2e^-=O_2+H_2O$	2.076
O(Ⅱ)—(-Ⅱ)	$F_2O+2H^++4e^-=H_2O+2F^-$	2.153
Fe(Ⅵ)—(Ⅲ)	$FeO_4^{2-}+8H^++3e^-=Fe^{3+}+4H_2O$	2.20
O(0)—(-Ⅱ)	$O(g)+2H^++2e^-=H_2O$	2.421
F(0)—(-Ⅰ)	$F_2+2e^-=2F^-$	2.866
	$F_2+2H^++2e^-=2HF$	3.053

2. 在碱性溶液中（298K）

电对	方程式	电势/V
Ca(Ⅱ)—(0)	$Ca(OH)_2+2e^-=Ca+2OH^-$	-3.02
Ba(Ⅱ)—(0)	$Ba(OH)_2+2e^-=Ba+2OH^-$	-2.99
La(Ⅲ)—(0)	$La(OH)_3+3e^-=La+3OH^-$	-2.90
Sr(Ⅱ)—(0)	$Sr(OH)_2 \cdot 8H_2O+2e^-=Sr+2OH^-+8H_2O$	-2.88
Mg(Ⅱ)—(0)	$Mg(OH)_2+2e^-=Mg+2OH^-$	-2.690
Be(Ⅱ)—(0)	$Be_2O_3^{2-}+3H_2O+4e^-=2Be+6OH^-$	-2.63
Hf(Ⅳ)—(0)	$HfO(OH)_2+H_2O+4e^-=Hf+4OH^-$	-2.50
Zr(Ⅳ)—(0)	$H_2ZrO_3+H_2O+4e^-=Zr+4OH^-$	-2.36
Al(Ⅲ)—(0)	$H_2AlO_3{}^-+H_2O+3e^-=Al+OH^-$	-2.33
P(Ⅰ)—(0)	$H_2PO_2^-+e^-=P+2OH^-$	-1.82
B(Ⅲ)—(0)	$H_2BO_3^-+H_2O+3e^-=B+4OH^-$	-1.79
P(Ⅲ)—(0)	$HPO_3^{2-}+2H_2O+3e^-=P+5OH^-$	-1.71

续表

电对	方程式	电势/V
Si(Ⅳ)—(0)	$SiO_3^{2-}+3H_2O+4e^-=Si+6OH^-$	−1.697
P(Ⅲ)—(Ⅰ)	$HPO_3^{2-}+2H_2O+2e^-=H_2PO_2^-+3OH^-$	−1.65
Mn(Ⅱ)—(0)	$Mn(OH)_2+2e^-=Mn+2OH^-$	−1.56
Cr(Ⅲ)—(0)	$Cr(OH)_3+3e^-=Cr+3OH^-$	−1.48
Zn(Ⅱ)—(0)	$[Zn(CN)_4]^{2-}+2e^-=Zn+4CN^-$	−1.26
Zn(Ⅱ)—(0)	$Zn(OH)_2+2e^-=Zn+2OH^-$	−1.249
Ga(Ⅲ)—(0)	$H_2GaO_3{}^-+H_2O+2e^-=Ga+4OH^-$	−1.219
Zn(Ⅱ)—(0)	$ZnO_2^{2-}+2H_2O+2e^-=Zn+4OH^-$	−1.215
Cr(Ⅲ)—(0)	$CrO_2^-+2H_2O+3e^-=Cr+4OH^-$	−1.2
Te(0)—(−Ⅰ)	$Te+2e^-=Te^{2-}$	−1.143
P(Ⅴ)—(Ⅲ)	$PO_4^{3-}+2H_2O+2e^-=HPO_3^{2-}+3OH^-$	−1.05
Zn(Ⅱ)—(0)	$[Zn(NH_3)_4]^{2+}+2e^-=Zn+4NH_3$	−1.04
W(Ⅵ)—(0)	$WO_4^{2-}+4H_2O+6e^-=W+8OH^-$	−1.01
Ge(Ⅳ)—(0)	$HGeO_3{}^-+2H_2O+4e^-=Ge+5OH^-$	−1.0
Sn(Ⅳ)—(Ⅱ)	$[Sn(OH)_6]^{2-}+2e^-=HSnO_2^-+H_2O+3OH^-$	−0.93
S(Ⅵ)—(Ⅳ)	$SO_4^{2-}+H_2O+2e^-=SO_3^{2-}+2OH^-$	−0.93
Se(0)—(−Ⅱ)	$Se+2e^-=Se^{2-}$	−0.924
Sn(Ⅱ)—(0)	$HSnO_2{}^-+H_2O+2e^-=Sn+3OH^-$	−0.909
P(0)—(−Ⅲ)	$P+3H_2O+3e^-=PH_3(g)+3OH^-$	−0.87
N(Ⅴ)—(Ⅳ)	$2NO_3^-+2H_2O+2e^-=N_2O_4+4OH^-$	−0.85
H(Ⅰ)—(0)	$2H_2O+2e^-=H_2+2OH^-$	−0.827 7
Cd(Ⅱ)—(0)	$Cd(OH)_2+2e^-=Cd(Hg)+2OH^-$	−0.809
Co(Ⅱ)—(0)	$Co(OH)_2+2e^-=Co+2OH^-$	−0.73
Ni(Ⅱ)—(0)	$Ni(OH)_2+2e^-=Ni+2OH^-$	−0.72
As(Ⅴ)—(Ⅲ)	$AsO_4^{3-}+2H_2O+2e^-=AsO_2{}^-+4OH^-$	−0.71
Ag(Ⅰ)—(0)	$Ag_2S+2e^-=2Ag+S^{2-}$	−0.691
As(Ⅲ)—(0)	$AsO_2^-+2H_2O+3e^-=As+4OH^-$	−0.68
Sb(Ⅲ)—(0)	$SbO_2^-+2H_2O+3e^-=Sb+4OH^-$	−0.66
Re(Ⅶ)—(Ⅳ)	$ReO_4{}^-+2H_2O+3e^-=ReO_2+4OH^-$	−0.59
Sb(Ⅴ)—(Ⅲ)	$SbO_3^-+H_2O+2e^-=SbO_2^-+2OH^-$	−0.59
Re(Ⅶ)—(0)	$ReO_4{}^-+4H_2O+7e^-=Re+8OH^-$	−0.584
S(Ⅳ)—(Ⅱ)	$2SO_3^{2-}+3H_2O+4e^-=S_2O_3^{2-}+6OH^-$	−0.58
Te(Ⅳ)—(0)	$TeO_3^{2-}+3H_2O+4e^-=Te+6OH^-$	−0.57
Fe(Ⅲ)—(Ⅱ)	$Fe(OH)_3+e^-=Fe(OH)_2+OH^-$	−0.56
S(0)—(−Ⅱ)	$S+2e^-=S^{2-}$	−0.476 27
Bi(Ⅲ)—(0)	$Bi_2O_3+3H_2O+6e^-=2Bi+6OH^-$	−0.46
N(Ⅲ)—(Ⅱ)	$NO_2^-+H_2O+e^-=NO+2OH^-$	−0.46
Co(Ⅱ)-C(0)	$[Co(NH_3)_6]^{2+}+2e^-=Co+6NH_3$	−0.422
Se(Ⅳ)—(0)	$SeO_3^{2-}+3H_2O+4e^-=Se+6OH^-$	−0.366

续表

电对	方程式	电势/V
Cu(Ⅰ)—(0)	$Cu_2O+H_2O+2e^-=2Cu+2OH^-$	−0.360
Tl(Ⅰ)—(0)	$Tl(OH)+e^-=Tl+OH^-$	−0.34
Ag(Ⅰ)—(0)	$[Ag(CN)_2]^-+e^-=Ag+2CN^-$	−0.31
Cu(Ⅱ)—(0)	$Cu(OH)_2+2e^-=Cu+2OH^-$	−0.222
Cr(Ⅵ)—(Ⅲ)	$CrO_4^{2-}+4H_2O+3e^-=Cr(OH)_3+5OH^-$	−0.13
Cu(Ⅰ)—(0)	$[Cu(NH_3)_2]^++e^-=Cu+2NH_3$	−0.12
O(0)—(−Ⅰ)	$O_2+H_2O+2e^-=HO_2{}^-+OH^-$	−0.076
Ag(Ⅰ)—(0)	$AgCN+e^-=Ag+CN^-$	−0.017
N(Ⅴ)—(Ⅲ)	$NO_3^-+H_2O+2e^-=NO_2^-+2OH^-$	0.01
Se(Ⅵ)—(Ⅳ)	$SeO_4^{2-}+H_2O+2e^-=SeO_3^{2-}+2OH^-$	0.05
Pd(Ⅱ)—(0)	$Pd(OH)_2+2e^-=Pd+2OH^-$	0.07
S(Ⅱ,Ⅴ)-(Ⅱ)	$S_4O_6^{2-}+2e^-=2S_2O_3^{2-}$	0.08
Hg(Ⅱ)—(0)	$HgO+H_2O+2e^-=Hg+2OH^-$	0.097 7
Co(Ⅲ)—(Ⅱ)	$[Co(NH_3)_6]^{3+}+e^-=[Co(NH_3)_6]^{2+}$	0.108
Pt(Ⅱ)—(0)	$Pt(OH)_2+2e^-=Pt+2OH^-$	0.14
Co(Ⅲ)—(Ⅱ)	$Co(OH)_3+e^-=Co(OH)_2+OH^-$	0.17
Pb(Ⅳ)—(Ⅱ)	$PbO_2+H_2O+2e^-=PbO+2OH^-$	0.247
I(Ⅴ)—(−Ⅰ)	$IO_3^-+3H_2O+6e^-=I^-+6OH^-$	0.26
Cl(Ⅴ)—(Ⅲ)	$ClO_3^-+H_2O+2e^-=ClO_2{}^-+2OH^-$	0.33
Ag(Ⅰ)—(0)	$Ag_2O+H_2O+2e^-=2Ag+2OH^-$	0.342
Fe(Ⅲ)—(Ⅱ)	$[Fe(CN)_6]^{3-}+e^-=[Fe(CN)_6]^{4-}$	0.358
Cl(Ⅶ)—(Ⅴ)	$ClO_4^-+H_2O+2e^-=ClO_3{}^-+2OH^-$	0.36
Ag(Ⅰ)—(0)	$[Ag(NH_3)_2]^++e^-=Ag+2NH_3$	0.373
O(0)—(−Ⅱ)	$O_2+2H_2O+4e^-=4OH^-$	0.401
I(Ⅰ)—(−Ⅰ)	$IO^-+H_2O+2e^-=I^-+2OH^-$	0.485
Ni(Ⅳ)—(Ⅱ)	$NiO_2+2H_2O+2e^-=Ni(OH)_2+2OH^-$	0.490
Mn(Ⅶ)—(Ⅵ)	$MnO_4^-+e^-=MnO_4^{2-}$	0.558
Mn(Ⅶ)—(Ⅳ)	$MnO_4^-+2H_2O+3e^-=MnO_2+4OH^-$	0.595
Mn(Ⅵ)—(Ⅳ)	$MnO_4^{2-}+2H_2O+2e^-=MnO_2+4OH^-$	0.60
Ag(Ⅱ)—(Ⅰ)	$2AgO+H_2O+2e^-=Ag_2O+2OH^-$	0.607
Br(Ⅴ)—(−Ⅰ)	$BrO_3^-+3H_2O+6e^-=Br^-+6OH^-$	0.61
Cl(Ⅴ)—(−Ⅰ)	$ClO_3{}^-+3H_2O+6e^-=Cl^-+6OH^-$	0.62
Cl(Ⅲ)—(Ⅰ)	$ClO_2^-+H_2O+2e^-=ClO^-+2OH^-$	0.66
I(Ⅶ)—(Ⅴ)	$H_3IO_6^{2-}+2e^-=IO_3^-+3OH^-$	0.7
Cl(Ⅲ)—(−Ⅰ)	$ClO_2^-+2H_2O+4e^-=Cl^-+4OH^-$	0.76
Br(Ⅰ)—(−Ⅰ)	$BrO^-+H_2O+2e^-=Br^-+2OH^-$	0.761
Cl(Ⅰ)—(−Ⅰ)	$ClO^-+H_2O+2e^-=Cl^-+2OH^-$	0.841
Cl(Ⅳ)—(Ⅲ)	$ClO_2(g)+e^-=ClO_2^-$	0.95
O(0)—(−Ⅱ)	$O_3+H_2O+2e^-=O_2+2OH^-$	1.24

附录十　常用基准物质的干燥条件和应用

附表-11　基准物质及其干燥条件

基准物质	使用前的干燥条件
As_2O_3	于硫酸保干器中放置至恒重
Na_2CO_3	270~300℃干燥至恒重
$KHC_6H_4(COO)_2$	105~110℃下干燥至恒重
$Na_2B_4O_7 \cdot 10H_2O$	NaCl-蔗糖饱和溶液保干器中室温保存
$Na_2C_2O_4$	105~110℃下干燥至恒重
KIO_3	105~110℃下干燥至恒重
$K_2Cr_2O_7$	约120℃干燥至恒重
$KBrO_3$	180℃干燥1~2h
$AgNO_3$	120℃干燥2h
$CaCO_3$	105~110℃下干燥至恒重
Cu	在硫酸保干器中放置24h
Zn	用6mol/L盐酸冲洗表面，再用乙醇、丙酮冲洗，在保干器中放置24h
NaCl	在500~600℃下灼烧至恒重

附录十一　常用有机溶剂密度、沸点和水溶性

附表-12　常用有机溶剂密度、沸点和水溶性汇总

溶剂名称	英文名	沸点(℃)	密度(g/mL)	溶解性
甲醇	methanol	65.4	0.791	能与水、乙醇、乙醚、苯、酮类和大多数其他有机溶剂混溶
乙醇	ethanol	78.4	0.789	能与水、氯仿、乙醚、甲醇、丙酮和其他多数有机溶剂混溶
丙醇	n-propanol	97.4	0.803	溶于水、乙醇、乙醚、丙酮等，与水形成共沸混合物
异丙醇	i-propanol	82.45	0.7863	溶于水、醇、醚、苯、氯仿等多数有机溶剂
丙酮	acetone	56.5	0.8	能与水、乙醇、*N*,*N*-二甲基甲酰胺、氯仿、乙醚及大多数油类混溶
2-戊酮	2-pentanone	102.3	0.81	微溶于水，溶于醇、乙醚
甲基异丁基酮	methyl isobutyl ketone	115.8	0.8	微溶于水，易溶于多数有机溶剂
2-丁酮	2-Butanone	79.6	0.81	溶于水、乙醇、乙醚，可混溶于油类
环己酮	Cyclohexanone	155.6	0.95	微溶于水，可混溶于醇、醚、苯、丙酮等多数有机溶剂
乙酸乙酯	acetic ether	77.2	0.9	微溶于水，溶于醇、酮、醚、氯仿等多数有机溶剂
环己烷	cyclohexane	80.7	0.78	不溶于水，溶于乙醇、乙醚、苯、丙酮等多数有机溶剂

续表

溶剂名称	英文名	沸点(℃)	密度(g/mL)	溶解性
二氯甲烷	dichloromethane	39.8	1.3266	溶于约50倍的水,溶于酚、醛、酮、冰醋酸、磷酸三乙酯、乙酰乙酸乙酯、环己胺
四氯化碳	carbon tetrachloride	76.8	1.60	水溶性:0.8g/L,微溶于水,易溶于多数有机溶剂
三氯甲烷	trichloromethane	61.3	1.50	不溶于水,溶于醇、醚、苯
石油醚	petrol ether	40~90	0.64~0.66	溶于无水乙醇、苯、氯仿、油类等多数有机溶剂
异丙醚	isopropyl ether	68~69	0.7258	与乙醇和乙醚混溶,微溶于水
乙醚	ether	34.6	0.7134	溶于低碳醇、苯、氯仿、石油醚和油类,微溶于水
甲基叔丁基醚	MTBE	55.2	0.74	MTBE在水中的溶解度(20℃,g/100g):4.3
四氢呋喃	tetrahydrofuran	66	0.8892	溶于水、乙醇、乙醚、丙酮、苯等多数有机溶剂
二氧六环	dioxane	101.3	1.04	与水混溶,可混溶于多数有机溶剂
乙腈	acetonitrile	81.1	0.79	与水混溶,溶于醇等多数有机溶剂
苯	benzene	80.1	0.8786	难溶于水,易溶于有机溶剂
甲苯	methylbnenzenc	110.6	0.866	与乙醇、乙醚、丙酮、氯仿、二硫化碳和冰乙酸混溶,极微溶于水
二甲苯	dimethylbenzene	137~140	0.86	与乙醇、氯仿或乙醚能任意混合,在水中不溶
甲酸	formic acid	100.8	1.22	能与水、乙醇、乙醚和甘油任意混溶
冰醋酸	acctic acid	117.9	1.05	易溶于水、乙醇、乙醚和四氯化碳
38%浓盐酸	hydrochloric acid	108.6	1.179	与水混溶,浓盐酸溶于水有热量放出
浓硫酸	sulphuric acid	338	1.84	易溶于水,能以任意比与水混溶
85%磷酸	phosphoric Acid	158	1.685	高沸点酸,易溶于水

附录十二 常用试剂的配制

一、实验室常用溶液的配制

1mol/L 亚精胺(spermidine) 溶解2.55g亚精胺于足量的水中,使终体积为10mL。分装成小份贮存于-20℃。

1mol/L 精胺(spermine) 溶解3.48g精胺于足量的水中,使终体积为10mL。分装成小份贮存于-20℃。

10mol/L 乙酸胺(ammonium acetate) 将77.1g乙酸胺溶解于水中,加水定容至1L后,用0.22μm孔径的滤膜过滤除菌。

1mol/L 二硫苏糖醇(DTT) 在二硫苏糖醇5g的原装瓶中加32.4mL水,分成小份贮存于-20℃。或转移100mg的二硫苏糖醇至微量离心管,加0.65mL的水配制成1mol/L二硫苏糖醇溶液。

8mol/L 乙酸钾(potassium acetate) 溶解78.5g乙酸钾于足量的水中,加水定容

到 100mL。

1mol/L 氯化钾(KCl)　溶解 7. 46g 氯化钾于足量的水中,加水定容到 100mL。

3mol/L 乙酸钠(sodium acetate)　溶解 40. 8g 的三水乙酸钠于约 90mL 水中,用冰醋酸调溶液的 pH 至 5. 2,再加水定容到 100mL。

1mol/L HCl　加 8. 6mL 的浓盐酸至 91. 4mL 的水中。

1mol/L $MgCl_2$　溶解 20. 3g $MgCl_2 \cdot 6H_2O$ 于足量的水中,定容到 100mL。

5mol/L 氯化钠(NaCl)　溶解 29. 2g 氯化钠于足量的水中,定容至 100mL。

10mol/L 氢氧化钠(NaOH):溶解 400g 氢氧化钠颗粒于约 0. 9L 水的烧杯中(磁力搅拌器搅拌),氢氧化钠完全溶解后用水定容至 1L。

10mg/mL Rnase(无 DNase)(DNase-free RNase)　溶解 10mg 的胰蛋白 RNA 酶于 1mL 的 10mmol/L 的乙酸钠水溶液中(pH5. 0)。溶解后于水浴中煮沸 15min,使 DNA 酶失活。用 1mol/L 的 Tris-HCl 调 pH 至 7. 5,于-20℃贮存(配制过程中要戴手套)。

2mol/L 山梨(糖)醇(sorbitol)　溶解 36. 4g 山梨(糖)醇于足量水中使终体积为 100mL。

100%三氯乙酸(TCA)　在装有 500g TCA 的试剂瓶中加入 100mL 水,用磁力搅拌器搅拌直至完全溶解(稀释液应在临用前配制)。

2. 5% X-gal(5-溴-4-氯-3-吲哚-β-半乳糖苷)　溶解 25mg 的 X-gal 于 1mL 的二甲基甲酰胺(DMF),用铝箔包裹装液管,贮存于-20℃。

25mg/mL IPGT　溶解 250mg 的 IPGT(异丙基硫代-β-D-半乳糖苷)于 10mL 水中,分成小份贮存于-20℃。

100×Denhardt 试剂(Denhardt's regent)(100mL)　将 2%聚蔗糖(Ficoll,400 型)2g、2%聚乙烯吡咯烷酮(PVP-40)、2%BSA(组分 V)溶于水中,加水至总体积为 100mL,过滤除菌及杂质,分装成小份于-20℃贮存。

10×标准 DNA 连接酶缓冲液(standard DNA ligase buffer)(黏端、平端连接)(10mL)　0. 5mol/L Tris-HCl 5mL,100mmol/L $MgCl_2$ 1mL,100mmol/L DTT 1mL,2mmol/L ATP 200μL,5mmol/L 盐酸亚精胺(可选)50μL,0. 5mg/mL BSA(组分 V)(可选)0. 5mL,水 2. 25mL,将配制好的缓冲液分装成小份,贮存于-20℃。

0. 5mol/L EDTA　配制等摩尔的 Na_2EDTA 和 NaOH 溶液(0. 5mol/L),混合后形成 EDTA 的三钠盐。或称取 186. 1g 的 $Na_2EDTA \cdot 2H_2O$ 和 20g 的 NaOH 并溶于水中,定容至 1L。

1mol/L HEPES　将 23. 8g HEPES 溶于约 90mL 的水中,用 NaOH 调 pH(6. 8~8. 2),然后用水定容至 100mL。

10mg/mL 牛血清蛋白(BSA)　加 100mg 的牛血清蛋白(组分 V 或分子生物学试剂级,无 DNA 酶)于 9. 5mL 水中(为减少变性,需将蛋白加入水中,而不是将水加入蛋白),盖好盖后,轻轻摇动,直至牛血清蛋白完全溶解为止。不要涡旋混合。加水定容到 10mL,然后分装成小份贮存于-20℃。

100mmol/L PMSF　溶解 174mg 的 PMSF(苯甲基磺酰氟)于足量的异丙醇中,定容到 10mL。分成小份并用铝箔将装液管包裹或贮存于-20℃。

20mg/mL 蛋白酶 K(proteinase K)　将 200mg 的蛋白酶 L 加入到 9. 5mL 水中,轻轻摇动,直至蛋白酶 K 完全溶解。不要涡旋混合。加水定容到 10mL,然后分装成小份贮存于

-20℃。

10% SDS(十二烷基硫酸钠) 称取100g SDS慢慢转移到约含0.9L的水的烧杯中，用磁力搅拌器搅拌直至完全溶解。用水定容至1L。

10mmol/L dNTP 混合液(20μL) 10mmol/L dATP 2μL，10mmol/L dCTP 2μL，10mmol/L dGTP 2μL，10mmol/L dTTP 2μL，水12μL。

20% PEG8000/2.5mol/L NaCl(10mL) 质量浓度为20%聚乙二醇20g，2.5mol/L氯化钠水50mL，5mol/L氯化钠或14.6g固体氯化钠补足100mL，加聚乙二醇于含有氯化钠的烧杯中，加水至终体积100mL，用磁力搅拌器搅拌溶解。

20×SSC(1L) 300mmol/L柠檬酸三钠(二水)88.2g，3mol/L氯化钠水175.3g，溶于约0.9L水中，加几滴10mol/L NaOH溶液调pH为7.0，用水补足体积至1L。

DEPC(焦碳酸二乙酯)处理水 加100μL DEPC于100mL水中，使DEPC的体积分数为0.1%。在37℃温浴至少12h，然后在约0.1MPa条件下高压灭菌20min，以使残余的DEPC失活。DEPC会与胺起反应，不可用DEPC处理Tris缓冲液。

甲酰胺(deionized formamide) 直接购买或加Dowex XG8混合树脂于装有甲酰胺的玻璃烧杯中，用磁力搅拌器轻轻搅拌1h，可去除甲酰胺中的离子。经Whatman 1号滤纸过滤除去树脂后分成小份，充氮气于-80℃贮存(防止氧化)。

二、电泳缓冲液、染料和凝胶加样液

50×Tris-乙酸(TAE)缓冲液(1L) 242g Tris、57.1mL的冰醋酸(17.4mol/L)、200mL的0.5mol/L EDTA(pH8.0)、水补足1L。

5×Tris-硼酸(TBE)缓冲液(1L) 54g Tris，27.5g硼酸，20mL的0.5mol/L EDTA(pH8.0)，水补足1L。

1%溴酚蓝(bromophenol blue) 1g水溶性钠型溴酚蓝于100mL水中，搅拌或涡旋混合直到完全溶解。

1%二甲苯青FF(xylene cyanole FF) 1g二甲苯青FF于足量水中，定容到100mL。

10mg/mL的溴化乙锭(ethidium bromide) 小心称取1g溴化乙锭，转移到广口瓶中，加100mL水，用磁力搅拌器搅拌直到完全溶解。用铝箔包裹装液管，于4℃贮存。

三、常用培养基

LB培养基 将下列组分溶解在0.9L水中：蛋白胨10g，酵母提取物5g，氯化钠10g，如果需要用1mol/L NaOH(约1mL)调整pH至7.0，再补足水至1L。注：琼脂平板需添加琼脂粉12g/L，上层琼脂平板添加琼脂粉7g/L。

SOB培养基 将下列组分溶解在0.9L水中：蛋白胨20g，酵母提取物5g，氯化钠0.5g，1mol/L氯化钾2.5mL，用水补足体积到1L。分成100mL的小份，高压灭菌。培养基冷却到室温后，再在每100mL的小份中加1mL灭过菌的1mol/L氯化镁。

SOC培养基 成分、方法同SOB培养基的配制，只是在培养基冷却到室温后，除了在每100mL的小份中加1mL灭过菌的1mol/L氯化镁外，再加2mL灭菌的1mol/L葡萄糖(18g葡萄糖溶于足够水中，再用水补足到100mL，用0.22μm的滤膜过滤除菌)。

TB培养基 将下列组分溶解在0.9L水中：蛋白胨12g，酵母提取物24g，甘油4mL，各组分溶解后高压灭菌。冷却到60℃,再加100mL灭菌的170mmol/L KH_2PO_4/0.72mol/L K_2HPO_4的溶液(2.31g的KH_2PO_4和12.54g K_2HPO_4溶在足量的水中,使终体积为100mL。高压灭菌或用0.22μm的滤膜过滤除菌)。

2×YT培养基　将下列组分溶解在0.9L水中:蛋白胨16g,酵母提取物10g,氯化钠4mL,如果需要用1mol/L NaOH(约1mL)调整pH至7.0,再补足水至1L。注:琼脂平板需添加琼脂粉12g/L,上层琼脂平板添加琼脂粉7g/L。

YPD培养基　将下列组分溶解在0.9L水中:蛋白胨20g,酵母提取物10g,葡萄糖20g,用水补足体积为1L后,高压灭菌。建议在高压灭菌之前,对色氨酸营养缺陷型每升培养基添加1.6g色氨酸,因为YPD培养基是色氨酸限制型培养基。为了配制平板,需要在高压灭菌前加入20g琼脂粉。

四、常用抗生素

氨苄青霉素(ampicillin)(100mg/mL)　溶解1g氨苄青霉素钠盐于足量的水中,最后定容至10mL。分装成小份于-20℃贮存。常以25~50μg/mL的终浓度添加于生长培养基。

羧苄青霉素(carbenicillin)(50mg/mL)　溶解0.5g羧苄青霉素二钠盐于足量的水中,最后定容至10mL。分装成小份于-20℃贮存。常以25~50μg/mL的终浓度添加于生长培养基。

甲氧西林(methicillin)(100mg/mL)　溶解1g甲氧西林钠于足量的水中,最后定容至10mL。分装成小份于-20℃贮存。常以37.5μg/mL终浓度与100μg/mL氨苄青霉素一起添加于生长培养基。

卡那霉素(kanamycin)(10mg/mL)　溶解100mg卡那霉素于足量的水中,最后定容至10mL。分装成小份于-20℃贮存。常以10~50μg/mL的终浓度添加于生长培养基。

氯霉素(chloramphenicol)(25mg/mL)　溶解250mg氯霉素足量的无水乙醇中,最后定容至10mL。分装成小份于-20℃贮存。常以12.5~25μg/mL的终浓度添加于生长培养基。

链霉素(streptomycin)(50mg/mL)　溶解0.5g链霉素硫酸盐于足量的无水乙醇中,最后定容至10mL。分装成小份于-20℃贮存。常以10~50μg/mL的终浓度添加于生长培养基。

萘啶酮酸(nalidixic acid)(5mg/mL)　溶解50mg萘啶酮酸钠盐于足量的水中,最后定容至10mL。分装成小份于-20℃贮存。常以15μg/mL的终浓度添加于生长培养基。

四环素(tetracycline)(10mg/mL)　溶解100mg四环素盐酸盐于足量的水中,或者将无碱的四环素溶于无水乙醇,定容至10mL。分装成小份用铝箔包裹装液管以免溶液见光,于-20℃贮存。常以10~50μg/mL的终浓度添加于生长培养基。

五、0.01mol/L磷酸盐缓冲液(PBS)配制方法

称取8g NaCl、0.2g KCl、1.44g Na_2HPO_4和0.24g KH_2PO_4,溶于800mL蒸馏水中,用HCl调节溶液的pH至7.4,最后加蒸馏水定容至1L即可。在1034×10^5Pa高压下蒸气灭菌(至少20min),保存于室温或4℃冰箱中。

六、各种浓度磷酸缓冲液(PB)(pH=7.4)的配制

先配0.2mol/L PB (pH=7.4,100mL):取19mL 0.2mol/L的NaH_2PO_4和81mL 0.2mol/L的Na_2HPO_4,即可。然后只需将0.2mol/L PB (pH=7.4)按相应比例适当稀释即可,如:

0.1mol/L PB(pH=7.4):取500mL 0.2mol/L PB,加水稀释至1000mL即可。

0.01mol/L PB (pH=7.4):取50mL 0.2mol/L PB,加水稀释至1000mL即可。

0.02mol/L PB (pH=7.4):取100mL 0.2mol/L PB,加水稀释至1000mL即可。

若需要NaCl的话,加入NaCl至0.9%(*m/v*)即可。

需要注意的是,通常所说的浓度0.01mol/L指的是缓冲溶液中所有的磷酸根浓度,而非Na^+或K^+的浓度,Na^+和K^+只是用来调节渗透压的。如果是用于免疫组化的话,则需要在配置的时候分别加入100U/mL青霉素和链霉素之后再调pH、定容、灭菌消毒。

pH	7.6	7.4	7.2	7.0
H_2O	1000	1000	1000	1000
NaCl	8.5	8.5	8.5	8.5
Na_2HPO_4	2.2	2.2	2.2	2.2
NaH_2PO_4	0.1	0.2	0.3	0.4

根据经验来看,新鲜配置的PBS搅匀后其pH在7.2~7.4,可是在温度的影响下,尤其在夏天,其电离常数发生了改变,在经过昼夜的时间后,pH会明显改变。所以做实验的同学需要注意,pH可能会影响实验结果,甚至可能导致阴性。务必记得这个时候的天气,加强实验条件控制。最好每次使用前用试纸测一下过夜了的PBS,如果发生偏酸或偏碱,注意重新换新液。

附录十三 常见毒性危险性化学药品

一、化学药品的毒性分类

1. 致癌物质 黄曲霉素B1、亚硝胺、3-4苯并芘等(以上为强致癌物质);2-乙酰氨基酸、4-氨基联苯、联苯胺及其盐类、3,3-二氯联苯胺、4-二甲基氨偶氮苯、1-萘胺、2-萘胺、4-硝基联苯、*N*-亚硝基二甲胺、β-丙内脂、4,4-甲叉(双)-2-氯苯胺、乙撑亚胺、氯甲甲醚、二硝基萘、羧基镍、氯乙烯、同苯二酚、二氯甲醚等。

2. 剧毒 六氯苯、羧基铁、氰化钠、氢氟酸、氯化氰、氯化汞、氢氰酸、砷酸汞、汞蒸气、砷化氢、光气、氟光气、磷化氢、三氧化二砷、有机砷化物、有机磷化物、有机氟化物,有机硼化物、铍及其化合物、丙烯腈、乙腈等。

3. 高毒 氟化钢、对二氯苯、甲基丙烯腈、丙酮氰醇、二氯乙烷、三氯乙烷、偶氮二异丁腈、黄磷、三氯氧磷、五氯化磷、三氯化磷、五氯化二磷、三氯甲烷、溴甲烷、二乙烯酮、氯化亚氮、铊化合物、四乙基铅、四乙基锡、三氯化锑、溴水、氯气、三氧化二钒、二氧化锰、二氯硅烷、三氯甲硅烷、苯胺、硫化氢、硼烷、氯化氢、氟乙酸、丙烯醛、乙烯酮、氟乙酰胺、碘乙酸乙脂、溴乙酸、乙酯、氯乙酸乙酯、有机氰化物、芳香胺、迭氮钠砷化钠等。

4. 中毒 苯、四氯化碳、三氯硝基甲烷、乙烯吡啶、三硝基甲苯、五氯酚钠、硫酸、砷化镓、丙烯酰胺、环氧乙烷、环氧氯丙烷、烯丙醇、二氯丙醇、糖醛、三氟化硼、四氯化硅、

硫酸镉、氧化镉、硝酸、甲醛、甲醇、肼(联氨)、二硫化碳、甲苯、二甲苯、一氧化碳、一氧化氮等。

5. 低毒 三氯化铝、钼酸胺、间苯二胺、正丁醇、叔丁醇、乙二醇、丙烯酸、甲基丙烯酸、顺丁烯二酸酐、二甲基酰胺、己内酰胺、亚铁氰化钾、铁氰化钾、氨及氢氧化胺、四氯化锡、氯化锗、对氯苯氨、硝基苯、三硝基甲苯、对硝蒇氯苯、二苯甲烷、苯乙烯、二乙烯苯、邻苯二甲酸、四氢呋喃、吡啶、三苯基磷、烷基铝、苯粉、三硝基酚、对苯二酚、丁二烯、异戊二烯、氢氧化钾、盐酸、氯磺甲、乙醚、丙酮等。

二、丁二烯的毒性

丁二烯　分子式 C_4H_6　　相对分子质量 54.08

(1)物化性质

丁二烯具有共轭双键的最简单的二烯烃,化学性质非常活泼,易与苯乙烯、丙烯腈共聚合成 ABS 树脂,也是丁苯、丁腈、顺丁橡胶的主要单体。

常温下是气体,比空气重 1.87 倍,加压后易液化为无色透明的液体。与空气能形成爆炸性混合物,微溶于水,溶于乙醇、甲醇,易溶于丙酮、乙醚、乙腈、二甲基酰胺(DMF)等溶剂中。

(2)职业危害分析

毒性:本产品属于低毒类。丁二烯的气体能使人头痛,视力模糊、恶心,长期吸入对人肝脏有害,高浓度有麻醉性,能使人记忆减弱。液体接触皮肤蒸发吸热可造成局部低温冻伤和坏死。

(3)处理措施

本装置采用密闭操作,化工设备露天布置,通风良好,在开启设备时,先用氮气置换。严格控制系统中含氧量,防止和减少过氧化物生成。

(4)风险评价按导则规定,只需要收集以下三个标准值即可:

1)LC_{50}半致死浓度,可自网上或书中查阅化学物质毒理学数据得到。

2)IDLH 伤害阈值,可根据 GB/T18664—2002 附录资料得到。

3)PC-STEL 值,可根据 GBZ2.1—2007 附录查阅得到。

(5)大气环境影响评价,只需要得到以下几个标准值:

1)有组织排放的最高允许排放速率或最高允许排放浓度,根据 GB16297—1996 确定。

2)无组织排放的厂界浓度,根据 GB16296 和 GB14554 等确定。

3)环境空气质量标准,可根据 GB3095—1996 和 TJ36—79 等确定。

1. 急性毒性 人吸入 1%浓度可引起头晕、头痛、恶心、口干、嗜睡、脉速等,并伴有上呼吸道刺激症状。

17.6g/m^3,8h 接触,除眼和上呼吸道刺激症状外,无其他症状。人在 30%~35%浓度下,很快出现头痛、头晕、咽喉痛、耳鸣、全身无力、口有甜味、恶心,有时有呕吐、醉酒状态、皮肤苍白、胸闷呼吸、困难和表浅、脉速,后转入意识丧失和抽搐。脱离接触后迅速恢复,但头痛和嗜睡有时可持续一段时间。

2. 慢性毒性 长期接触一定浓度丁二烯,对人的慢性影响有头晕、头痛、全身乏力、易激动或表情淡漠、失眠、记忆减退、注意力不能集中、鼻及咽喉不适、恶心、嗳气、胃烧灼感、心悸、嗅觉减退等。也常有角膜反射迟钝、腱反射亢进及眼睑、舌和手震颤。合成橡胶工人长期接触产品 100mg/m^3 左右的浓度时，有类神经症，血压偏低，血沉偏快，血红蛋白偏低，血液中性粒细胞吞噬活动减低，C-蛋白反应阳性，眼和鼻咽黏膜轻度刺激症状等。有的橡胶厂调查尚发现白细胞和血小板计数明显低于对照组，并有葡萄糖-6-磷酸脱氢酶（G6PD）降低及总胆固醇含量明显升高的现象。

3. 皮肤损害 气体丁二烯偶可引起接触性皮炎，液体可造成皮肤冻伤。

职业接触限值［中国 MAC（mg/m^3）］：100

TLVTN：OSHA 1000ppm；ACGIH 10ppm，22mg/m^3

TLVWN：未制定标准

监测方法：气相色谱法；溶解解吸–气相色谱法

工程控制：生产过程密闭，全面通风。

呼吸系统防护：一般不需要特殊防护，高浓度接触时可佩戴自吸过滤式防毒面具（半面罩）。

眼睛防护：必要时，戴化学安全防护眼镜。

身体防护：穿防静电工作服。

手防护：戴一般作业防护手套。

其他防护：工作现场严禁吸烟。避免长期反复接触。进入罐、限制性空间或其他高浓度区作业，须有人监护。

急性毒性：LD_{50}，无资料。

附录十四　化学文献和实验常用中英文及其缩写或简称对照表

A			
AA	乙酰丙酮、乙醛、丙烯酸	ANSI	美国国家标准研究所
AB	乙炔炭黑	AO	抗氧剂或防老剂
ABFA	偶氮二甲酰胺	APAO	非晶性 α-烯烃
ABS	丙烯腈-丁二烯-苯乙烯共聚物	APHA	美国公共卫生事业协会
ABVN	偶氮二异庚腈	APR	芳烃石油树脂
Ac	丙酮	APS	氨基丙基三乙氧基硅烷、过硫酸铵
AC	醛胺缩合物	A-PVA	无规聚乙烯醇
ACM	丙烯酸酯橡胶	AR	丙烯酸酯橡胶、分析纯
ACOH	乙酸	AS	澳大利亚标准
ADA	己二酸	ASC	胶黏剂与密封剂委员会
AEP	*N*-氨乙基哌嗪	ASTM	美国材料试验学会
AGE	烯丙基缩水甘油醚	ATBN	端氨基液体丁腈橡胶
AH	芳烃	ATH	氢氧化铝（三水合氧化铝）
AIBN	偶氮二异丁腈	ATO	三氧化二锑
AM	丙烯酰胺	ATPU	端氨基聚氨酯
AN	丙烯腈	AU	聚酯型聚氨酯弹性体

续表

An	苯胺	AV	酸值、表观黏度
B			
BA	丙烯酸丁酯、二烯丙基双酚 A	BN	安息香
BAA	正丁醛苯胺缩合物	BOA	己二酸苄基辛基酯
BBP	邻苯二甲酸丁苄酯	BOP	苯二甲酸苄基辛基酯
BD	1,4-丁二醇、丁二烯双环氧	BP	聚丁二烯橡胶、二苯酮
BDDE	1,4-丁二醇缩水甘油醚	B. P.	英国专利
BDMA	苄基二甲胺	BPA	双酚 A
BEE	苯偶姻乙醚	BPF	双酚 F
Bé	波美度	BPFER	双酚 F 环氧树脂
BF3MFA	三氟化硼单乙胺	BPO	过氧化苯甲酰
BGE	丁基缩水甘油醚(501 稀释剂)	BPO/DMA	过氧化苯甲酰/二甲基苯胺
BHT	2,6-二叔丁基对甲酚(264)	BPPD	过氧化二碳酸双(2-苯基乙氧基)胺
BIIR	溴化丁基橡胶	BPS	双酚 S
Bis A	双酚 A	BQ	对苯醌
Bis F	双酚 F	BQN	对苯醌二肟
Bis S	双酚 S	BR	顺丁橡胶
γ-BL	γ-丁内酯	BS	英国标准
BMA	甲基丙烯酸丁酯	BT	聚 1-丁烯
BMI	双马来酰亚胺	BTA	苯并三氮唑
		BTDA	苯酮四羧酸二酐
C			
CA	乙酸纤维素	CPVC	氯化聚氯乙烯
CAB	乙酸丁酸纤维素	CR	氯丁橡胶
CAC	乙酸溶纤剂(乙二醇乙醚乙酸酯)	CRL	氯丁胶乳
CAP	氯化无规聚丙烯、乙酸丙酸纤维素	CS	酪朊、烧碱、玉米淀粉
CAR	碳纤维	CSA	加拿大标准
Cat	催化剂	CSM	氯磺化聚乙烯
CB	槽法炭黑	CTA	三乙酸纤维素
CBA	化学发泡剂	CTB	液体丁腈橡胶
CC	化学成分、导电炭黑	CTBN	羰羧基液体丁腈橡胶
CEVA	氯化 EVA	CTE	热膨胀系数
CF	甲酚-甲醛树脂、导电炉黑	CTI	环己烷三异氰酸酯
CHONE	环己酮	CTPB	羰羧基液体聚丁二烯橡胶
CHP	异丙苯过氧化氢	CTPU	端羧基聚氨酯
CHR	氯化(醇)橡胶	CX	环己烷
CHX	环己烷	CNR	氯化橡胶
CIP	氯化等规聚丙烯	CP	氯化石蜡

续表

CIIR	氯化丁基橡胶	CPDA	环戊四酸二酐
CMC	羧甲基纤维素(钠)	CPP	氯化聚丙烯
CMHEC	羧甲基羧乙基纤维素	CPPD	防老剂 4010
CMS	羧甲基淀粉		
D			
DAA	二丙酮醇	DIN	德国标准
DAIP	间苯二甲酸二烯丙酯	DINP	邻苯二甲酸二异壬酯
DAM	顺丁烯二酸二烯丙酯	DIOA	己二酸二异辛酯
DAP	邻苯二甲酸二烯丙酯	DIOP	邻苯二甲酸二异辛酯
DAS	双醛淀粉	DIOS	癸二酸二异辛酯
DATBP	四溴邻苯二甲酸二烯丙酯	DIOZ	壬二酸二异辛酯
DBAPA	二丁氨基丙胺	DIPE	二异丙醚
DBDPO	十溴二苯醚	DIPP	邻苯二甲酸二异戊酯
DBE	高沸点聚合酯类溶剂	DM	二硫化二苯并噻唑
DBM	马来酸二丁酯	DMA	*N*,*N*-二甲基乙酰胺
DBMP	甲基膦酸二丁酯	DMAE	二甲基氨基乙醇
DBP	邻苯二甲酸二丁酯	DMAPA	二甲氨基丙胺
DBS	癸二酸二丁酯、十二烷基苯磺酸钠	DMBA	二羟甲基丁酸
DBTDL	二月桂酸二丁基锡	DMBPH	过氧化叔丁基己烷
DBU	二环咪固化剂	DMF	*N*,*N*-二甲基甲酰胺
DCA	二氰二胺	DMIZ	1,2-二甲基咪唑
DCBPO	2,4-二氯过氧化苯甲酰	DMM	马来酸二甲酯
DCE	二氯乙烷	DMMP	甲基膦酸二甲酯
DCHP	邻苯二甲酸二环己酯	DMP	邻苯二甲酸二甲酯
DCM	二氯甲烷	DMP-10	2-二甲氨基甲基苯酚
DCP	过氧化二异丙苯	DMP-30	2,4,6-三(二甲氨基甲基)苯酚
DCPD	过氧化二碳酸二环己酯	DMPA	二羟甲丙酸
DDM	二氨基二苯甲烷、十二碳硫醇	FMPDA	*N*,*N*-二甲基对苯二胺
DDP	邻苯二甲酸二癸酯	DMSO	二甲基亚砜
DDS	二氨基二苯砜	DMT	对苯二甲酸二甲酯
DDSA	十二烯基丁二酸酐	DMTDA	二甲硫基甲苯二胺
DEA	二乙醇胺、*N*,*N*-二乙基苯胺、二乙氨基乙醇	DNA	己二酸二壬酯
DEAPA	二乙氨基丙胺	DNOP	邻苯二甲酸二正辛酯
DEF	二乙基甲酰胺	DNP	邻苯二甲酸二壬酯
DEG	二甘醇	DNPD	防老剂 DNP
DEP	邻苯二甲酸二乙酯	DNPT	发泡剂 H
DETA	二乙烯三胺	DO	二氧六环(二噁烷)

续表

DETDA	二乙基甲苯二胺	DOA	己二酸二辛酯
DETU	二乙烯基硫脲	DODP	邻苯二甲酸二辛基癸基酯
DGE	二缩水甘油醚(600 稀释剂)	DOIP	间苯二甲酸二辛酯
DGEBA	双酚 A 二给水甘油醚	DOM	马来酸二辛酯
DHA	己二酸二己酯	DOP	邻苯二甲酸二辛酯
DHP	邻苯二甲酸二庚酯	DOS	癸二酸二辛酯
DHXP	邻苯二甲酸二己酯	DP	聚合度
DIBA	己二酸二异丁酯	DPA	二苯胺
DIBK	二异丁酮	DPG	二苯胍
DICY	二氰二胺(双氰胺)	DPP	邻苯二甲酸二丙酯、二酚基丙烷(双酚 A)
DIDP	邻苯二甲酸二异癸酯	DPPD 防老剂 H	
DTA	差热分析法、二乙烯三胺	DPT	*N*,*N'*-二亚硝基五次甲基四胺(发泡剂 H)
DTBP	二叔丁基过氧化物	D. S. 取代度	
DVB	二乙烯基苯	DSC	示差扫描量热法
		DSB	十二烷基苯磺酸
E			
EA	丙烯酸乙酯	EP	环氧树脂
EAc	乙酸乙酯	E-PVC	乳液法聚氯乙烯(糊树脂)
EAL	乙醇	E-SBR	乳液聚合丁苯橡胶
EB	水性环氧丙烯酸酯	ESO	环氧大豆油
EC	乙基纤维素	ET	高温
ECH	环氧氯丙烷	ETA	乙醇胺
EDA	乙二胺	ETBN	端环氧基液体丁腈橡胶
EDTA	乙二胺四乙酸	ETPDMS	端环氧基聚硅氧烷
EEP	3-乙氧基丙酸乙酯	ETU	乙烯基硫脲
EEW	环氧当量	EU	聚醚型聚氨酯橡胶
EG	乙二醇	EV	环氧值
EGDA	二丙烯酸乙二醇酯	EVA	乙烯-乙酸乙烯共聚物
EGDE	乙二醇二缩水甘油醚(669 稀释剂)	EVCL	乙烯-氯乙烯乳液
EGDMA	双甲基丙烯酸乙二醇酯	EMA	甲基丙烯酸乙酯
2-EI	2-乙基咪唑	EMI-2,4	2-乙基-4-甲基咪唑
Em	乳化剂		
F			
FDA	食品及药物管理局(美国)	F. P.	法国专利
FR	阻燃剂		
G			
GB	中国标准	GO	乙二醛
GB/T	国家推荐标准	GPO	凝胶渗透色谱法

续表

GC	气相色谱法	GPF	通用炭黑
GDE	乙二醇二甲醚	GR-M	氯丁橡胶
GF	玻璃纤维	GR-N	丁腈橡胶
GL	甘油、重质碳酸钙	GR-P	聚硫橡胶
GMA	甲基丙烯酸缩水甘油酯	GR-S	丁苯橡胶
GMF	对苯醌二肟	GTT	玻璃化转变温度
H			
HA	环烷酸	HMDI	氢化二苯甲烷二异氰酸酯
HAC	乙酸	H-MNA	氢化甲基纳迪克酸酐
HAF	高耐磨炉黑	HMP(A)	六甲基磷酸三酰胺
HAPs	有害气体污染物目录	HPA	丙烯酸-2-羟丙酯
HBB	六溴苯	HPC	羟丙基甲基纤维素
HBCD	六溴环十二烷	HQ	氢醌(对苯二酚)
HBMC	羟丁基甲基纤维素	HQEE	对苯二酚二羟乙基醚
HCH/Co	过氧化环己酮/环烷酸钴	HSE	安全、环境、健康
HCPE	高氯化聚乙烯	HS	高苯乙烯橡胶
HD	1,6-己二胺	HTBN	端羟基液体丁腈橡胶
HAD	己二胺	HTDI	甲苯环己基二异氰酸酯
HDI	1,6-己二异氰酸酯	THE	端羟基聚醚
HDT	热变形温度	HTPB	端羟基液体聚丁二烯橡胶
HEA	丙烯酸-2-羟乙酯	HEXA	六亚甲基四
HEC	羟乙基纤维素	HFAH	六氟丙酮水合物
HEMA	甲基丙烯酸-2-羟乙酯	HHPA	六氢苯酐
HEMC	羟乙基甲基纤维素	HMDA	己二胺
HET	氯茵酸酐		
I			
IFR	民泡阻燃剂	IPP	二异丙基过氧化二碳酸酯
IFT	界面张力	ISAF	中超耐磨炭黑
IIR	丁基橡胶	ISO	国际标准化组织
IM	聚异丁烯	ITBN	端异氰酸酯基丁腈橡胶
IMDA	咪唑	ITPB	端异氰酸酯基聚丁二烯
IPA	异丙醇、间苯二甲酸	IV	特性黏度
IPDA	异佛尔酮二胺	IPDI	异佛尔酮二异氰酸酯
K			
K	乙醛苯胺缩合物	KPS	过硫酸钾
L			
LCR	液体氯丁橡胶	L. P.	石油醚
LD_{50}	半致死剂量	LPB	液体聚丁二烯

续表

LMP	低聚物	LPO	过氧化二月桂酰(引发剂 B)
LMW	低相对分子质量	LP	实验试剂
LNBR	液体丁腈橡胶	Ltx	胶乳
LOI	极限氧指数	LV	低黏度
M			
MA	丙烯酸甲酯、马来酸酐	MI	云母、熔体指数
MAA	甲基丙烯酸	MIBK	甲异丁酮
MAC	最高容许浓度	MIL	美国军用标准
MAF	中超耐磨炉黑	MIPK	甲基异丙基甲酮
MAL	甲醇	MMA	甲基丙烯酸甲酯
MBI	2-巯基苯并咪唑	MNA	甲基纳迪克酸酐
MBS	甲基丙烯酸甲酯-丁二烯-苯乙烯共聚物	MOCA	3,3′-二氯-4,4′-二氨基二苯甲烷(莫卡)
MBT	2-巯基苯并噻唑	mol	摩尔
MC	甲基纤维素、微胶囊	MP	熔点
MCB	氯苯	MPDA	间苯二胺
MDA	二氨基二苯甲烷、烷二胺	MPF	蜜胺-苯酚-甲醛树脂
MDEA	甲基二乙醇胺	MPO	改性聚苯醚
MDI	二苯甲烷-4,4′-二异氰酸酯	MS	α-甲基叔丁基醚
ME	甲基丙烯酸环氧树脂	MTBE	甲基叔丁基醚
MEA	一乙醇胺	MTBN	端巯基液体丁腈橡胶
MEHQ	氢醌单甲醚	M. V.	门尼黏度
MEK	甲乙酮(丁酮)	MW	相对分子质量
MEKP	过氧化甲乙酮	MED	相对分子质量分布
MEKP/Co	过氧化甲酮/环烷酸钴	MX	间二甲苯
MF	三聚氰胺甲醛树脂	MXDA	间苯二甲胺
MFT	最低成膜温度	MHEC	甲基羟乙基纤维素
N			
NA	纳迪克酸酐	N-MAM	*N*-羧甲基丙烯酰胺
NBA	正丁醇	NO	环烷油
NBR	丁腈橡胶	NMP	*N*-甲基-2-吡咯烷酮
NBR-C	羧基丁腈橡胶	NMR	核磁共振
NDI	萘-1,5-二异氰酸酯	NPG	新戊二醇
NDPA	*N*-亚硝基二苯胺	NR	天然橡胶
NF	法国标准	NVM	不挥发物
O			
OBSH	4,4′-氧代双苯磺酰肼	OSHA	职业安全和保健管理局
OHV	羟值	OTD	邻甲苯二胺

续表

OI	氧指数	OX	草酸
OMC	氧化微晶蜡	Oxin	8-羟基喹啉
OMS	无臭石油溶剂		
P			
PA	苯酐	PPD	六氢吡啶、对苯二胺
PAA	聚丙烯酸	PPESK	聚芳醚砜酮
PAES	聚苯醚砜	PPG	聚丙二醇
PAL	丙醇	PPI	聚异氰酸酯
PAM	聚丙烯酰胺	PPTA	聚对苯二甲酰对苯二胺(芳纶)
PAN	苯基-α-萘胺	PSBRL	丁苯吡胶乳
PAPA	聚壬二酸酐、聚芳酰胺	PSO	聚砜
PAPI	多亚甲基多苯基多异氰酸酯	PSPA	聚癸二酸酐
PASF	聚芳砜	PTBP	对叔丁基苯酚
PB	聚丁二烯、聚丁烯	PTHF	聚四氢呋喃
PBN	苯基-β-萘胺	PTMG	聚四氢呋喃二醇
PC	聚碳酸酯	PTR	聚硫橡胶
PCR	聚氯丁二烯	PU	聚氨酯
PDA	丙二胺	PUR	聚氨酯橡胶
PDO	1,3-丙二醇	PV	叔丁基过氧化特戊酸酯
PEEK	聚醚醚酮	PVA(L)	聚乙烯醇
PEG	聚乙二醇	PVAc	聚乙酸乙烯酯
PEHA	五乙烯六胺	PVB	聚乙烯醇缩丁醛
PEI	聚醚砜亚胺	PVCA	氯乙烯-乙酸乙烯共聚物
PEO	聚氧化乙烯(聚环氧乙烷)	PVFM	聚乙烯醇缩甲醛
PES	聚醚砜	PVP	聚乙烯吡咯烷酮
PF	酚醛树脂	PW	石蜡
PG	丙二醇、没食子酸丙酯	PMP	丙二醇甲醚丙酸酯
PGE	苯基缩水甘油醚(690 稀释剂)	PMS	聚 α-甲基苯乙烯
PHR	每 100 份树脂的份数	PN	波兰国家标准
PI	聚酰亚胺、聚异戊二烯	PNA	苯基-β-萘胺
PIB	聚异丁烯	PNBR	粉末丁腈橡胶
PM	丙二醇甲醚	POE	聚氧化乙烯
PMA	聚马来酸酐、丙二醇甲醚乙酸酯	POP	对辛基苯酚
PMAA	聚甲基丙烯酸	PPA	多聚磷酸
PMDA	均苯四甲酸二酐	PMMA	聚甲基丙烯酸甲酯
R			
RA	松香酸	RI	折射率

续表

RF	间苯二酚甲醛树脂	RPO	橡胶操作油
RFL	间苯二酚甲醛乳液	RT	室温
RH	相对湿度		
S			
S	硫黄	SEM	扫描电子显微镜
SA	硬脂酸、氨基磺酸	SGP	淀粉接枝共聚物
SAA	表面活性剂、丁二酸酐	SIS	苯乙烯-异戊二烯-苯乙烯嵌段共聚物
SAC	硅铝炭黑	SLS	十二烷基硫酸钠
SAF	超耐磨炉黑	SM	苯乙烯单体
SBR	丁苯橡胶	SP	溶解度参数
SBRL	丁苯胶乳	SPCP	五苯酚钠
SBS	苯乙烯-丁二烯-苯乙烯嵌段共聚物	SRF	半补强炉黑
SDH	癸二酸二酰肼	S-SBE	溶聚丁苯橡胶
SDS	苯乙烯-二烯烃-苯乙烯嵌段共聚物、十二烷基硫酸钠	S. T.	表面张力
STP	三聚磷酸钠		
TBA	四溴双酚 A	TBPO	叔丁基过氧化氢
T			
TBAER	四溴双酚 A 环氧树脂	TBS	四溴双酚 S
TBB	四溴丁烷	TBT	钛酸四丁酯
TBC	对叔丁基邻苯二酚、柠檬酸三丁酯	TCAA	三氯异氰尿酸
TBP	磷酸三丁酯、三溴苯酚	TCE	三氯乙烯
TBPA	四溴邻苯二甲酸	TCP	磷酸三甲苯酯
TBPB	酐叔丁基过苯甲酸酯	TEA	三乙醇胺
TETA	三乙烯四胺		
U			
UF	脲醛树脂	UPVC	未增塑聚氯乙烯
UP	不饱和聚酯树脂	UV	紫外线
V			
VAc	乙酸乙烯	VOC	挥发性有机化合物
VAE	乙酸乙烯-乙烯共聚乳液	VTMS	乙烯基三甲氧基硅烷
VC/VAc	氯乙烯-乙酸乙烯共聚物		
W			
WBPU	水性聚氨酯	WPE	环氧当量
X			
XCF	特导电炉黑	XNBRL	羧基丁腈胶乳
XCRL	羧基氯丁胶乳	XPS	X 射线光电子光谱法
XDI	苯二亚甲基二异氰酸酯	XSBR	羧基丁苯橡胶
XFR	二甲苯甲醛树脂	XSBRL	羧基丁苯胶乳

续表

XNBR	羧基丁腈橡胶	xyL	二甲苯
Y			
YSBR	热塑性丁苯橡胶	YXSBR	热塑性羧基丁苯橡胶
Z			
ZB	硼酸锌	ZDMD	促进剂 PZ
ZBDC	促进剂 BZ	ZO	氧化锌
ZDC	促进剂 EZ	ZS	硬脂酸锌

附录十五　常用有机溶剂纯化方法

市售的有机溶剂有工业、化学纯和分析纯等各种规格。在有机合成中，通常根据反应特性来选择适宜规格的溶剂，以便使反应顺利进行而又不浪费试剂。但对某些反应来说，对溶剂纯度要求特别高，即使只有微量有机杂质和痕量水的存在，常常对反应速度和产率也会发生很大的影响，这就须对溶剂进行纯化。此外，在合成中如须用大量纯度较高的有机溶剂时，考虑到分析纯试剂价格昂贵，也常常用工业级的普通溶剂自行精制后供实验室使用。

1. 乙醇　由于乙醇和水能形成共沸物，故工业乙醇的含量为 95.6%，其中尚含 4.49% 的水。为了制得纯度较高的乙醇，实验室中用工业乙醇与氧化钙长时间回流加热，使乙醇中水与 CaO 作用，生成不挥发的 $Ca(OH)_2$ 来除去水分。这样制得的乙醇含量可达 99.5%，通常称为无水乙醇，如需高度干燥的乙醇，可用金属镁或金属钠将制得的无水乙醇或者用分析纯的无水乙醇（含量不少于 99.5%）进一步处理制得绝对乙醇。

$$Mg + 2C_2H_5OH \longrightarrow Mg(OC_2H_5)_2 + H_2$$

$$Mg(OC_2H_5)_2 + 2H_2O \longrightarrow Mg(OH)_2 + 2C_2H_5OH$$ 或

$$2Na + 2C_2H_5OH \longrightarrow 2C_2H_5ONa + H_2$$

$$C_2H_5ONa + H_2O \rightleftharpoons NaOH + C_2H_5OH$$

在用金属钠处理时，由于生成的 NaOH 和乙醇之间存在平衡，使醇中水不能完全除去，因而必须加入邻苯二甲酸二乙酯或丁二酸二乙酯，通过皂化反应除去反应中生成的 NaOH。

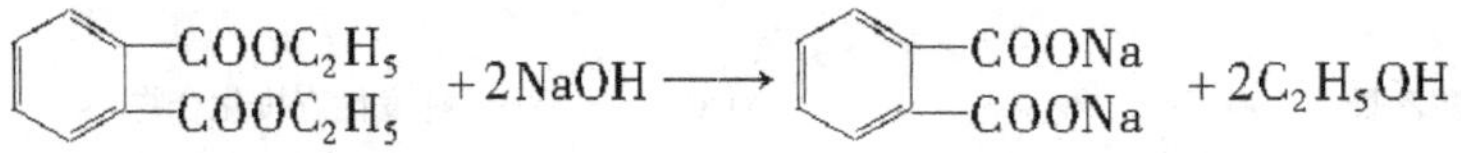

（1）无水乙醇（含量 99.5%）的制备

在 250mL 圆底烧瓶中加入 100mL 95.6% 乙醇和 25% 生石灰，用塞子塞住瓶口，放置至下次实验。

下次实验时，拔去塞子，装上回流冷凝管，其上端接一 $CaCl_2$ 干燥管。在水浴上加热回流 2h，稍冷后，拆去回流冷凝管改成蒸馏装置。用水浴加热，蒸去前馏分，再用已称量的干燥瓶作接收器，蒸馏至几乎无液滴流出为止。立即用空心塞塞住无水乙醇的瓶口，称重，计算回收率。

（2）绝对乙醇（含量 99.95%）的制备

1）用金属镁制备

装上回流装置,冷凝管上端接一 $CaCl_2$ 干燥管。在 100mL 圆底烧瓶中放入 0.3g 干燥的镁条(或镁屑),10mL 99.5%乙醇和几小粒碘,用热水浴温热(注意此时不要振摇),不久在碘周围的镁发生反应,观察到碘棕色减退,镁周围变浑浊,并伴随着氢气的放出。随着反应的扩大,碘的颜色逐渐消失,有时反应可以相当激烈。待反应稍缓和后,继续加热使镁基本上反应完毕。然后加入 40mL 99.5%乙醇和几粒沸石,加热回流 0.5h。改成蒸馏装置,以下操作同(1)。

2)用金属钠制备

装置同上。在 100mL 圆底烧瓶中放入 1g 金属钠和 50mL 99.5%乙醇,加入几粒沸石。加热回流 0.5h,然后加入 2g 邻苯二甲酸二乙酯,再回流 10min。以下操作同(1)。

纯粹乙醇:沸点=78.85℃;熔点=-115℃;$n_D^{20}=1.3616$;$d_4^{20}=0.7893$。

(3) 说明

1) 本实验中所用仪器必须绝对干燥。由于无水乙醇具有很强的吸水性,故操作过程中和存放时必须防止水分侵入。

2) 如用空心塞就必须用手巾纸将瓶口生石灰擦去,否则不易打开。

3) 若不放置,则可适当延长回流时间。

2. 乙醚　普通乙醚中含有少量水和乙醇,在保存乙醚期间,由于与空气接触和光的照射,通常除了上述杂质外还含有二乙基过氧化物$(C_2H_5)_2O_2$。这对于要求用无水乙醚作溶剂的反应(如 Grignard 反应)不仅影响反应,且易发生危险。因此,在制备无水乙醚时,首先须检验有无过氧化物存在。为此取少量乙醚与等体积的 2%碘化钾溶液,再加入几滴稀盐酸一起振摇,振摇后的溶液若能使淀粉显蓝色,证明有过氧化物存在。此时应按下述步骤处理。

在分液漏斗中加入普通乙醚,再加入相当于乙醚体积的 1/5 的新配制 $FeSO_4$溶液,剧烈摇动后分去水层。醚层在干燥瓶中用无水 $CaCl_2$干燥,间隙振摇,放置 24h,这样可除去大部分水和乙醇。蒸馏收集 34~35℃馏分,在收集瓶中压入钠丝,然后用带 $CaCl_2$ 干燥管的软木塞塞住,或者在木塞中插入两端拉成毛细管的玻璃管,这样可使产生的气体逸出,并可防止潮气侵入。放置 24h 以上,待乙醚中残留的痕量水和乙醇转化为氢氧化钠和乙醇钠后,才能使用。

纯粹乙醚:沸点=34.51℃;熔点=-117.4℃;$n_D^{20}=1.3526$;$d_4^{20}=0.71378$。

说明

1)$FeSO_4$溶液的配制:在 55mL 水中加入 3mL 浓硫酸,然后加入 30g $FeSO_4$。此溶液必须在使用时配制,放置过久易氧化变质。

2)乙醚沸点低,极易挥发,严禁用明火加热,可用事先准备好的热水浴加热,或者用变压器调节的电热锅加热。尾气出口通入水槽,以免乙醚蒸气散发到空气中。由于乙醚蒸气比空气重(约为空气的 2.5 倍),容易聚集在桌面附近或低洼处。当空气中含有 1.85~36.5 的乙醚蒸气时,遇火即会发生燃烧爆炸,因此蒸馏时必须严格遵守操作规程。

3. 氯仿　普通氯仿中含有 1%的乙醇,这是为了防止氯仿分解为有毒的光气,作为稳定剂加入于氯仿中的。

为了除去乙醇,可将氯仿与为其一半体积的水在分液漏斗中振荡数次,然后分出下层氯仿,用无水 $CaCl_2$或无水 K_2CO_3干燥。

另一种提纯法是将氯仿与小量浓硫酸一起振摇数次。每 500mL 氯仿,约用 25mL 浓硫酸洗涤，分去酸层后，用水洗涤，干燥后蒸馏。

注意：除去乙醇的无水氯仿必须保存于棕色瓶中，并放于柜中，以免在光的照射下分解产生光气。氯仿绝对不能用金属钠来干燥，否则会发生爆炸。

纯粹氯仿：沸点=61.7℃；熔点=-63.5℃；n_D^{20}=1.4459；d_4^{20}=1.4832。

4. 二氯甲烷 使用二氯甲烷比氯仿安全，因此常常用它来代替氯仿作为比水重的萃取溶剂。普通二氯甲烷一般都能直接作萃取剂使用。如需纯化，可用5% Na_2CO_3溶液洗涤，再用水洗涤，然后再用无水 $CaCl_2$干燥，蒸馏收集40~41℃的馏分。

纯粹二氯甲烷：沸点=40℃；熔点=-97℃；n_D^{20}=1.4242；d_4^{20}=1.3266

5. 丙酮 普通丙酮中常含有少量水及甲醇、乙醛等还原性杂质，分析纯的丙酮中即使有机杂质含量已少于0.1%，而水的含量仍达1%，它的纯化采用如下方法。

在500mL丙酮中加入2~3g $KMnO_4$加热回流，以除去少量还原性杂质。若紫色很快消失，则需再加入少量$KMnO_4$继续回流，直至紫色不再消失为止，蒸出丙酮，然后用无水K_2CO_3和无水 $CaCO_3$干燥，蒸馏收集56~57℃馏分。

纯粹丙酮：沸点=56.2℃；熔点=-94℃；n_D^{20}=1.3588；d_4^{20}=0.7899。

6. 二甲亚砜 二甲亚砜(DMSO)是能与水互溶的高极性的非质子溶剂，因而广泛用作有机反应和光谱分析中的试剂。它易吸潮，常压蒸馏时还会有些分解。若要制备无水二甲亚砜，可以用活性 Al_2O_3、BaO 或 $CaSO_4$干燥过夜。然后滤去干燥剂，在减压下蒸馏收集75~76℃/16Pa或85~87℃/26.6Pa的馏分，放入分子筛贮存待用。

纯粹二甲亚砜：沸点=189℃；熔点=18.45℃；n_D^{20}=1.4770；d_4^{20}=1.1014。

7. 苯 分析纯的苯通常可供直接使用。假如需要无水苯，则可用无水 $CaCl_2$干燥过夜，过滤后，压入钠丝(见乙醚)。普通苯中噻吩(沸点84℃)为主要杂质，为了制得无水无噻吩苯可用下法精制。

在分液漏斗中将苯与相当于苯体积10%的浓硫酸一起振摇，弃去底层酸液，再加入新的浓硫酸，这样重复操作直到酸层呈现无色或淡黄色，且检验无噻吩存在为止。苯层依次用水、10% Na_2CO_3溶液、水洗涤，经 $CaCl_2$干燥后蒸馏，收集80℃的馏分，压入钠丝(见乙醚纯化)保存待用。

噻吩的检验：取5滴苯于小试管中，加入5滴浓硫酸及1~2滴1%靛红的浓硫酸溶液；振摇片刻，如呈墨绿色或蓝色，表示有噻吩存在。

纯粹苯：沸点=80.1℃；熔点=5.5℃；n_D^{20}=1.5001；d_4^{20}=0.8787。

8. 乙酸乙酯 分析纯的乙酸乙酯含量为99.5%，可供一般应用。工业乙酸乙酯含量为95%~98%，含有少量水、乙醇和乙酸，可用下列方法提纯。

于1L乙酸乙酯中加入100mL乙酸酐和19滴浓硫酸，加热回流4h，以除去水和乙醇。然后进行分馏，收集76~77℃的馏液，馏液用20~30g无水 K_2CO_3振荡，过滤后，再蒸馏。收集产物沸点为77℃，纯度达99.7%。

纯粹乙酸乙酯：沸点=77.06℃；熔点=-83℃；n_D^{20}=1.3723；d_4^{20}=0.9003。

9. 石油醚 石油醚是低级烷烃的混合物。根据沸程范围不同可分为30~60℃、60~90℃和90~120℃等不同规格。石油醚中常含有少量沸点与烷烃相近的不饱和烃，难以用蒸馏法进行分离，此时可用浓硫酸和高锰酸钾将其除去。方法如下：在150mL分液漏斗中，加入100mL石油醚，用10mL浓硫酸分两次洗涤，再用10%硫酸与高锰酸钾配制的饱和溶液洗涤，直至水层中紫色不再消失为止。用蒸馏水洗涤两次后，将石油醚倒入干燥的锥形瓶中,加入无水氯化钙干燥 1h,蒸馏,收集需要规格的馏分。若需绝对干燥的石油醚,可加入钠丝(与纯化无水乙醚相同)。

10. 四氯化碳 沸点 76.8℃,n_D^{20}1.4603。四氯化碳中二硫化碳达 4%。纯化时,可将 1000mL 四氯化碳与 60g 氢氧化钾溶于 60mL 水和 100mL 乙醇的溶液混在一起,在 50~60℃时振摇 30min,然后水洗,再将此四氯化碳按上述方法再重复操作一次(氢氧化钾的用量减半)。四氯化碳中残余的乙醇可以用氯化钙除掉。最后将四氯化碳用氯化钙干燥,过滤,蒸馏收集 76.7℃馏分。四氯化碳不能用金属钠干燥,因有爆炸危险。

11. 甲苯 沸点 110.6℃,n_D^{20}1.4969。普通甲苯中可能含有少量甲基噻吩,处理方法同苯。由于甲苯比苯容易磺化,用浓硫酸洗涤时的温度应控制在 30℃以下。

12. 甲醇 沸点 64.96℃,n_D^{20}1.3288。普通未精制的甲醇含有 0.02% 丙酮和 0.1% 水。而工业甲醇中这些杂质的含量达 0.5%~1%。为了制得纯度达 99.9% 以上的甲醇,可将甲醇用分馏柱分馏。收集 64℃的馏分,再用镁去水(与制备无水乙醇相同)。甲醇有毒,处理时应防止吸入其蒸气。

13. 四氢呋喃 沸点 67℃(64.5℃),n_D^{20}1.4050。四氢呋喃与水能混溶,并常含有少量水分及过氧化物。如要制得无水四氢呋喃,可用氢化铝锂在隔绝潮气下回流(通常 1000mL 需 2~4g 氢化铝锂)除去其中的水和过氧化物,然后蒸馏,收集 66℃的馏分(蒸馏时不要蒸干,将剩余少量残液立即倒出)。精制后的液体加入钠丝并应在氮气氛中保存。处理四氢呋喃时,应先用小量进行试验,在确定其中只有少量水和过氧化物,作用不致过于激烈时,方可进行纯化。四氢呋喃中的过氧化物可用酸化的碘化钾溶液来检验。如过氧化物较多,应另行处理为宜。

14. 二氧六环 沸点 101.5℃,熔点 12℃,n_D^{20}1.4424。二氧六环能与水任意混合,常含有少量二乙醇缩醛与水,久贮的二氧六环可能含有过氧化物(鉴定和除去参阅乙醚)。二氧六环的纯化方法,在 500mL 二氧六环中加入 8mL 浓盐酸和 50mL 水的溶液,回流 6~10h,在回流过程中,慢慢通入氮气以除去生成的乙醛。冷却后,加入固体氢氧化钾,直到不能再溶解为止,分去水层,再用固体氢氧化钾干燥 24h。然后过滤,在金属钠存在下加热回流 8~12h,最后在金属钠存在下蒸馏,压入钒丝密封保存。精制过的 1,4-二氧环己烷应当避免与空气接触。

15. 吡啶 沸点 115.5℃,n_D^{20}1.5095。分析纯的吡啶含有少量水分,可供一般实验用。如要制得无水吡啶,可将吡啶与粒氢氧化钾(钠)一同回流,然后隔绝潮气蒸出备用。干燥的吡啶吸水性很强,保存时应将容器口用石蜡封好。

16. *N*,*N*-二甲基甲酰胺(DMF) 沸点 149~156℃,n_D^{20} 1.4305。*N*,*N*-二甲基甲酰胺为无色液体,与多数有机溶剂和水可任意混合,对有机和无机化合物的溶解性能较好。*N*,*N*-二甲基甲酰胺含有少量水分。常压蒸馏时有些分解,产生二甲胺和一氧化碳。在有酸或碱存在时,分解加快。所以加入固体氢氧化钾(钠)在室温放置数小时后,即有部分分解。因此,最常用硫酸钙、硫酸镁、氧化钡、硅胶或分子筛干燥,然后减压蒸馏,收集 76℃/4800Pa (36mmHg)的馏分。其中如含水较多时,可加入其 1/10 体积的苯,在常压及 80℃以下蒸去水和苯,然后再用无水硫酸镁或氧化钡干燥,最后进行减压蒸馏。纯化后的 *N*,*N*-二甲基甲酰胺要避光贮存。*N*,*N*-二甲基甲酰胺中如有游离胺存在,可用 2,4-二硝基氟苯产生颜色来检查。

17. 二硫化碳 沸点 46.25℃,n_D^{20} 1.6319。二硫化碳为有毒化合物,能使血液神经组织中毒。具有高度的挥发性和易燃性，因此，使用时应避免与其蒸气接触。对二硫化碳纯度要求不高的实验，在二硫化碳中加入少量无水氯化钙干燥几小时，在水浴 55～65℃ 下加热蒸馏、收集。如需要制备较纯的二硫化碳，在试剂级的二硫化碳中加入 0.5% 高锰酸钾水溶液洗涤 3 次。除去硫化氢再用汞不断振荡以除去硫。最后用 2.5% 硫酸汞溶液洗涤，除去所有的硫化氢(洗至没有恶臭为止)，再经氯化钙干燥，蒸馏收集。

(刘　勇　黄　涛)